中国社会科学院 学者文选

杜　敬　集

中国社会科学院科研局组织编选

中国社会科学出版社

图书在版编目 (CIP) 数据

杜敬集 / 中国社会科学院科研局组织编选. —北京：中国社会科学
出版社，2003.9（2018.8 重印）
（中国社会科学院学者文选）
ISBN 978 - 7 - 5004 - 3769 - 7

Ⅰ.①杜⋯　Ⅱ.①中⋯　Ⅲ.①杜敬—文集②社会科学—文集
Ⅳ.①C53

中国版本图书馆 CIP 数据核字（2003）第 075623 号

出 版 人	赵剑英
责任编辑	李树琦
责任校对	王应来
责任印制	张雪娇

出　　版	中国社会科学出版社
社　　址	北京鼓楼西大街甲 158 号
邮　　编	100720
网　　址	http：// www. csspw. cn
发 行 部	010 - 84083685
门 市 部	010 - 84029450
经　　销	新华书店及其他书店

印刷装订	北京市十月印刷有限公司
版　　次	2003 年 9 月第 1 版
印　　次	2018 年 8 月第 2 次印刷

开　　本	880 × 1230　1/32
印　　张	15
字　　数	359 千字
定　　价	89.00 元

出 版 说 明

一、《中国社会科学院学者文选》是根据李铁映院长的倡议和院务会议的决定，由科研局组织编选的大型学术性丛书。它的出版，旨在积累本院学者的重要学术成果，展示他们具有代表性的学术成就。

二、《文选》的作者都是中国社会科学院具有正高级专业技术职称的资深专家、学者。他们在长期的学术生涯中，对于人文社会科学的发展作出了贡献。

三、《文选》中所收学术论文，以作者在社科院工作期间的作品为主，同时也兼顾了作者在院外工作期间的代表作；对少数在建国前成名的学者，文章选收的时间范围更宽。

中国社会科学院

科研局

1999 年 11 月 14 日

目　录

编 者 的 话

　　领导让我负责编辑杜敬同志的这部论文选集，我感到非常荣幸。如今杜敬同志已是82岁高龄的老人，他早在青年时期就走上了革命的新闻出版和理论宣传阵线，长年战斗在河北地区。1961年被中央调进北京，任《红旗》杂志编委兼副秘书长。在十年动乱中，杜敬同志受尽折磨，但他很少跟别人谈起这些，只是在一篇文章中，从另一侧面谈到自己的感受："我终生难忘的是，'文革'刚刚开始，自己毫无思想准备，一阵狂风暴雨袭来，劈头盖脑，打得晕头转向，以致说了一些违心的话。直到现在，或者将来，自己都不能只说是受迫害的，而要首先承认自己也没有顶住。正是由于记取了这一条教训，所以在后来的工作中，坚持实事求是这一条是很自觉的，因此而得罪了个别领导人也没有丝毫犹豫。"（见《杜敬文稿》）

　　1978年，杜敬同志被调任中国社会科学院行政管理局局长、院务委员，1980年调任中国社会科学杂志社第一副总编辑、编审、党组书记，1981年任中国社会科学出版社社长、党组书记。1984年6月离休，但笔耕不辍，而且"雄关难挡勇士路，老马嘶鸣不停蹄"（杜敬诗句），到耄耋之年还要追赶 modern：学电脑，而且居然早已进入"人—机"合一的佳境。在一个老年人交流使用电脑心得的座谈会上，他即席念了一段顺口溜："年方八旬不算老，挺着腰板敲电脑；四本小书已问世，再出四本还嫌少。"所说已问世的"四本小书"，当即《冀中导报史料集》（1990 年出版）、《冀中报刊史料集》（1995 年出版）、《冀中的地洞和堡垒户》（1997 年出版）、《杜敬文稿》（1999 年出版）。至于"再出四本"的宏愿，并非空喊，而是在脚踏实地地做着。2000 年出版了《杜敬文稿续集》，2002 年出版了《生活散歌》。

特别需要讲的是：前三部史料集都是抢救历史的珍贵文献，功在千秋，但是这些书的选题组稿、编辑加工和出版印行等等，人们怎能知道其中存有多少艰难？为任何一本书的成稿，都要有一二百人提供资料，数十人执笔，作者均已年迈体衰，开会、通信、改稿等等，并无一分钱稿费和编辑费。当年保定市一位离休干部收到书后给杜敬同志写信："作为一个人，尤其在当今的商品经济年代，您已近八十岁，而且有病缠身，如果没有一腔的爱国敬业之心，没有坚强的毅力，哪能连续不断地还从事这样繁琐的编辑任务？"

从总体上看，杜老的研究成果大致有如下几个特点：

（一）在理论研究上，一向从实际出发，在充分占有资料的基础上，把握关键，深入开掘，实事求是地得出科学的结论。这是杜老最闪亮的治学之本。应该说，作者关于中国土地改革问题的研究，成果最为突出。从本书所选的有关土改的论文中，人们可以明显地看出作者是在搜集大量翔实资料的基础上，对民主革命时期土地改革的历史进行了系统的研究，总结了历史的伟大功绩和经验教训，令人信服地揭示了在民主革命过程中曾经出现过的"平分土地"侵犯中农利益，以及把富农划到地主一边扩大打击面的这两种错误。以往有关土改历史的著述中，对于土改历史上曾经出现过的"左"的偏差，或取回避态度，或轻描淡写。杜老所作的研究，不仅是对中国土改史研究的创建，而且对于清理中国民主革命中在农民问题、农村问题上的"左"倾错误亦有普遍的启迪作用。

《在土地改革中没收和分配土地》一文，曾发表于1982年的《中国社会科学》。作者首先列出多种典型调查，从中归结出没收和分配土地的三条主要根据，特别是其中第三条："没收地主土地分给无地少地的农民，并不是因为这些农民太穷了，并不是越穷越光荣，也不是越穷越有理。"只是为了"剥夺地主阶级进行剥削的手段，使其无法再继续剥削农民"。文章在结尾部分还特别论述了"穷与富"的问题。作者说："共产党从来不喜欢穷，不提倡穷。正是为了使穷人都富起来，才领导农民进行土地制度的改革。共产党从来不反对富，反对的是不劳而获的剥削致富，提倡的是劳动致富，越富越好。"从今天的视角看，这是很有现实意义的论述。将研究历史与指导现实结合起来，这是一种高层次的理论开拓。

文中特别提出"如何对待富农的问题"，因为人们在观念上常常总把地主和富农归为一类，在过去的土改中也出现过将地主、富农同等对待的"左"的错误。文中提出富农与地主最主要的区别在于："富农除了对贫苦农民进行封建半封建剥削外，一般自己也参加主要劳动，而地主则一般不参加主要劳动。"即使在富农当中，也有"劳动起家与剥削起家"的区别，指出："提出这样一条原则，对鼓励广大农民的劳动积极性是很重要的。"在总结党的政策由限制和削弱富农经济改为保存富农经济的历史意义时，作者特别强调："更重要的是，保存富农经济，发挥富农的生产积极性，很有利于保护中农，解除某些中农的疑虑，克服怕富的思想，有利于提高中农发展生产的积极性。"在

20世纪80年代初，这种对历史上"富农问题"的深入研究，应该说是有着十分重要的理论价值和现实意义的，这也是杜老最重要的理论贡献之一。

这篇文章发表后不久，当年兼任中国社会科学院院长的胡乔木同志曾在一个座谈会上指出，可以请国务院各部委的同志把三十多年的历史演变做点有科学价值的总结，然后出书。乔木同志接着说："我看到《中国社会科学》登了杜敬同志写的一篇关于土地改革的文章，我看很好，这方面的文章很需要。我们不是为历史而历史，而是要从对历史的总结中找出规律性的东西，用以指导我们的工作。"这次会后不久，中国社会科学出版社即开始组织出版大型的《当代中国丛书》。

（二）结合个人的革命实践经历，确定理论研究和写作的方向，因此所获成果堪称篇篇有血有肉，扎扎实实。杜老不是从书斋、不是从象牙之塔走出的学者，而是经历中原烽火，常年在农村的地道、堡垒户、青纱帐中同广大农民生死与共，以自己从青年时期就投身其中的新闻出版事业为立足点，和革命同志从农村战斗到新中国成立后，走进大城市办报搞宣传，再加上自己勤于学习，勤于思考，勤于研究和写作，因此成果的主要论题常常集中于中国的农民问题、土地改革问题、新闻出版和理论宣传问题等等，这一点，我们可以从本文集中一目了然。

比如《党的土地改革政策的后退与前进》发表于1961年《红旗》杂志，作者对于党中央从1947—1950年前后所发出的关于土改的八个文件，进行了逐一的比较研究，分析每个后发文件与前发文件的"不同点"，最后得出结论："土地改革的打击面越来越小，打击的对象越来越集中、明确；对于不同的地主富农的区别对待，越来越界限分明；对于地主富农的处理，后来比以前宽大；土地改革的步骤，分得越来越细，步子越来越踏实。"作者亲历过土改运动，现在回过头来纵观和反思那段历史，文章又从更高的层面上总结出七条理论认识，特别指出："对于当时政策上的一些改变，乍一看来，似乎是工作的速度越来越慢了，其实是快了；有时似乎是后退了，其实是前进了。"辩证法来自革命的实践。

《抗日战争时期冀中的262种报刊》文题似乎让人觉得只是对262种报刊的历史资料的追述，其实并不完全如此。这种追述尽管在文中占有不小篇幅，包括逐一分类和介绍，使那些即使只印行几期就被迫停刊的小报，在中华民族文字记载史上也要留下一道闪光；但这一切还不能说是本文的惟一主旨，本文的重要方面在于从理论上总结出抗日战争时期冀中报刊发展变化的若干特点和规律（共六条）。这就是科学的历史研究。作者在文中说："我有幸先后参加过县委、地委、冀中区党委三级报纸和几个刊物的编辑工作。对那些报刊的感情，对那些老战友的感情，对那八年战斗生活的不能忘怀，合成了一种责任感，促使我做这件事。"该文从1985年初稿，到1994年定稿，四易其稿，历时十年。

从杜老选择的研究和写作方向，我们作为社会科学工作者似乎应该从中深悟出点什么。

（三）立足于哲学思维的高度，运用唯物辩证法将各种问题分析得清澈透明。人们都会有这样的体会：凡有哲学素养的人，凡能把握科学思维方法的人，他们面对纷纭繁复的各种情况，都能从所需解决的问题的角度迅速切入主题，头脑清醒，把准问题的脉络，犹如庖丁解牛一般将问题分析得明明白白，语言也绝无拖泥带水。我们以1957年反右派运动前后杜老发表的文章来看。

例如，1955年发表的《关于在报纸上开展批评与自我批评及新闻必须完全真实问题》，文中特别强调"必须实事求是"，为达到这一点，作者提出了九条必须分清的界限，如"正确的批评与破坏性的批评。破坏性的批评有有意与无意之分"，"不可避免的问题与可能避免的，不能做到的与可能做到的，是否发展过程中的必然现象，偶然的与一贯的，成绩与错误哪是主要的，不要片面、孤立地看问题"等等，提出了"不要乱扣帽子，事实最有说服力"，"要用同志式的态度、语调，治病救人、与人为善的态度。反对人身攻击"。文中强调的是"批评与自我批评"，是"新闻真实"，是分清各种界限的思想方法。

1956年发表的《批评报道的新问题》，主要提出当时在"不少的批评报道当中，存在着程度不同的片面性、分寸不当、不确切的缺点。有的报道，把事情的缺点错误夸大了，有的把缺点错误孤立起来进行叙述，看不出缺点错误在整个工作、整个事物中所占的地位；有的是从时间上把缺点错误孤立起来了，看不出来龙去脉，看不出事情发展的过程、前途和可能产生的结果，不知道是正在由好变坏呢，还是正在由坏变好；有的只从表面现象上去叙述缺点错误，却不进一步去分析所以产生缺点错误的主观原因和客观原因，或者只谈主观原因不谈客观原因，这样就不容易看出问题的本质，甚至可能歪曲了问题的性质"。文中举出许多具体实例，说明什么是"片面性"的批评，但是随后又特别强调："决不能因为要慎重，就又束手束脚了。因为，我们报纸上的批评还是不很经常、不很有力的。"很明显，这里充满着辩证的思想方法。

1957年发表的《报纸的性质、任务和几条基本原则》一文，此文应该首先被看做是一篇哲学论文，作者上来就指出："我们的思想方法还有很多是形而上学的，片面性很多，辩证法很少。当然，我们这次学习了辩证唯物主义，还只是开始解决这个问题。而且，能不能真正解决，不在于是否懂得了一些定义、结论，主要在于今后工作中的实际运用，看看是否把辩证唯物主义变成了我们认识和处理一切事物的观点和方法。"文中从经济基础与上层建筑的关系这一基本原理出发，谈报纸的性质和任务；在谈"几条基本原则"即党性、真实性、战斗性、群众性等问题时，都是充分体现着唯物辩证的思想方法和观点，既讲清要"分清敌我界限、阶级界限、唯物主义与唯心主义的界限、是非界限、利害的界限"，讲清"对同一件事情进行调查研究的结果，却得出不同的甚至完全相反的结论，这就是立场、观点、方法问题"，同时又特别强调反对教条主义，因为"教条主义束缚着我们的思想不能解放"。文中对当时的教条主义表现指出了许多，如"只拿政策原则的框子去找适合这个框子的材料"，"按空气办事，一阵风"，"只能说党委或上级党报说过的话，不敢说自己的话"等等，指出："我们的工作中所以存在严重的教条主义，一方面是由于我们还不熟悉马克思主义的辩证法，思想上存有片面性；另一方面是由于我们不相信群众，过低地估计了群众的鉴别能力，只怕散布不良影响，只怕引起混乱。"可以说，我们在进入 21 世纪的今天，回过头再读杜老当年发表的这篇文章，其现实意义犹存。

但就是在那历史永远不能忘记的 1957 年，反右派运动突然兴起而且扩大化。杜老惊呆了，沉默了，心在痛。请看一位老战友在一篇文章中是这样写的："在那场斗争中，为不把一些同志定为右派，他（按指杜敬）曾冒着风险提出过意见。但是，在当时的情况下，他的意见怎会被听得进去呢？他又怎能顶得住呢？甚至连他自己也受到了批评。可是，他一直把扩大化的责任揽在自己身上，既不上推，也不下卸。他正是以这种严以责己的心情，在 1978 年底党的十一届三中全会开过后不久，便为给一

些同志平反开始奔波了。"（见《河北报刊史料》1989 年第 29
期）一位当年曾被错划为右派的同志在谈起往日经历的坎坷时，
"说他一点也不埋怨杜敬同志，即使杜敬当时负责《河北日报》
的全面工作。他说，特别是后来在他处境最困难的时候，得知杜
敬同志在那场斗争中也被批评为'右倾手软'，使他意识到杜敬
同志是不愿把他打成右派的。他说：'在谁也顶不住的情况下，
杜敬同志是冒了风险的。'"（见同上书）

在反右派之后的"大跃进"、"人民公社化"运动中，杜敬
同志又因坚持实事求是，跟不上形势，而多次受到批评，以至最
后被调离了《河北日报》。

难怪那些跟随杜敬同志工作过的人们都评说"此人有原则，
但不整人"，"此人老人心肠"；难怪如今多少白发苍苍的老战友
都经常前来看望他，说些心里话，留影时笑得像个孩子；更难
怪，已届古稀之年的著名历史学家丁伟志教授在回忆自己与杜敬
同志共掌中国社会科学杂志社的时候说："有他这位'主帅'
在，作为'偏军'的我，实在体会到了'背靠大树'的好处。"
（见《杜敬文稿续集》"润物细无声"〔代序〕）

立足于哲学思维高度的共产党人，原本就是心大量宽的哲
人，何止容人容事，几能容天容地。哲人并非先天，哲人来自后
天的修炼。

（四）语言简洁明快，行文朴实无华，透过累累成果，人们
可以体味出这位老领导、老学者对于人生真、善、美的不懈追
求。文如其人。杜老是位内敛、含蓄的人，不事张扬。论文中绝
少大块铺叙，更少引经据典（当然"引"也无妨），做到直入主
题，论证适度则止，文章剪裁精致，生动耐读。《南疆土地改革
中的特殊问题与党的具体政策》一文，是从《南疆农村社会》
一书谈起，先是详细总结出南疆过去的土地制度和剥削关系与内

地农村的五条不同特点，随后进入对南疆与内地土改中"共性"问题的分析，列出四条，并非干巴巴列出，而是都有生动内容的具体分析。其中第四条"关于团结大多数"，作者说："团结大多数，照顾全局，说起来也是尽人皆知的，而实际上却往往做不到，甚至明知故犯。因为，这需要有革命家的宽广胸怀，有高瞻远瞩的眼光，有相当的政治和思想水平。而这些，只有加强自身的修养才能达到。"此文从当时最大的政治论题，一直谈到了个人的"自身修养"，这也恰恰表现了作者对于掌权执政者本该有人格至善追求的理解。《在敌人眼皮底下办报》写的是历史，但你品不出散文的生动吗？写的是作者参与的历史，但却没有自我表白，难道你没有体味出行文的背后有个美的人格存在吗？其实作者还有很多短篇，如《咬文嚼字》、《生活"控制论"》等等，篇篇美文，我们不便选入本集。

1983年杜敬同志大病初愈，在青岛疗养的时候，他竟然陆续向《青岛日报》社写了16封信（已收入《杜敬文稿》），向一家素无交往的报纸，提出了大大小小的许多建议。这是什么精神？这是老战士老报人不能自已的责任感，这是对事业、对人民、对民族的自觉的责任感。正因为有这种精神的支持，他才能够以衰病年迈之身，奋斗不息而无忧无畏。因此，杜老将自己的书房名之为"不服老斋"，后又改为"不老斋"。

杜老曾著有《生活散歌》一书，主要是诗、书、画、影之作。让我们以他为其中的两幅画所题之诗结束本文。

其一，杜老的夫人萧寒为友人作了一幅布贴画，在劲挺的松枝上有一只苍鹰仰瞩长空，杜敬在画上所补藏头诗的后四句是：

忧爽襟怀人称道，俪影相随上征程；

长空万里无尽处，寿逾高山大雪松。

其二，杜敬的国画，一盆兰花和一瓶插兰，自题诗曰：

一盆兰花半室香，瓶插两枝陪身旁；
道是室雅何须大，自抹书画挂满墙。

李树琦

2003 年 5 月 30 日

中国民主革命中的农民问题

在世界无产阶级革命的历史上，凡是无产阶级重视农民问题，同农民结成了巩固的联盟，领导农民一起进行革命斗争的，革命就取得了胜利。反之，就遭到了失败，或者已经取得胜利也不能巩固。俄国十月革命，中国民族民主革命，一直到古巴革命，都是在农民的支持下取得胜利的。法国1848年革命和1871年革命，俄国1905年革命，都是由于没有取得农民的支持而失败的。匈牙利1919年的革命，则是因为没有解决农民问题而由胜利走向失败的。

这些经验，从正反两个方面说明了无产阶级革命的一条重要规律，说明了马克思列宁主义的一个根本原理：农民是无产阶级最可靠的同盟军，无产阶级必须紧紧依靠农民，巩固地建立无产阶级领导下的工农联盟，才能取得革命的胜利。

在国际共产主义运动的历史上，马克思列宁主义者同各种各样的机会主义者、修正主义者的斗争中，如何对待农民的问题总是一个重要问题。第二国际修正主义者漠视农民问题，斯大林说他们一点马克思主义的气味也没有，而是直接背叛马克思主义。现代修正主义者，在一切问题上，也在农民问题上承袭了老修正主义者的衣钵，他们也只能像老修正主义者那样遭到可耻的失败。

中国革命取得胜利的重要原因和重要经验之一，就是毛泽东同志在农民问题上把马克思列宁主义的普遍真理同中国革命的具体实践相结合，批判了右倾机会主义和"左"倾机会主义，成功地解决了农民问题。

在毛泽东同志的著作中，开宗明义第一章就提出："谁是我们的敌人？谁是我们的朋友？这个问题是革命的首要问题。"①为了分辨真正的敌友，毛泽东同志对中国社会经济的性质、各阶级的经济地位和他们对革命的态度进行了分析，以这种马克思列宁主义的阶级分析作为制定革命战略和策略的基本出发点。

旧中国是一个半殖民地半封建的落后的农业国，全国80%的人是农民，他们受着当时的三大敌人——帝国主义、封建主义、官僚资本主义极为残酷的压榨和剥削。同时，封建主义是帝国主义和官僚资本主义的同盟者及其统治的基础。消灭了封建地主阶级，才能从根本上动摇以至摧毁帝国主义和国内反动派的统治。因此，领导农民进行消灭封建剥削制度的土地改革，就成为中国民主革命的主要内容；农民问题，就成为中国革命的基本问题；农民的力量，就成为中国革命的主要力量。毛泽东同志指出：中国的民主革命实质上就是农民革命，农民是无产阶级最广大最忠实的同盟军。

重视农民问题，把农民问题作为中国民主革命的中心问题，当然不是忽视其他劳动人民的重要性，"尤其不是忽视在政治上最觉悟因而具有领导整个革命运动的资格的工人阶级，这是不应

---

① 《中国社会各阶级的分析》，《毛泽东选集》第1卷，第3页。

该发生误会的"①。相反，农民只有在无产阶级的领导下，才能成为伟大的革命力量，也才能使自己得到解放。这同样是为历史所反复证明了的马克思列宁主义的根本原理。因此，以农民为主力军的中国民主革命的过程，决不是农民脱离无产阶级领导的自发过程，而是无产阶级领导农民、教育农民，逐步使农民革命化的过程。

无产阶级是一个最有觉悟性和最有组织性的阶级。但是，如果单凭自己一个阶级的力量，是不能胜利的。列宁说，整个革命中"最根本最重大的问题就是工人阶级同农民的关系问题，工人阶级同农民的联盟问题"②。同时，有了农民这个同盟军，就有可能以工农联盟为基础，团结一切可能的革命的阶级和阶层，组织更广泛的革命统一战线。

这个广泛的统一战线能否建立和能否巩固，要以解决农民问题的情况为转移。为什么呢？

农民是被剥削受压迫的劳动者，有推翻剥削制度的革命积极性，因而可能接受无产阶级的领导，成为无产阶级的后备力量。同时，农民又是私有者，有发展资本主义的自发趋势，因而又可能接受资产阶级的领导，成为资产阶级的后备力量。在近代革命中，往往发生无产阶级和资产阶级争夺农民的斗争。谁争得了农民的支持，谁就掌握了革命的领导权。如果资产阶级掌握了农民群众，民主革命的结果就是建立资产阶级专政，无产阶级根本没有胜利的可能，当然也就谈不到无产阶级领导的统一战线。如果无产阶级同农民建立了联盟，就不仅有了胜利的保障，而且可以依靠工农联盟的力量去争取民族资产阶级参加革命的统一战线。

① 《论联合政府》，《毛泽东选集》第3卷，第1079页。
② 《全俄苏维埃第九次代表大会》，《列宁全集》第33卷，第128页。

中国民族资产阶级，由于遭受帝国主义、封建主义、官僚资本主义的排挤和压迫，有参加革命或者对革命保持中立的可能，但是，他们又存有软弱性、动摇性和不彻底性。毛泽东同志说："对资产阶级的动摇性和不彻底性的克服，依靠群众的力量和正确的政策，否则资产阶级将反过来克服无产阶级。"① 中国无产阶级正是依靠工农联盟的群众力量，解决了同民族资产阶级建立统一战线的问题。革命统一战线必须以工农联盟为基础，没有工农联盟就不可能有巩固的统一战线，这也是中国革命的历史所证明了的一条规律。

中国革命的对象，是国内外拥有强大的反革命武装的敌人。因此，这个革命的主要斗争形式是战争，主要组织形式是军队，即必须以武装的革命反对武装的反革命。

毛泽东同志说："农民——这是中国军队的来源。士兵就是穿起军服的农民，……"② 因此，中国的武装斗争，就是在无产阶级领导下的农民战争。中国进行了长期的革命战争，在人力、物资等等一切方面，主要是依靠农民的支持。在中国，如果离开了武装斗争，就没有无产阶级的地位，就没有人民的地位，就没有共产党的地位，就没有革命的胜利；而如果离开了广大农民的支持，就根本没有武装斗争。农民在中国民主革命中的地位，就是如此重要。

中国革命的敌人，既然是强大的帝国主义、封建势力和官僚资产阶级，这就不仅决定了中国革命必须是长期的武装斗争，而且，为了坚持武装斗争，就不惜在敌人力量比较薄弱的乡村建立

---

① 《为争取千百万群众进入抗日民族统一战线而斗争》，《毛泽东选集》第1卷，第266页。

② 《论联合政府》，《毛泽东选集》第3卷，第1078页。

革命根据地，把党的工作重心放在乡村，在乡村聚集力量，用乡村包围城市，然后取得城市。毛泽东同志在分析了中国革命的敌人异常强大以后指出："在这样的敌人面前，革命的根据地问题也就发生了。因为强大的帝国主义及其在中国的反动同盟军，总是长期地占据着中国的中心城市，如果革命的队伍不愿意和帝国主义及其走狗妥协，而要坚持地奋斗下去，如果革命的队伍要准备积蓄和锻炼自己的力量，并避免在力量不够的时候和强大的敌人作决定胜负的战斗，那就必须把落后的农村造成先进的巩固的根据地，……借以在长期战斗中逐步地争取革命的全部胜利。"[①]

建立农村革命根据地，就是要依靠农民，发动农民，武装农民，在有农民参加和支持的情况下进行长期的武装斗争。这是中国无产阶级领导全国人民争取解放的主要斗争形式。党领导下的革命军队和革命根据地，也就成为中国民主革命时期工农联盟的主要形式。

一切革命的根本问题是国家政权问题。无产阶级必须彻底打碎旧的国家机器，建立无产阶级专政，或者无产阶级领导下的人民民主专政的政权，才能取得革命的胜利。而无产阶级要取得政权，并且巩固自己的政权，必须得到农民的支持。斯大林说："不言而喻，谁想夺取政权，谁准备夺取政权，谁就不能不关心自己的真正同盟者的问题。""从这个意义上说，农民问题是无产阶级专政这个总问题的一部分，因而也就是列宁主义的最迫切的问题之一。"[②]

在中国民主革命的过程中，建立了一块一块的农村革命根据地。在这些根据地里，摧毁了反动政权，建立了无产阶级领导

---

① 《中国革命和中国共产党》，《毛泽东选集》第 2 卷，第 629 页。
② 《论列宁主义基础》，《斯大林全集》第 6 卷，第 109—110 页。

的、以工农联盟为基础的民主革命的政权，并且领导农民逐步解决了土地问题。农民土地问题的解决，反过来又加强了革命政权的基础。旧中国的反动的国家政权，就是这样在一块一块的地区上建立，并且逐步发展，一直到建立全国政权。在这摧毁反动政权、建立革命政权的整个过程中，一时一刻也没有离开农民，甚至主要是依靠了农民的力量。

坚决实行土地改革，解决农民土地问题，是中国民主革命的一项基本任务，也是发动农民的积极性、支持革命战争、争取革命胜利、巩固工农联盟和发展生产的重要保证。毛泽东同志曾经反复指出："如果我们能够普遍地彻底地解决土地问题，我们就获得了足以战胜一切敌人的最基本的条件。"① 因此，所谓农民问题，在民主革命时期最重要的就是土地问题。

旧中国的封建土地所有制，是极端不合理的。一般情况是：占乡村人口不到10%的地主和富农，占有约70%—80%的土地，藉此残酷地剥削农民。而占乡村人口90%的贫农、雇农和中农，却总共只占有约20%—30%的土地，他们终年劳动，不得温饱。这是我们民族被侵略、被压迫、穷困和落后的根源，这是我们国家独立、富强的基本障碍。不改变这种情况，中国人民革命就不能胜利，胜利了也不能巩固。不改变这种情况，农村生产力就得不到解放，生产就得不到发展。

中国农民，对封建土地所有制曾经不断进行反抗，但在过去，由于没有正确的领导，土地问题没有得到也不可能得到解决。代表大地主大资产阶级的国民党反动集团，是坚决反对农民解决土地问题的。中国民族资产阶级，虽然提出过解决土地问题的口号，但是他们没有、也不可能有彻底的土地纲领。只有无产

---

① 《目前形势和我们的任务》，《毛泽东选集》第4卷，第1251页。

阶级及其政党，才能提出彻底消灭封建剥削制度的土地纲领，坚决领导农民解决土地问题。

中国共产党关于土地改革的总路线是：依靠贫农，团结中农，有步骤地、有分别地消灭封建剥削制度，发展农业生产。

依靠贫农，团结中农，这是土地改革中的阶级路线，也是党在农村一切工作中的阶级路线。这条阶级路线，是毛泽东同志对农村、对农民进行了具体的阶级分析之后提出的。

在私有制度下，农民内部不断分化。农民中的不同阶层，由于社会经济地位的不同，对于革命的态度也有所区别。因此，不能笼统地把农民看做都是一样的，而需要进行细致的分析。

中国的贫农，连同雇农在内，约占农村人口的70%。贫农和雇农是没有土地或土地不足的广大的农民群众，是中国革命的最广大的动力，是无产阶级天然的和最可靠的同盟者，是中国革命队伍的主力军。

贫农和雇农的社会经济地位，决定了他们对土地改革的态度最积极最坚决，成为党必须依靠的基本力量。贫农和雇农在党的领导下翻了身，经过党的教育和革命斗争的锻炼也逐步提高了政治觉悟，就更加成为农村一切工作的骨干力量。

中农，约占农村人口的20%。毛泽东同志对中农这个阶层作了杰出的分析，特别把中农中的下中农和富裕中农区别了出来。下中农是接近贫农的，也是依靠的对象。在土地改革中，分给下中农一部分土地，并吸收他们协助贫农工作，参加农村政权，以便进一步调动他们的革命积极性，扩大贫农的优势。对于富裕中农，规定了一个区别于富农的严格界限，以防损害富裕中农的利益，这样也就保证巩固地团结了全部中农。毛泽东同志说："全部中农都可以成为无产阶级的可靠的同盟者，是重要的革命动力的一部分，……"同时指出："中农态度的向背是决定革命胜负的一个因素，……"① 因此，"必须坚决地团结中农，不要损害中农的利益，……"这样，"我们的土地改革任务就一定能够胜利地完成，……"②

农民这个名称所包含的内容，主要是指贫农和中农。认真执行了依靠贫农、团结中农的阶级路线，就保证了农村其他各项工作的顺利进行。

富农，约占农村人口的5%，富农经济在全国农村经济中不占重要地位。但是，中国的富农，一般具有很重的封建和半封建剥削的性质，在这一点上不同于许多资本主义国家中的富农。在第三次国内革命战争时期，一方面，富农还不相信人民能够胜利，他们还是倾向于地主阶级和蒋介石一边，反对土地改革和人民革命战争；另一方面，人民革命战争又要求农民付出极大的代价（出兵、出公粮、出义务劳动等）来支援，以争取战争的胜利。因此，当时在土地改革中实行了征收富农多余土地财产分给农民的政策，以便更多一些地满足贫苦农民的要求，发动农民支援革命战争的高度热情。但在这样做的时候，又把旧富农和在民主政权下生长起来的新富农加以区别，对于新富农，按富裕中农待遇，这对于稳定中农，发展生产是有利的。

到了人民革命战争取得全国胜利以后，全国人民的基本任务已经由支援战争转为进行经济建设，富农的政治态度一般也比以前有了改变。这时的土地改革，就实行了保存富农经济，并在政治上中立富农的政策。这样做的结果，就更彻底地孤立了在农村人口中不足5%的地主阶级，并且更好地保护了中农，解除了农民在发展生产中的某些不必要的顾虑。

---

① 《中国革命和中国共产党》，《毛泽东选集》第2卷，第638页。
② 《目前形势和我们的任务》，《毛泽东选集》第4卷，第1251页。

　　地主阶级必须完全消灭，封建剥削制度必须彻底废除。这是土地改革的目的，不能有丝毫犹豫动摇。但是，毛泽东同志提出的土地改革的总路线同时又明确规定，要"有步骤地、有分别地"消灭封建制度。毛泽东同志说："消灭封建剥削制度应当是有步骤的，即是说，有策略的。必须依据环境所许可的情况，农民群众的觉悟程度和组织程度，决定发动斗争的策略，不要企图在一个早上消灭全部的封建剥削制度。""所谓有分别地消灭封建剥削制度，就是说，必须分别地主和富农，分别地主的大中小，分别地主富农中的恶霸分子和非恶霸分子，……在我们这样做了的时候，人们就会感觉到，我们的工作是完全合乎情理的。"① 毛泽东同志又说："土地改革的目的是消灭封建剥削制度，即消灭封建地主之为阶级，而不是消灭地主个人。因此，对地主必须分给和农民同样的土地财产，并使他们学会劳动生产，参加国民经济生活的行列。"② 土地改革的政策还规定，不能侵犯民族资产阶级，也不要侵犯地主富农所经营的工商业。所有这些，都有利于分化地主阶级，减弱地主阶级的抵抗，有利于土地改革的进行。

　　土地改革的总路线和一系列具体政策，保证了团结农村户数92%左右，人口90%左右，即全体农村劳动人民，组成反对封建制度的统一战线，集中力量消灭地主阶级。这是毛泽东同志提出的一个极端重要的战略方针。

　　有了正确的路线和政策，如何执行，还有两种完全相反的工作方法。按照资产阶级改良主义的观点，或者慈善家救济穷人的观点，就是反对发动群众进行斗争，单纯依靠行政命令，自上而

---

　　① 《在晋绥干部会议上的讲话》，《毛泽东选集》第4卷，第1313—1314页。

　　② 同上书，第1312—1313页。

下采取所谓"和平土改"的方法，由政府把土地"恩赐"给农民。这样的土地改革必然是不彻底、不巩固的，地主阶级是打不倒的。即使把土地分给了农民，地主阶级还会夺回去。党和毛泽东同志坚决反对这种方法，采取了另一种方法，即彻底发动农民群众的群众路线的方法，充分地启发农民特别是贫农的阶级觉悟，把党的政策交给农民群众掌握，坚决依靠农民自己起来进行斗争，打倒地主，取得土地，保卫土地。这是马克思主义的方法。由于采取了这样的方法，广大农民就站立起来，组织起来，紧紧跟着共产党和人民政府，在党的领导下，牢固地掌握了乡村的政权和武装，巩固了农村的革命根据地，支持和保证了人民革命战争的胜利。由于采取了这样的方法，土地改革不但在经济上消灭了地主阶级、大大地削弱了富农，而且在政治上彻底地打倒了地主阶级、孤立了富农。经过这样的土地改革，解放了农村的生产力，大大鼓舞了农民的生产积极性，推动了生产的发展。同时，广大农民也更深刻地认识到地主富农的封建剥削行为是可耻的。这就为后来的农业的社会主义改造创造了条件，大大缩短了农业合作化所需要的时间。

发展农业生产，是土地改革的直接目的。土地改革的每一个步骤，都是密切结合生产，从有利于生产出发。凡是完成了土地改革的地区，党和政府就立即领导农民建立各种互助合作组织，恢复和发展农业生产。在民主革命时期建立的农业生产互助合作组织，对于发展生产，支持革命战争，对于培养农民的集体主义思想，逐步发展社会主义的农业合作社，起了重要作用。

中国无产阶级在整个民主革命的过程中，始终得到了农民的支持。农民在无产阶级的领导下，既从革命当中获得了现实利益，又逐步提高了政治觉悟。因此，工农联盟愈来愈巩固，愈来愈明显地成为革命胜利的保证，成为无产阶级夺取国家政权并巩固无产阶级专政的保证。

农民问题的极端重要性，就是这样体现在中国民主革命的全部过程和各个方面，并在毛泽东同志的领导下得到了如此成功的解决。

关于农民的问题，在我们党的历史上，在中国革命的历史上，并不是没有经过斗争的。

以陈独秀为代表的右倾机会主义者，只注意同国民党合作，不要农民。他们由于被国民党的反动潮流吓破了胆，不敢支持已经起来和正在起来的伟大的农民革命斗争。为了迁就国民党，他们宁愿抛弃农民这个最主要的同盟军，使无产阶级和共产党处于孤立无援的地位。这样，就使国民党敢于在 1927 年发动了反人民的战争。

当时的"左"倾冒险主义者，同样是不要农民。他们否认中国革命的长期性和曲折性，不愿意在农村进行积蓄力量的艰苦工作，而是急于夺取大城市。他们把毛泽东同志提出的正确路线，污蔑为"农民意识的地方主义和保守主义"。

毛泽东同志运用马克思列宁主义的方法，具体地分析了当时中国的社会历史条件，并且亲自对农村和农民运动进行了多次调查。他根据马克思列宁主义的基本原理和中国的具体情况、中国革命的经验，提出并坚持了中国革命发展的惟一正确道路，对右倾和"左"倾机会主义进行了坚决的斗争，保卫并发展了马克思列宁主义关于农民问题的革命学说。

以农民问题为中心解决民主革命的问题，在中国取得了伟大的成功。这是马克思列宁主义在中国的胜利，这是马克思列宁主义的普遍真理和中国革命的具体实践相结合的毛泽东思想的胜利。

（写于 1961 年）

党的土地改革政策的后退与前进

"所谓经验，就是实行政策的过程和归宿。"① 最近，围绕土地改革问题重读《毛泽东选集》第 4 卷和党中央的其他有关文件，对理解毛泽东同志这一句话得到很多启发。

在抗日战争期间，我们党为了团结各个阶层共同抗日，把第二次国内革命战争时期彻底改革土地制度的政策，改为减租减息的政策，这对于联合一切可能联合的社会力量参加抗日战争，起了很大的作用。抗日战争胜利以后，农民迫切要求土地；同时，国民党反动派为了劫取抗战胜利的果实，坚持卖国、独裁、内战的反动政策，疯狂地向解放区大举进攻。在这种情况下，必须彻底解决土地问题，满足农民对于土地的要求，我们才能够获得战胜一切敌人的最基本的条件。因此，党中央及时地作出了决定，改变抗日战争时期的土地政策，即由减租减息改为没收地主土地分配给农民。1946 年 5 月 4 日，党中央发出了《关于土地问题的指示》，即《五四指示》，就是表现这种改变。

① 《关于工商业政策》，《毛泽东选集》第 4 卷，人民出版社 1960 年第 1 版，第 1284 页。

　　1947 年 9 月，在党召集的全国土地会议上，详细地研究了我国土地制度的情况，总结了自从 1927 年以后 20 年间，特别是抗日战争胜利以后的两年间，实行土地改革的丰富经验，制定了《中国土地法大纲》。这个土地法大纲，不但肯定了《五四指示》所提出的"没收地主土地分配给农民"的原则，而且改正了《五四指示》中对某些地主照顾过多的不彻底性。土地法大纲是彻底地消灭封建制度的一个土地纲领，是适合于我国广大农民群众的要求的。

　　在实施土地法大纲的过程中，党的政策和策略，曾经有过一些必要的修正，并且作了很多的补充。从党的土地改革政策的制定、修正、补充以至不断完善的过程中，前后联系起来对照学习，感到很有好处。

　　现在从有关的八个文件中抄下几段，对照一下。

　　第一个文件：1947 年 10 月 10 日，党中央公布的《中国土地法大纲》。这个文件中规定："废除封建性及半封建性剥削的土地制度，实行耕者有其田的土地制度"；"乡村中一切地主的土地及公地，由乡村农会接收，连同乡村中其他一切土地，按乡村全部人口，不分男女老幼，统一平均分配"；"乡村农会接收地主的牲畜、农具、房屋、粮食及其他财产，并征收富农的上述财产的多余部分，分给缺乏这些财产的农民及其他贫民，并分给地主同样的一份"；"保护工商业者的财产及其合法的营业"。①

　　第二个文件：1948 年 1 月 18 日，毛泽东同志为党中央起草的《关于目前党的政策中的几个重要问题》的指示。这个指示中规定："必须避免对中农采取任何冒险政策。……有剥削收入

──────────

　　① 《中华人民共和国土地法参考资料汇编》，法律出版社 1957 年版，第 400、401、402 页。

的农民，其剥削收入占总收入百分之二十五（四分之一）以下者，应定为中农，以上者为富农。富裕中农的土地不得本人同意不能平分。"对于地主富农转入工商业的财产，"认为'化形'而加以反对和没收分配是错误的。地主富农的工商业一般应当保护，只有官僚资本和真正恶霸反革命分子的工商业，才可以没收。""对于那些同我党共过患难确有相当贡献的开明绅士，在不妨碍土地改革的条件下，必须分别情况，予以照顾。""必须将新富农和旧富农加以区别。……平分土地时，对于老解放区的新富农，照富裕中农待遇，不得本人同意，不能平分其土地。""地主富农在老解放区减租减息时期改变生活方式，地主转入劳动满五年以上，富农降为中贫农满三年以上者，如果表现良好，即可依其现在状况改变成分。其中确仍保有大量多余财产（不是少量多余财产）者，则应依照农民要求拿出其多余部分。""对大、中、小地主，对地主富农中的恶霸和非恶霸，在平分土地的原则下，也应有所区别。"①

这两个文件的不同是：第一个文件规定，乡村中的一切土地都按人口统一平均分配；第二个文件则提出，富裕中农和老解放区的新富农的土地，不得本人同意不能平分，并且明确规定了划分中农和富农的界限。第一个文件指的是一切地主和富农；第二个文件则提出，要区别对待大、中、小地主，区别对待地主富农中的恶霸和非恶霸，区别对待新富农和旧富农，并且规定了地主富农改变成分的条件，还提出了照顾开明绅士的问题。第一个文件一般地规定了要保护工商业者的财产；第二个文件则明确提出，对于地主富农转入工商业的财产，也应当保护。

---

① 《毛泽东选集》第4卷，人民出版社1960年第1版，第1269、1270、1271页。

　　第三个文件：1948 年 2 月 3 日，毛泽东同志给刘少奇同志的电报——《在不同地区实施土地法的不同策略》。这个文件中规定："关于土地法的实施，应当分三种地区，采取不同策略。"老解放区，"大体上早已分配土地，只须调整一部分土地。……不是照土地法再来分配一次土地"。半老区，"完全适用土地法，普遍地彻底地分配土地"。新区，"不应当企图一下实行土地法，而应当分两个阶段实行土地法。第一阶段，中立富农，专门打击地主。在这个阶段中，又要分为宣传，做初步组织工作，分大地主浮财，分大、中地主土地和照顾小地主等项步骤，然后进到分配地主阶级的土地。……第二阶段，将富农出租和多余的土地及其一部分财产拿来分配，并对前一阶段中分配地主土地尚不彻底的部分进行分配。"①

　　第四个文件：1948 年 2 月 15 日，毛泽东同志为党中央起草的《新解放区土地改革要点》的指示。这个文件中提出："不要性急，应依环境、群众觉悟程度和领导干部强弱决定土地改革工作进行的速度。………在老区和半老区亦是如此。""新区土地改革应分两个阶段。""总的打击面，一般不能超过户数百分之八，人口百分之十。……半老区亦是如此。老区一般只是填平补齐工作，不发生此项问题。""不要全面动手，而应选择强的干部在若干地点先做，取得经验，逐步推广，波浪式地向前发展。……在老区、半老区都应如此。""分别巩固区和游击区。在巩固区逐步进行土地改革。在游击区只作宣传工作和隐蔽的组织工作，分发若干浮财。不要公开成立群众团体，不要进行土地改革，以防敌人摧残群众。"②

---

　　①　《毛泽东选集》第 4 卷，人民出版社 1960 年第 1 版，第 1277、1278 页。

　　②　同上书，第 1281、1282 页。

第五个文件：1948年2月22日，党中央《关于在老区半老区进行土地改革工作与整党工作的指示》。这个文件中规定，在一切封建制度已被推翻的老区半老区，不再平分土地，而只在必要时采取抽多补少、抽肥补瘦的办法，调剂一部分土地和其他生产资料给尚未彻底翻身的贫雇农，并容许中农保有比较一般贫农所得土地的平均水平为高的土地数量。在封建制度还存在的地方，平分的重点，也限于地主的土地财产和旧式富农的多余的土地财产方面。无论在哪一种地方，对于中农和新式富农的多余土地，只有在确有调剂必要和本人确实同意的条件下，才允许抽出调剂。在新解放区的土地改革中，对一切中农的土地都不再抽动。[①]

这三个文件不同于前面两个文件的地方是：明确规定，进行土地改革，在老区、半老区和新区，要采取不同的策略。在封建制度已被推翻的老区半老区，不再平分土地，只在必要时进行抽补调剂；新区土地改革应分两个阶段、几项步骤，首先打击地主，中立富农，对待地主又要首先打击大地主，然后打击其他地主；新区还要分别巩固区和游击区。进一步明确了保护中农的政策，如毛泽东同志所说："土地改革的对象，只是和必须是地主阶级和旧式富农的封建剥削制度，……特别注意不要侵犯没有剥削或者只有轻微剥削的中农、独立劳动者、自由职业者和新式富农。"[②] 容许中农保有比一般贫农所得土地的平均水平为高的土地数量。明确规定了土地改革中总的打击面，一般不能超过乡村总户数的百分之八，总人口的百分之十。无论在哪一种

① 见《毛泽东选集》第4卷，人民出版社1960年第1版，第1261页注5。
② 《在晋绥干部会议上的讲话》，《毛泽东选集》第4卷，人民出版社1960年第1版，第1312页。

地区，土地改革都要逐步进行，依据客观条件和主观条件决定工作速度，并且要先做试点，取得经验，逐步推广，波浪式前进。

第六个文件：1948 年 5 月 24 日，毛泽东同志给邓小平同志的电报——《新解放区农村工作的策略问题》。这个文件中提出："新解放区必须充分利用抗日时期的经验，在解放后的相当时期内，实行减租减息和酌量调剂种子口粮的社会政策和合理负担的财政政策，把主要的打击对象限于政治上站在国民党方面坚决反对我党我军的重要反革命分子，……而不是立即实行分浮财、分土地的社会改革政策。""这一个减租减息阶段是任何新解放地区所不能缺少的，缺少了这个阶段，我们就要犯错误。"①

第七个文件：1948 年 5 月 25 日，毛泽东同志为党中央起草的《1948 年的土地改革工作和整党工作》的指示。这个文件中提出："划定土地改革工作范围。这种范围，必须是在下列三项条件下划定之：第一，当地一切敌人武装力量已经全部消灭，环境已经安定，而非动荡不定的游击区域。第二，当地基本群众（雇农、贫农、中农）的绝对大多数已经有了分配土地的要求，而不只是少数人有此要求。第三，党的工作干部在数量上和质量上，确能掌握当地的土地改革工作，而非听任群众的自发活动。如果某一地区，在上述三个条件中，有任何一个条件不具备，即不应当将该地区列入一九四八年进行土地改革的范围。"② 对于已经具备了上述三个条件的地区，这个文件还规定了由土地改革到发展生产的全部工作过程，包括乡村情况调查、初步整党、组织群众、划分阶级成分等十项具体步骤，要依次完成。

---

① 《毛泽东选集》第 4 卷，人民出版社 1960 年第 1 版，第 1327、1328 页。
② 同上书，第 1330—1331 页。

这两个文件不同于前面五个文件的地方是：提出了在新区必须首先实行减租减息，认为这是绝不可缺少的一个阶段。进行土地改革必须具备三个条件，缺一不可。由土地改革到发展生产的全部过程，必须依次完成十项工作。

第八个文件：中华人民共和国成立以后，1950年6月30日，中央人民政府公布的《中华人民共和国土地改革法》。这个文件中规定："没收地主的土地、耕畜、农具、多余的粮食及其在农村中多余的房屋。但地主的其他财产不予没收。""保护富农所有自耕和雇人耕种的土地及其他财产，不得侵犯。富农所有之出租的小量土地，亦予保留不动；但在某些特殊地区，经省以上人民政府的批准，得征收其出租土地的一部或全部。半地主式的富农出租大量土地，超过其自耕和雇人耕种的土地数量者，应征收其出租的土地。富农租入的土地应与其出租的土地相抵计算。""保护中农（包括富裕中农在内）的土地及其他财产，不得侵犯。"[①]

这个文件不同于中华人民共和国成立以前的七个文件的地方是：不是没收地主除了工商业以外的一切财产，而是只没收其土地、耕畜、农具、多余的粮食及其在农村中多余的房屋，其他财产都不没收。除了对出租大量土地的半地主式的富农，征收其出租的土地以外，对于单纯的富农经济，则采取保存的政策。

上面抄引了八个文件，从对照比较中可以看出，土地改革的打击面越来越小，打击的对象越来越集中、明确；对于不同的地主富农的区别对待，越来越界限分明；对于地主富农的处理，后来比以前宽大；土地改革的步骤，分得越来越细，步子越来越踏

---

① 《新华月报》1950年7月号，第498页。

实。

能不能由此得出结论说，党的土地改革政策越来越后退了，越来越不彻底了？能不能说，我们党有意地放慢了土地改革的速度，推迟了民主革命任务的完成？

不能得出这样的结论。事实证明，党的土地改革政策的每一次补充或修正，都使土地改革进行得更加顺利、更加健康了，使一些地区曾经发生的这样或那样的偏差得到了及时的纠正。因此，总的看来，土地改革工作的速度是加快了，而不是放慢了。同时，由于执行了正确的土地改革政策，大大有利于发展生产，大大有利于发动各阶层更积极地参加抗日战争和人民解放战争，因此也就加速了整个民主革命任务的完成。

对照学习了八个文件以后，自己想了以下几点，感到对于这个问题的理解就更深刻了一步。

第一，从《中国土地法大纲》到《中华人民共和国土地改革法》，党的有关土地改革的一切政策，同党的其他方面的政策一样，都是在充分研究了客观情况，详细总结了人民群众的实践经验的基础上制定的。实践经验，包括大量的成功经验，也包括各种各样的右和"左"的失败的经验。随着经验的越来越丰富，政策也就越来越完善。随着在实践斗争中暴露出来的矛盾越来越明显、越充分，解决矛盾的办法也就越来越具体、越切中要害。毛泽东同志说："不能在封建社会就预先认识资本主义社会的规律，因为资本主义还未出现，还无这种实践。"① 当土地改革还没有开始进行，或者进行的时间还不长，它可能遇到的问题和它所引起的新的矛盾还没有明显地暴露出来，我们还没有足够

---

① 《实践论》，《毛泽东选集》第 1 卷，人民出版社 1952 年第 2 版，第 275、276 页。

的实践经验的时候，不可能在事前设计出很完备的实施方案，规定出很完备的政策。土地改革，同其他工作一样，同其他任何事物的发展一样，有它的客观规律。对于这些客观规律，我们不可能一下子就完全认识，而只能在实践当中逐步认识，认识只能逐步深化，逐步更接近于客观实际。毛泽东同志说："实践、认识、再实践、再认识，这种形式，循环往复以至无穷，而实践和认识之每一循环的内容，都比较地进到了高一级的程度。"[①] 党的政策的不断完善的过程，就是这样一个实践和认识不断反复的过程。

第二，党的土地改革的总路线，是依靠贫农，团结中农，有步骤地、有分别地消灭封建剥削制度，发展农业生产。怎样依靠贫农？怎样才能巩固地团结中农？消灭封建剥削制度应当有什么步骤，有什么分别？怎样才有利于发展农业生产？都需要规定出具体的政策。这就是说，有了总路线和总政策，还要有执行总路线和总政策所必需的具体政策和策略。否则，总路线和总政策的正确执行就没有保证。而具体政策和策略，只能在实践当中去逐步制定，逐步补充和修正，逐步完备。从上面抄引的几个文件当中可以看到，为了团结中农，不但在分配土地财产方面有越来越明确的规定，还具体规定了划分中农和富农的政策界限，这样就可以防止由于错定成分而侵犯了中农。而中立富农，保护新式富农，也都是有利于团结中农的重要政策。至于有步骤地、有分别地消灭封建剥削制度的具体政策和策略，从上面抄引的文件中已经看得很清楚了。正是由于这些具体政策和策略的逐步完善，才保证了土地改革总路线的正确实现。

第三，土地改革，同其他工作一样，同其他任何事物的发展

① 《实践论》，《毛泽东选集》第1卷，人民出版社1952年第2版，第285页。

一样，有它的阶段性，有它的必经的、不可超越的几个阶段，这是客观规律所决定的。人为地企图减少一个阶段，超越一个阶段，走抄道，是行不通的。毛泽东同志说："消灭封建剥削制度应当是有步骤的，即是说，有策略的。必须依据环境所许可的情况，农民群众的觉悟程度和组织程度，决定发动斗争的策略，不要企图在一个早上消灭全部的封建剥削制度。"① 例如新解放区，由于反革命势力还很强大，环境还不安定，群众还没有发动，我们的一切工作还没有基础，还没有巩固地站稳脚跟，就不可能立即实行土地改革。如果勉强实行，其成果也不能巩固。而首先实行减租减息，一方面，可以使农民得到利益，有利于逐步启发农民的觉悟，并在斗争当中逐步组织群众，锻炼群众；另一方面，又有利于集中一切力量首先打击重要反革命分子，消灭国民党反动派。反动派被消灭了，环境安定了，群众已经觉悟和组织起来了，就可以"水到渠成"地进入土地改革阶段。因此毛泽东同志说，在新解放区，如果缺少了减租减息阶段，我们就要犯错误。进入土地改革以后，还要分作几个阶段，也是同样的道理。

第四，进行任何工作，都需要统一考虑客观条件和主观条件，都需要因地因时制宜。不考虑当时当地的条件，或者只考虑客观条件，或者只考虑主观条件，都会碰钉子，遭到失败，而不能取得预期的效果。土地改革当然也不例外。例如党的政策规定，土地改革当中总的打击面，一般不能超过乡村总户数的百分之八，总人口的百分之十。这个界限，绝不是随便规定的，而是具体分析了旧中国农村的阶级情况和土地占有情况，地主富农大

---

① 《在晋绥干部会议上的讲话》，《毛泽东选集》第4卷，人民出版社1960年第1版，第1313页。

约占乡村总户数的百分之八左右，人口不到百分之十，他们占有的土地约为土地总数的百分之七十至八十。根据这个客观情况规定了总的打击面，既可以防止侵犯中农，又能够满足农民的土地要求。在老区半老区，由于阶级情况和土地占有情况已经有了变化，因此党中央提出在这类地区的打击面还应当更缩小。关于主观条件，不能只有一个笼统的、一般的概念，而必须具体地分析、正确地估计当时当地的主观条件究竟是个什么样的情况。这就是毛泽东同志所说的，要看干部在数量上和质量上，是否已经确能掌握当地的土地改革工作。进行土地改革必须具备的其他客观条件和主观条件，前面抄引的文件中都谈到了，不再重复。毛泽东同志说："必须教育干部善于分析具体情况，从不同地区、不同历史条件的具体情况出发，决定当地当时的工作任务和工作方法。"① 又说："按照实际情况决定工作方针，这是一切共产党员所必须牢牢记住的最基本的工作方法。我们所犯的错误，研究其发生的原因，都是由于我们离开了当时当地的实际情况，主观地决定自己的工作方针。这一点，应当引为全体同志的教训。"② 进行土地改革是这样，进行其他任何工作都是这样。

第五，实行土地改革，是生产关系的重大变革。变革生产关系，是为了促进生产力的发展。土地改革的根本目的，就是为了使农村生产力从地主阶级封建土地所有制的束缚之下获得解放，迅速发展农业生产，为新中国的工业化开辟道路。因此必须考虑，规定什么样的政策，采取什么样的步骤进行土地改革，才更有利于生产的发展。满足贫农和雇农的要求，坚决地团结中农，

---

① 《一九四八年的土地改革工作和整党工作》，《毛泽东选集》第 4 卷，人民出版社 1960 年第 1 版，第 1332 页。

② 《在晋绥干部会议上的讲话》，《毛泽东选集》第 4 卷，人民出版社 1960 年第 1 版，第 1306 页。

不损害中农的利益，这是党在土地改革中的基本原则，是有利于发展生产的最重要的政策。除此之外，党中央和毛泽东同志还规定了其他一系列的政策，都是从有利于生产发展出发的。例如在减租减息时期提出鼓励新富农和富裕中农，对于稳定中农、发展农业生产收到了成效。在土地改革时期，仍然保护新富农和富裕中农，坚决保护工商业，都收到了同样的成效。党还曾经教育农民，我们的任务是消灭封建制度，消灭地主之为阶级，而不是消灭地主个人；对于在全国数以千万计的地主富农，要看做是国家的劳动力，而加以保存和改造，并分给同样的一份土地财产。在土地改革当中，一再证明了党的这些政策是完全正确的。相反地，凡是违反了党的政策的地方，就曾经在生产上程度不同地引起不良的后果。

第六，新民主主义革命，是无产阶级领导的，人民大众的，反对帝国主义、封建主义和官僚资本主义的革命。这是党的新民主主义革命的总路线。土地改革，是新民主主义革命的主要内容。但它毕竟只是内容之一，而不是全部。因此，制定土地改革的路线和政策，不能孤立地只考虑土地改革本身，而必须从新民主主义革命的总路线出发，必须有利于完成新民主主义革命的全部任务，也就是必须同完成新民主主义革命的其他任务联系起来考虑。具体说来，国民党的反动统治，是中国人民的三个敌人——帝国主义、封建主义和官僚资本主义的集中表现；封建主义的生产关系，是受着国民党反动派首先是它的反动武装力量的保护的。要消灭封建主义的生产关系，实行土地改革，就必须消灭国民党反动派，首先是消灭它的反动军队。因此，就必须考虑规定什么样的土地改革的政策和策略，才有利于达到这个目的。党的有关土地改革的一切政策和策略，都是从这一个根本点出发的。例如在新区首先实行减租减息，就是有利于"联合或中立一切可能联合或中立的社会力量、完成消灭国民党反动力量这一基本任务的"①。又例如，对那些同我们党共过患难、确有相当贡献的开明绅士，对那些赞成土地改革的开明绅士，在不妨碍土地改革的条件下，采取分别情况、予以照顾的政策，这对于争取全国的知识分子（旧中国的知识分子大部分是地主、富农的家庭出身），对于争取全国的民族资产阶级（中国的民族资产阶级大部分同土地有联系），以及对于孤立中国革命的主要敌人蒋介石反动派，都是有益的。毛泽东同志说："许多同志往往记住了我党的具体的各别的工作路线和政策，忘记了我党的总路线和总政策。而如果真正忘记了我党的总路线和总政策，我们就将是一个盲目的不完全的不清醒的革命者，在我们执行具体工作路线和具体政策的时候，就会迷失方向，就会左右摇摆，就会贻误我们的工作。"② 这是我们应当牢牢记住的。

第七，一项具体政策的制定或修正，必须从总的形势的发展情况和一定时期的主要任务出发。这样，具体政策才能够顺利地贯彻执行，也才有利于完成主要任务。举例来说，在解放战争时期，胜负属谁还没有确定，富农还不相信人民能够胜利，他们还倾向于地主阶级和蒋介石一边，反对土地改革和人民革命战争，而革命战争又需要农民付出极大的代价来支援。在那种情况下，一切都应当服从争取战争的胜利这一主要任务。因此，在那时征收富农多余的土地财产，并且没收地主除了工商业以外的一切财产，以更多地满足农民的要求，发动农民参加和支援革命战争的高度热情，是必要的和正确的。中华人民共和国成立以后，总的

---

① 《一九四八年的土地改革工作和整党工作》，《毛泽东选集》第4卷，人民出版社1960年第1版，第1331页。

② 《在晋绥干部会议上的讲话》，《毛泽东选集》第4卷，人民出版社1960年第1版，第1314页。

形势根本改变了，富农的政治态度一般地也随着有了改变，全国人民的主要任务是恢复和发展生产。这时，采取保存富农经济的政策，中立富农，并且对地主的处理也比过去宽大了，这对于恢复和发展生产是有利的。从党关于土地改革的其他具体政策的制定和修正当中，都可以看出同样的道理。

以上这些，本来都是一般的道理。但是，同党中央和毛泽东同志所制定的路线、政策联系起来想一想，特别是同这些政策的发展、补充、修正的情况联系起来想一想，却觉得有进一步的体会。同时，对于理解当前的一些问题，也觉得很有帮助。

想过这些之后，深深感到，党中央和毛泽东同志是那样及时地、深刻地总结了土地改革中的实践经验，越来越具体、明确地规定了土地改革的一系列政策，从而保证了解放战争和土地改革的顺利进行和取得胜利，保证了民主革命的彻底胜利。对于当时政策上的一些改变，乍一看来，似乎是工作的速度越来越慢了，其实是快了；有时似乎是后退了，其实是前进了。因为，是慢还是快，是后退还是前进，有其客观标准，而且主要应当从效果上去看，绝不能简单地认为步子迈得越大越急就越革命、越进步。毛泽东同志说："判定认识或理论之是否真理，不是依主观上觉得如何而定，而是依客观上社会实践的结果如何而定。真理的标准只能是社会的实践。"[①] 又说："政策必须在人民实践中，也就是经验中，才能证明其正确与否，才能确定其正确和错误的程度。"[②] 任何一项政策、一个措施的是否正确，是前进了还是后退了，只能看它是否符合客观的实际情况而定，看它的效果如何

---

① 《实践论》，《毛泽东选集》第 1 卷，人民出版社 1952 年第 2 版，第 273 页。

② 《关于工商业政策》，《毛泽东选集》第 4 卷，人民出版社 1960 年第 1 版，第 1284 页。

而定。

　　经过这样的学习，对于开头提到的毛泽东同志那一句话，对于经验和实行政策的关系，感到理解的多了一点。因此也就觉得，这样学习，大概也可以算作提高认识的方法之一吧！

　　　　　　　　　　　　　　　　（原载《红旗》1961 年第 20 期）

在土地改革中没收和分配土地

  中国共产党领导农民进行的土地制度的改革，从 1927 年冬开始，到 1953 年春在全国（除去台湾和一些少数民族地区之外）基本完成，包括抗日战争时期的减租减息阶段在内，前后共经历了 25 年的漫长路程，解决了几亿农民世世代代梦寐以求，而其他任何阶级和政党都无法解决的土地问题，取得了我国几千年来所未有的伟大成绩，创造了一套完整的系统的经验。忠实地记录这个伟大的变革，系统地总结这一整套丰富的经验，从而描绘出像我国这样一个农民占人口绝大多数的国家进行土地制度改革的光辉历程，是一项十分有意义的工作。作为这项工作的一部分尝试，本文只就土地改革中没收和分配土地问题进行一点初步的探讨。

  在土地改革中，需要进行许多复杂细致的工作，而最基本的任务是改变土地所有制，实现部分土地所有权的转移。那么，究竟哪一部分土地的所有权应当转移，即应当没收哪些土地，把这些土地分配给谁，怎样分配？在第二次国内革命战争时期、第三次国内革命战争时期和中华人民共和国成立以后这几个不同阶段，我们党经过长期的摸索，走过一些曲折的道路，解决这个问题的经验才越来越成熟，政策也越来越完善了。要讲清这个问题，必须对我国农村各阶级土地占有关系，剥削与被剥削的关系，我们党在各个时期所规定的有关政策和土地改革中的执行情况，加以具体分析。

一　没收和分配土地的根据是什么？

进行土地改革，是要把封建的土地所有制改变为农民的土地所有制。这就需要从农村各阶级的土地占有关系和剥削与被剥削的关系中，分析哪些土地是用来进行封建剥削的，从而确定没收的对象，以及没收以后分配给谁。

关于农村各阶级的土地占有关系，由于我国幅员辽阔，各地情况不同。下面仅举几个不同地区的典型调查来说明。

（一）1930 年 10 月底调查，江西兴国县永丰区各阶级土地占有情况是：

地主，人口占 1%，占有土地 40%；

公堂，占有土地 10%（实际为地主富农所共有）；

富农，人口占 5%，占有土地 30%；

中农，人口占 20%，占有土地 15%；

贫农，人口占 60%，占有土地 5%。

地主和富农只占当地人口的 6%，却占有土地 80%；贫农和中农的人口共占 80%，只占有土地 20%[①]。

（二）1942 年 3 月调查，陕西米脂县印斗乡九保各阶级土地占有情况是：

地主，户数占 2%，占有土地 63.69%；

---

① 参见毛泽东：《农村调查》，解放社 1949 年版，第 24—25 页。

富农，户数占 3%，占有土地 11.86%；

富裕中农，户数占 4.6%，占有土地 6.5%；

中农，户数占 10.9%，占有土地 7.2%；

贫农，户数占 66.6%，占有土地 9.6%；

雇农，户数占 8.6%，占有土地 0.3%；

其他，户数占 4.3%，占有土地 0.85%。

地主、富农的户数共占 5%，却共占有土地 75.55%；中农、贫农、雇农等的户数共占 95%，却只占有土地 24.45%[1]。

（三）1949 年 10 月调查，浙江松阳县望松乡八个村的土地占有情况是：

地主，人口占 3.5%，占有土地 83%（黑地未计在内）；

富农，人口占 4.3%，占有土地 4.5%（黑地未计在内）；

中农，人口占 28.3%，占有土地 8.7%；

贫农，人口占 63.9%，占有土地 3.8%。

地主和富农的人口只占 7.8%，却共占有土地 87.5%；中农和贫农的人口共占 92.2%，只占有土地 12.5%。地主平均每人占有土地 42.33 亩，中农平均每人占有 0.55 亩，贫农平均每人占有 0.11 亩。而且地主都是上等良田，中农、贫农多为山地[2]。

这些典型调查以及一些其他材料告诉我们，在旧中国的农村，各阶级占有土地的大体情况是这样：占农村人口不到 10% 的地主、富农，占有约 70%—80% 的土地；占农村人口 90% 以上的雇农、贫农、中农及其他劳动人民，却总共只占有约

---

[1]　参见柴树藩、于光远、彭平：《绥德、米脂土地问题初步研究》，人民出版社 1979 年版，第 38 页。

[2]　据中共丽水地委调查研究组调查材料。

20%—30%的土地①。而且，在对地主和富农的分别统计当中又可看出，主要是地主阶级占有了农村绝大多数土地。如据抗日战争时期的调查，成都平原占人口8%的地主，占有土地80%。

地主占有这么多的土地是怎样来的呢？追根究底，是从农民手中掠夺来的。因为，所有耕地，都是农民开垦而成，统治阶级通过重税和高利贷等种种形式，迫使农民破产，将其土地加以兼并。而且，这种兼并过程是不断进行的。例如，地主乘人之危，压价买地，或收地抵债。农民遇到天灾人祸，荒年歉收，青黄不接，或者无力缴纳苛重的捐税的时候，地主即乘机放高利贷。有的地方，农民春季借地主的一斗粮，麦季要还三斗，到时无粮还债即用土地抵偿。有的地主放高利贷时就要农民以土地作抵押，农民无力还债时即以土地抵债。有的地方，地主用一斗粮就可当入农民的一亩地，用二斗粮就可买进一亩地。有的农民急于用钱时被迫卖地，地主即乘机压低地价，掠夺农民的土地。更有甚者，地主竟可依仗权势强行霸占农民的土地。

地主掠夺了农民的土地占为己有，又主要通过地租形式来剥削农民。在旧中国，农民交给地主的租额一般要占农业产量的50%左右，有的地方高达60%、70%甚至80%以上。

地租之外，地主还挖空心思，巧立名目，加给农民许多种额外剥削。据1950年2月4日《湘中日报》刊载的一篇材料，地主的剥削花样共有120种之多。其中比较普遍的有：押租，虚田实租，大斗大秤收租，预付地租，逾限加成，无偿劳役，收租酒，逢年过节送礼等。另据1947年《中国经济年鉴》载，苏北地区实行土地改革以前，农民受地主的额外剥削，其最普遍者就

---

① 参见《中国共产党中央委员会关于公布中国土地法大纲的决议》，1947年10月10日。

有 20 种之多，如：预备麦，小租，酱麦，看稻费，大斗大斤，修车费，修沟费，虚田实包，战时加租，伪费，写田礼，年礼，出仓费，出差费，盖仓费，种子费，欠租加息，租鸡租鸭费等。这些额外剥削的总额，往往超过正租的租额，所以农民除掉将主要农产品大部甚至全部交给地主以外，还得用农田副产品补其不足，一并交给地主。① 此外还有地主的高利贷剥削，也是对农民敲骨吸髓的残酷手段，本文不再论及。

靠榨取农民血汗过活的地主，花天酒地，挥金如土。被地主榨干了血汗的农民的生活，却苦不堪言。1935 年，有人在河北省阜平县作过调查，那里的农民一年到头吃的主要是树叶、糠菜和薯秧。湖南宁乡县一个叫黄少原的农民，他家一条单裤穿了五代，共穿了 180 多年，已成为无数破布补丁结成的"百结裤"。据 1929 年调查，当时绥远省的包头县农民为了活命出卖儿女约 3 万多人，固阳县出卖 5 千多人，萨县出卖 1 万多人，武川县出卖 8 千多人，全省约共出卖 10 万儿女。1934 年，湖北省新阳县两个区就饿死了上千人。② "农民头上三把刀，税多、租重、利息高；农民眼前路三条，逃荒、讨米、坐监牢。"在封建剥削的土地制度压榨下的农民，就是用这样的民谣来哀叹自己的悲惨生活的。

从以上材料可以看出，地主阶级不仅剥削了农民的全部剩余劳动，而且侵占了农民的必要劳动。为了进一步说明这个问题，这里再引两个材料：

（一）1934 年，浙江武义县一户农民全年农业产值 115.04 元，生产资料的费用为 23.16 元，生活资料的费用为 96.72 元，

---

① 参见狄超白：《中国土地问题讲话》，光华书店 1948 年版，第 21—22 页。
② 参见柳荣昌、佘边：《地主是怎样剥削和压迫农民的》，中国青年出版社 1963 年版。

农业产值还不够两项必需费用的支出，差 4.84 元。交地主的地租为 51.84 元。地租侵占农民必要劳动的 58.6%。[①]

（二）江苏无锡县梅村镇强家桥土地改革前，农民耕作一亩田的收入与支出情况是（均按白米计算）：正产物收入 2 石 2 斗，生产资料支出 7 斗 5 升，生活费用支出 5 斗 6 升，地租支付 1 石 2 斗。地租侵占农民必要劳动的 55.3%。[②]

马克思曾经指出："产品地租所达到的程度可以严重威胁劳动条件的再生产，生产资料本身的再生产，使生产的扩大或多或少成为不可能，并且迫使直接生产者只能得到最低限度的维持生存的生活资料。"[③] 在地主阶级残酷的封建剥削下的中国农民，甚至连"最低限度的维持生存的生活资料"也得不到。

从上述农村各阶级土地占有关系和剥削被剥削的关系中，我们可以得出如下几条结论，作为没收和分配土地的根据：

第一，事实说明，占农村人口比例很小的地主，占有绝大部分土地；而广大贫苦农民则无地或少地，贫富悬殊，相去天渊。那么，这能否作为没收地主土地分给无地少地农民的根据呢？不能。进行土地改革，并不是单纯以占有土地的多少或以贫富作为制定政策的依据，不是以平均主义为出发点，目的不是把贫富拉平。进行土地改革，目的是消灭封建剥削的土地制度，打破这种旧的生产关系，解放农村的生产力，因此就要依据剥削与被剥削的关系，进行马克思主义的阶级分析，然后制定出能够消灭封建

---

① 参见严中平等编：《中国近代经济史统计资料选集》，科学出版社 1955 年 8 月版，第 312 页。地租侵占必要劳动的计算方法是：$\dfrac{\text{地租额} - \text{剩余劳动量}}{\text{生活资料费用}}$。

② 参见叶寒：《关于华东新区减租运动》，《新华月报》1950 年 3 月号，第 1221 页。

③ 《马克思恩格斯全集》第 25 卷，第 897 页。

剥削制度的土地改革政策。这才是没收地主土地分给无地少地农民这一政策的根据。地主之所以占有大量土地，其所以富，是进行封建剥削的结果；贫农、雇农之所以无地或少地，其所以穷，是被地主剥削的结果。如果没有这种封建剥削行为，只靠自己劳动，不管占有多少土地，不管生活多富，也不是反封建的对象，不是土地改革的对象，就如一些中农那样。以马克思主义为指导的无产阶级政党观察和处理土地问题的着眼点是剥削与被剥削，是阶级关系，是旧的生产关系是否已经成为生产力发展的桎梏，而不是贫与富，不是占有土地的多少。这既根本区别于封建社会绿林好汉的劫富济贫，也大大高于农民的平均主义思想。

第二，没收地主土地分给无地少地的农民，表面看来是无偿地将地主的土地转移给农民了，实际上却不是这样。前述事实说明，所有耕地本来都是历代劳动农民开垦出来的，地主用各种手段剥夺了农民的劳动成果据为己有，又用来对农民进行残酷的封建剥削。地主的剥削所得，除了自己挥霍之外，又用来进一步剥削农民。这样循环往复，农民的土地及其他大部分劳动成果就逐渐被地主无偿占有，结果不但严重摧残了农民的生产积极性，阻碍了农业生产的发展和社会的进步，而且使广大农民挣扎在饥饿和死亡线上。因此，我们党领导的土地改革，就是领导农民把土地从封建剥夺者手里夺回来，归还农民，即当时人们说的"土地还家"。只要进行了这样的分析，就可看出这是一条简单明了的道理，是天经地义的革命行动。

第三，没收地主土地分给无地少地的农民，并不是因为这些农民太穷了，并不是越穷越光荣，也不是越穷越有理。土地改革并不是救济穷人的慈善事业，而是因为贫苦农民的剩余劳动被地主剥夺去了，甚至连他们的必要劳动也被地主侵占了。我们所说的穷，是与被剥削相联系的。只是在被剥削这个意义上，我们党才同情穷人，团结组织穷人，领导穷人闹革命。如果四体不勤，坐吃山空，因而由富变穷，那是不值得同情的。进行土地改革，就是领导农民向地主讨还剥削债。实际上，没收了地主的土地分给无地少地的农民，并不足以还清农民世世代代被剥削的债，而只是剥夺了地主阶级进行剥削的手段，使其无法再继续剥削农民。

我们进行了以上分析之后，得出的结论仍然是这样简单的一句话：没收地主土地分给无地少地的农民。这个结论的根据，就是封建地主阶级占有土地的这种生产关系，严重地妨碍农民生产积极性的发挥，严重地阻碍着农业生产力的发展，因此必须消灭这种生产关系，以解放生产力。这一条历史唯物主义的根本原理必须搞清楚，这是土地改革中能否正确执行党的政策，以及会不会出现偏差的根本问题所在。

二　应当没收哪些土地？

没收地主土地分给无地少地的农民，说来只是一句话，而在我国几个革命阶段进行土地制度改革的事实，却远远不是这样简单。党的土地改革政策，是在很复杂的情况下，不断总结丰富的实践经验，也不断纠正偏差，才逐步完善起来的。关于应当没收哪些土地的问题，如果把党的政策的演变情况按时间顺序排列出来，那将需要很长的篇幅。现在分作几个问题来谈，从中也可看出党的政策是怎样逐步完善的。

第一，关于没收地主土地。

地主的土地必须没收，这在几个革命阶段的土地改革中，党的政策都是十分明确的。早在第二次国内革命战争时期，1928年7月《中国共产党第六次代表大会政治决议案》中即提出：

"农民运动底中心口号，是没收地主阶级底土地交由农民代表会议（苏维埃）处理。"① 后来各个革命根据地和党中央先后制定过很多土地法，虽然其中也曾有过一些缺点和错误，在没收地主土地这一点上却始终是坚定不移的。第三次国内革命战争时期，1947 年 10 月 10 日中共中央公布的《中国土地法大纲》规定："废除封建性及半封建性剥削的土地制度"，"废除一切地主的土地所有权"。中华人民共和国成立以后，1950 年 6 月 28 日中央人民政府通过的《中华人民共和国土地改革法》同样规定："废除地主阶级封建剥削的土地所有制"，"没收地主的土地"②。根据党的这一条始终一贯的政策，我们党领导农民完成了土地改革，消灭了封建半封建剥削的土地制度，消灭了作为一个阶级的地主阶级，完成了中国新民主主义革命的最基本的任务。这样，在我们这个东方大国，就不仅挖掉了几千年来封建主义统治的基础，而且挖掉了帝国主义和官僚资本主义统治的基础。在没收地主土地，废除封建半封建的土地剥削制度这个根本问题上，不能有任何动摇和犹豫，否则，不仅会犯严重错误，而且根本谈不上进行土地制度的改革，更谈不上新民主主义革命的完成。

废除封建半封建剥削的土地制度，不能只限于没收地主直接占有的、或正式写在地主名下的土地。在地主阶级掌握着农村政权的时候，农村中属于祠堂、庙宇、寺院、教堂、学校等所有的所谓公地，一般说来，实际上也为地主所占有，或为地主和富农所共有，同样是用来对农民进行封建剥削的手段，应当和地主土地一样加以没收。第二次国内革命战争时期，1929 年 4 月，毛泽东同志主持制定的《兴国土地法》就做出了这样的规定："没

---

① 《中国现代史资料选编》（3），黑龙江人民出版社 1981 年 3 月版，第 90 页。
② 《新华月报》1950 年 7 月号，第 498 页。

收一切公共土地及地主阶级的土地"①。同年 7 月，中国共产党闽西第一次代表大会通过的《土地问题决议案》更具体规定："没收一切地主土豪及福会公堂等田地"。

进行土地改革，是一场激烈的阶级斗争，地主阶级不可能老老实实地把土地交给农民，而必然想方设法进行反抗和破坏。地主反抗和破坏的手段花样翻新，党组织和农民群众同地主进行斗争的经验也越来越丰富。例如，在一个地区解放以后，地主知道是要进行土地改革的，就用出卖、出典或真真假假地赠送给亲友等方式，转移分散土地，以图逃避土地改革。针对这种情况，1950 年 1 月中央人民政府政务院批准的《河南省土地改革条例》规定，对上述这类土地"得酌量抽出一部或全部予以分配"②。不过，这个规定还不彻底，会给逃避土地改革的地主留下钻空子的余地。同年 6 月公布的《中华人民共和国土地改革法》就更明确地规定："所有应加没收和征收的土地"，在当地解放以后不管采取什么方式加以转移分散的，"一律无效"，"应计入分配土地的数目之内"③。同时，上述两个法令还都规定，农民如因买入或典入应加没收的土地而蒙受较大损失的，应给以适当补偿。这是合理的，必要的。

农民群众出于对地主阶级的深仇大恨，在土地改革中，相当普遍地对地主实行了"扫地出门"的做法。这是不符合农民的根本利益，也不利于社会生产的发展的。1948 年 1 月，毛泽东同志为党中央起草的党内指示《关于目前党的政策中的几个重要问题》中指出："我们的任务是消灭封建制度，消灭地主之为

---

① 毛泽东：《农村调查》，解放社 1949 年 5 月版，第 115 页。
② 《新华月报》1950 年 4 月号，第 1476 页。
③ 《新华月报》1950 年 7 月号，第 498 页。

阶级，而不是消灭地主个人。"① 这就从理论和政策原则上为解决上述问题提出了根据。1949 年 10 月，中共中央华北局《关于新区土地改革的决定》中即明确规定：要留给地主和农民同样的一份土地和财产，"不许再用扫地出门的办法"②。

为了照顾我国长期形成的民族习惯，1950 年 1 月，政务院《关于处理老解放区市郊农业土地问题的指示》中规定：没收地主的土地时，"坟地及坟地上之树木一律保护不动"③。这样的政策规定，是很得人心的。但是这条规定还有一个缺点，如果有一户地主或一姓地主的坟地很大，而坟墓很少，若按这条规定完全不动，实际上就会给地主留下过多的土地。在《中华人民共和国土地改革法》中把这条规定改为："没收和征收土地时，坟墓及坟场上的树木，一律不动。"④ 不动"坟地"改为不动"坟墓"，就把问题解决了。

在抗日战争期间，有些地主家庭出身的人或地主子弟，参加到革命队伍，成为抗日军人或抗日工作人员，他们的家庭即被称为"抗属"；还有些地主阶级的开明绅士，同我们党和抗日民主政府合作，做出了贡献。对于地主阶级中的"抗属"和开明绅士，理应团结他们，给以适当照顾，以区别于一般地主。1946年 5 月 4 日，中共中央《关于土地问题的指示》（即"五四指示"）中指出："对于抗日军人及抗日干部的家属之属于豪绅地主成分者，对于在抗日期间，无论在解放区或在国民党区，与我们合作而不反共的开明绅士及其他人等，在运动中应谨慎处理，适当照顾，一般应采取调解仲裁方式。一方面，说服他们不应该

① 《毛泽东选集》第 4 卷，第 1214 页。
② 《新华月报》1949 年 12 月号，第 460 页。
③ 《新华月报》1950 年 3 月号，第 1215 页。
④ 《新华月报》1950 年 7 月号，第 499 页。

拒绝群众的合理要求，自动采取开明态度；另一方面，应教育农民念及这些人抗日有功，或是抗属，给他们多留下一些土地，及替他们保留面子。"① 指示中提出念及这些人抗日有功而应适当照顾，是必要的。

地主一般是出租土地的，但党的政策又不是对所有出租土地者都按地主对待。党在制定政策时考虑到一些具体情况，作出了细致明确的规定，防止因政策界限不清而出现偏差。1950 年的三个有关文件——1 月 13 日政务院《关于处理老解放区市郊农业土地问题的指示》，1 月 20 日政务院批准的《河南省土地改革条例》，6 月 28 日中央人民政府通过的《中华人民共和国土地改革法》，都规定了"因缺乏劳动力或从事其他职业而出租少量土地者，不得以地主论"。其中，《中华人民共和国土地改革法》更具体地规定，"革命军人、烈士家属、工人、职员、自由职业者、小贩以及因从事其他职业或因缺乏劳动力而出租小量土地者，均不得以地主论。"那么，所谓出租"少量"或"小量"土地，究竟是多少呢？开始没有具体规定。政务院批准的《河南省土地改革条例》规定，这样的户每人平均所有的土地数量在当地每人平均土地数 150% 以下者，不得没收。《中华人民共和国土地改革法》则更放宽尺度，把 150% 改为 200%，"超过此标准者，得征收其超过部分的土地。"究竟是以 150% 为限合适，还是 200% 合适？《河南省土地改革条例》虽然是经政务院批准的，但毕竟只是一个省的；《中华人民共和国土地改革法》是全国性的，而且是比前者晚 5 个月制定的，显然是考虑了 150% 的规定以后，在那个基础上加以修订的，因此应当认为 200% 的规定更为适当。重要的问题还不在于这个具体数目，而在于因为缺

① 《刘少奇选集》上卷，第 378—379 页。

乏劳动力（从事其他职业者，其家庭也是缺乏农业劳动力）而出租少量土地，是生活需要，不能认为是封建剥削；如果占有的土地很多而又出租，其收入大大超过一般生活需要，就具有封建剥削的性质了，在反封建的土地改革中当然应当征收其超出一定限度的那部分土地。此外，《中华人民共和国土地改革法》还规定，如果这样户的土地"确系以其本人劳动所得购买者，或系鳏、寡、孤、独、残废人等依靠该项土地为生者，其每人平均土地数量虽然超过200%，亦得酌情予以照顾"。这个规定十分重要。首先是明确区分了劳动所得与剥削所得，反对封建剥削而鼓励劳动致富，这是有利于发挥农民的生产积极性的。其次是照顾到一些有特殊困难者，不能使有些人因土地改革而难以为生。

总之，在没收地主土地这个问题上，党的政策既有明确坚定的原则性，又充分照顾到了各种复杂的情况。在不断总结实践经验的基础上，政策规定越来越周密。

第二，如何对待富农的土地。

在很长时间里，在党的政策中和干部、群众的观念中，是把富农和地主归为一类的。其原因，一是富农也占有大量土地，而且也对农民进行封建性半封建性的剥削，这是和地主相类似的；二是富农在政治上和地主站在一起，在农村中共同统治压迫农民群众；三是在长期的革命战争中，当人民革命力量还处于相对劣势，战争的胜负在一些人的心目中还难以确定的时候，富农一般倾向于反动势力一边，反对土地改革和人民革命战争。在这种情况下，把富农也列为反封建的对象，列为土地改革的对象，是很自然的。1928年12月的《井冈山土地法》规定"没收一切土地"，当然包括富农的土地，不必说了。1931年8月，苏区中央局《关于土地问题决议案》规定"没收地主土地和富农土地"，这是明确地把富农和地主同样看待的。

　　实际上，富农毕竟和地主有区别。富农除了对贫苦农民进行封建半封建剥削外，一般自己也参加主要劳动，而地主则一般不参加主要劳动，这是最主要的区别。如果不注意这个区别，不规定出区别对待的政策，是不利于鼓励劳动和发展生产的。不仅应当以是否参加主要劳动来区别对待富农和地主，而且，对于富农这个阶层本身，1949年10月中共中央华北局《关于新区土地改革决定》中还特别规定了一条，必须将"劳动起家的富农"① 与一般富农即靠剥削起家的富农加以区别，分别对待。这是一条很好的政策。虽然在实际工作中不容易分得很清楚，但提出这样一条原则，对鼓励广大农民的劳动积极性是很重要的。

　　对农民进行剥削的形式，地主一般主要是剥削地租，富农一般主要是剥削雇佣劳动，这也是一个区别。但是这个区别并不重要，因为中国农村的雇佣劳动者并不是领取了定量的工资，完成了定时定量的劳动就算了事，而是还要经常为雇主完成许多额外的劳动，要接受某些超经济强制。因此，富农的雇佣劳动的条件一般具有很重的封建或半封建剥削的性质，这同许多资本主义国家中农业雇佣劳动的资本主义性质是不同的。而且，我国农村的地主也有主要是剥削雇佣劳动的，富农也有主要是剥削地租的。1949年3月28日，天津市《关于市郊农田土地问题暂行解决办法的决定》中规定："旧式富农自己经营的土地不动，其余出租的土地则征收之。"② 1950年1月13日，政务院《关于处理老解放区市郊农业土地问题的指示》中规定："征收旧式富农出租的土地"，而对"旧式富农雇工耕种之土地"，"其土地所有权与使

————————

　　① 《新华月报》1949年12月号，第460页。
　　② 参见东北人民政府农林部编《土地政策法令汇编》，1950年6月版，第207页。

用权照旧保持不变"①。这两个文件都规定只征收富农"出租的土地",这虽然从消灭封建剥削、削弱富农经济的实际效果来看是必要的,但把雇佣劳动看做资本主义性质而加以保存,这从我国的实际情况看来,在理论上,或者说制定政策的理论根据是有缺陷的,而且同废除地主对雇佣劳动的剥削也是有矛盾的。

在各个时期党对富农的政策,多是规定征收其"多余的土地"。由于富农占有土地较多,为了满足贫雇农的要求,特别是在战争时期为了鼓励广大贫苦农民参加和支援革命战争的积极性,征收富农的多余土地分给无地少地的农民,是完全必要的,事实证明效果也是好的。但是,转移这一部分土地所有权的根据,不应当是谁多谁少的问题,而应当是剥削与被剥削的关系。因为,确定富农的标准是对农民的剥削量在其总收入中所占的比例,而不是土地的占有量。如果规定征收富农出租和雇工耕种的土地之一部或全部,执行结果和征收多余土地会是一样的,而这样规定则更符合消灭封建剥削的土地所有制这项总政策。

从全国解放前夕开始,在党的土地改革政策中又增加了一条,即凡是用机器耕作的农田,或有其他进步设备、采用进步方式经营的农场、大果园、大牧场等,一律不没收(后来规定,这种土地的所有权原属于地主者,经省以上人民政府批准,得收归国有。)这对于逐步改变我国农业生产落后的状况,为农业现代化作准备(当时还只能是舆论的准备),是有一定意义的。

中华人民共和国成立以后,党的政策由限制和削弱富农经济改为保存富农经济,这是一个很重要的转变。在革命战争时期,征收富农一部分土地的必要性和合理性,已如前述。新中国成立后,形势发生了变化,党的政策当然也要随着变化。这时,第

---

① 《新华月报》1950 年 3 月号,第 1215 页。

一，广大农民参加和支援革命战争的负担已经解除了，发展生产和生活中的困难也已经可以通过农民的互助和由政府帮助解决，不必再征收富农一部分土地以满足贫雇农的需要。第二，继抗日战争胜利以后，又取得了解放战争的胜利，富农的政治态度也就从地主阶级的同盟者转为趋向中立。保存富农经济，更有利于中立富农，孤立地主，消灭地主阶级。第三，更重要的是，保存富农经济，发挥富农的生产积极性，很有利于保护中农，解除某些中农的疑虑，克服怕富的思想，有利于提高中农发展生产的积极性。第四，每户富农平均占有土地的数量，同每户贫雇农平均占有土地的数量相比，是较多的；而就全国来说，富农占有的土地和所生产的农产品数量都是很小的，富农经济在全国农村经济中并不占重要地位。因此，在国民经济恢复时期保存富农经济，不会有什么危险；而随着社会主义经济的逐步发展和对农业生产资料私有制的社会主义改造，这种并不强大的富农经济的消亡也不会有多大困难，它也不会形成多大的抵抗力量，这已为历史事实所证明。

在保存富农经济的原则下，对富农所有自耕和雇人耕种的土地，以及出租的小量土地，都保留不动。但是，第一，在某些特殊地区，富农出租的土地相当多，如果都不征收，贫苦农民就不能分得适当数量的土地。因此，经省以上人民政府批准，得征收富农出租土地的一部或全部；第二，有少数富农出租大量土地的，对其出租的土地应当征收一部或全部①。以上两种情况，或者从一个地区的富农来说，或者从一户富农来说，都是出租大量土地的，即都是属于封建性剥削较严重的。征收这样的土地，同

---

　　① 参见《中华人民共和国土地改革法》及刘少奇《关于土地改革问题的报告》。

保存富农经济并不矛盾，而是完全符合废除封建剥削的土地所有制这个总目标的。

总之，如何对待富农的土地，较之对待地主的土地，更为复杂一些，也更应当慎重。因为富农正是处在地主和农民这两个对立阶级之间，处理得好与不好，对于改革土地制度这样一场严重的阶级斗争是会产生不同的影响的。同时，党在对待富农的问题上，是根据不同时间、不同地点，即在不同的革命阶段和不同的形势下，在不同地区的不同条件下，规定了不同的政策和策略。这是一条很重要的经验。

第三，如何对待中农的土地。

这是土地改革中一个更加重要的问题。早在第二次国内革命战争中的 1933 年，毛泽东同志就指出："对中农的策略——联合中农，是土地改革中最中心的策略。中农的向背，关系土地革命的成败。"因此，"侵犯中农利益是绝对不许可的"[1]。"已经没收了中农的土地财产的地方，苏维埃人员要向当地中农群众公开承认自己的错误，把土地财产赔还他。"[2] 过了 14 年，到第三次国内革命战争时期的 1947 年，毛泽东同志再次十分肯定地提出，在土地改革中，"绝对不许侵犯中农利益（包括富裕中农在内），如有侵犯中农利益的事，必须赔偿道歉"[3]。毛泽东同志还指出："不要损害中农的利益"[4]，是土地改革的基本原则之一。因为中农一般没有利用他们所占有的土地对贫雇农进行封建剥削，当然没有理由去动他们的土地。任弼时同志 1948 年 1 月在《土地改

---

[1] 《在八县查田运动大会上的报告》，《毛泽东选集》（中共晋冀鲁豫中央局编印），第 226 页。

[2] 《查田运动的初步总结》，同上书，第 239 页。

[3] 《毛泽东选集》第 4 卷，第 1160 页。

[4] 《毛泽东选集》第 4 卷，第 1195 页。

革中的几个问题》的著名讲话中指出："无论如何，只应该把打击面放在真正的封建剥削阶级的范围以内，绝对不许可超出这个范围。"① 这就为保护中农的土地不受侵犯提出了理论根据和政策原则。

然而，事实上，在党的政策规定中，包括毛泽东同志的讲话和文章中，对待中农的土地并不是一直都那样明确而坚定的。

在第二次国内革命战争时期和第三次国内革命战争时期，党的土地改革政策曾多次规定，可以没收、或叫征收、或叫抽动中农（特别是富裕中农）多余的土地。所谓"多余"有两个含义，一是除"自食"以外的多余部分，一是超过当地平均每人占有土地或可分得土地数目的那一部分。"自食"多少，按当地农村生活水平是可以定出一个大体标准的，但是，农民除了土地上的农产品外一般没有其他收入，一切穿用等生活必需品都依靠出卖农产品去交换，这就需要规定一个农村生活水平的综合指标，超过这个指标的就要征收其多余的土地。如果作出这样的规定，势必打击农民的生产积极性。因为不管他多么辛勤劳动，生活水平也不能提高。事实上，当时所谓抽动中农"多余"的土地，一般是指超过平均数的部分。后来又规定了一个限度，即中农所有土地的平均数超过贫雇农所有土地平均数一倍上下者，可抽出中农的一部分土地，但抽出的数目不得超过其全部土地的四分之一。问题不在"多余"多少就可抽动以及抽动多少，而在于只因中农的土地较多就抽出来分配，这是没有道理的。即前面讲过的，没收和分配土地的根据只应是剥削和被剥削的关系，而不应是占有土地的多少。在土地私有制的时代，农民披星戴月地劳动，主要目标就是买地，如果地多了就被抽出来，他当然就不愿

① 解放社编：《目前形势和我们的任务》，第46页。

再积极劳动了。这就必然直接影响到社会生产的发展。

农民当中有一小部分富裕中农是有轻微剥削的。如果抽动中农的土地只是抽动用来进行剥削的那一部分，比说抽动多余的土地似乎较有道理一些。但是，富裕中农主要是靠自己劳动，一般只是在农忙时雇用一些短工，其劳动一般是有定时定量的，这和地主、富农雇用长工，可以尽量延长工时，超过劳动定量的情况不同。因此，这种轻微剥削，还不能算作封建或半封建剥削，不能把富裕中农划入封建阶级。所以，以此为理由抽动富裕中农的土地，仍然不符合土地改革的根本原则和目的。1949 年 10 月中共中央华北局《关于新区土地改革决定》中明确提出："过去抽动富裕中农的土地，事实证明害多利少，故今后应完全不动。""富裕中农是中农的一部分，应与富农加以原则的区别，不得侵犯。"① 这是完全正确的。

在抽动中农土地的规定中，一般都提到要取得中农的"同意"，要做到中农"自愿"。所以要做出这样的规定，提出这样的先决条件，就是明确知道中农的土地本来是不应当抽动的，而如果中农"自愿"，"同意"抽动，那不是很好吗！对中农的"自愿"或"同意"，应当加以分析。一方面，在当时的革命战争中，贫苦农民参军参战，支援前线，付出了极大的代价，做出了极大的贡献，有的甚至献出了生命。几次革命战争的主力军都是贫苦农民，他们是立下了汗马功劳的，而他们的家里却无地或少地，生活贫困。在这种情况下，在当时轰轰烈烈的土地改革的群众运动中，有的中农拿出一点多余的土地，确有自愿的成分。但是另一方面，中农把土地看做自己的命根子，自愿或表示同意拿出一部分，那是非常不容易的。有的口头上说自愿或同意，是为形势

---

① 《新华月报》1949 年 12 月号，第 460 页。

所迫，并非真心实意。1948 年 3 月，中共中央东北局《关于平分土地运动的基本总结》中，提到新收复区的土地改革时指出："中农的土地牲口根本不准动，过去取得'同意''自愿'的流弊很多"，就是反映了上述情况。因此这个文件接着指出："中农多余的土地牲口为数有限，无关平分大局，动了他们，得失相较，害多利少，使整个农村波动，还是坚持不动的原则。"①

不管是否规定什么前提条件，只要说中农的多余土地可以抽动，就给侵犯中农利益提供了根据和可能性。有些干部和贫雇农不认识团结中农的重要性，片面强调满足贫雇农的要求，就以各种借口，甚至采用强迫命令的办法抽动中农的土地，侵犯了中农的利益，其不良后果，一是打击了中农的生产积极性，一是妨害了同中农的团结。

在第二次和第三次国内革命战争时期，党的有关政策中，时而强调不许侵犯中农利益，时而又规定可以抽动中农的多余土地。到了 1948 年 3 月，中共中央东北局规定中农的土地"根本不准动"；1949 年 10 月，中共中央华北局规定中农的土地"应完全不动"；1950 年 6 月，《中华人民共和国土地改革法》规定，"保护中农（包括富裕中农在内）的土地及其他财产，不得侵犯。"至此，坚决不动中农土地的政策才完全肯定下来。这是一条十分重要的政策，是经过了长期的实践，犯过不少错误，付出了很多代价以后才完全肯定了的。

第四，关于平分土地。

与中农利益有直接关系的另一个重要问题是"平分土地"问题。进行土地制度的改革，在很长时间里被称为"平分土地"，或简称"平分"。不仅在干部、群众的口头上是这样说，

① 参见东北人民政府农林部编《土地政策法令汇编》，1950 年 6 月版，第 89 页。

在党的文件上和报刊宣传上也曾经这样写。这是当时得到公认的、没有发生过疑义的名称。现在看来，这个名称是很值得重新研究，进行具体分析的。

所谓平分土地，大致有三种含义，或者说有三种平分的办法。第一种，不分阶级阶层，把农村的全部土地平均分给农村的人。在具体做法上，或者打乱平分，或者按平均数实行抽多补少，抽肥补瘦，填平补齐。第二种，中间不动两头平。即不动中农的土地，只在地主、富农和贫雇农之间进行抽补。第三种，没收了地主、富农的土地，平均分配给无地少地的贫雇农。

在第二次国内革命战争时期，各革命根据地曾经实行过彻底平分土地的办法，即以全乡的人口数除全乡的土地数，算出各户应分的土地数，多的抽出来，少的补进去。到了第三次国内革命战争时期，1947 年 10 月公布的《中国土地法大纲》仍然规定："乡村中一切地主的土地及公地，由乡村农会接收，连同乡村中其他一切土地，按乡村全部人口，不分男女老幼，统一平均分配，在土地数量上抽多补少，质量上抽肥补瘦"（后来中共中央加注说明："在平分土地时应注意中农的意见，如果中农不同意则应向中农让步，并容许中农保有比较一般贫农所得土地的平均水平为高的土地量。在老区半老区平分土地时，应按照 1948 年 2 月 22 日中共中央关于在老区半老区进行土地改革工作与整党工作的指示进行"）。这种平分的办法，是以各户占有土地的多少为根据，而不是以剥削和被剥削的关系为根据。这样平分或抽补，必然侵犯到由于勤劳生产而占有土地较多的中农的利益，而同废除封建性半封建性剥削的土地制度这个目的相违背。因此，在土地改革的进程中，曾经多次批评和改正这种平分的做法。不过，有时只是提出要注意中农的意见，要取得中农的同意等，意思是只要中农同意就可以平分，而不是彻底否定绝对平分的做法，这样仍会留下漏洞。

至于前述平分土地的后两种办法，原则上是对的。不过，只是在一定范围内的所谓平分，已经不是真正的平分，就没有必要使用这种不确切的名称了。

对于所谓抽多补少、抽肥补瘦，也需要具体分析。如果只是在地主、富农和贫雇农之间进行抽补，是对的。如果把中农也列在抽补的范围，这种抽补就是不对的。

在实际工作当中，也有一种特殊情况，即有的地区中农占有的土地都在平均数以下。在这样的地区实行平分，中农只会分进土地而不会被抽出土地，因此不会发生侵犯中农利益的问题。不过，在这种情况下，没收了地主的土地，征收了富农的部分土地，在进行分配时，使土地较少的中农也能分到一部分土地就是了，而不必叫做平分。因为一种特殊情况而定出一条平分的原则，虽然从结果上看是可以的，但平分的根据仍然是贫富关系，而不是剥削与被剥削的关系。

长期使用"平分土地"这个口号，并实行它，反映了农民的平均主义思想。这种平均主义是小农经济的产物。我们很多来自农村的干部，也不可避免地受到这种思想的影响。在封建社会，农民提出这样那样的反映平均主义的口号，自发地同地主阶级进行斗争，是有一定的进步意义、革命意义的，不过那时也只是一种幻想，不可能实现。在共产党领导下的农民运动中，则根本不应当提倡平均主义。毛泽东同志说："谁要是提倡绝对的平均主义，那就是错误的。""在分配土地问题上主张绝对平均主义的思想，它的性质是反动的、落后的、倒退的。我们必须批判这种思想。"①

---

① 《毛泽东选集》第4卷，第1257页。

1950 年 6 月公布的《中华人民共和国土地改革法》，即不再使用"平分土地"这个口号。这也说明经过土地改革的长期实践，证明这个口号是不确切的。而对过去的所谓平分土地，以及抽多补少、抽肥补瘦，则应当进行历史的具体的分析，不应笼统地简单地否定，更不应完全肯定。

三　把没收的土地分给谁？

没收了封建剥削阶级的土地，理应分给被剥削的贫苦农民，即无地和少地的贫农雇农等。怎样执行这样一条总的原则，同样遇到很多复杂的情况和具体问题，走过一些曲折的道路，党的政策才逐步完善起来。

第一，贫农、雇农分地的问题。

在第三次国内革命战争时期的土地改革当中，毛泽东同志反复强调："必须满足贫农和雇农的要求，这是土地改革的最基本的任务"[1]；"土地改革的主要的和直接的任务，就是满足贫雇农群众的要求"[2]；"务使无地和少地的农民都能获得土地"[3]。

事实上，从第二次国内革命战争时期到中华人民共和国成立以后，在各个革命阶段，土地改革的这一项主要任务都被提到首位，受到了普遍的重视，完成得是比较好的。1947 年的《中国土地法大纲》还具体规定："只有一口人或两口人的贫苦农民，得由乡村农民大会酌量分给等于两口或三口人的土地。"1950 年的《中华人民共和国土地改革法》对于这样的问题则规定得更

---

[1]　《毛泽东选集》第 4 卷，第 1195 页。

[2]　同上书，第 1257 页。

[3]　同上书，第 1160 页。

加适当："只有一口人或两口人而有劳动力的贫苦农民,在本乡土地条件允许时,得分给多于一口人或两口人的土地。"这是考虑到旧中国遗留下来的一种现象,有的农民因为家贫而不能成婚,已经是壮劳动力了还是单身汉,吃用粮食等没有妇女小孩相调剂,只分给他一口人的平均土地数,是不够吃用的。如果兄弟二人都是有劳动力的单身汉,则会遇到同样的困难。因此,如果条件允许,应当分给多于一口人或两口人的土地。这是为贫苦农民考虑得很周到的。

个别地区也难免有考虑不周之处。例如在第二次国内革命战争时期,1929年7月闽西第一次党代表大会通过的《土地问题决议案》中规定:乡村中虽有劳动力,而无农具、肥料、粮食等"耕种资本",或耕种资本不够的雇农,得酌量分给相当数量的土地,或者不分。我们知道,雇农是因为被地主或富农剥削了剩余劳动,才造成缺乏"耕种资本"的。如果因此就少分甚至不分给他土地,雇农将难以翻身。正确的做法,是后来党的政策中明确规定的,将没收和征收来的土地和其他生产资料(即前面所谓"耕种资本"),一起分给贫苦农民,包括雇农。如果这些贫农、雇农仍有困难,还可通过农民自己的互助和政府的帮助加以解决。在这个具体问题上反映出来的是一个原则问题,即经过土地改革,消灭了封建剥削制度,一定要使世世代代被剥削的贫农、雇农分得土地,在经济上翻身,为他们发展生产、改善生活创造条件。

在贫雇农分地这个问题上的主要偏差,发生在王明"左"倾错误占统治地位的时期。

1931年11月10日发出的《中央为土地问题致中共苏区中央局的信》中规定:"好田须先给贫农雇农"。当时,皖西霍山县诸佛庵区的土地改革中,乡苏维埃土地委员在群众大会上宣布：一等田为红军公田，二等田分给贫雇农，三等田分给其他人，四等田分给地主豪绅，中农土地不动①。

到了1933年2月，福建省苏维埃主席团会议通过的《福建省各县区土地部长联席会议决议案》仍然规定："贫农雇农分好田"，"过去分得不好，贫农雇农多数分不到好田的地方，现在马上就要彻底重新分过"。在实际工作中就发生了"雇农分上田，贫农分好田，中农分中田"的现象②。

做出这样的规定并在土地改革中贯彻执行的理由，是坚持阶级路线，不能丧失阶级立场，要特别照顾贫农雇农的利益。实际上，这是一种狭隘的阶级观点，结果会把贫农雇农孤立起来，脱离广大中农。归根到底，不符合贫农雇农的长远的根本的利益。随着王明"左"倾错误领导的结束，贫雇农分地问题上的错误也就结束了。在第三次国内革命战争时期和中华人民共和国成立后的土地改革中，没有再发生过这样的错误。

第二，中农分地的问题。

巩固地团结中农，这一条极为重要的政策，必须体现在土地改革的各个阶段和各个环节上。毛泽东同志提出，领导的阶级和政党，要实现自己的领导，必须具备两个条件："（甲）率领被领导者（同盟者）向着共同的敌人作坚决的斗争，并取得胜利；（乙）对被领导者给以物质福利，至少不损害其利益，同时对被领导者给以政治教育。"毛泽东同志以共产党领导中农向封建阶级作斗争为例，具体提出："必须以地主土地财产的一部分分配

---

① 《皖西革命回忆录》，安徽人民出版社1980年10月版，第152页。
② 参见《巩固与中农的联盟，首先就不要侵犯中农的利益》，《江西省委通讯》第18期，1933年7月27日。

给中农中的较贫困者"①。不仅如此，毛泽东同志还进一步指出："土地改革的一个任务，是满足某些中农的要求。必须容许一部分中农保有比较一般贫农所得土地的平均水平为高的土地量。"②

在王明"左"倾错误领导时期，规定并实行"贫农分好田，中农分中田"的政策，显然是不利于团结中农的，是错误的政策。

1948 年 3 月，毛泽东同志向全党推荐山西崞县进行土地改革的经验。在这个县两个区的土地改革联合代表会议上，经过充分讨论，决定"中农土地不够者补足"③。这是完全正确的。

中华人民共和国成立以后，我们党领导土地改革的经验已经成熟，政策更加完备了。在这个时期的土地改革中，"对占有土地高于当地每人平均数的一部分中农，保护不动，而一部分缺地的中农则分进了土地，因而整个中农阶层每人占有土地的平均数较之土地改革以前增加了"④。

把没收来的一部分土地分给缺地的中农，贫农、雇农相对地会少分一些，这在持有"左"倾观点或目光短浅的人看来，似乎对贫农、雇农是不利的。实际上，执行这样的政策大大有利于巩固地联合中农，加强贫农、雇农和中农的团结，有利于调动中农的生产积极性，发展农业生产。因此，归根到底，有利于贫农、雇农的根本的长远的利益。这是一条马克思主义的政策。

第三，地主、富农分地的问题。

在第二次国内革命战争的前期和中期，即从 1927 年到 1930

---

① 《毛泽东选集》第 4 卷，第 1216 页。

② 同上书，第 1257 页。

③ 参见谭政文：《山西崞县是怎样进行土地改革的》，载《目前党的政策汇编》，东北书店 1948 年 4 月版，第 78 页。

④ 廖鲁言：《三年来土地改革运动的伟大胜利》，《新华月报》1952 年 10 月号，第 13 页。

年，进行土地改革时也分给地主（富农更不例外）一份和农民同样的土地，使他们从事耕种，以免流离失所或上山为匪破坏社会秩序。对于外逃的地主，其家属在家并无反革命行为的，也同样分给土地。这样的政策，无疑是完全正确的。

第二次国内革命战争的后期，即从1931年到1934年，王明的"左"倾错误领导，采取了"地主不分田，富农分坏田"的错误政策。1932年3月，王明在他的题为《为中共更加布尔塞维克化而斗争》的小册子《再版书后》中提出，要"重分富农的土地"，重分以后可以分给富农"一部分质量坏的'劳动份地'"。1931年公布的《土地法草案》中规定，地主"无权取得任何份地"①。有的地方则规定，富农没有劳动力的连坏地也不分给，或分给的坏地不能超过当地每人平均土地数量的2/3。还有的地方，富农分了坏地以后，经过耕种、施肥，改造成为好田了，又要收回，再分给他坏地。1931年12月，江西省苏维埃政府发布的《对于没收和分配土地的条例》还规定，豪绅地主和反动富农的家属，包括同工人、雇农、贫农、中农结婚的，以及贫苦工农收容的豪绅地主的子女，都不能分地，过去分了地的要收回。

地主不分田，富农分坏田或者也不分田，怎样安排这一部分人呢？1932年11月，中央人民委员会颁布了《征发富农组织劳役队》的命令，决定征发全体富农，编为劳役队，在赤卫军监视之下，从事苏区以内的各种劳役。1934年5月，中央人民委员会又发出训令宣布："地主应该编入永久的劳役队，富农则应该编入临时的劳役队。"②

王明的"左"倾错误领导之所以采取这样的错误政策，和

---

① 参见1931年3月9日《红旗周报》第1期。
② 参见《复旦学报》（社会科学版）1980年第6期：《论查田运动》。

"贫农分好田，中农分中田"一样，也是打着"阶级路线"的招牌。1931年8月，苏区中央局根据中央指示通过的《关于土地问题决议案》，认为让地主富农也分得同样的一份土地"是不正确的，是非阶级的"，"这种原则是模糊了土地革命的阶级意义，缓和了乡村中的阶级斗争"。而"地主不分田，富农分坏田"，则可以"使中农贫农得到更大的利益"。同年11月，苏区第一次党代表大会通过的《政治决议案》，认为让地主富农也分得同样的一份土地是"向地主豪绅富农让步的右倾机会主义错误"。

采取"地主不分田，富农分坏田"的错误政策，实际上等于在肉体上消灭地主，在经济上消灭富农。而进行土地改革是要消灭封建剥削制度，消灭地主之为阶级，并不是要消灭地主个人。作为阶级，不能改造；作为个人，则是可能改造的，可能由剥削者改造为劳动者，从而有利于社会。至于消灭富农经济，那也不是民主革命阶段的任务。对地主、富农执行这种错误政策的结果，使得地主、富农走投无路，就大批逃跑，上山为匪，武装反抗，增加了反革命的力量，对革命事业极为不利。有的地主、富农由于没有或缺少生活和生产的条件，就沿街行乞，还是只消费不生产，群众说他们"过去收谷租，现在收饭租，吃更现成的了"。还有的地主、富农隐瞒阶级成分，伪装混入革命队伍，暗中进行破坏。

到了第三次国内革命战争时期和中华人民共和国成立以后，纠正了王明的"左"倾错误，恢复了党的正确政策。1947年的《中国土地法大纲》明确规定："地主及其家庭，分给与农民同样的土地及财产。"1950年的《中华人民共和国土地改革法》规定，没收和征收的土地和其他生产资料，"对地主亦分给同样的一份，使地主也能依靠自己的劳动维持生活，并在劳动中改造自己"。

由于贫苦农民过去受尽了残酷的封建剥削和压迫，对地主阶级怀有深仇大恨，因而在进行土地改革这样一场翻身斗争中，难免出于报复心理而不愿分给地主土地。但是，经过教育，农民还是可以接受并拥护党的正确政策的。例如山西崞县，1948年进行土地改革时，开始群众普遍的意见是恩赐地主、富农一小部分赖地，不足维持生活。他们说，让地主、富农"也受受咱农民的苦处，叫他们掏烂沙地去！"经过学习党的政策，思想上解决了问题。他们说："对着哩！要够他吃的。不然，他们偷咱们，要的吃，还得剥削咱们。""他要没法活，狗急跳墙，闹得村子里不安，对咱们还是个不利！"[①]

事实证明，把地主、富农由剥削者改造为劳动者，是给社会增加了一批劳动力。例如，1950年11月北京市人民政府《关于郊区土地改革的总结报告》中就指出，由于分给了地主一份与农民相同的土地，绝大多数的地主参加了农业劳动，过去完全是寄生阶级的人，开始了新的生活[②]。这当然就会增加社会财富，符合广大农民的根本的长远的利益。

第四，分地中的一些特殊问题。

在分配土地当中，处理好了对待贫农、雇农、中农以及地主、富农的政策，就可保证这个环节的基本胜利。另外还有些特殊问题，也不可忽视，否则也会产生不良后果。随着土地改革经验的越来越丰富，对于特殊问题的处理也越来越周到合理。

我们党历史上的第一个土地法——1928年12月颁布的《井冈山土地法》规定："红军及赤卫队的官兵，在政府及其他一切公共机关服务的人，均得分配土地，如农民所得之数，由苏维埃政府

---

① 参见谭政文：《山西崞县是怎样进行土地改革的》，载《目前党的政策汇编》，东北书店1948年4月版，第74页。

② 参见《新华月报》1951年1月号，第541页。

雇人代替耕种。"① 在各个革命阶段的土地改革当中，多是按这条
规定的原则分配土地的，只是后来把雇人耕种改为动员农民作为
一种革命义务代替耕种。惟一例外的一段，是在王明"左"倾错
误占统治地位的时期。1931 年 8 月，苏区中央局根据党中央的指
示通过的《关于土地问题决议案》中规定："政府及各机关工作人
员，凡过去不是雇农苦力贫农中农者都不能分得土地，已经分得
土地的现在仍当收回"。这是唯成分论的错误政策，会挫伤剥削阶
级家庭出身的革命工作人员的积极性。1933 年 10 月，毛泽东同志
主持制定的《关于土地斗争中一些问题的决定》这篇光辉文献，
批评了上述一类错误，指出："有些地方，只问社会出身，不问政
治表现，把地主、富农出身而坚决为工农利益作战的红军战士已
经分得的土地，重新没收，这是错误的。"②

　　全国解放以后，1950 年 6 月制定的《中华人民共和国土地
改革法》，对于军队指战员和国家工作人员等的分地问题，在总
结过去经验的基础上，规定得更加具体完善了："家居农村的烈
士家属（烈士本人得计算在家庭人口之内）、人民解放军的指挥
员、战斗员、荣誉军人、复员军人、人民政府和人民团体的工作
人员及其家属（包括随军家属在内），均应分给与农民同样的一
份土地和其他生产资料。"但由于当时国家工作人员已经结束了
战争时期的供给制生活，开始有了多少不同的薪资收入，因此土
地改革法规定："人民政府和人民团体的工作人员,得视其薪资
所得及其他收入的多少与其对于家庭生活所能维持的程度,而酌
情少分或不分"土地和其他生产资料③。这样规定是合情合理的。

① 毛泽东:《农村调查》,解放社 1949 年 5 月版, 第 113 页。
② 《中国现代史资料选编》(3), 第 289 页。
③ 《新华月报》1950 年 7 月号,第 499 页。

在第二次国内革命战争时期，对于乡村中的工商学各业、和尚、道士、僧尼、游民等的分地问题，都做出了具体规定。第三次国内革命战争时期的《中国土地法大纲》和全国解放以后的《中华人民共和国土地改革法》，还补充规定了自由职业者、小贩、鳏寡老人、本人在外从事其他职业而家属居住农村者，等等，应当怎样分地。这些都是土地改革中遇到的具体问题，而必须适当解决的。

这里需要特别提到的是，《中国土地法大纲》规定："家居乡村的国民党军队官兵、国民党政府官员、国民党党员及敌方其他人员，其家庭分给与农民同样的土地及财产。"《中华人民共和国土地改革法》则规定："家居乡村业经人民政府确定的汉奸、卖国贼、战争罪犯、罪大恶极的反革命分子及坚决破坏土地改革的犯罪分子，不得分给土地。其家属未参加犯罪行为，无其他职业维持生活，有劳动力并愿意从事农业生产者，应分给与农民同样的一份土地和其他生产资料。"这对于在政治上把一切可以团结的人都团结起来，在经济上增加生产力发展农业生产，都是有利的。山西崞县土地改革中，在农民代表会议上讨论到关于国民党军队官兵分地问题时，代表们提出：对于阎锡山军队中的下级士兵，应动员他们的家属写信叫回，如在分地时回来，其本人也分给一份地。代表们说："这是为了'消化'阎锡山的军队，比十万兵打他还厉害。"这是很有政治头脑，很有见地的。

还需要特别提到的是，在第二次国内革命战争时期，尤其是王明"左"倾错误统治时期，对地主较多地采取了过"左"的政策，因而发生地主逃亡的现象，甚至有"驱逐出境"（指离开革命根据地，驱逐到国民党统治区）者。这是有利于敌人而不利于人民革命事业的。到了第三次国内革命战争时期，一反过去的错误政策，改为通过土地改革吸引逃亡地主及敌方工作人员回到解放区。1946 年的"五四指示"即规定:"对于逃亡地主及其他人等,应让其回家,并给以生活出路"。1949 年,东北行政委员会和中共中央华北局先后都规定:对于还乡的地主富农及"顽伪分子",均应分给和农民同样的一份土地与财产。1950 年的《中华人民共和国土地改革法》则规定得更具体了:"还乡的逃亡地主及曾经在敌方工作现已还乡的人员及其家属,有劳动力,愿意从事农业生产以维持生活者,应分给与农民同样的一份土地和其他生产资料。"有的逃亡地主或在敌方工作的人员在家乡进行土地改革时还没有回来,或者心存疑虑还不愿很快回来,仍然对他们敞开大门,这就是土地改革法规定的:"分配土地时,得以乡为单位,根据本乡的土地情况,酌量留出小量土地,以备本乡情况不明的外出户和逃亡户回乡耕种,或作本乡土地调剂之用。"明确的政策告诉他们,可以充分考虑,什么时候想通了什么时候回来。在以地主阶级为革命对象的土地改革斗争中,不仅对一般地主,而且对逃亡地主采取这样的政策,这是很有政治远见,从人民的长远利益出发的。这是只看到农民的眼前利益的人所不可想象,根本做不到的。

以上说明,分配土地需要有明确的政策原则,又需要有具体细致的规定,才能保证土地改革在这一重要环节上取得预期的效果。我们党经过几个革命阶段的长期实践,在这一方面积累了一整套完善成熟的经验。

第五,土地私有还是国有?

土地分配以后,怎样确定所有权,是私有还是国有,这又是直接关系农民生产积极性的大问题(这里和下面提到土地归农民私有,当然只是指的民主革命阶段,即土地改革阶段。对此不应发生任何误会)。

在我们党还没有土地改革经验的时候,接受俄国十月革命以后宣布土地国有的影响和共产国际的有关指示，曾经提出土地国有的主张。同时，考虑到中国的特点，也曾提出耕地归农民私有。在第二次国内革命战争时期，这两种主张是交错提出的。1927 年广州起义的纲领，宣布"一切土地收归国有，完全归农民耕种"①。1928 年 12 月的《井冈山土地法》，1929 年 4 月的《兴国土地法》，1930 年 3 月的《兴国苏维埃政府土地法》和同年 8 月的《中国革命军事委员会土地法》，都是宣布土地归政府所有，分配给农民使用。与此相交错，1928 年 5 月，邓子恢、张鼎丞同志在闽西永定县溪南领导群众进行土地改革，分配土地以后即宣布了各人分得土地的所有权。同年 7 月，党的第六次代表大会提出"耕地归农民"。1929 年 6 月，有毛泽东、朱德、陈毅同志署名的《红军第四军司令部政治部布告》规定："田地归耕种的农民所有。"1931 年 2 月，毛泽东同志以中央革命军事委员会总政治部主任的名义，给江西省苏维埃政府写了一封题为《民权革命中的土地私有制度》的信，批评"过去田归苏维埃所有，农民只有使用权"，"并且四次五次分了又分，使得农民感觉不是他自己的，自己没有权来支配，因此不安心耕种，这种情况是很不好的"。信中提出，各地各级政府应该发布命令，说明过去分好的田"即算分定得田的人"，"这田由他私有，别人不得侵犯"，"田中出产，除交土地税于政府外，均归农民所有"。根据毛泽东同志的意见，江西、闽西工农民主政府相继作出决议或颁发布告，宣布一经分定的土地即归农民所有。1931 年 4 月，苏区中央局会议也通过决议，宣布已经分配好了的土地，"就要肯定土地私有，不得动摇再分"。

我国农民世世代代梦寐以求的就是要有自己的土地。农民长

---

① 《六大以前》，人民出版社 1980 年 9 月版，第 930 页。

期形成的私有观念，特别是对土地的私有观念极深，是很不容易改变的。恩格斯在谈到小农的私有观念时曾经指出："作为未来的无产者，他本来应当乐意倾听社会主义的宣传。但是他那根深蒂固的私有观念，暂时还阻碍他这样做。他为了保持他那一小块危机四伏的土地而进行的斗争愈加艰苦，他便愈加顽固地拼命抓住这一小块土地不放，他便愈加倾向于把那些对他说应将土地所有权转交整个社会掌握的社会民主党人看做如同高利贷者和律师一样危险的敌人。"① 我国农民差不多也是这样。因此，如果土地改革以后实行土地国有，或迟迟不确定农民的土地所有权，必然妨碍生产的发展。事实证明，凡是分配了土地没有确定地权归农民，或者又重新进行分配的，即使把好田换给贫农，他们也不满意，反而因为不踏实而无心生产，更不愿去增施肥料、改良土壤，或把旱田变水田，进行农田基本建设，有的地方因此还曾出现荒地现象。在第二次国内革命战争时期，土地国有的主张很快得到纠正，在废除地主的封建土地所有制以后确立了农民的土地私有制，因而促进了农业生产的发展，大大提高了广大农民参加和支援革命战争的积极性。

以毛泽东同志为代表的党中央的土地改革政策，根据我国的国情，是实行农民土地所有制。1940 年，毛泽东同志在《新民主主义论》中讲到我国建立了新民主主义共和国，"将采取某种必要的方法，没收地主的土地，分配给无地和少地的农民"，"把土地变为农民的私产"②。1945 年，毛泽东同志在《论联合政府》中讲到我们党在新民主主义阶段的具体纲领时指出，要"把土地从封建剥削者手里转移到农民手里，把封建地主的私有

---

① 《法德农民问题》，《马克思恩格斯选集》第 4 卷，第 299 页。
② 《毛泽东选集》第 2 卷，第 639 页。

财产变为农民的私有财产，使农民从封建的土地关系中获得解放"①。在第三次国内革命战争时期和中华人民共和国成立以后的土地改革中，一直是没有争议地这样执行的。1947年的《中国土地法大纲》和1950年的《中华人民共和国土地改革法》，都规定土地改革完成以后，由人民政府发给土地所有证，并承认一切土地所有者自由经营、买卖及出租其土地的权利。

作为一种特殊情况，在第二次国内革命战争时期和第三次国内革命战争时期，对于游手好闲、不事生产，以及有吸毒或赌博等恶习的二流子，分给他们土地时只给使用权，不给所有权。等到他们戒除了恶习，真正积极从事农业生产时，再发给土地所有证。这是因为，其中有的人本来有地，由于好吃懒做或有不良嗜好而把地卖掉了，有的甚至分了地以后又卖掉了，等待二次分地。做出上述规定，有利于改造这一部分人，而且这样的规定在老实农民当中也是很得人心的。

四 怎样分配土地？

这里只谈分配土地的区域标准和数量标准问题。所谓区域标准，是指以多大的区域作为分配土地的单位。所谓数量标准，是指按人口分配还是按劳动力分配。

关于分配土地的区域标准，在第二次国内革命战争时期是有争论的。一般说来，土地多的村愿以村为单位，土地少的村愿以乡为单位。如果以村为单位分配土地，就必然满足不了一部分无地少地农民的要求。1930年，毛泽东同志根据自己进行调查的结果，认为以村为单位分配土地有利于富农而不利于贫农。他指

---

① 《毛泽东选集》第3卷，第1023页。

出以村为单位的弊病是："（一）大村不肯拨田于小村。（二）单位太多，区乡政府不易督促，暗中生出许多弊病。（三）一村之内，容易被地主富农以姓氏主义蒙蔽群众，不去彻底分田"①。因为往往一个村就是一个姓氏，地主富农就可利用同姓的封建宗族观念蒙蔽农民，搞假分田。同时，地主、富农一般住在大村，多数好地掌握在他们手里，小村土地少而贫瘠。如果以村为单位分配土地，好地还会落在地主富农手里，而不能满足小村的贫苦农民对土地的要求。

因此，党的政策，始终是主张以乡或等于乡的行政村为单位分配土地，只有特殊情形可以例外。1928 年的《井冈山土地法》规定，一般以乡为单位进行分配，遇有特殊情形可以几乡或以区为单位进行分配。1947 年的《中国土地法大纲》和 1950 年的《中华人民共和国土地改革法》，都规定以乡或等于乡的行政村为单位分配土地，但区或县农民协会得在各乡或等于乡的各行政村之间，作某些必要的调剂。在地广人稀的地区，为便于耕种，亦得以乡以下的较小单位分配土地。在第三次国内革命战争时期和中华人民共和国成立以后的土地改革中，都是这样执行的。

讨论分配土地的数量标准，应当首先弄清一个前提：按人口分地或按劳动力分地，都不是指的分配全乡或全村的土地，而是指没收和征收来的那些土地按什么标准分给无地少地的农民，以及按什么标准给地主、富农留下必要的土地（这个前提，在本文的《应当没收哪些土地》一节里已经详细讨论过了）。在第二次国内革命战争时期，曾经争论过全乡或全村的土地（包括中农的土地）应按什么标准分配。因为前提不对，不论提出按什么标准分配，结论必然都是不对的。

---

① 毛泽东：《农村调查》，解放社 1949 年 5 月版，第 102 页。

现在我们只讨论没收和征收来的土地应当按什么标准分配。

在第二次国内革命战争时期，大体有三种主张：第一种是以人口为标准。第二种是以劳动力为标准，能劳动的比不能劳动的多分一倍；有的富农把农具、肥料、种子、耕牛也算成劳动力，作为分地的标准，理由是如果没有这些"资本"就不能耕地，因此这些"资本"少的就应当少分地，这些"资本"多的就应当多分地。第三种是按人口和劳动力的混合标准进行分配；或者雇农、贫农、中农按人口分，富农按劳动力分。归根到底，是按人口分地为好还是按劳动力分地为好。

按劳动力分配土地的主张，认为这样有利于发展生产，而按人口分地是模糊了阶级意识，不利于发展生产，因为妇女老幼不会种田，分给他们也会荒废。

事实上，以劳动力为标准，特别是把农具、肥料、种子、耕牛等也作为分地的条件，只是有利于富农，而不利于雇农和贫农。雇农、贫农不仅由于缺乏这些生产资料而少分土地，有些还由于老人小孩多而少分土地。同时，因为劳动力是变化的，有的地方就提出"死者收田"，重新分配，这样就形成地权不稳定，农民心里不踏实，必然会阻碍生产积极性的发挥。蔡和森同志曾经指出："分土地定出以生产工具及资本为标准，显然的是富农路线"[1]。毛泽东同志经过调查以后指出："分田以劳力为单位的弊病，就是凡孤、寡、老、幼、小脚妇女，及一切不能耕田的人，均不够食。贫农劳力多的也抵不住富农，因为贫农不及富农的牛力、农具、资本，并且富农可以租耕孤寡老幼小脚妇女等人的田。因此，以劳力为单位只于富农有利。"[2]

---

① 参见《论陈独秀主义》，《布尔塞维克》第 4 卷第 5 期，第 78 页。
② 毛泽东：《农村调查》，解放社 1949 年 5 月版，第 103 页。

1928 年的《井冈山土地法》，"没收一切土地"这一条是错误的。到 1929 年制定的《兴国土地法》就改正了。除此之外，这两个土地法都规定以人口为标准分配土地则是正确的。当时提出采取这个标准的理由是："（甲）在养老育婴的设备未完备以前，老幼如分田过少，必至不能维持生活。（乙）以人口为标准计算分田，比较简单方便。（丙）没有老小的人家很少。同时，老小虽无耕种能力，但在分得田地后，政府亦得分配以相当之公众勤务，如任交通等。"

这两个土地法都规定，以人口为分地标准是主要办法，有特殊情形的地方可采用以劳动力为分地标准的办法。从毛泽东同志后来给《井冈山土地法》加的按语中可以知道，当时已经感到按劳动力分地不妥，只是因为同志中主张者不少，才规定了这一条。到后来就改为只以人口为分地标准了。实际上，在当时的各个革命根据地里，多数是按人口分地的。

第三次国内革命战争时期和中华人民共和国成立以后进行的土地改革当中，都是以人口作为分地的标准的。应当肯定，这个做法是正确的。

五　简短的结尾

在进行土地制度的改革中，有关没收和分配土地的问题，已经分段论述，不拟再作总的概括。最后只就其中的几个问题略加引申，作为结尾。

前面提到穷和富的问题。在土地制度的改革当中，包括整个革命战争年代，群众中有一种说法，说共产党是代表穷人的。还有一种说法，说穷人是最革命的。这两句话，反映了一定的客观实际，有一定的道理。但是，由此推论，认为共产党喜欢穷，不喜欢富，越穷越好，越富越不好，这就错了。当时曾经产生过这样的误解。其实，共产党从来不喜欢穷，不提倡穷。正是为了使穷人都富起来，才领导农民进行土地制度的改革。共产党从来不反对富，反对的是不劳而获的剥削致富，提倡的是劳动致富，越富越好。因此，确切地说，共产党是代表并领导被剥削被压迫的劳动者，反对不从事劳动的剥削者。这里有两条原则，一看剥削与被剥削，二看劳动与不劳动。穷和富的问题，要放在这两条原则之下去考察，去论是非。我们党关于土地改革的很多政策，都是从这两条原则出发的。这两条原则具有普遍意义，在很多工作中都适用，至今仍然适用。

前面还提到经过土地制度的改革，土地归农民私有，而不实行公有（指民主革命阶段）；要满足贫农、雇农的土地要求，又保证不能侵犯中农的利益，并尽量使中农也能得到利益；还要分给地主一份同等数量的土地，使他们在劳动中得到改造，由剥削者改造成为自食其力的劳动者；等等。所有这些，都是为了有利于发展生产，这是土地改革的目的。所有这些，又都是为了团结尽可能多的人，尽量扩大人民的队伍，尽量缩小敌人的队伍。这里又有两条原则，一看是否有利于生产，二看是否有利于团结大多数人。我们党关于土地改革的很多政策，都是从这两条原则出发的。这两条原则也是具有普遍意义的，在很多工作中都适用，至今仍然适用。

一看剥削与被剥削，二看劳动不劳动，三看是否有利于生产，四看是否有利于团结大多数人。这是我们探讨土地改革中没收和分配土地问题时，得到的几条很有益的启示。

（原载《中国社会科学》1982 年第 1 期）

再谈"平分土地"

我在《土地改革中没收和分配土地问题》（载《中国社会科学》1982 年第 1 期）一文中，对于"平分土地"问题单写了一段，但是写得比较简略，没有展开。文章发表以后，很快就看到了金德群同志写的《如何正确看待我们党的"平分土地"的主张》（载《教学与研究》1982 年第 1 期，以下简称"金文之一"），并重新读了金德群同志写的《第二次国内革命战争时期分配土地的标准问题》（载《中国社会科学》1981 年第 3 期，以下简称"金文之二"），感到"平分土地"问题还有进一步讨论的必要。现在把自己的不同看法再加申述，以就教于金德群同志和其他对这个问题有兴趣的同志们。

一 何谓"平分土地"

首先需要把"平分土地"的含义搞清楚，大家对这个题目有个统一的认识，然后才好讨论它的是非。否则就会唱成"三岔口"。

我认为，所谓"平分土地"，就是在进行土地制度的改革时，以乡或村为单位，不分阶级阶层，不分男女老幼，以总人口数除总土地数，算出每人以及各户应分的土地数，然后，或者打乱平分，或者抽多补少，使每人分得的土地数量都相同（这里姑且不涉及土地质量问题）。如果不动中农的土地，只是没收了地主的土地，征收了富农的部分土地，平均分配给无地和少地的农民，那就不应叫做"平分土地"，因为"分"的结果并不"平"，事实上不是"平分"。把这种做法叫做"平分土地"，是不确切的。笼统地、勉强地称为"平分土地"，不但会造成概念上的混乱，而且会造成实际工作中的错误。还有，"平分土地"只是进行"土地改革"的一种形式，两者不能等同。不赞成"平分土地"，绝不等于不赞成土地改革；同样，也不应把土地改革的成绩说成"平分土地"的成绩。

二 有关"平分土地"的历史情况

我们党领导的土地制度的改革，是在三个时期进行的：第二次国内革命战争时期，第三次国内革命战争时期，和全国解放以后。全国解放以后没有使用"平分土地"这个提法。在第二、三次国内革命战争时期，特别是第二次国内革命战争时期，关于"平分土地"这一提法的使用和实行，情况是很复杂的。有时肯定，有时否定；也曾在同一个时期内这个地区肯定，那个地区否定；还有很多时候是在不同的意义上使用和实行，即实际上实行的不是前面所理解的那种真正的"平分土地"。由于情况错综复杂，只按时间顺序不容易说清楚，现在分为三种情况加以探讨。

第一，肯定"平分土地"这个提法的情况。

1927年冬到1928年春，井冈山革命根据地的部分地区，开始分配土地。当时的做法比较简单，主要是以乡为单位调查统计人口和土地面积，算出全乡每人平均的土地数，再按各户的人数算出应分的土地数，以各户原有土地数为基础，多的抽出来，少的补进去。这是真正的"平分土地"。这种做法，是在土地革命刚刚开始的时候，既没有实践经验，也缺乏理论和政策准备的情况下实行的，显然不能作为肯定"平分土地"这个提法的根据。

1928 年 11 月 25 日，毛泽东在写给党中央的报告（即《井冈山的斗争》）中提出，"没收一切土地重新分配"，"所有乡村中男女老幼，一律平分"①。1928 年 12 月制定的我们党历史上第一个土地法——《井冈山土地法》规定："没收一切土地归苏维埃政府所有"，"以人口为标准，男女老幼平均分配"②。这两个文件的主张，都是真正的"平分土地"。但是，我们从《井冈山的斗争》一文的注释〔18〕中看到："毛泽东同志后来指出：没收一切土地而不是只没收地主的土地，是一种错误，这种错误是由于当时缺乏土地斗争的经验而来的。1929 年 4 月兴国县土地法把'没收一切土地'改为'没收公共土地及地主阶级的土地'。"③ 不没收一切土地，当然也就谈不到"男女老幼，一律平分"了。因此，事实上是纠正了"平分土地"的提法。至于"金文之二"引用的《井冈山的斗争》一文的注释〔21〕讲的："事实上在红色区域长期中都是以按人口平分为原则"④，把这句话和前引同文注释〔18〕联系起来理解，意思是指没收来的地主阶级土地和公共土地是按人口平分的，而不是指一切土地都按人口平分。"按人口"是相对于"按劳动力"而言，前提是分配没收来的土地，而不是分配一切土地。顺便说一下，关于以人口

---

① 《毛泽东选集》第 1 卷，第 68 页。

② 《中共党史参考资料》（三），第 35 页。

③ 《毛泽东选集》第 1 卷，第 70 页。

④ 同上书，第 82 页。

为标准还是以劳动力为标准分配土地的讨论，应当首先弄清是分配哪些土地。是分配一切土地，还是分配没收的地主阶级土地及公共土地？这两个问题不能混淆。不应认为过去凡是讲到按人口平分的就是平分一切土地。

1930年11月，毛泽东同志写的《木口村调查》中指出，木口村政府七个委员中，有小地主一个，出租土地40石，在平分土地时大部被分出去了；中农三个，都分进土地，共分进23.8石；贫农三个，共分进土地35石。由此"证明中农在平分土地中不但无所失而且有所得"①。的确，当时在我国一部分农村中，中农平均占有的土地数，是在当地平均数以下，因此"平分土地"一般不会侵犯中农利益。但是，就是在这种地区，也难免有个别或少数中农占有的土地超过了平均数，更不要说其他地区了。因此，不应以上述材料为依据，把"平分土地"规定为普遍实行的政策。

1931年1月，毛泽东同志写的《兴国调查》中指出，兴国县第十区，"中农人口占全人口百分之二十，土地只占百分之十五，故本区中农平田时平进的多。虽然也有平出去的，却是极小部分"②。这就说明，即使在中农平均占有土地数低于当地平均数的地区，实行"平分土地"，仍会侵犯中农利益，虽然只是"极小部分"，也是不应当的。"金文之二"中引用了五个材料，四个是局部地区的，一个是全国的，证明我国农村"中农占有土地的比例都低于它的人口占有比例数，因而，一般地说，按人口平分土地，中农是能'平进'土地的"。是的，平均算大账，只能"一般地说"中农可以分进土地，因为那些占有土地较多

---

① 《农村调查》，解放社1949年5月版，第87—88页。
② 同上书，第41页。

的中农就会分出土地。所以，用一个地区的平均数甚至全国的平均数作根据，肯定"平分土地"之可行，其结果，不仅可能而且必然要侵犯一部分中农的利益。

1931 年 5 月，江西省苏维埃政府发布的《关于土地问题的布告》，要求"以乡为单位，以人口为标准，抽多补少，抽肥补瘦，彻底平分田地"①。同年 8 月，苏区中央局《关于土地问题的决议案》规定："应当把已经没收地主土地和富农土地和中农、贫农自己的土地一起拿来平分"②。这两个文件，都是主张真正的"平分土地"。

到了第三次国内革命战争时期，1947 年 10 月公布的《中国土地法大纲》规定："乡村中一切地主的土地及公地，由乡村农会接收，连同乡村中其他一切土地，按乡村全部人口，不分男女老幼，统一平均分配"③。这也是真正的"平分土地"。但是，后来中共中央加注说明："在平分土地时应当注意中农的意见，如果中农不同意则应向中农让步，并容许中农保有比较一般贫农所得土地的平均水平为高的土地量"④。这样，虽然还叫做"平分土地"，实际上已经不是"平分"了。

第二，在有限制的前提下，或者说是在另一种意义上实行"平分土地"的情况。

在第二次和第三次国内革命战争时期，在党中央和一些革命根据地的很多文件中，虽然使用"平分土地"这个提法，但大都规定，抽动中农的土地必须取得中农的同意，如果中农不同意就不能抽动。后来更明确地规定，中农土地一律不动，绝对不许

① 《第一、二次国内革命战争时期土地斗争史料选编》，第 530 页。
② 同上书，第 559 页。
③ 《中国现代史资料选编》（5），第 210 页。
④ 同上书，第 210—211 页。

侵犯中农利益。这就是"平分土地"的前提条件。在这个前提下进行的土地改革，当时虽然也叫"平分"，实际上不是"平分"。如果没有取得中农的同意而实行了"平分"，动了中农的土地，就是犯了侵犯中农利益的错误，必须加以纠正。例如，1934 年 12 月 30 日，《川陕省平分土地须知》规定："彻底没收地主阶级、军阀、豪绅、教堂、寺院、富农（高利贷者）的全部土地，来彻底平分；""没收的土地由雇农、贫农、中农、苦力、工人不分男女老幼来平均分受；""反对侵犯中农利益，中农田地不够要补给他"①。这个文件的题目就叫"平分土地"，说是要"不分男女老幼""彻底平分"，而实际上并不是"平分"，或者只能说是另一种意义上的"平分"。

　　这里有必要单独谈一谈 1928 年 7 月召开的党的"六大"对于"平分土地"究竟是什么主张。"六大"的《政治决议案》，提出中国革命的十大要求，实际上是党在民主革命阶段的十条政纲，其中关于土地问题的一条是："没收地主阶级的一切土地，耕地归农"②。在同一决议中还提出："农民运动底中心口号，是没收地主阶级底土地交由农民代表会议（苏维埃）处理。"③ 在"六大"的《土地问题决议案》中规定："无代价的立即没收豪绅地主阶级底土地财产，没收的土地归农民代表会议（苏维埃）处理，分配给无地及少地的农民使用。"④ 这就是"六大"关于土地改革的根本方针，显然不是主张"平分土地"的。"六大"的《农民问题决议案》中，有一小段专讲"平分土地问题"，其中确实提到"应赞助平分土地的口号"。但是，我们不能只引用

---

① 《第一、二次国内革命战争时期土地斗争史料选编》，第 824 页。
② 《中共党史教学参考资料》（一），第 151—152 页。
③ 同上书，第 167 页。
④ 同上书，第 204 页。

这半句话，以致妨害对于"六大"决议的完整准确的理解。这一小段的原话是：

"（一）应赞助平分土地的口号同时应加以批评　在有很多的失业和贫苦的农民的地方,必然发生'平分土地'的运动,如果这一口号为多数的农民群众所拥护时,共产党应加以赞助,因为这是彻底肃清一切封建余孽的口号,并且是直接动摇私有制度的。

"同时这个口号有一种小资产阶级的社会主义的幻想，党必须加以批评，使农民完全了解，在现在资本主义制度之下决没有真正平等之可能，只有在无产阶级革命胜利之后，才能够走上真正社会主义的建设。

"（二）在中农占多数的地方，尤不可强施'平分土地'在中农和小农私有制占农民人口多数的地方，'平分土地'必将触犯广大的中农的利益，尤其不可强硬施行。"①

由此可以看到，"六大"的土地改革方针，在《政治决议案》和《土地问题决议案》中明确规定是没收地主阶级土地，分给无地少地的农民，并未提出"平分土地"的口号。《农民问题决议案》是讲党对群众运动的方针和态度。在这个决议案中讲到"平分土地"，是说在群众运动中可能出现"平分土地"的口号，如果这一口号受到多数农民的拥护，我们党"应加以赞助"，同时"必须加以批评"，而且特别明确指出，在中农占多数的地方，"平分土地必将触犯广大的中农的利益"。就是在这个《农民问题决议案》中，在讲"平分土地问题"之前，也是先讲了"中国共产党提出之没收一切地主土地分配给无地或少地的农民政纲，必能得到广大的中农群众的拥护"②。此外，

① 《中共党史教学参考资料》（一），第208页。
② 同上书，第207页。

1929年2月3日《中央通告第二十八号》中，在批评"没收一切土地"的错误时，明确指出："六次大会告诉我们，要改变这个口号而为没收地主阶级的土地，是再正确没有了!"① 1929年8月7日《中共福建省委给永定县委并转闽西特委、四军前委的信》也说："切实的执行六次大会的土地政纲，根据当地的实际情形将地主阶级的土地没收，分给农民，是苏维埃中顶主要的一件工作。"② 还有，亲自参加了"六大"的工作，并且是当时的主要负责人之一的周恩来同志后来说："如果根据'六大'的原则，没收地主阶级的一切土地，只分给贫苦的农民，那就必然发展到从肉体上消灭地主或驱逐地主出苏区。这样对斗争是不利的。"③ 这段话虽然是批评另一种偏向的，但从中同样可以看出，"六大"的方针不是"平分土地"。

根据以上所引的这些材料，可以清楚地看出"六大"的土地改革方针和对"平分土地"的态度。"金文之一"说"六大"提出了"平分土地"的主张，并以"平分土地"来概括"六大"以及我们党在整个民主革命阶段的土地改革方针，我认为是不确切的。

第三，否定"平分土地"这个提法的情况。

以上两段，实际上都提到了在一定意义上否定"平分土地"这个提法的情况。这里再谈完全否定这个提法的情况。

1929年2月3日，《中央通告第二十八号》中指出："过去'没收一切土地'的错误当然要走上平均一切土地的结果，同时现在中国很多的地方都是贫农占主要的群众，因此平分土地成为很普遍的要求，并且'不患寡而患不均'的平产主义幻想，在

① 《第一、二次国内革命战争时期土地斗争史料选编》，第825页。
② 《红四军入闽和古田会议文献资料》（续编），第72页。
③ 《周恩来选集》上卷，第182页。

农民中也有极深的影响，以为如果土地平均了，一切问题都解决了。其实在资本主义制度没有推翻、社会主义经济未有建设以前，是绝对没有经济平等的可能，只有小资产阶级的社会主义者才有这种幻想"。①

1929 年 9 月，江西省委给湘赣边特委的指示中说："平分土地和共耕口号，在原则上是不对的，这是小资产阶级社会主义者的意识行为，但这口号如果出于工农群众自发的要求，他对于推倒豪绅地主阶级是有深切的作用，我们不应从消极方面简单的防止他们，我们要说服群众，要向群众解释，没收地主阶级土地，分配给地少或无地农民耕种，是目前革命阶段所可能而且必要的事"②。

1931 年 2 月 8 日，《中共苏区中央局通告第九号》指出："北方一带一些地方中农占优势，平均分配必然有大部分中农利益受损害"，"因此，不能机械来执行一切土地平均分配"③。

1931 年 6 月，皖西北地方苏维埃政府给鄂豫皖区苏维埃政府的报告中说："商城分配土地犯了极严重的错误。主要的是没收的原则应用到中农的土地上去，所以商城不是没收豪绅富农的土地，而实行没收一切土地，平均分配一切土地。"④

1931 年 7 月，赣东北苏区赣东北特委政治决议上说："在扩大会议决议上，没有特别指出'平分一切土地'是错误的"⑤。

1933 年，张如心写的《坚决的纠正反中农的倾向》一文中指出："中央局自己对于中农问题同样也犯了'左倾'的错误。

---

① 《第一、二次国内革命战争时期土地斗争史料选编》，第 272 页。
② 同上书，第 320 页。
③ 同上书，第 494 页。
④ 同上书，第 625 页。
⑤ 同上书，第 626 页。

中央局机械地提出了'平分一切土地'的口号，这口号的运用没有估量到中农的地位，结果部分地动摇了中农的土地，使一部分的中农在平分一切土地时，他的土地被侵犯了，这是土地问题中一个严重的错误"①。

以上所列否定"平分土地"这个提法的几个材料中，如果一定要说有什么区别的话，那就是有的是讲"平分土地"，有的是讲"平分一切土地"。而实际上是一回事，可以看出都是讲的"平分一切土地"，即本文第一部分讲的那种真正的"平分土地"，这是不能作出另外的解释的。至于有很多时候只讲没收地主阶级的土地，分给无地少地的农民，根本不用"平分土地"这个提法，那就更加清楚地表明是不赞成"平分土地"的。

把有关"平分土地"的历史情况分为以上三类，各举出一些事例，已经可以从中看出我们党领导土地改革的全部过程中，在"平分土地"这个问题上的概貌。这就是：在第二、三次国内革命战争时期，曾经使用"平分土地"这个提法，但在较多的时间和较多的地区并没有实行"平分"，而主要是没收地主阶级的土地，分给无地少地的农民，反对侵犯中农利益。这是土地改革运动的主流。全国解放以后则根本没提"平分"。因此我认为，"金文之一"开头第一句话说："从井冈山斗争开始到全国解放以后，在我们党领导的土地改革运动中，基本上是实行按人口平分土地的办法"，这个提法与历史事实是不相符的。

为了更充分地说明这一点，可以再从另外一个角度加以论证。在我们党领导土地改革的三个时期（第二、三次国内革命战争时期和全国解放以后），随着解放区的逐步扩大，土地改革运动的规模也一次比一次大，实际上我国农村绝大部分地区的土

---

① 《第一、二次国内革命战争时期土地斗争史料选编》，第766页。

地改革是在后两个时期进行的。同时，随着实践经验的越来越丰富，越来越成熟，党的政策也越来越完善。因此，要总结土地改革的历史经验，要给予正确的评价，也应当更加重视后两个时期，特别是全国解放以后。这后两个时期"平分土地"的情况怎样呢？第三次国内革命战争时期，1947 年冬公布的《中国土地法大纲》虽然提出了实行"平分土地"，但毛泽东、任弼时等同志很快就指出必须注意中农的意见，后来党中央又为《中国土地法大纲》加了一个很重要的注，因此那次土地改革实际上不是"平分"。真正实行"平分土地"，侵犯了中农利益的情况固然也有，但那毕竟是支流，不能代表一般。全国解放以后制定的《中华人民共和国土地改革法》，明确规定："没收和征收得来的土地"，除一部分收归国有外，要"统一地、公平合理地分配给无地少地"的贫苦农民所有[1]，这当然就根本谈不到"实行按人口平分土地"了。

三　历史的结论

对于"平分土地"的历史情况有了一个比较准确的了解，并作了初步分析之后，应当怎样认识它，评价它，并从中得出一些什么结论呢？

我国是世界上人口最多的一个国家，农村人口又占全国人口的百分之八十以上，地主阶级对农民的封建剥削已有几千年，而各个地区的情况又有很多差别。在这样的国家进行土地制度的改革，是个十分艰巨复杂的任务，必须在实践中不断地总结经验，从而不断地补充、修订和完善党的政策。因此，事过之后，对这

---

[1] 《新华月报》1950 年 7 月号，第 498 页。

场伟大变革的经验和当时党所规定的政策，必须进行历史的、具体的分析，而不能用简单化的办法去肯定一切或否定一切，例如对于"平分土地"的提法就是这样。

正如在我国历史上的农民革命战争中曾经多次提出类似"平分土地"的口号一样，在我们党领导的土地改革中，农民群众提出"平分土地"的要求，是有其必然性的。因为他们看到，绝大部分土地为少数地主所占有，而农民中的绝大多数是无地或少地的。至于为什么这样，怎样解决这个问题，农民群众不可能从消灭地主阶级的封建土地所有制、废除封建剥削、改变旧的生产关系这个角度去寻求答案，而只是认为他多我少，他有我无，太不平等；大家平分，一律平等，简单明了。在我们马克思主义的政党看来，应当怎样对待农民的"平分土地"的要求呢？一方面，绝对平均主义是落后的，倒退的，甚至是反动的，我们不能接受；另一方面，对广大群众的要求不能简单地顶回去，泼冷水，挫伤其积极性，而是既要进行教育，以提高其觉悟，又要适当照顾，以等待其觉悟。因此，在我们党领导农民进行土地改革的时候，曾经使用过"平分土地"的口号，这是有一定道理的，不能简单地否定它。

农民的平均主义思想，不能不反映到党内，尤其会反映到一些来自农村的干部头脑中，因而也就必然会反映到党的政策的制定和执行中，特别是在革命根据地分散为很多小块的时候。党的领导水平和干部的思想水平，有一个随着实践经验的逐渐丰富而逐步提高的过程。平均主义思想在党内、在干部中、在党的政策中的影响，也会受到马克思主义的抵制并逐渐消除。这就表现为"平分土地"的口号曾经有时肯定，有时否定，这里肯定，那里否定，最终完全否定。

有时，鉴于一个地方中农平均占有的土地在当地平均数以下，因而规定实行"平分土地"。这虽然也会招致一些缺点的产生，但从总的方面来看还是在调查研究的基础上制定这个政策的。更多的时候，虽然使用了"平分土地"的提法，但加了严格的限制，主要是不许侵犯中农利益，在这个前提下实行"平分土地"的结果还是好的，因此更不能简单地否定它。

现在探讨"平分土地"问题，进行这样的历史的具体的分析，承认有其一定的必然性，也并不是说因此就应该完全肯定它，领导土地改革就是应该完全按照那样一套做法进行。如果那样，我们就不能从总结历史经验中提高认识。

进行土地制度的改革，是反封建的主要任务，是要消灭农村的封建剥削制度，消灭封建阶级，变地主土地所有制为农民土地所有制。这在党的土地改革政策中始终是很明确的（也曾提出过土地国有的主张，但时间很短）。既然如此，就应当始终一贯地明确规定只没收和征收地主、富农用以进行封建剥削的土地，分给无地和少地的农民，而不应当提出容易发生错误、需要加以解释或限制的"平分土地"的口号。

进行土地改革，是要在土地问题上解决封建剥削和被剥削的问题，解决农业生产资料与农业劳动者相脱离的问题，不是解决劳动农民之间占有土地数量平不平的问题。实行"平分土地"，就意味着不管你有无封建剥削，只要占有的土地超过了平均数，即使是完全依靠自己的劳动经营的，也要被"平分"。这就必然侵犯中农利益，打击劳动农民的生产积极性。这也就违背了进行土地改革是要解放农村生产力、推动农业生产发展的目的。

毛泽东同志多次提出，在土地改革中绝对不许侵犯中农利益。任弼时同志则说，进行土地改革，"无论如何，只应该把打击面放在真正的封建剥削阶级的范围以内，绝对不许可超出这个范围。"① 如果一直坚定地执行这样的政策，而不提"平分土地"，就可以避免很多麻烦，避免很多错误。全国解放以后在广大的新解放区进行土地改革，根本没用"平分土地"这个提法，效果不是更好嘛！

这里还有一个问题。毛泽东同志曾经说过，按人口平均分配土地，"这是最彻底地消灭封建制度的一种方法"②。为什么呢？他没讲。但是，就在这句话的前面，毛泽东同志指出，是"在消灭封建性和半封建性剥削的土地制度、实行耕者有其田的土地制度的原则下"，按人口平均分配土地③。在这句话的后面，毛泽东同志还明确提出："必须坚决地团结中农，不要损害中农的利益"；"各地在平分土地时，仍须注意中农的意见，如果中农不同意，则应向中农让步"④。可见，我们不能简单地理解毛泽东同志赞成"平分土地"的那句话，也不能孤立地引用那句话作为肯定"平分土地"的依据。

同样，任弼时同志也曾说过："平分土地是消灭封建制度的最彻底最好的办法。"⑤ 为什么？他也没讲。但是，在这句话的后面，任弼时同志指出："在实行平分土地时，必须和中农商量取得其同意，如果在动富裕中农的一部分土地，而他们自己表示反对时，那就应当向他们让步，不动他们的土地。"⑥ 更重要的是前面引的他那句话："无论如何，只应该把打击面放在真正的封建剥削阶级的范围以内，绝对不许可超出这个范围。"原则是

---

① 《中国现代史资料选编》（5），第 246 页。
② 《毛泽东选集》第 4 卷，第 1194 页。
③ 同上。
④ 同上书，第 1195 页。
⑤ 《中国现代史资料选编》（5），第 246 页。
⑥ 同上。

如此明确坚定，当然是不能实行"平分土地"的。

那么，"平分土地"究竟能不能彻底消灭封建制度呢？我认为不能。因为，"平分"之后，土地归农民私有，允许买卖，允许出租，允许雇工，必然还会产生新的两极分化，从而出现新的剥削者以至新的剥削阶级。在中国的具体情况下，如果党的政策不加以限制和引导，小农经济向两极分化的结果，就会产生新的封建剥削者以至新的封建剥削阶级，甚至可能使农村退回到封建制度。同样，没收了地主阶级土地分给无地少地的农民以后，也会产生新的阶级分化，因而也还不能彻底消灭封建制度。所以，出路只有一条，就是在土地改革以后，在发展社会主义工业和商业，加强工农联盟的同时，紧接着领导农民对农村的生产资料（主要是土地）私有制逐步地进行社会主义改造，改造作为封建统治的基础的小农经济，实现农业合作化，变土地私有制为社会主义的公有制（目前是劳动农民集体所有制）。只有这样，才能彻底消灭封建剥削，消灭封建剥削制度，并彻底消灭其产生的基础。

综上所述，我国土地制度的改革，从它的科学意义上讲，或者从它的历史事实来讲，都不应当称为"平分土地"。

最后还回到金德群同志的两篇文章。金德群同志的一些基本观点，例如应当充分肯定土地改革的伟大成绩，不能侵犯中农利益等，我认为是正确的。只是感到他讲的"平分土地"这个概念不甚明确，有些看法值得商讨，才写这篇文章想把这个问题讲清楚。至于我是否讲清楚了，我的看法有什么错误没有，希望得到同志们的批评。

（原载《教学与研究》1982 年第 6 期）

关于"五四指示"和《中国土地法大纲》的几点思考

有些关于土地改革的论著，在提到"五四指示"和《中国土地法大纲》时，有一些通行的提法，我认为需要斟酌，现在提出讨论。

中共中央于 1946 年 5 月 4 日发出的《关于土地问题的指示》（通常称为"五四指示"），和 1947 年 10 月 10 日公布的《中国土地法大纲》，无疑是两个具有重大历史意义的文献。依据这两个文件，各级党组织领导解放区广大农民进行了翻天覆地的革命斗争——土地改革，消灭了延续两千多年的地主阶级封建土地所有制，使千百万无地少地的贫苦农民获得土地，大大激发了广大农民的生产积极性和支援革命战争的积极性。土地改革的胜利，又保证了解放战争的胜利，推翻了美帝国主义武装起来的蒋家王朝。"五四指示"和《中国土地法大纲》在我国民主革命中的作用，必须充分肯定，不可低估。正因为如此，在研究中国土地改革的时候，对这两个文件怎样具体评价，怎样具体分析，应当作为重要问题进行研究。这里，有几个什么问题需要讨论呢？

一 "五四指示"的正确方针和不彻底性表现在哪里？它是否提出了没收地主土地的政策？

毛泽东同志说，《中国土地法大纲》，不但肯定了"五四指示"的方针，而且对于"五四指示"中的某些不彻底性作了明确的改正①。有些论著根据这两句话进行阐述的时候，比较重视或者只讲"五四指示"的不彻底性，而较少谈到或者不谈它所确定的正确方针。这样就会给人一个印象，好像"五四指示"主要是具有不彻底性，不是一个好文件。事实并非如此。

"五四指示"中指出，"解决解放区的土地问题是我党目前最基本的历史任务，是目前一切工作的最基本的环节。必须以最大的决心和努力，放手发动与领导群众来完成这一历史任务"。"在此情况下，我党不能没有坚定的方针，不能不坚决拥护广大群众这种直接实行土地改革的行动，并加以有计划的领导，使各解放区的土地改革，依据群众运动发展的规模和程度，迅速求其实现。"同时指出，"不要害怕农民获得大量土地和地主丧失土地，不要害怕消灭农村中的封建剥削"。"五四指示"还规定："坚决用一切方法吸收中农参加运动，并使其获得利益，决不可侵犯中农土地，凡中农土地被侵犯者，应设法退还或赔偿。整个运动必须取得全体中农的真正同情或满意，包括富裕中农在内。""应使富农和地主有所区别"。"对待中小地主的态度应与对待大地主、豪绅、恶霸的态度有所区别"。"凡富农及地主开设的商店、作坊、工厂、矿山，不要侵犯，应予以保全，以免影

---

① 见《目前形势和我们的任务》，《毛泽东选集》第4卷，横排本第1146页。

响工商业的发展。"① 这些都是完全正确的，而且是十分重要的方针和政策原则。这些，是我们党长期以来领导农民解决土地问题的经验教训的总结。而且直到新中国成立以后，在全国范围内的土地改革实践中，仍然证明"五四指示"所规定的这些方针政策是正确的。什么地方、什么时候违背了这些政策原则，就必然犯错误。因此，对"五四指示"的正确性，是决不可忽视的。

有的论著当中，对于"五四指示"全部肯定，不讲它的不彻底性，这也是不全面的。那么，"五四指示"的不彻底性表现在哪里呢？按通行的说法，是指对某些地主照顾过多。我认为不是这样。

在讨论这个问题之前，需要先讨论另一个问题：有一种通行的说法，说"五四指示"规定了没收地主土地分配给农民的政策。我认为也不是这样。

"五四指示"规定，农民是要"在反奸、清算、减租、减息、退租、退息等斗争中，从地主手中获得土地"。具体方式，不是无条件地"没收"地主的土地，而主要是经过各种清算，算出地主欠下了农民多少债，地主就"出卖土地给农民来清偿负欠"。还有一种方式，"减租之后，地主自愿出卖土地，佃农以优先权买得此种土地"。这两种方式，都是地主"出卖"土地，而不是"没收"其土地。再一种方式是，"由于在减租后保障了农民的佃权，地主乃自愿给农民七成或八成土地，求得抽回三成或二成土地自耕"。这是地主在一定条件下"自愿"把其部分土地交给农民，也不是被"没收"的。通过这些方式，农民得到土地时，还"大多数取得地主书写的土地契约"。可见，按照"五四指示"，把地主的大部分土地所有权转移给农民，主要

———
① 引自"五四指示"的原文，均见《刘少奇选集》上卷，以下不再加注。

是通过有契约的买卖关系或授受关系实现的，农民主要是按照他们过去曾经付出的或新付出的代价得到土地的。这和"没收"地主土地分给农民根本不同。有没有"没收"的呢？有。按照"五四指示"，只有大汉奸的土地才予没收。

不仅"五四指示"所提出的解决土地问题的方式，使我们可以看出不是没收地主土地，而且"五四指示"本身就由很明确的语言，说明这次解决土地问题，"和在内战时期解决土地问题所采用的方式大不相同"。所谓内战时期解决土地问题的方式，就是指第二次国内革命战争时期没收地主土地分给无地少地农民的方式。

毛泽东同志曾经说："日本投降以后，农民迫切地要求土地，我们就及时地作出决定，改变土地政策，由减租减息改为没收地主阶级的土地分配给农民。我党中央一九四六年五月四日发出的指示，就是表现这种改变。"① 在大家经常引用的这一段话里，不是说"没收地主阶级的土地分配给农民"吗！应当怎样理解这一段话呢？我认为，"五四指示"只是我们党改变土地政策的开始，而不是已经完全实现了这种改变。或者说只是部分地改变土地政策，而不是全部改变。所谓开始改变或部分改变土地政策，具体说来就是，过去只是实行减租减息，不动地主的土地，现在要动地主的土地了。但是，把地主的大部分土地转到农民手中，要经过清算、退租等这样的曲折过程，而不是直接没收以后分给农民的。在"五四指示"中，除了前面所引条文可以说明这一点以外，还明确指出，这个文件对党的土地政策虽然作了重要的改变，"但不是全部改变，因为并没有全部废止减租政策"。"五四指示"发出以后不久，在解放区的土地改革的实践

---

① 《目前形势和我们的任务》，《毛泽东选集》第 4 卷，横排本第 1145 页。

中，就突破了"五四指示"的规定，由清算减租等等进而没收地主的土地，分配给农民；但是直到1947年10月党中央作出关于公布《中国土地法大纲》的决议，才正式宣布了党的土地政策的完全改变。

"五四指示"没有提出没收地主土地的政策，这个问题清楚了，它的不彻底性表现在哪里也就清楚了。如前所述，"五四指示"肯定了群众创造的几种解决土地问题的方式。其中，除了"没收和分配大汉奸土地"外，对地主土地所采取的三种方式，有两种是地主出卖土地给农民，一种是地主自愿把七八成土地交给农民。这就是说，"五四指示"并没有提出废除地主的土地所有权、废除封建剥削制度，也没有完全废止减租政策。有一种说法，认为按照"五四指示"实行的是通过反奸、清算、减租、减息、退租、退息（还有查黑地、献地等）的斗争进行的土地改革，我认为这个提法是比较确切的。这当然不是彻底的土地改革，而只能说是从减租减息到土地改革的过渡。它虽以实现"耕者有其田"为目的，但并没有明确宣布改革土地制度。"五四指示"的不彻底性，就表现在这里。至于在实际工作当中，在党中央发出"五四指示"以前和以后的一段时间里，在《中国土地法大纲》公布以前，有些地方没收了地主土地，实际上已经消灭了封建剥削的地主土地所有制，也有些地方出现了一些"左"的或右的偏差，那是需要另外研究的问题。这里只是讨论"五四指示"这个历史文件。《中国土地法大纲》明确规定："废除封建性及半封建性剥削的土地制度"，"废除一切地主的土地所有权"。这才是彻底的土地改革政策，而这正是"五四指示"所没有的。毛泽东同志说《中国土地法大纲》对于"五四指示"中的某些不彻底性作了明确的改正。这里似乎没讲"不彻底性"表现在哪里。实际上，就在这几句话的后面，毛泽东同志紧接着明确指出，《中国土地法大纲》规定的消灭地主阶级和旧式富农的封建性和半封建性剥削的土地制度，才是彻底的土地改革。① 由此可以看出他讲的"五四指示"的不彻底性是指什么。有些论著当中把"不彻底性"解释为对某些地主照顾过多，这是不符合毛泽东同志的原意的。

"五四指示"含有这种不彻底性，是否我们党在这个问题上犯了一个错误呢？不是。刘少奇同志对此作了很清楚的说明。当时，国民党军队正在许多地方向解放区进攻，并积极准备制造全国规模的内战。在这种形势下，全国人民要求和平，并且还没有认识到和平是不可能的。如果我们在这个时候就实行彻底的土地改革，没收地主土地，那么，蒋介石打起来，群众就会说，打内战是因为共产党要没收地主土地。这样我们就会脱离广大群众。"为了既不脱离全国广大群众，又能满足解放区群众要求，二者都照顾，使和平与土地改革结合起来，结果就产生了'五四指示'。这不算错误，应当如此决定。"② 这就是说，从消灭封建剥削的土地制度来看，"五四指示"是不彻底的；从根据当时的形势确定土地政策来看，它是正确的。

既然不是实行彻底的土地改革，没有废除地主的土地所有权，那么，"五四指示"规定，"对于抗日军人及抗日干部家属之属于豪绅地主成分者，对于在抗日期间，无论在解放区或在国民党区，与我们合作而不反共的开明绅士及其他人等"，给以适当照顾，"教育农民念及这些人抗日有功，或是抗属，给他们多留下一些土地，及替他们保留面子"，也就没有什么不可以了（我也曾认为不应给这些人多留下一些土地，现在改正）。

---

① 《目前形势和我们的任务》，《毛泽东选集》第 4 卷，横排本第 1146 页。
② 刘少奇：《在全国土地会议上的结论》，《刘少奇选集》上卷，第 386 页。

过了一年多，到全国土地会议时，"情形不同了，全国人民认为与蒋介石和不可能了"，"党与群众的思想准备成熟了，形势也成熟了"①，才制定出彻底实行土地改革的纲领——《中国土地法大纲》。

二 《中国土地法大纲》有没有缺陷？
主要缺陷是什么？

在有些论著当中，谈到《中国土地法大纲》的时候，采取完全肯定的态度，这是不全面的。特别应当提出讨论的是下面一段话。

《中国土地法大纲》规定："乡村中一切地主的土地及公地，由乡村农会接收，连同乡村中其他一切土地，按乡村全部人口，不分男女老幼，统一平均分配，在土地数量上抽多补少，质量上抽肥补瘦，使全乡村人民均获得同等的土地，并归各人所有。"在很多研究中国土地改革的论著中，都以完全肯定的语气引用了这一段话，即完全肯定平分土地的做法，甚至赞扬"彻底平分"。这实际上是不符合党中央的正确的土地改革方针的。

是的，党中央和毛泽东等同志，都曾肯定过平分土地的提法和做法。在有些论著当中，即照引毛泽东同志等曾经说过的话，作为论据，以证明平分土地是完全正确的。其实，正是党中央和毛泽东同志等，很快就从土地改革的实践当中发现了平分土地引起的偏向，因而先是作了一些补充规定和说明，而且是三令五申，再三再四地说明，后来就根本不再使用"平分土地"这个提法了。这是引用毛泽东同志等的言论时所应当注意的。

---

① 刘少奇：《在全国土地会议上的结论》，《刘少奇选集》上卷，第386页。

　　为了说明这个问题，我们无妨回顾一下更远一点的历史。1928 年 12 月制定的《井冈山土地法》规定："没收一切土地归苏维埃政府所有。"后来毛泽东同志指出，这个土地法的原则错误之一，就是"没收一切土地而不是只没收地主土地"[①]。到 1929 年 4 月制定的《兴国土地法》，即把"没收一切土地"改为"没收一切公共土地及地主阶级的土地"，毛泽东同志说"这是一个原则的改正"[②]。

　　"没收一切土地"和"平分一切土地"，当然是不同的。前者，农民只有土地使用权，没有所有权；后者，农民按人口分得的土地，有所有权。但是，农民超过平均数的土地被抽出去平分以后，也是丧失了所有权。因此我认为，就像"没收一切土地而不是只没收地主土地"是一个原则错误一样，平分一切土地而不是只分地主土地和旧富农的多余土地也是一个原则错误。

　　对于平分土地，现在已有不同意见的讨论。而对于《中国土地法大纲》规定（包括在第二次国内革命战争时期实行过的）"抽多补少，抽肥补瘦"，则几乎还是同声赞扬的。抽补与平分有什么不同吗？平分一切土地，一般有两种做法，一是打乱平分，一是实行抽补。打乱平分之不可取，是比较显而易见的。不分阶级阶层，不看有无封建剥削，只要超过平均数的土地就抽出去补给别人，这实际上还是平分。结果都是侵犯中农利益。这还不算是原则错误吗？

　　有的论著当中指出，1947 年召开的全国土地会议和这次会上制定的《中国土地法大纲》的缺陷在于，只注意了反右，没

---

　　① 《毛泽东农村调查文集》，第 37 页。
　　② 同上书，第 40 页。

有重视反"左"，没有规定划分阶级成分的明确标准，没有提到团结中农，没有规定保护中农利益不得侵犯，因此后来很多地方发生了侵犯中农利益的倾向。这种分析是对的。但是，只要实行平分土地（所谓平分土地，当然是指平分一切土地；如果只分地主的土地，就不能称为平分了。有的论著不按一个明确的概念讨论问题，只是笼统地说平分土地是对还是不对，这是讨论不清楚的），"左"的偏向就不可避免，即使正确地划分了阶级成分也不能正确执行阶级路线，保护中农利益就难以做到，甚至根本做不到。反过来说，有了正确的阶级路线，明确了中农利益不得侵犯这一条重要原则，就不会规定平分土地，规定了也会取消。事实正是这样，《中国土地法大纲》公布实施不久，党中央和毛泽东、周恩来、任弼时等同志曾经反复强调，在平分土地当中要注意中农的意见，征得中农的同意，中农不同意时要让步。虽然如此，因为没有改变平分土地这个提法和基本做法，还是不能彻底解决侵犯中农利益的问题。后来明确提出只分地主的土地和旧富农的多余土地，坚决不准动中农包括富裕中农的土地，以至最后不再使用"平分土地"这个提法，保护中农利益这一条政策才有了实现的保证。因此我认为，提出"平分土地"这一个在当时家喻户晓、深入人心的口号，用"平分土地"这一个不准确的提法来表示土地制度的改革，是全国土地会议及其制定的《中国土地法大纲》的缺陷的最主要标志。

这里顺便提出一个有关的问题。"五四指示"开头一段讲到过去的情况时，以赞扬的口吻说："有些地方，运动的结果，甚至实现了'平均土地'，所有的人（地主在内）都得了三亩土地。"有些论著当中，作为说明当时的成绩而照引了这一句话。实际上，这句话同"五四指示"的精神是不一致的。

"平分土地"（包括用抽补的办法进行平分）之所以不对，

党中央和中央领导同志对于这个问题的前前后后的分析，我们党对于土地改革的认识的发展，在我的两篇文章①，王钦民同志的一篇文章②，和陈文桂同志的一篇文章③中都谈过了，不再重复。如果用一句话来概括，那就是：平分土地超过了反封建的界限，必然侵犯中农利益，这是违背"依靠贫农，团结中农，有步骤地、有分别地消灭封建剥削制度，发展农业生产"这一条土地改革的总路线的。本文再次提出这个问题，一是为了再作一点补充，二是想说明，我们在谈到《中国土地法大纲》这个重要历史文献时，不应回避它是有缺陷的，有错误的。这样才符合实际，也才符合党中央和毛泽东等同志所集体制定，并不断完善的土地改革路线和政策。早在制定《中国土地法大纲》的时候，刘少奇同志就说过"《土地法大纲》等文件还可能有错误，要准备去发现，准备由历史来证明、来作结论"。④ 这是我们应当学习和坚持的马克思主义的态度。

怎样理解党的土地改革路线和政策？怎样对待党的历史文件？在讨论"五四指示"和《中国土地法大纲》当中，得到一点启示。

党的土地改革路线，是在革命实践当中逐渐形成和完善起来的。土地改革的各项具体政策的制定，情况就更为复杂。有了正确的路线，并不等于每一项具体政策都是正确的。有的政策，在当时的历史条件下是正确的，一旦情况变了，政策就必须跟着改变，否则就成为错误的。有时由于受到各种条件的限制，如对于

---

① 见《中国社会科学》1982 年第 1 期《土地改革中没收和分配土地问题》；《教学与研究》1982 年第 6 期，《再谈"平分土地"》。
② 见《近代史研究》1983 年第 3 期，《解放战争时期平分土地政策剖析》。
③ 见《教学与研究》1984 年第 4 期，《"平分土地"再分析》。
④ 《在全国土地会议上的结论》，《刘少奇选集》上卷，第 385 页。

当时的情况还认识不清，缺乏经验等，因而没有或者还不可能定出完全正确的政策，甚至定出了错误的政策。有些缺点和错误，还可能不是一次就能彻底纠正的，反复的情况也是会有的。总之，我们党是在土地改革的实践当中，在不断总结正反两方面的经验，不断纠正"左"的和右的偏向中，使土地改革政策不断得到修正、补充和发展，逐步完善起来。同样，对于反映土地改革政策的一些历史文件，也不能要求都是完美无缺的。我们应当根据历史事实，同时根据党中央和毛泽东等同志的前前后后的全部论述，去历史地、全面地理解党的土地改革政策和反映这些政策的文件，敢于正视和承认我们在土地改革当中也和在其他工作中一样，是有过缺点和错误的，有些历史文件也是有缺点或错误的。这样才是马克思主义的实事求是的态度，才符合历史实际，才有利于正确地总结历史经验。否则，就等于不承认我们的经验是逐渐丰富的，我们的认识是逐步提高的，马克思列宁主义、毛泽东思想是不断发展的。

（原载《天津社会科学》1985 年第 3 期）

土地改革中的阶级路线

在土地制度的改革中，有一条马克思主义的阶级路线，明确规定应当依靠哪个阶级，团结哪个阶级，打击和消灭哪个阶级，这是取得胜利的先决条件。制定正确的阶级路线，又必须首先对农村各阶级进行正确的分析，明确规定什么条件的算贫农，什么条件的算中农，什么条件的算富农，什么条件的算地主等等，即明确规定划分阶级的具体标准。有了正确的阶级路线，还不等于能够正确执行。缺点、错误是难免的，特别是在开始阶段。有关阶级路线的这些问题，中国共产党在长期的土地改革实践中，积累了很丰富的宝贵经验，包括正面经验和反面经验，值得研究和总结。

一 必须首先对农村进行阶级分析

中国共产党在领导土地改革中，对于要不要首先对农村进行阶级分析、划分阶级成分等问题，在认识上和实践上都经历了曲折的过程。虽然早在建党初期，就懂得中国农村是有不同的阶级的；然而，在开始领导农民进行土地改革的时候，似乎又忽视了必须首先划分阶级成分。试举几例。

1927年召开的"八七"会议，批评了过去党的领导机关不注意农民土地问题的错误，提出了土地改革是中国新民主主义革命的中心问题；同时提出"没收大地主及中地主的土地，分这些土地给佃农及其他无地的农民"；"对于小田主则减租，租金率由农民协会规定之"；"农民运动的主要力量是贫农，他们应当是农民协会的中心"[①]。这里虽然大体规定了土地改革的对象和主要依靠力量，但没有对农村复杂的阶级、阶层情况进行具体分析。因此，还不足以据此制定出一条完整的阶级路线，用来指导土地改革的正确进行。

1927年冬季开始在革命根据地进行土地改革时，没有首先划分阶级，没有规定依靠、团结、打击和消灭的对象，只是将土地进行平均分配。到1928年12月，总结了一年土地改革的经验，制定出《井冈山土地法》，仍然只规定了"没收一切土地归苏维埃政府所有"，分配给农民耕种，没有划分农村的阶级，根本没有提到地主，更没有提到富农；提到了农民，但没有区分贫农和中农。四个月后，即1929年4月，随着实践经验的积累和对于土地改革的认识的发展，制定了《兴国土地法》。这个土地法，把《井冈山土地法》中的"没收一切土地"改为"没收公共土地及地主阶级土地"，这是正确的。但是，仍然没有对农村进行具体的阶级分析，没有指出什么叫地主，也没有分出富农、中农和贫农等。

没有阶级分析，阶级路线就无从谈起，因而很难避免以感情代替政策。由于没有明确的阶级界限，就发生了把中农当做富农、把富农当做地主的现象；也有些地主、富农混进村苏维埃政

---

① 《最近农民斗争决议案》，《中国现代史资料选编》（3），第39、40页。

府，把持了土地改革的领导权。结果，搞乱了阶级阵线，地主、富农受不到应有的打击，中农利益受到损害，贫农雇农得不到应得的革命果实。

中国共产党在领导土地改革的实践中，逐渐明确了必须首先对农村进行阶级分析，并将这种认识写进了有关土地改革的历次决议和文件中。至于如何正确地分析农村阶级，则是经过了更多的反复和更长时间的摸索过程的。

从第二次国内革命战争时期开始进行土地改革，到中华人民共和国成立以后全国大部分地区完成土地改革，关于对农村进行阶级分析这个问题，虽然经过了一些曲折，但总的说来，或者说在大部分时间里，我们党是很重视的。这是土地改革取得胜利的重要保证。

二　关于划分农村阶级的标准

中国共产党从实践中认识到，领导土地改革，必须首先对农村进行阶级分析，划分阶级成分。那么，根据什么标准划阶级定成分呢？这是一个十分复杂的问题。曾经有过各种各样的标准。经过长期的争论，经过反复实践的检验，才取得了统一的认识，定出科学的标准，并在实践当中又不断得到补充和完善。

曾经出现过的划分农村阶级的标准主要有：

（一）按占有土地的数量划分阶级

1924 年，肖楚女写的《中国的农民问题》一文，引用农商部的统计资料，把农民分为占有耕地十亩以下者，十亩以上者，三十亩以上者，五十亩以上者，百亩以上者[1]。这个材料没有分

---

① 参见《农民丛刊》第 2 卷。

出，也很难分出贫农、中农、富农以至地主。

1925 年，李大钊的文章《土地与农民》，引用了河南省八个村的调查材料。其中荥阳县五个村，都是把农民分为富农、中农、小自耕农和佃农四种，但划分的标准不同。富农的标准是占有土地一百亩或一百亩以上；中农分为占有土地五十亩以上和七十亩以上者；小自耕农，有的规定为占有土地十亩以上，有的是二十亩以上，有的是五十亩以上；佃农，有的自己有地，有的无地，有的还要雇工。密县柳沟村，则把农民分为上富、中富、下富和佃农四种。百亩以上的为上富，五七十亩的为中富，三五十亩的为下富，有三户佃农雇工六人。①

1927 年，国民党中央农民部土地委员会的一个报告中，除了无地的雇农和无地而租人田地的佃农外，把占有土地多少作为划分阶级的标准，一至十亩的为贫农，十至三十亩的为中农，三十至五十亩的为富农，五十至一百亩的为中小地主，一百亩以上的为大地主。②

南昌起义前后，党的领导机关几次讨论土地革命的纲领时，由于没有一个明确的划分阶级的标准，对于土地革命的对象——地主或大地主，曾有多种不同的意见。有的主张"没收二百亩以上大地主土地"，有的主张没收三百亩到五百亩以上的土地，有的主张没收的标准是"肥田五十亩，瘠田一百亩"，有的主张"没收五十亩以上的大地主的土地"。③

只按占有土地的数量来划分阶级，出现各种不同的意见是必然的。一般说来，封建剥削者总是占有较多的土地，被剥削的贫

---

① 参见《六大以前》，第 658 页。

② 《全国土地占有概况》，《第一次国内革命战争时期的农民运动》，人民出版社 1953 年版，第 4 页。

③ 《李立三报告》。

苦农民总是无地或少地。但是，对于土地多少这个数量界限，不可能提出一个科学根据，而只能带有很大的随意性。更重要的是，土地占有者，有的完全自耕，有的雇工，有的出租，雇工的、出租的又各有不同，等等。不考虑这些复杂情况，就看不出封建剥削与被剥削的关系，也就无法确定在反对封建土地所有制的斗争中，谁是革命对象，谁是依靠力量，即无法辨别敌、友、我。

（二）按收入和生活水平划分阶级

1930 年毛泽东在寻乌调查时，是这样划分农村阶级成分的：收租五百石以上的为大地主，收租五百石以下二百石以上的为中地主，收租二百石以下的为小地主，有余钱剩米放债的为富农，够食不欠债的为中农，不够食欠债的为贫农。[①]

也是在第二次国内革命战争时期，还有的地方以农产品收获量的多少来区分富农、中农与贫农；有的地方更简单地以为有田有钱的就是富农，或者说，够吃够穿的是中农，不够吃不够穿的是贫农。江西宁都县有一户人家，养了几口猪，就被认为是富农。

一般说来，地主、富农的收入比中农特别是比贫农多，生活水平高。收入的多少，特别是收租的多少和生活水平的高低，是划分阶级时应当注意的因素。但是，这个多少和高低的数量界限，没有一个科学的标准作为根据来加以确定。更重要的是，收入的来源不同，决定生活水平的条件也是多方面的，不能笼统地说，收入多、生活水平高的就是革命对象，收入少、生活水平低的就是革命的依靠力量。因此，不能把收入的多少和生活水平的高低，作为划分阶级的主要依据。

---

① 参见《毛泽东农村调查文集》，第 105 页。

（三）按政治态度和本人历史等划分阶级

封建地主阶级不仅在经济上残酷剥削贫苦农民，还往往为了加重剥削而对农民蛮横无理，任意欺凌。甚至同反动的地方官府勾结起来，或者乡村政府的头目本身就是地主，依仗政权的力量在经济上和政治上压榨农民。在国内革命战争中，地主又是站在人民革命的对立面。因此，地主阶级作为一个阶级来说，在政治上是反动的，对农民的态度是野蛮、残酷的。但是，如果简单地以政治态度等等作为划分阶级的标准，就会出偏差。事实上，不管是哪个阶级的人，在政治上、历史上以至道德品质、生活作风上有污点的，最容易引起群众的义愤，也就往往因此被划为革命斗争的对象。有些地方的土地改革中曾经出现这样的偏差。

另外，有些地方把革命前几年是地主或富农，后已降为中农以至贫农的人仍然划为地主或富农；还采取"查三代"的办法，把几代以前是地主或富农，但早已改变成分的人，仍然划为地主或富农。这样就把已经放弃封建剥削的人仍然作为反封建的对象，划到封建剥削阶级一边，从而扩大了打击面，削弱了革命队伍的力量。

（四）按剥削的种数划分地主和富农

在第二次国内革命战争时期，兴国县某地方，"拿剥削的种数去分别地主与富农的成分，三种剥削的叫地主，两种剥削的叫富农，比如请了长工，收了租，又放了债，则不管他家里有几个人劳动，总之他就是地主了"①。也有的地方规定，凡是放过债的都是富农，结果就把有的富裕中农也定为富农了，甚至有的贫农因为过去放过极少的债，也被定为富农。按剥削的种数划分地主和富农，也许是个别现象。而只要出租土地就订为地主，雇了

---

① 毛泽东：《查田运动的初步总结》。

长工就定为富农，这种做法则是很容易发生的。

收租、雇工、放债，的确都是划分阶级成分的依据。但不能简单地认为凡是出租土地的就是地主，凡是雇工的就是富农，凡是放过债的就是地主或富农，而必须加以具体分析。否则就会错定成分，扩大了打击面。1948 年 1 月，任弼时根据党中央的决定所作的重要讲话中指出："出租土地或雇用长工的人是否一律按地主富农处理，而无例外？例外也是有的。如孤、寡、废、疾，丧失了劳动力，这些人的小块土地，是可以允许出租的。还有如医生、小学教员、工人，他们家里有少量土地，因自己从事其他职业，而不能兼顾耕种，虽出租其土地或雇人耕种，仅够维持其生活者，也不能算为地主或富农。此外还有一些复杂的情形，需要详细规定，这里说的只是一种最标本的情形。"[①] 1950 年 1 月，经政务院批准的《河南省土地改革条例》规定："所有因缺乏劳动力或从事其他职业，而出租少量土地者，不得以地主或旧富农论"[②]。后来公布的《中华人民共和国土地改革法》和政务院《关于划分农村阶级成分的决定》，都肯定了上述这些根据具体情况所作的规定，载入国家法律。这样就更有效地防止了错定成分的现象发生。

（五）划分阶级的惟一标准

上述几种划分阶级的标准都是不对的。那么，究竟应当依照什么标准划分阶级呢？

我们都熟悉列宁的一段名言："所谓阶级，就是这样一些大的集团，这些集团在历史上一定社会生产体系中所处的地位不同，对生产资料的关系（这种关系大部分是在法律上明文规定

---

① 《土地改革中的几个问题》，《中国现代史资料选编》（5），第 241、242 页。
② 《新华月报》，1950 年 4 月号，第 1475 页。

了的）不同，在社会劳动组织中所起的作用不同，因而领得自己所支配的那份社会财富的方式和多寡也不同。所谓阶级，就是这样一些集团，由于它们在一定社会经济结构中所处的地位不同，其中一个集团能够占有另一个集团的劳动。"[1] 这就是马克思主义关于阶级的定义。

中国共产党领导新民主主义革命，包括领导农民进行土地制度的改革，就是遵循马克思主义的阶级观点和阶级分析方法办事的。虽然在有些地方的工作中也出过一些偏差，例如前述几种划分阶级的标准那样。

1933 年春，毛泽东领导的中央革命根据地的查田运动，在江西瑞金县叶坪乡进行试点。在这里，是按照剥削的时间、剥削的项目、剥削的分量和是否参加劳动，来区分地主、富农和富裕中农，认为地主是不劳动的封建剥削者，是寄生阶级；富农虽有部分剥削，但自己也参加部分劳动，不应完全剥夺他们的生产资料；对于有轻微和短时间剥削的富裕中农，或者在革命前几年就已靠自己劳动为生的人，不应当成剥削阶级看待。[2] 这是正确的。

1933 年 10 月，毛泽东起草和主持制定的两个重要文件——《怎样分析农村阶级》和《关于土地改革中一些问题的决定》，明确规定要根据占有土地的情况，有无剥削，剥削的方式、时间和数量，主要生活来源，是否参加劳动等，来划分农村的阶级。这是中国共产党制定最早的、比较完善的关于划分农村阶级的两个文件，是第二次国内革命战争时期在土地改革中划分阶级成分的标准。但当王明的"左"倾错误领导占统治地位的时候，却

---

① 《伟大的创举》。《列宁选集》第 4 卷，第 10 页。
② 参见王观澜：《叶坪乡的查田运动》。《星火燎原》选编之二，第 253 页。

反对用分析剥削关系、计算剥削量和剥削时间的方法划分阶级，并为此发布训令："必须坚决反对拿'算阶级'来代替查阶级，拿百分数的计算代替阶级斗争"①。这种"左"倾错误，曾经造成了很大的危害。

到了第三次国内革命战争时期和新中国成立以后进行土地改革时，根据新的情况和经验，经过稍加修改和补充的1933年的两个文件，仍然是正确划分农村阶级的主要依据。

划分阶级的标准，具体条文很多，如果用比较概括的语言来表达，那就是任弼时讲的一段话："划分阶级成分的标准只有一个，就是依据人们对于生产资料的关系的不同，来确定各种不同的阶级。由于对生产资料占有与否，占有多少，占有什么，如何使用，而产生的各种不同的剥削被剥削关系，就是划分阶级的惟一标准。……农业中的生产资料，就是土地、耕畜、农具、家屋等。由于对土地、耕畜、农具、家屋等生产资料占有与否，占有多少，占有什么，如何使用（自耕、雇工或出租）而产生的各种不同的剥削被剥削关系，就是划分农村阶级的惟一标准。"②

三　划阶级定成分中的几个问题

关于农村划阶级定成分的具体条件，以及对各种特殊问题应如何处理，1950年8月公布的《中央人民政府政务院关于划分农村阶级成分的决定》，即经过修改和补充的1933年的两个文件，都有详尽的规定，本文不再重述。这里只就几个有关问题谈一点自己的看法，就教于同志们。

---

① 《人民委员会训令中字第一号——关于继续开展查田运动的问题》。
② 《中国现代史资料选编》(5)，第240、241页。

依照划阶级的标准来区分，旧中国农村主要有两个阶级，一个是封建剥削阶级，即地主阶级；一个是被剥削阶级，即农民阶级。农村的主要矛盾，是地主阶级和农民阶级的矛盾。旧中国人民的三大敌人——帝国主义、封建主义、官僚资本主义，其中封建主义是帝国主义和官僚资本主义统治和掠夺农民的基础，或说是支柱。因此，消灭进行封建剥削的地主阶级，废除地主阶级封建土地所有制，是中国新民主主义革命的根本任务。农民，则是在中国共产党的领导下，进行民主革命的主力军。在农村的阶级成分极为复杂的情况下，首先分清这两个对立的阶级，壁垒分明，不容有丝毫混淆，其他问题就比较容易解决了。土地改革中一切问题的解决，都应服从于发动农民反封建这个根本任务，以此作为考虑问题的出发点和处理问题的归宿。这是我们在土地改革中划分阶级阵营、制定阶级路线时，应当明确的首要问题。

既然地主阶级是土地改革这场革命的对象，就必须十分准确地划定谁是地主。既要防止认敌为友，又要防止认友为敌。一般说来，地主是占有土地，自己不劳动，将土地出租给农民，以地租形式剥削农民的全部剩余劳动以至部分必要劳动。但是，划阶级定成分时并不如此简单。根据中国农村的具体情况，地租虽然是地主剥削农民的主要形式，但不是惟一形式。有的地主既出租土地又兼雇工，有的地主不出租土地只是雇工。地主雇用贫苦农民，不同于农业资本家雇用农业工人。雇工所得工资极低，而且并不是完成了一定时间或一定数量的劳动就行了，地主还往往以超经济强制的形式剥削雇工。雇工在受雇期间（一般是一年为期），对地主有一定程度的人身依附，自由受到限制。因此应当说，雇工剥削主要是封建半封建性质的，而不是或很少具有资本主义性质。所谓"雇工"，是我们沿用的习惯说法，实际上不是受资产阶级剥削的工人，而是受封建地主阶级剥削的贫苦农民。

说"雇农"是比较确切的。地主通过雇佣劳动剥削农民，有的比地租剥削还要严重。所以，只要其他条件具备了，虽然没有出租土地，而只是雇工，也应定为地主成分。不明确这一点，反封建就不会彻底。当然，出租土地和雇工的并不都是地主或富农，这在前边已经说过了。

中国的富农，不同于资本主义国家的富农或农业资本家。一般的，或者说多数不是利用土地进行资本主义商品生产，以剥削雇工。除了少数商品经济比较发达的地区和城市郊区外，中国的富农经济，一般只是比较富裕的并有一定剥削量的小农经济，而不是社会化的大生产。这些富农对雇农的剥削，主要是封建性半封建性剥削，这是和地主阶级相同的一面。同时，富农区别于地主的另一个主要标志，是参加主要劳动，这又是和农民阶级相同的一面。富农的封建半封建剥削是应当废除的。但如果因此就简单地把富农划到地主阶级一边去，那就否定了它参加主要劳动，可以作为农民的一部分的一面。这是不利于鼓励广大农民的生产积极性的。同时，那样也就扩大了敌对阵营，而不利于团结尽可能多的人去完成反封建的任务。基于上述分析，我们习惯上把富农称为农村资产阶级，这只能作为一种比喻，或者用以形容其富有资产，而从科学意义上来说，用于一般富农并不完全确切。确切地说，中国的富农，是介乎地主阶级和农民阶级之间的一个阶层（后来我在《中国土地改革研究中的几个问题》一文中，重新探讨了"富农的阶级属性及剥削性质问题"，对本文中的观点作了修正）。

农民阶级，主要分为贫农和中农两个阶层。贫农阶层，包括雇农，或者统称贫雇农。因为两者往往分不清楚，有的雇农家里也有少量土地和小农具，有的贫农也受雇于地主或富农（包括作长工、月工、短工）。劳动力多的贫苦农民家庭，往往有的人在家经营小块土地或兼营小手工业生产，有的去当长工。一因雇农并非完全不占有生产资料，二因他们在富农那里所从事的还是个体农业劳动，是小生产，不是同社会化大生产相联系的、代表先进生产力的工人阶级，所以，我们习惯上称雇农为农村无产阶级，实际上是不确切的。同样，称贫农为农村半无产阶级，也是不确切的。这都只是一种比喻或形容。

中农阶层，包括富裕中农。划出富裕中农，又把它包括在中农阶层之内，就不致把有轻微剥削的农民作为反封建的对象，这样就可以更好地保护中农，稳定中农。这是划阶级定成分中一个十分重要的问题。原来规定，剥削量不超过全家一年总收入的15%的，即为富裕中农。后来改为不超过25%，这样就可团结更多的人，大大有利于发展生产，而丝毫不影响消灭封建土地所有制。历史经验说明，只要家庭收入的大部分是自己劳动所得，剥削收入只是小部分，就应当作为团结的对象。在进行土地改革时，有一种观点认为，不多动一些土地（包括富裕中农的土地），就不能满足贫雇农的要求。对此应当重新认识。完成土地改革的根本标志是消灭地主阶级的封建土地所有制，以解放农村生产力。不应超出这个标志之外去谈满足贫雇农的要求。同时，"满足"是难以定出一个标准的，而且会受到各种条件的限制。为了改善和提高贫苦农民的生活水平，在进行土地改革的同时，从鼓励农民的生产积极性、发展生产方面下功夫，比额外多分给他们一些土地更为重要。有的贫农分了土地不好好生产，又把土地卖掉，然后要求再分一次。这种情况说明，制定土地改革政策时，应当考虑到既能消灭封建土地所有制，又不要助长农民的平均主义思想。这里顺便说一下，和富农不应称为农村资产阶级一样，中农也不应称为农村小资产阶级。

自耕农、半自耕农、佃农，都不能单独算作一个阶层。因为，贫农和中农都可能是"自耕农"或"半自耕农"，而"佃农"当中则有贫农、有中农，甚至有富农。

划阶级定成分，最重要的是明确政策界限的问题。如果说地主阶级和农民阶级的界限还比较容易划清，那么，需要严格注意的是地主和富农的界限，富农和富裕中农的界限，由于这两个界限最容易划不清楚，很多地方出现过把富裕中农划为富农，把富农划为地主的"左"的偏差；同时，也出现过把地主划为富农或富裕中农，把富农划为富裕中农或中农的右的偏差。这些，特别是前一种"左"的偏差，是土地改革中犯错误的重要原因和表现。我们的土地改革，就是在不断克服"左"的和右的偏差中前进，直到取得最后胜利的。

四 关于错定成分

在我国的土地改革当中，对于各个阶级、阶层的成分，基本上是定得正确的，阶级阵线是分明的，否则，土地改革不可能取得伟大胜利。同时，如前所述，也曾发生过错定阶级成分，搞乱阶级阵线的现象。把地主、富农错划为中农，则反封建不彻底；而比较多的是把中农特别是富裕中农，错划为富农甚至地主，扩大了打击面，侵犯了中农利益，妨碍了农民内部的团结，打击了农民的生产积极性。究其原因，主要是：

第一，开始没有明确的划阶级定成分的标准。或者只有一般标准，对于某些特殊情况的处理没有具体规定。这在前面已经提到了。

第二，"左"倾思想的影响，宁"左"勿右。在第二次国内革命战争时期，以至第三次国内革命战争时期，都有这种现象。如果把中农甚至贫农错划成地主、富农了，有人提出异议，就可能被认为是阶级立场不稳，是右倾，是对地主、富农妥协，甚至说是包庇。因此，有的干部，甚至贫雇农，明明知道有错划成分的，却不敢提出。当时的流行说法是，"左"了是认识问题，右了是立场问题。认识问题上犯点错误不要紧，立场上犯了错误不得了。这几乎成为很多人的信条和行动准则。"左"比右好，宁"左"勿右，是错定成分的重要原因。而实践证明，"左"与右是同样错误的，两者对于革命事业的危害并没有轻重之分。实际上，在我国土地改革的历史中，"左"的错误比右的错误所造成的危害还要大一些。这除了领导的原因外，还由于在一部分干部以至群众当中，对于"立场"问题存有误解。他们认为只要站在贫雇农的立场上，替贫雇农说话，就是立场坚定，而不了解只有站在党的立场上，站在党的政策的立场上，才是惟一正确的，才是真正代表了广大人民群众，包括贫雇农的利益。

第三，有些干部没有经验，又不倾听群众意见，对于划阶级定成分的重要性和复杂性认识不足，不认真研究，草率从事。干部开始没有经验是不足怪的。只要采取严肃认真的态度，学习和执行党的政策，并注意走群众路线，就会把事情办好。由于党的政策是代表群众利益的，群众掌握了政策，并从自己的切身利益出发，有时比某些干部执行党的政策的自觉性还要高。例如在第三次国内革命战争时期，晋绥解放区兴县蔡家崖行政村，在农民代表委员会上讨论错定成分问题时，"多数委员说，有些所谓生产富农本来是中农，勉强定为富农，他们不当兵了（当时有的地方规定，地主富农成分的人不允许参军。——笔者注），对咱们不利。又说：剥削少的生产富农定成中农，可使中农大胆生产，对生产有好处"①。对于这种情况，任弼时说："由此可见农

---

①　任弼时:《土地改革中的几个问题》,《中国现代史资料选编》(5),第240页。

民对大批人错定成地主富农，是不满意的。认为这就树敌太多，自己力量减弱，妨碍生产发展，这是很正确的看法。"① 有些干部则缺乏这种切身的体会。当然，一般说来，群众觉悟的提高，是要靠干部进行党的路线、政策的教育。

第四，有的基层干部作风不正，或者基层组织不纯，有阶级异己分子或其他坏人混入，故意给一些人错定成分。第二次国内革命战争时期，有的地方曾有地主、富农分子及被地主掌握的大刀会的人混进乡苏维埃以至县苏维埃掌了权，把中农、贫农、工人打成土豪。建国初期的土地改革中，在今属湖南湘乡县长丰公社浒州大队，就有报告文学《胡杨泪》的主人公钱宗仁家，"第一次被划为贫农，这在情理之中。可是由于一点家庭纠纷得罪了当时的农会主席，他节外生枝硬把钱家划为'佃富农'"，钱宗仁也就成为"地富子女"了②。这类错误，在土地改革中不是绝无仅有的。

第五，按照农民的平均主义思想的要求，就不只是要消灭封建剥削，而是要把土地财产拉平。因此，虽然有的中农对他人没有剥削，有的富裕中农只有轻微剥削，但因他们土地多，生活富裕，就容易被错划为地主或富农，当成土地改革的对象。而有些农村出身的干部，自己也存有平均主义思想，或者很容易接受平均主义思想影响，因此，对于在上述情况下错定成分的问题，往往采取默认或支持的态度。这也是土地改革中产生错定成分偏差的一个很重要的原因。

每当发现错定成分的现象，中共中央和各级党委都很重视，

① 任弼时：《土地改革中的几个问题》，《中国现代史资料选编》(5)，第240页。

② 《胡杨泪》，见《新华文摘》1984年第10期。

总是提出要坚决彻底改正。"一切解放区的领导同志们及所有从事土地改革工作的同志们均必须严肃的检查这个划成分的问题，公开的明确的更改自己所犯的错误。那怕只是划错了一个人，也必须改正"①。由于错定成分而侵犯了中农利益，"如果已经没收了东西的要尽可能退还。已经分用了的，则应在没收地主果实中抽一部分补偿他们。"② 总之，正确地划阶级定成分，坚定地团结中农，坚决保护中农利益不受侵犯，这是不允许有丝毫动摇的。

改正错定成分，往往不是作一个决定、发一个指示就能解决的，而需要对基层干部和农民群众进行耐心的说服教育，具体地晓以利害。在这个问题上，山西崞县（今原平县）的经验，是很有代表性的。在该县两个区联合召开的土地改革代表会议讨论改正错定成分的问题时，开始，"代表思想表现极混乱：有的说有错，有的说没错，有的埋怨，有的抗拒，有的推责任，有的怕报复"。经过反复讨论，领导加以启发引导，从农民的切身利益出发，使大家真正体会改正错定成分对全体农民有利，代表们才认识到确有定错的，应该改正。但仍不愿公开承认错误，加以改正。主要顾虑是：一、怕丢面子；二、怕地主富农钻空子，怕被错定成分者报复；三、没收的东西已经分配了，不愿退回。又经过讨论和工作团干部的耐心启发，并且说明过去错定成分主要是工作团的责任，这样代表们的觉悟逐渐提高了，认识一致了，又集体制定出改正错定成分的办法。③ 山西崞县的经验，受到毛泽东的重视，当时即印发给各解放区每个参加土地改革工作的干

---

① 任弼时：《土地改革中的几个问题》，《中国现代史资料选编》（5），第240页。

② 同上书，第246页。

③ 参见《谭政文同志关于山西崞县召开土地改革代表会议情况的报告》。

部，普遍推广。毛泽东在批语中特别指出，改正划分阶级中的错误，"这是一件大事"。

有错必纠，是中国共产党的传统，是马克思主义的实事求是的态度。土地改革中曾经出现的错定成分的问题，后来基本上都得到了纠正。只有在第二次国内革命战争时期，当王明的"左"倾错误领导占统治地位时，曾经发布训令："在暴动后查田运动前已经决定的地主与富农，不论有任何证据不得翻案。已翻案者作为无效"①。这就是说，中农已经被错定为地主或富农的，也不准纠正。这当然是错误的。

为了保证正确地划分阶级成分，防止错定，除了上面谈到的一些问题外，还有一个工作方法问题。由少数人坐在屋子里划阶级定成分，既不经过群众讨论，更不征求本人意见，甚至采取强迫命令的方法，事实证明肯定会犯错误。在第二次国内革命战争时期，王明的"左"倾错误领导曾经规定："最后决定阶级成分之权属于当地最大多数的群众"②。这个规定貌似民主，实际上是不讲政策，不要领导，因而同样难免发生错定成分的现象。

划阶级定成分的方法，从第二次、第三次国内革命战争时期，直到新中国成立以后，各地都曾作出一些具体规定，然后又总结实践中的经验教训，使其不断完善。各地的经验大同小异，归纳起来，有以下几个步骤：首先向群众讲清划阶级的标准及有关政策，要做到家喻户晓，包括地主本人也要了解；由各户自报成分，然后或同时进行调查，再提交农民代表会、群众大会讨论，讨论时要有被评定者到会，允许他申辩；最后报上级政府批准后公布。公布后，如本人不同意，还可再提意见。当时很多地

①《人民委员会训令中字第一号——关于继续开展查田运动的问题》。
② 同上。

方把这种方法称为：自报、公议、三榜定案。天津市还曾规定，
对郊区地主、富农成分的确定，要先由村公所（村政府）及村
农民土地委员会初评，区人民政府作复评，经市人民政府批准公
布。本人如有异议，还可提出再评。各地这些做法，可谓严肃认
真，慎之又慎了。总结了各地、各个时期的经验，最后把划定阶
级成分的方法以全国统一的法律形式固定下来，这就是《中华
人民共和国土地改革法》中的规定："划定阶级成分时，应依据
中央人民政府颁布的划分农村阶级成分的决定，按自报公议方
法，由乡村农民大会，农民代表会，在乡村人民政府领导下民主
评定之。其本人未参加农民协会者，亦应邀集到会参加评定，并
允许其申辩。评定后，由乡村人民政府报请区人民政府批准。本
人或其他人如有不同意见，得于批准后十五日内向县人民法庭提
出申诉，经县人民法庭判决执行。"[1] 认真按照这样的程序办事，
是可以做到正确地划定阶级成分的。

五　阶级路线的形成与执行

要有正确的划分农村阶级的标准，还要有完善的划阶级定成
分的方法，都是为了在土地改革中能够正确地制定和执行一条马
克思主义的阶级路线。土地改革的实践说明，这样一条阶级路线
是逐步形成的，在执行当中也是有过曲折的。同时，并不是先有
了划分农村阶级的明确标准，才开始制定土地改革的阶级路线。
两者都是在实践中逐步形成与完善的。

1927 年 5 月召开的中国共产党第五次全国代表大会，在
《土地问题决议案》中，提出了没收一切"公有的田地"和"地

---

[1]　《新华月报》1950 年 7 月号，第 499—500 页。

主租与农民的土地"，"属于小地主的土地不没收"。同时，一般地提出了在农民革命斗争中"以贫农为中坚"[①]。但是，没有指出何谓"小地主"，也没有提到中农和富农。这次决议之所以没有执行，固然主要是由于受到当时客观条件的限制，以及陈独秀等人的阻挠；即使执行，也会由于没有完整的阶级路线而遇到困难。

1927 年中共中央"八七"会议通过的《最近农民斗争决议案》，提出"没收大地主及中地主的土地"，"对于小田主则减租"；也提出"农民运动的主要力量是贫农"[②]。这个决议，除了指出所以不没收小田主土地是为了中立"广大的小私有财产者之分子"外，与中共"五大"决议的缺陷基本相同。

1927 年 11 月，中共中央临时政治局扩大会议通过的《中国现状与共产党的任务决议案》，反对只没收大地主土地，认为那是改良主义，因而主张"完全没收一切地主的土地，由农民代表会议自己支配给贫农耕种"[③]。这里也没有提到中农和富农。

1928 年 7 月召开的中共第六次全国代表大会，提出农民运动中的主要任务，是没收地主阶级的土地，分配给无地或少地的农民。同时确定的"战术路线"是："主要的敌人是豪绅地主，无产阶级在乡村中的基本力量是贫农，中农是巩固的同盟者，故意加紧反对富农的斗争是不对的，因为这就混乱了农民与地主阶级的主要矛盾。但是并不是说要放弃对于富农半地主的阶级斗争。"[④] 这样，就初步提出了基本正确的党在土地改革中的阶级路线。但是，这里还存有两个问题：

---

① 《六大以前》，第 834、835 页。

② 《中国现代史资料选编》（3），第 39、40 页。

③ 《六大以前》，第 927 页。

④ 《中国现代史资料选编》（3），第 91 页。

第一，当时还没有明确的划分农村阶级的标准，认为"中国农民的阶级分化至今尚是含糊的，不纯粹的"[①]。而这正是制定和执行阶级路线的前提条件。因此，虽然党的"六大"初步提出了基本正确的阶级路线，仍然是难以贯彻执行的。

第二，"六大"对于富农的分析和对富农的政策，有很大的不确定性。在《关于土地问题决议案》中，对富农有四种说法：一说富农是农民阶级中的一个阶层；二说"中国富农有许多是半地主"，因为他们对雇农的剥削和出租土地对佃农的剥削相差不远；三说"富农的经济有资本主义的成分"，富农是"剥削雇佣工人的小小的农村资本家"；四说"农村资产阶级（富农），一方面实行雇佣工人（雇农），别方面仍旧要出租田地，而且还要经营商业和高利盘剥"。对富农的政策，则决定于富农的不同态度。"六大"的《关于农民问题决议案》，预计在农民运动的初期，富农会"表现消极中立或仇视的态度"；随着土地改革的深入，"最后常更快的走入反革命的营垒中去"。因此党的政策是："在富农还没有消失革命的可能性"时，要"吸收富农于一般农民反军阀反地主豪绅的斗争之内"；"当富农动摇于革命与反革命之间"时，"不应该故意加紧对富农的斗争，使其更快的转入反革命方面去"，而要"使这种富农中立，以减少敌人的力量"，但贫农对富农的斗争应同时进行；"凡富农现在已成了反动力量之地方，那么反富农的斗争，应与反军阀反地主豪绅的斗争同时进行。"

总之，党的"六大"初步提出了依靠贫农，团结中农，中立富农，消灭地主阶级这样一条比较完整的阶级路线，这是很大的贡献。但是，它对富农的阶级属性没有明确的划分，没有具体

---

① 中共"六大"《关于土地问题决议案》。

规定富农与地主、富农与中农特别是与富裕中农究竟怎样区别，也没有提出究竟怎样中立富农，以及怎样开展反富农的斗争。除了发生"平分土地"的情况外，在"六大"的决议案中没有提到要动富农的土地财产，而又说必要时要使反富农的斗争和反地主的斗争同时进行。因此可以说，"六大"所确定的阶级路线虽然基本上是正确的，但还是不完善的，有些界限还是不清楚的，照此执行不会收到好的效果，甚至可能引起一些混乱。

1929 年 6 月，中共六届二中全会的《政治决议案》，同年 9 月《中央关于接受国际对于农民问题之指示的决议》和同年 10 月《中共中央政治局关于反对党内机会主义与托洛斯基主义反对派的决议》，都认为富农是"由动摇以至反革命，所以必须坚决的反对富农"①。这里没有了"六大"提出的争取富农、中立富农的一面，偏到"左"的方面去了。这样执行的结果，就不仅过重地打击了富农，把富农推到了地主阶级一边，扩大了敌对的力量，而且，由于富农与富裕中农的界限不清，就不可避免地侵犯了中农利益。不能巩固地联合中农，这是土地改革中的大忌。

1930 年 5 月，毛泽东写的《寻乌调查》，提到在"小地主"中有 48% 的情况是这样：除了出租部分薄地、放高利贷、雇零工外，他们"自己耕种"，"终日劳动"。按照后来制定的划阶级的正确标准，这些户显然是富农而不是地主。但当时却认为他们"是农村中最恶劣的敌人阶级，在贫农眼里是没有什么理由不把他们打倒的"。而对富农打击过重，会把他们逼到反革命方面去。同年 10 月毛泽东写的《兴国调查》中，一个区四个乡共 32

---

① 《中共二中全会政治决议案》。

家富农，有 24 家反革命，这就可能和对富农的政策有关。①

在《寻乌调查》中，关于"富农"一项，说的是"比较富裕的农民，在普通说法叫他们作自耕农或中农"，因为"他们没有半地主性，他们的全部出产都是亲自劳动不是剥削他人来的"。按照后来制定的划阶级的标准，这不仅不是富农，连富裕中农也不是。而当时却按富农对待，认为平分他们的土地是没有疑义的，否则就是"富农路线的机会主义者"。这显然是违背了巩固地联合中农的原则。

1930 年 6 月，红四军前委、闽西特委联席会议（通称"南阳会议"）关于富农问题的决议中，指出有三种富农。除了"半地主性的富农"和"资本主义性的富农"外，还有一种"初期性的富农"，"即不出租土地，又不雇用工人，单以自己劳动耕种，但土地劳力两具充足，每年有多余粮食出卖或出借的一种人"。决议还认为，富农"这个阶级自始至终是反革命的"，"只有认识反富农斗争和反地主斗争同样是反对残酷的半封建剥削，才能坚决的建立党的反富农策略"，"我们的策略便应一起始就宣布富农的罪恶，把富农当作地主一样看待"②。这样就不仅把富农完全推到敌人一边，而且把一些富裕中农甚至中农划为所谓"初期性的富农"，也当作革命对象了。这样的阶级路线，其错误的严重性是不言而喻的。

1933 年 6 月，毛泽东提出，在查田运动中要"依靠贫农，联合中农，去削弱富农，消灭地主"。同时特别指出，"消灭富农的倾向是错误的"，"不应该把富农成分当做地主待遇"③。这

① 《寻乌调查》、《兴国调查》，均见《毛泽东农村调查文集》。
② 《中国现代史资料选编》（3），第 126、128 页。
③ 《在八县查田运动大会上的报告》。

是正确的阶级路线，是指导第二次和第三次国内革命战争时期的土地改革取得胜利的基本保证。同年 10 月制定出关于划分农村阶级的两个文件后，更使阶级路线的贯彻执行有了科学依据。不过，由于"左"倾思想的干扰，在执行当中曾经出现偏差。最重要的是侵犯中农利益，其次是有时对富农打击过重，还曾发生过对地主"扫地出门"，不给生活出路，甚至把不该杀的杀掉的现象。这些都曾造成损失，是严重的教训。

关于上述党在土地改革中的阶级路线，有过各种不同的表述，尽管基本内容是一致的。表述上的不同，有以下几个方面：

（一）有的在"依靠贫农"之前加上"在中国共产党领导下"，或"以工人为领导"，我认为是不必要的。因为中国新民主主义革命包括土地改革都是在中国共产党的领导下进行的。我们讨论的就是党在领导土地改革中，应当执行什么样的阶级路线。

（二）有的说"贫雇农领导土地改革"，这是不对的。贫雇农在农会或农民协会中居于领导地位，不能解释为在土地改革中居于领导地位。至于说是"依靠贫农"还是"依靠贫雇农"，根据本文第三节中的分析，我认为说"依靠贫农"就可以了。

（三）是"联合中农"，还是"团结中农"？我认为含义基本相同。在第二次国内革命战争时期曾经出现过"中立中农"的口号，是不对的。

（四）"削弱富农"和"限制富农"，都是针对富农经济说的，含义基本相同。"中立富农"，则是从政治上说的。如果说阶级路线首先是政治路线，是解决依靠谁、团结谁、打击谁的问题，那么，和依靠贫农、团结中农相联系，相对应，除了在经济上限制富农外，还应当提到在政治上中立富农。

（五）"消灭地主"，会被误解为消灭地主个人，从肉体上消灭。说"消灭地主阶级"才是准确的。

综上所述，关于党在土地改革中的阶级路线，我认为比较好的表述是："依靠贫农，团结中农，在经济上限制富农，在政治上中立富农，消灭地主阶级。"第二次和第三次国内革命战争时期都应当是这样。中华人民共和国成立以后，由于形势的变化，党改变了对富农的政策，那么，"在经济上限制富农"，自当改为"保存富农经济"了。有一种意见认为，"限制富农"、"削弱富农"都是经济概念，在阶级路线中可以不提，只提"中立富农"就行了。一般说来，这是有道理的。但是，从我们国家的具体情况出发，新中国成立以前和以后，虽然都是"中立富农"，却又有"限制富农经济"和"保存富农经济"的区别。为了表明这种区别，在阶级路线的表述中列入这个内容，还是比较好些。这个看法不知有无不妥。此外，在新中国成立以前的土地改革中，"限制富农"或"削弱富农"，都应当只限于削弱其进行封建剥削的部分。在实际执行中，"限制"或"削弱"富农经济的结果，往往搞成"消灭"富农经济，那就违背了党的政策的原意。

结　束　语

在我们党领导农民进行土地改革的各个时期，阶级路线的形成过程和执行情况，比本文所提到的还要复杂得多。特别是在第二次国内革命战争时期，除了缺乏经验外，党中央的领导还曾有过几次错误，各个根据地由于受到各种条件的限制也不是一直在执行党中央的统一政策（包括正确的和错误的政策），因此，制定和执行阶级路线的情况就更为复杂。总的说来，是经过了很多的成功和失败，经过了很多的曲折和反复，不断地总结了正面和反面的经验，才逐步形成了一条正确的阶级路线，并逐渐完善的。正面的经验固然宝贵，那些付出了很大的代价换来的反面经验，同样甚至更为宝贵。

这些正面反面的丰富经验，集中到一点，就是要团结尽可能多的人，来消灭地主阶级封建剥削的土地所有制。巩固地团结中农自不待言，对于富农也要尽量做到使他们不反对土地改革。即使对于这次革命的对象地主阶级，还要区别对待。1956 年，毛泽东同外国朋友谈到我们党的一些历史经验时说："地主阶级里头也是有派别的。最反动的是少数，那些爱国的，赞成反对帝国主义的，就不要放在一起打。还必须分别大地主和小地主。在一个时候，打击的敌人不能太多，要打少数，甚至对大地主也只打击少数最反动的。什么都打，看起来很革命，实际上为害很大。"[①] 1950 年，习仲勋在《关于西北区土地改革计划的报告》中说："我们欢迎一切赞成反封建的人们通统团结起来，组成一条伟大的反封建统一战线。土地改革必须以工人阶级为领导，依靠贫农、雇农，团结中农，团结乡村中革命知识分子和其他一切劳动人民，还必须联合一切反封建的人们，包括那些赞成土地改革的开明绅士在内。拒绝或损害这个革命统一战线是错误的，必须反对。"[②] 这些，可以看做土地改革中阶级路线的基本指导思想。

（原载《历史研究》1987 年第 2 期）

---

① 《毛泽东选集》第 5 卷，第 309 页。
② 《新华月报》1950 年 8 月号，第 795 页。

任弼时在土地改革中的杰出贡献

看了这个题目，很多人都会立刻想到任弼时在 1948 年的重要讲话：《土地改革中的几个问题》。那篇讲话在当时所产生的重大影响，在土地改革中所起的重要作用，经历过的人至今都会记忆犹新。其实，任弼时在这方面的贡献，远不只此。读了《任弼时选集》中的有关著作，就会了解到，从第二次国内革命战争时期、抗日战争时期到解放战争时期，在中国土地改革的长过程中，任弼时都做出了杰出的贡献。他参与制定了党中央关于土地改革的正确路线和政策，并使之不断完善。在他的革命实践中，包括他的一些重要著作中，具体地体现着党的正确路线和政策，而且是始终一贯的。尤其是当土地改革发生了右的或"左"的偏差时，任弼时在端正干部思想、纠正偏差中起了很重要的作用。

现在仅就土地改革中的两个重要问题——党的领导和阶级政策，对任弼时的杰出贡献作些简要评述。

一 关于党的领导

中国的土地改革，是共产党领导农民进行和完成的。这似乎不成为一个问题。而实际上，在土地改革过程中，不止一次地提出过这个问题。尽管使用的语言不同，采用的形式不同，或者提得不那么直截了当，说穿了都是要不要党来具体领导土地改革的问题。

在第二次国内革命战争时期，曾经有过这样的主张："只要真实的群众要求，自耕农的土地亦得没收"；对地主，只要群众"热烈要求"，"把他拿来枪决"也是容许的。这都是在尊重群众意见的名义下，实际上要放弃党对土地改革的领导。果真这样做下去，就不仅会违背群众的根本利益，也会侵犯群众的眼前利益，这是和土地改革的目的完全背道而驰的。

任弼时是怎样看待这个问题的呢？他认为，在土地改革中如果放弃或放松党的无产阶级领导，"乡村斗争的发展，将受农民小资产阶级意识的领导，而必然产生许多错误的结果"[1]。他并具体指出："如盲动主义、只杀人放火等都是农民意识的表现"。"因此，强健党的无产阶级领导（尤其是农村）与巩固农村党部的组织应当特别注意。"[2]"这就是说在争斗发动之前必须广泛地做宣传鼓动及组织群众的工作，使他们在党的土地革命政纲及口号之下起来斗争。"[3]

在这些简明的语言中，包含了对农民这个阶级的分析，包含

---

[1] 《任弼时选集》，人民出版社1987年版，第55页。

[2] 同上书，第52页。

[3] 同上书，第66页。

了对中国农民运动历史经验教训的分析。不是吗？在中国共产党诞生之前，中国农民世世代代为取得土地而进行斗争，都没有成功。而农民的自发斗争，不可避免地会出现绝对平均主义，自耕农的土地也要拿来分配。同时，农民由于对地主怀有深仇大恨，也由于不相信自己的力量而害怕地主翻天，因而会出现乱打乱杀的现象。所以，任弼时不只是一般地提出要坚持党的领导，而且提出"要健全支部委员会的工作，使它真正能领导本乡的政府、赤少队和其他群众组织的工作，真正成为执行党每一决定的机关和群众中间的核心，这才是健强和巩固了党的领导力量。"① 只有这样，才能使党对土地改革的领导不致成为一句空话，才能保证党的土地改革路线和各项政策的执行。

在抗日战争时期的减租减息当中，某些干部曾经有过这样的疑问：党的政策能不能真正代表人民群众的意见和利益？强调党的领导会不会成为包办代替？另外有些干部，则由于不能正确理解党的领导作用，而产生强迫命令作风。针对这种情况，任弼时指出："我们的党是无产阶级的政党，是从无产阶级的最高利益，从劳动群众的利益出发，来决定我们的主张与政策的，而无产阶级与劳动群众的利益，又是与全民族解放的利益一致的。"党的政策，是"照顾了现在也照顾了将来的"②。"依靠党的主张的正确性，依靠党员活动的积极性而产生的党的领导作用，决不能称之为包办"；"不能因为反对包办而认为党的正确领导也与包办无异，一直走向取消党的领导的错误。"③ 实行领导，又必须"站在群众之中，与群众融成一片"，而不能"站在群众之

---

① 《任弼时选集》，人民出版社 1987 年版，第 89 页。
② 同上书，第 259—260 页。
③ 同上书，第 262 页。

上，去强迫命令"①。显然，只有无产阶级革命家，才能对党的政策和群众利益的关系有这样深刻的理解，才能看得这样长远和全面。农民，以及带有小农思想的干部，很容易只看到眼前的部分人的利益。减租减息，是符合农民利益的；交租交息，不是损害了农民的利益吗？他们看不到在当时的抗日战争中，党确定的减租减息又交租交息的政策，是与全民族解放的利益一致的，归根到底还是符合农民的根本利益的。实行这样的政策，当然必须依靠党的正确领导。而强迫命令，则不能把群众的觉悟提高到党的政策的高度，不利于党的政策的贯彻执行。

在解放战争时期的土地改革中，不少地方提出："贫雇农说了算"，"贫雇农的意见就是政策"，"贫雇农的要求可以修改党的政策"，"一切由农民来决定"，"农民爱怎样斗就怎样斗"，"不要怕乱"，"需要乱多久就乱多久"，"领导就是包办"，等等。这些，都是要彻底放弃党的领导。当时陈伯达写了一篇文章，题目是《有事和群众商量》，很多解放区的报纸都刊登了。这篇文章的题目是很好的，也不能否认文章中讲了一些正确的话。但是，这篇文章的最"新鲜"处在于，他引用了《孟子》书上的一段话："左右皆曰贤，未可也；诸大夫皆曰贤，未可也；国人皆曰贤，然后察之，见贤焉，然后用之。左右皆曰不可，勿听；诸大夫皆曰不可，勿听；国人皆曰不可，然后察之，见不可焉，然后去之……"陈伯达接着解释道："这段话很好。按照我们的情况来说，就是这样：根据干部说的话还不行，根据积极分子说的话也还不行，根据群众说的话就行了。""要放手把问题交给群众去讨论和处理"，"群众所认为不适当的决定，听凭群众推翻，由群众重来新的决定"。让我们仔细对照一下就

---

① 同上书，第 305 页。

会发现，陈伯达曲解了古圣先贤的话。人家说，听了"国人"的意见都要"然后察之"，再定取舍。这就是领导。而陈伯达却说不要"察"，一切由群众决定。这还有什么党的领导呢！这样一位大"理论家"的文章，在解放区的土地改革中产生了多么大的坏影响，是可想而知的。

任弼时在他的讲话和代党中央起草的文件中，批评了放弃党的领导的尾巴主义，反复强调必须坚持党的正确领导。他批评那种"群众说了算"的做法，举例说："譬如地主开座煤窑，农民从目前局部利益出发，是可以举手拥护没收分配的"，"如果我们批准这样做，形式上看来是走群众路线，实质上是犯了尾巴主义的错误。"① 在当时的土地改革中曾经采取所谓"搬石头"的办法，抛开党支部，将基层干部一律撤职。对此，任弼时指出："工作团采取完全抛开党的支部去进行土改的办法是很不好的，应当认为是一种错误的办法。"② "凡是把支部完全抛在一边的地方，工作即遇到不应有的困难。"③ 任弼时认为："对党的缺点加以重视是完全必要的，但如因为存在某些严重缺点，就笼统地确定应当超越一切乡村原有组织，则是不妥当的，如果不加纠正则将造成错误。"④ 很多地方为什么抛开党支部呢？他认为"与当时错误的'贫雇农路线'，认为贫农团比党要好些，不承认党是阶级组织的最高形式，把党降低到群众水平以下，不重视党的领导作用的思想是有联系的"，是对于党"缺乏正确估计和分析的错误"⑤。对于基层党组织中存在的一些缺点和问题，也还有一

① 《任弼时选集》，人民出版社1987年版，第429页。
② 同上书，第438页。
③ 同上书，第440页。
④ 同上书，第442页。
⑤ 同上书，第445页。

个怎样认识和对待的问题。任弼时认为，"因为农村党员绝大多数是农民，在分散的农村经济基础之上，旧社会统治阶级的恶劣作风还遗留很多，这些农民党员在掌握权力以后，官僚主义、强迫命令以及自私自利等，是很容易并是必然要产生的"。而党的领导机关没有看到或没有重视这一点，疏于教育和防范，以致出现了那些现象，所以就"不能只由下层组织负责，上级领导机关是有重大责任的，而且主要地应由高级领导机关来负责"①。

综上所述，第一，从第二次国内革命战争、抗日战争到解放战争时期，在土地改革中经常提出要不要党的领导的问题，这一种历史现象是我们不应当忘记的。任弼时不论在任何情况下，始终坚持不能放松更不能放弃党的领导，而必须加强，这是至今仍然值得我们学习的。第二，由于社会历史的原因，党组织内不可避免地会存在一些问题，对此必须重视，加以解决，但又不应因此动摇对党的性质、地位和领导作用的认识。对于基层党组织中的问题，则主要或首先应由党的领导机关负责。任弼时的这些分析和论断，至今仍有很重要的现实意义。

二 关于阶级政策

土地改革，涉及农村各个阶级、阶层的切身利害。党在土地改革中的阶级路线和对各阶级、阶层的具体政策，是土地改革成败的关键。而党的阶级路线和政策的制定，并不是一蹴而就的，是在长期的实践中，经过了很多成功和失败，走过了很多曲折的路，多次纠正了"左"的和右的偏差，总结了很多正反两方面的经验，才逐步形成和不断完善的。在这个过程中，任弼时对于

---

① 《任弼时选集》，人民出版社1987年版，第450页。

制定和执行正确的阶级路线和政策，纠正偏差，起了极其重要的作用。

在土地改革中，巩固地团结中农是一条最重要的政策。而农民以及带有小农思想的某些干部，由于绝对平均主义思想的支配，由于不注意劳动致富和封建剥削致富的原则区别，由于只顾眼前利益而不顾长远的生产发展，往往侵犯了中农利益，或者把富裕中农当作富农去对待，或者把富农当作地主去消灭。这是土地改革中最容易出现的偏差。针对这种情况，早在第二次国内革命战争时期，任弼时就明确提出："分田的时候，要特别注意中农的态度，不使他们发生动摇、恐慌。要向他们解释，土地革命是不会侵犯他们的利益，而且是于他们有利的，使他们没有丝毫的怀疑"。同时提出："特别要防止把富裕中农判作富农，弄错了的要立刻纠正，并赔偿他的损失。把富农当地主打，消灭富农的个别错误也必须纠正和防止，因为这样的事情也是可以引起中农动摇的。"① 这些话，现在听来似很平淡，而在当时却很不容易做到，因而是十分重要的。

到了抗日战争时期，民族矛盾上升为主要矛盾，党的土地政策随之由没收地主土地改为减租减息，以利于团结更多的人，包括争取地主阶级的大多数共同抗日。这是政策上一个重大的转变。对于一般共产党人来说，过去一直是同地主阶级作斗争的，现在要作这样重大的让步，需要来一个思想上的大转变。对此，任弼时作了很有说服力的分析，他说："中国地主阶级，一部分大地主和绅士被日本利用，在敌人占领区域组织伪政府。中小地主在敌人残暴政策之下，对抗战还是表示一些同情。如在游击区域，他们还可以出一部分粮食，供给游击队。日本必然要找到中

---

① 《任弼时选集》，人民出版社 1987 年版，第 88 页。

国地主阶级、绅士、官僚、老军阀和一些流氓，作为它统治占领区域的社会基础。故我们的政策，是不应过于使农民反对地主的斗争尖锐化，不要把地主阶级推向日本方面去，并争取其中某些部分能继续同情于抗日的斗争。"① 是把地主阶级"推向日本方面去"，还是争取到抗日方面来，这种利害关系是最显而易见的了，是最能说服人了。除了对地主阶级的政策以外，任弼时还从更广泛的范围着眼，明确提出，党的土地政策，"的确要能为各阶层广大群众所接受和拥护"②。这就是为了实现全民抗战，争取民族解放，这才是当时最大多数人的根本利益所在。

执行阶级政策的前提是正确划分阶级。在解放战争时期的土地改革中，开始由于没有明确的划阶级定成分的标准，再加上很多干部存有宁"左"勿右思想，因而错定成分，扩大打击面，搞乱了阶级阵线以至敌我界限的现象比较普遍。为此，任弼时写信给毛泽东，提出："各地分析阶级不一致，做得过火点的地方，恐有将富农算作地主，富裕中农算成富农者，因此确需颁发一大体通用的'怎样分析阶级'的文件。"③ 这是一项十分重要的建议。党中央采纳了这项建议，重新发出一九三三年的两个文件，即《怎样分析农村阶级》和《关于土地斗争中一些问题的决定》。同时，针对一些地方曾以剥削、历史、生活及政治态度等这样许多项作为定成分的标准，以致出现许多偏差的现象，任弼时十分明确地提出："除剥削一项以外，拿其他几项作为定阶级的标准都是错误的。"④ 根据划分阶级的正确标准，他具体提出了农村中划分地主、富农、中农、贫农、雇农的具体条件。

---

① 《任弼时选集》，人民出版社 1987 年版，第 202 页。
② 《任弼时选集》，人民出版社 1987 年 9 月版，第 375 页。
③ 同上书，第 412 页。
④ 同上书，第 416 页。

由于很多地方出现定错阶级成分的现象，任弼时大声疾呼："一切解放区的领导同志们，及所有从事土地改革工作的同志们，均必须严肃地检查这个划成分的问题，公开地明确地更改自己所犯的错误。哪怕只是划错了一个人，也必须改正。"① 态度是如此明确而坚定，不允许有半点含糊和犹豫。应当说，坚持划分阶级的正确标准，坚决纠正这方面出现的偏差，是任弼时在土地改革中的最大贡献。

由于错定成分，最严重的恶果是侵犯中农利益。有了划分阶级的标准，并据以纠正偏差以后，侵犯中农的问题逐步得到解决。要巩固地团结中农，这个道理也比较容易为广大干部所接受。不大好解决的问题，是应当如何对待地主、富农，如何对待地主、富农中的开明士绅和地主、富农家庭出身的知识分子。在当时"左"比右好、宁"左"勿右的气氛下，如果对地主、富农手软，斗得不狠，如果对于和地主、富农有关系的人，包括开明士绅及知识分子等，加以照顾，都将被视为立场问题，这是很多人所害怕的。针对这些情况，任弼时明确提出："现在许多地方斗争地主富农的方法是不适当的。对富农和地主用一样的方法去斗，甚至要打死一些人，对地主甚至对富农一律用扫地出门的办法等。""对地主斗争的方法也应分别地主的大、中、小，地主的恶霸与非恶霸。""拿出土地财产来的就不一定拿到大会上去斗。"② 经过土地改革，"首先是使劳动人民得到满足，其次也使地主分子得到生活出路"，这样才能"最大限度地发展社会的生产力"③。对于开明士绅，"地是要分的，但不要去斗"。请这

---

① 《任弼时选集》，人民出版社 1987 年 9 月版，第 417 页。
② 《任弼时选集》，人民出版社 1987 年版，第 426 页。
③ 同上书，第 427 页。

样的人参加民主政府，"对于团结中国百分之九十以上的老百姓一道奋斗是有利益的"①。对于地主、富农家庭出身的知识分子，应当看到"他们自己干的事业，是一种脑力劳动。对于这些脑力劳动者，民主政府应采取保护他们的政策，并且应当尽量争取他们为人民共和国服务"。"我们要防止因为消灭封建制度而排斥一切与封建制度有联系的知识分子。那对人民的事业是有害的。"② 所有这些，都是十分重要的政策问题。但在当时，一般人不会这样考虑问题，别人提出以后还不愿接受。而果真这样贯彻执行了，对人民、对社会、对发展生产都是大为有益的。

任弼时对于党的阶级政策方面的贡献，远不只这些，这里不再详加介绍。最后想要提出的是，任弼时的这些论述，虽然是产生于激烈的阶级斗争时期，但他的分析问题的方法，至今仍然值得我们学习。他的一些重要论点，如：一定要有明确的政策界限；有了错误就要公开地坚决地改正；要团结尽可能多的人，包括民主人士和知识分子，一道奋斗；要最大限度地发展社会的生产力；等等，至今仍有十分重要的现实意义。

限于篇幅，本文没有叙述任弼时在土地改革中的实践活动，包括他所进行的有关的调查研究，而主要是从他的著作中来看他的贡献的。当然，他的著作，也都是实践经验的总结和调查研究的结果。

（原载《中共党史研究》1989 年第 3 期）

---

① 《任弼时选集》，人民出版社 1987 年版，第 433、434 页。
② 《任弼时选集》，人民出版社 1987 年版，第 430、431、433 页。

四本土地改革史专著读后

中国共产党领导农民进行的伟大的土地改革运动，无论对于中国或对于世界来说，都值得认真加以研究，总结其经验，大书特书。近几年来，已经先后出版了四本关于中国土地改革史的专著，即：张永泉、赵泉钧著的《中国土地改革史》（1985年6月武汉大学出版社出版，以下简称《张赵本》），董志凯著的《解放战争时期的土地改革》（1987年2月北京大学出版社出版，以下简称《董本》），孔永松著的《中国共产党土地政策演变史》（1987年8月江西人民出版社出版，以下简称《孔本》），赵效民主编的《中国土地改革史》（1990年5月人民出版社出版，以下简称《赵本》）。这是很可喜的。

这四本书，都以比较丰富的资料，具体叙述了中国土地改革的过程，对这一伟大运动中的有关问题进行了精心的研究，总结出主要的经验教训，并对土地改革前后农村截然不同的两种天地作了具体的描述和分析。可以看得出，四本书的作者都是下了很大工夫的，他们的研究成果都是认真严肃的学术著作。

这四本书，虽然都是写的中国土地改革史，但引用的材料不同，研究和论述的角度与编写的方法不同，侧重点不同，有的内容此书有、彼书无，有的彼书有、此书无，没有多少重复，可以互相补充。即如《中国共产党土地政策演变史》，实际上也是一本中国土地改革史。因此，研究以及想了解中国土地改革者，这四本书都需要读。由此想到，有些其他方面的史书，互相抄引，大同小异，甚至很多雷同，逐本读过之后才知道是徒然多花了时间。

读了四本中国土地改革史的专著，很受启发，很受教益，也引起一些思考。思考的问题包括两个方面：一是关于撰写土地改革史书的；一是有关土地改革的理论问题的。现在提出讨论，以就教于诸同道。

关于撰写土地改革史书，关于进行土地改革史研究的方法，想提出三个问题。

一　资料的概括性与典型性

资料在研究工作中的重要性，无须赘言。准备资料要比撰写书稿用的时间长，花的工夫大，这也许是所有科研工作者都相同的。《赵本》单是搜集史料就用了八年时间，而撰写书稿才用了两年多时间。他们为了占有丰富的资料，从北京到原来各革命根据地、解放区的地区，跑了许多档案馆、图书馆、博物馆、纪念馆，走访了不少当年参加过土地改革的老同志。这是很值得的，是完全必要的。尽自己力之所能及，把可能搜集到的资料都拿到手，进行研究才有根，心里才踏实。已经出版的四本土地改革史，尽管作者都在搜集资料方面下了工夫，但可以看得出，可能受到条件的限制，或者时间、力量来不及，并不都是"搜尽奇峰"才"打草稿"的。这就不能不使研究和著作受到一定影响。

即使搜集了很丰富的资料，用到著作中的也只能是很少的一部分。这就有一个如何选择和使用资料的问题。中国农村幅员辽阔，有关土地问题的情况各地差异极大，十分复杂。因此，第一，应当有能够概括全面情况的综合材料，包括统计数字；第二，应当有代表不同地区的典型资料，如南方的，北方的，土地集中的地区，土地分散的地区，较穷的地区，较富的地区，山区，平原，老区，新区，城市近郊区，这个根据地，那个解放区，土地改革进行得较好的地区，较差的地区，等等。引用历史文献资料也是这样，必须掌握有关某一问题的所有文献资料才行。比如同样是党中央或毛泽东对同一问题的指示、讲话，有时是这样说的，有时又是那样说的，这就必须联系当时的实际情况，进行全面研究，才能正确引用。在四本土地改革史中，有的著作，有的著作的某些章节，注意了这个问题，使用的资料很好，能说明问题，有说服力。有的著作，或其中的某些章节，则缺乏比较全面的概括的综合材料，或缺乏能够代表不同地区的典型材料，而只有某一地区的一个一个的个别事例。这样就产生两个问题：第一，不了解历史情况的读者，包括不了解中国情况的外国人，不能从书中比较清楚、准确地了解旧中国农村的复杂情况，以及我们进行土地改革的全貌。他们会产生误解，或者提出疑问。第二，不同的事例，可以说明不同的甚至完全相反的观点，得出不同的结论。反过来说，关于土地改革的各种不同观点，几乎都可以找到个别事例，或者历史文献中的语言，来作为论据。我相信，这四本书的作者都不是为了论证自己的观点而有意只使用对自己有利的资料的，但有的著作中确有使用资料方面的缺陷，这就可能使读者得出不尽准确的结论。至于有的作者由于没有掌握全面情况而把个别说成一般，把局部说成全局，以偏赅全，那就会把自己的误解直接加给读者了。

二 观点的鲜明性与客观性

对于土地改革的历史过程，当然应当如实叙述。但又不能只是客观地叙述历史，而必须有自己鲜明的观点。近几年来，关于土地改革问题，报刊上有些不同观点的讨论，这是很好的。我认为，在土地改革史的专著中，最好把各种不同观点都列出来。自己同意的，可以补充论证；不同意的，加以分析，据理力争。这样，自己的观点就会讲得更透彻，同时又把别人的观点客观地摆了出来，以供读者以至后人去分析判断，得出他们自己的结论。现在看到的这四本书中，作者的观点是明确的，但对于一些不同的观点，有的书中讲的比较少。这也许不算什么缺点，只是我自己的一点想法而已。

党的土地改革政策，当时的有关决议、指示和领导人的讲话等历史文献，是撰写土地改革史的重要依据。但是，又不能只是根据当时的政策和历史文献来分析土地改革运动，来评论是非。应当有勇气突破某些传统的、习惯的但并不科学的论点，从客观实际出发，从客观效果出发，去评论土地改革中的是非。这就是陈云同志说的"不唯上，不唯书，只唯实"。这就是实事求是的思想路线所要求的。苏星同志为《张赵本》写的序中指出："作者对毛泽东同志和其他老一辈无产阶级革命家的著作，对中共中央的许多文件，是作了认真研究的，并力求依据这些著作和文件来立论。但他们并不限于引用这些著作和文件的内容，而是有所分析，有所探索，对某些有争论的问题提出了自己的看法。"这是很可贵的。

前面提到，在历史文献中，对于同一个问题往往前后有不同的提法。这或者是由于情况发生了变化，或者是由于经过实践提高了认识而改变了提法。我们必须全面研究有关文献，找出最符合客观实际的论点作为分析问题的依据。更加值得注意的是，对于每一段历史，往往是过了若干年后才看得更清楚。这一是因为比当时更清醒了，二是因为人的认识在不断提高。所以，我们应当用马克思主义的基本观点和方法，以现在的认识水平，去分析土地改革的历史和有关历史文献，得出符合客观实际的结论。四本土地改革史，在这一方面都有程度不同的贡献。例如，《董本》对《中国土地法大纲》进行了分析，明确指出：《中国土地法大纲》"在我国土地改革的历史上，有着重要的意义，它的功绩是主要的。同时，《大纲》有错误、有不足，在实践中不断受到补充和修正。对此也必须给予足够的分析和评价"（第129页）。《孔本》对党的"六大"的有关决议进行了具体分析，指出：党的"六大"解决了"土地革命中的一些重要问题"，但是，"对土地革命中有些问题的提法有的是不明确的，有的是错误的"（第49页）。《赵本》讲到第一次国共合作时期以广东为中心的减租减息运动，不仅讲了共产党的领导，也讲了国民党左派所起的作用；不仅批评了国民党右派，也批评了共产党内的右倾机会主义（第78—89页）。《张赵本》对于"土地国有"问题以及查田运动，摆出了史学界的一些不同观点，进行了具体分析，然后提出了自己的看法（第104、127—128页）。

对于历史上的一切都需要进行深入具体的分析。既讲正确的方面，也讲错误的方面；既讲自己的观点，也讲别人的观点。这样写出的史书，一定会是生动活泼的，而且给读者以客观全面的印象，供读者去思考。

三 总结的科学性与现实性

研究土地改革史，是要总结历史经验，给今人和后人以启迪。《张赵本》以三章中的一章,用了差不多占全书四分之一的篇幅总结中国土地改革的基本经验,足见其写书的目的是很明确的,对于总结经验是十分重视的。当然,这只是一种写法。寓经验于有分析地叙述历史之中,寓经验于评论土地改革运动中的是非之中,以画龙点睛之笔给人以启示,也是一种总结经验的方法。在每一章节之后,在叙述土地改革中的每一个问题或运动的每一个阶段之后,有一简明概括的小结,又是一种总结经验的方法。例如《赵本》,是在全书中具体介绍了不同地区、不同条件下进行土地改革的不同情况和经验教训,土地改革所走过的曲折道路,党的土地政策的制定、修改、不断完善的过程。在这种叙述中,就总结出了土地改革的历史经验。此外,在结束语中又简要概括出几条最基本的经验。

土地改革本身的经验,固然可以作为其他方面工作的借鉴。同时,还可以站在更高一个层次的视点上,从土地改革运动中抽象出、概括出更具普遍性、更具科学性的客观规律,会更有现实意义。例如在《孔本》的结束语中指出:"要想取得中国土地改革的胜利,只能在马克思列宁主义的立场、观点、方法的指导下,由中国共产党人自己去摸索中国的国情,去把握土地改革运动的规律。只有把马克思列宁主义的普遍真理同中国国情结合起来,才有我们党的正确的土地改革的路线、方针、政策,才能有土地改革的胜利。"(第196页)还指出:"要做到'从中国的实际情况出发'确是很不简单的事。一要有理论勇气,对马克思、列宁、斯大林讲过的一些不适合中国情况的个别结论,要敢于用新的结论去代替它。""二要有坚持真理修正错误的大无畏精神。"(第197页)书中都以具体事例说明了这些根本经验,并指出:"我们党正是以这些中国革命的新鲜经验丰富了马克思列宁主义,"(第197页)在《张赵本》书中,在《赵本》和《董本》书中，则以不同的形式、用不同的语言论述了这些根本经验。这些，无疑更有普遍意义，也更有现实意义。当然，这里只是举例而已，四本土地改革史专著总结出的具有科学性和现实性的经验还很多。应当说，这四本书，对于伟大的土地改革运动，对于它所创造的极其丰富的经验，做了较好的描述、分析和总结。作者的努力，无愧于这场翻天覆地的革命。

读了这四本书，关于土地改革的理论，引起思考的有四个问题：

一　党的领导与依靠群众

无须讨论的是，党的领导和群众路线，是土地改革取得胜利的保证；"群众要怎么办就怎么办"的尾巴主义是错误的，必须批判。在这几本书中，都就此总结了正反两方面的经验。除此之外，还有几个问题可以提出来讨论。

《中国土地法大纲》规定："为保证土地改革中一切措施符合于绝大多数人民的利益及意志，政府负责切实保障人民的民主权利，保障农民及其代表有全权得在各种会议上自由批评及弹劾各方各级的一切干部，有全权得在各种相当会议上自由撤换及选举政府及农民团体中的一切干部。"[①] 这条规定的出发点当然是对的，是为了"保证土地改革中一切措施符合于绝大多数人民的利益及意志"。为此提出农民及其代表可以在各种会议上"自由批评及弹劾"一切干部，这当然也是对的。问题在于，农民及其代表"有全权"在各种相当会议上"自由撤换及选举"政府的一切干部，并不一定能"符合于绝大多数人民的利益及意

[①]　《中国现代史资料选编》（5），黑龙江人民出版社1981年版，第213页。

志"，而且也不符合当时已经实行的民主选举制度。在抗日战争时期，根据地的各级政府都是民主选举产生的。土地改革中要撤换或重新选举政府干部，应当依照当时的法律程序办理，而不能由农民及其代表在其他会议上进行。这是第一。第二，在当时农民的文化、政治水平的条件下，没有领导、没有准备地完全由农民及其代表去"自由"撤换或选举干部，看似农民的意志，实际上未必能取得好的效果。即使现在的选举，也要事前经过充分的酝酿、协商，以更加符合绝大多数人的意志。历史早已证明，能够代表"绝大多数人民的利益及意志"的，只有共产党，而不是农民及其代表。因此，土地改革中的各项工作，都必须在党的领导下进行。依靠群众，依靠贫雇农，是党去依靠。没有党的领导，还有谁去依靠呢？

对于土地法大纲中的这一条，各地是怎样执行的呢？当时西北解放区关于具体实施土地法大纲的办法发了布告，其中规定："不受现时县区乡村政府的任何限制，各乡政府和全体干部都要接受全体农民的审查、批评、鉴定，以至罢免改选"（参见《张赵本》第244页）。这就发展了土地法大纲中的缺陷，更明显地带有尾巴主义甚至无政府主义的倾向了。

在土地改革中还有这样的口号："从贫雇农的阶级观点、方法和立场出发"（见《董本》第142页）。而贫雇农的立场、观点、方法，只能是私有制下的个体小生产者的立场、观点、方法，以此去执行无产阶级的土地改革政策，是不可能成功的。只有站在无产阶级立场上，用马克思主义的观点、方法去处理土地改革中的一切问题，才能取得预期的效果。具体地说，就是必须在党的领导下，正确执行党的政策，纠正群众中的一些不正确的观点，才能符合绝大多数群众包括贫雇农的利益。

至于"一切权力归农民群众"，"放手发动群众"，"群众自己解放自己"这些常用的口号，虽然应当说是正确的，但如果在执行中不作正确的理解，仍然可能发生偏差，事实上是曾经发生过偏差的。"一切权力归农民群众"，会被曲解为撒手不管；"群众自己解放自己"，会被曲解为群众不需要教育和引导。总之，这些口号，如果不加以具体解释，都可能被曲解为不要党的领导。《张赵本》指出："贫农团是共产党领导下的革命的群众性的阶级组织"（第349页），它"不能越俎代庖，行使政权机关的职权"（第350页），不能"由贫农团代替党支部"（第384页）。这是完全正确的，是针对土地改革中曾经出现过的偏差而提出的。

以上这些说明，土地改革只有在党的领导下才能完成，这不是一句抽象的口号，不只是一条原则，而必须贯彻在土地改革的全部过程中，体现在处理土地改革中的一切问题上。在任何一个环节上放弃或放松了党的领导，都会出现偏差，而损害了农民包括贫雇农的利益。

二　反封建与平均主义

关于"平分土地"问题的讨论，报刊上已经进行了几年。在这几本土地改革史的专著中，对这个问题作了很有说服力的分析。不过，也还有可以继续探讨的问题。

应当怎样认识"平分土地"呢？《董本》指出："平分封建阶级的土地和财产是革命的；平分封建阶级以外的其他阶级的土地财产则是落后的、倒退的、反动的，又被称为绝对平均主义。"（第163—164页）《孔本》指出："平分一切土地，越出了反封建剥削的范围"（第169页），"与土地改革是废除封建性和半封建性剥削的土地制度的目的相违背"（第171页）。《赵本》

指出："党的无产阶级政策和农民的平均主义要求相比，毕竟是有原则区别的"，土地法大纲"迁就了农民的平均主义"，"笼统地以平分原则来代替土地改革的各项具体政策，不对平分加以限制和说明，实行起来就必然会发生偏差"（第 354 页）。《张赵本》指出："提倡绝对平均主义，就是不愿意把土地改革限制在平分封建与半封建的土地财产的范围之内，还要平分中农和新富农的土地财产、平分工商业。而这样平分的结果，必然破坏工商业，严重打击农民发展生产的积极性，不但不能提高社会生产力，反而要把社会生产力拉向后退，这显然是和土地改革的目的背道而驰，是违反历史的发展、违反社会生产力的发展要求的。很显然，不批判这种绝对平均主义的思想，团结中农的工作就难以做好。"（第 357 页）这些分析，都是很深刻、很透彻的。

实行"平分土地"的后果怎样呢？《赵本》指出："'平分一切土地'，就是把超过平均数的多余土地拿来分掉。""不仅严重侵犯了中农利益，引起了中农的恐慌和不满，影响了土地革命的深入进行，而且还制造了贫雇农与中农之间的矛盾，削弱了革命的力量，危害了革命事业。"（第 187 页）《孔本》指出：平分土地的后果是，"在政治上妨害了同中农的团结，在经济上严重打击了中农生产的积极性"，"也使贫农产生'怕富'、'怕冒尖'的思想"（第 169 页）。《张赵本》指出："由于规定按人口彻底平分土地，事实上必然要抽动中农的土地，……在这方面曾一度发生过严重的错误"（第 300 页）；而侵犯中农利益，"不仅会破坏土地改革，还将直接导致革命战争的失败"（第 355—356页）。《董本》指出："平分中几个月的"左"倾错误，已经使解放区遭受了很大的损失。首先是生产受到影响。""其次是社会秩序不安定。中农恐慌，贫农也有戒心。"（第 161、162 页）

中共中央纠正"平分土地"这一错误的情况，几本书中都详细提到了。简单地说是这样：规定实行"平分土地"的《中国土地法大纲》，是 1947 年 10 月 10 日公布的，此后的一个短时间内出现了侵犯中农利益的错误，党中央很快发现了，"十二月会议"即提出纠正。那次会议通过的毛泽东的报告《目前形势和我们的任务》一文中，明确提出了"必须坚决地团结中农，不要损害中农的利益"。[①] 根据会议讨论的结果，由毛泽东为党中央起草的决议案《关于目前党的政策中的几个重要问题》一文中，两次提到"平分封建阶级的土地"，"平分地主土地"[②]。会后，任弼时在 1948 年 1 月的重要讲话《土地改革中的几个问题》一文中十分肯定地提出："无论如何，只应该把打击面放在真正的封建剥削阶级的范围以内，绝对不许可超出这个范围。"[③]同年 5 月以后，在党中央的文件中即不再使用"平分土地"这一提法。

综上所述，无论从理论的分析来看也好，还是从实践的效果来看也好，对于"平分土地"都应当完全否定。而且，事实上，党中央很快就否定了。《张赵本》对于"平分土地"从多方面进行了很好的分析，然而结论却是不能"完全否定"它，并提出了两条理由（见第 261—262 页）。其第一条理由说的"平分土地"的"伟大意义"和"在历史上起过的革命作用"，我认为，只用前引该书本身那些很有说服力的分析，即足以说明这条理由是站不住的了。其第二条理由说："我们不能以后来成熟了的土地政策去完全否定以往尚不成熟的土地政策，因为那样做实际上就是否定了土地改革运动的本身。"我认为，党的土地政策的逐

---

① 《毛泽东选集》第 4 卷，人民出版社 1991 年 6 月版，第 1251 页。
② 同上书，第 1271、1273 页。
③ 《任弼时选集》，人民出版社 1987 年 9 月版，第 423 页。

步成熟，大体有三种情况：第一，原来不完善的，经过补充使之完善；第二，随着情况的变化进行修改；第三，把错误的加以纠正。对前两种情况，不能割断历史，完全否定过去；而对已经纠正了的错误，如地主不分田、富农分坏田，平分一切土地等等，则应彻底否定。"平分土地"必然侵犯中农，能说否定了侵犯中农这一错误做法就是否定土地改革运动本身吗！而且，侵犯了中农的土地，又退回了，或补偿了，事实上已经纠正了这一错误，为什么现在倒不能完全否定呢？

　　诚然，党中央对于"平分土地"的认识和改正，也是有一个过程的。比如，1948 年春，中共中央对土地法大纲中的平分土地一条加注说明："在平分土地时应注意中农的意见，如果中农不同意则应向中农让步"①。还提过，抽动中农的多余土地一定要征得其"同意"，富裕中农的多余土地在其"自愿"的前提下可以拿出来平分。这些，显然是不彻底的。正如《董本》指出的，"这在实际工作中仍然容易造成侵犯中农的错误"（第 169 页）。后来才明确规定中农的土地一律不动。至于党中央和中央负责同志还曾完全赞成过"平分土地"，现在就更不能拿来作为论据了。在报刊上讨论"平分土地"问题时，还有的论著中引用马克思、恩格斯、列宁的话，引用 19 世纪美国的事例和 20 世纪初期俄国的事例，作为肯定中国实行"平分土地"的论据，那就距离中国实际太远了。

　　关于分配土地的办法，从第二次国内革命战争时期到第三次国内革命战争时期，一直到现在关于土地改革的很多论著中，几乎一致肯定"抽多补少，抽肥补瘦"、"中间不动两头平"是最好的做法，是一条重要经验；认为把"平分"改为"抽补"是

----

① 《中国现代史资料选编》（5），第 210 页。

防止偏差的重大改进。其实，"抽补"只是"平分"的一种具体做法，原则和目的还是"平"，"中间不动两头平"也是要"平"，都是平均主义。"抽补"或"两头平"，只是看土地数量的多少和质量的好坏，而不是看有无封建剥削。"抽补"不是为了纠正"平分"的偏差才提出来的，而是在《中国土地法大纲》中就是作为"平分"的办法提出来的。土地法大纲规定："乡村中一切地主的土地及公地，由乡村农会接收，连同乡村中其他一切土地，按乡村全部人口，不分男女老幼，统一平均分配，在土地数量上抽多补少，质量上抽肥补瘦，使全乡村人民均获得同等的土地"[①]。这不是很清楚吗！《赵本》在讲到第二次国内革命战争时期的"抽多补少、抽肥补瘦"问题时指出："'双抽'也有两个明显的缺点：一是侵犯了富裕中农的利益。因为'双抽'是在彻底按人口平均分配，亦即绝对平均主义的办法下实行的，一些富裕中农超出人口平均数的多余土地也被抽走分掉了。二是不利于富农经济的保存。"（第153页）这是完全正确的。解放战争时期实行的"双抽"，同样如此。在其他有关论著中，还没有看到过提出这个问题。在第二次国内战争时期的苏区，有的地方中农的土地都在平均数以下，因此实行平分不会侵犯中农利益。尽管如此，仍然不应把"平分"作为一条原则，以代替"反封建"的原则。

还有一个可以提出讨论的问题。过去的一般统计认为，旧中国农村的地主富农，大约占农村总户数的8%，占农村总人口的10%。这个统计说明，进行土地改革，打击面一般不会超过农村户数的8%，人口的10%。也就是说，可以团结90%以上的人民群众，去打击极少数封建剥削者。有了这样一个基本估计，我

[①]　《中国现代史资料选编》(5)，第210页。

们就可以放心地去进行土地改革，而不必担心会有什么政治风险。但是，根据这个统计数字，规定土地改革的打击面一般不要超过农村户数的 8%，人口的 10%，用这样的控制数字防止出现偏差，就是不必要、也不适当的了。因为，8% 和 10% 只是个大体平均数，各地具体情况则千差万别。地主富农超过这个比例的地方，如仍控制在这个数字之内，土地改革就会不彻底，封建剥削就不会彻底消灭。地主富农不到这个比例的地方，就可能凑数，以致侵犯了富裕中农。在其他政治运动中，也有过事先规定控制数字，因而出现偏差的情况。

总之，正确评价"平分土地"，"抽多补少，抽肥补瘦"，"中间不动两头平"，"填平补齐"，"铲墩填塘"，以及控制打击面等等，有一个共同的根本的标准，这就是，土地改革是要废除封建及半封建剥削的土地制度，土地改革的对象只能是封建半封建剥削者，超出这个范围就是错误的。只要遵循这一条根本原则，就可以使贫雇农翻身，就可以团结中农，就可以解放农村生产力，促进生产的发展，而不会犯错误。

三　富农的阶级属性及剥削性质问题

人们通常是把地主和富农列在一起，通称"地主富农"，即把富农和地主归为一类，都作为农民的敌对阶级，是土地改革的打击对象。这个问题，似可重新研究。

首先，中国富农和地主的主要区别，在于他经常参加主要劳动。虽然他也剥削别人，但就其本人来说，是劳动者，与自己不劳动、只靠剥削别人生活的寄生阶级地主有根本的不同。由于经常参加劳动，在他的思想意识中，劳动者的成分必然占有很大比重。而且，这样的富农，多是劳动发家的。发家到了一定的程度，即土地增加到一定数量，只靠自己的劳动不能完成耕作任务了，才雇工，与自己一起劳动。有的富农还可能出租部分土地，放高利贷，就要看这方面的剥削量有多大，一般说来，不会占到富农收入中的很大比重。不管怎样，这样的人都不失为一个劳动者。

其次，富农和富裕中农的区别，在于他的剥削收入超过了总收入的25％。而在土地改革的历史上，这个界限并不是绝对的确定的。例如，1933 年《关于土地斗争中一些问题的决定》中规定，剥削收入超过总收入的15％者为富农。同时又规定："在接近革命政权建立的时期内，虽曾有过与富农在同等时间内的剥削分量相同的剥削，但不超过二年者，仍以富裕中农论。"还规定："在某些情形下，剥削收入虽超过全家总收入百分之十五，但不超过百分之三十，群众不加反对者，仍为富裕中农。"[①] 到了1948 年，中央决定采取更宽大些的政策，将剥削收入超过总收入的15％改为25％，而且连续三年者才算富农。这个 25％，也难以比较精确地计算出来。可见，富农和地主的区别很明确，而富农和富裕中农的界限则是难以严格划分的。即使按规定划为富农成分者，其本人的劳动者的身份也没有改变。

这里要讨论的，不是如何划分富农成分，而是应当把富农划到地主一边，还是划到农民一边，即富农的阶级属性问题。对此，通常的说法是，富农自己参加主要劳动，接近于农民，或者说这是和农民阶级相同的一面；同时，富农又有封建的或半封建的剥削，接近于地主，或者说这是和地主阶级相同的一面。这两方面孰轻孰重？根据前述富农与地主、与富裕中农的区别，显然，富农更接近于富裕中农。既然如此，我们可以说，富农虽

---

① 《中国现代史资料选编》(3)，第 280 页。

"富"仍是"农",虽有剥削仍是劳动者,完全有理由把他们划到农民阶级一边(过去我在自己的文章中曾经提出,不应把富农划到地主阶级一边,但当时认为,中国的富农,是介乎地主阶级和农民阶级之间的一个阶层。现在加以修正)。把富农从地主那边拉到农民这边,就扩大了农民阶级的力量,削弱了地主阶级的力量,使中农更加稳定,使地主更加孤立。至于富农的封建或半封建剥削部分,仍可依照反封建的原则处理。同样是征收富农部分土地,把他划在农民一边,而不划在地主一边,这在富农的心理上会有很大不同,对其政治态度会产生积极的影响。

把富农作为农民阶级的一部分,这在我们党的历史文件中是可以看到的。1928年党的"六大"通过的《关于土地问题决议案》中,对富农的阶级属性有几种不同的说法,其中一种说法是,农民之中包括富农、中农、小农和最小农。[①] 1935年《中共中央关于改变对富农策略的决定》中指出:"把富农推到反革命的怀抱中去,是在加强反革命同我们斗争的力量","会推动富农积极起来同豪绅地主联合反对苏维埃政权",因此,"我们应该联合整个农民,造成广泛的农民统一战线",而不应该"排斥富农"[②]。这里说的"整个农民",就包括富农。1939年,毛泽东在《中国革命和中国共产党》一文中分析中国社会的各阶级,指出有地主阶级、资产阶级、农民阶级、无产阶级等,农民阶级则包括富农、中农和贫农。[③] 这些,都可以作为我们研究富农的阶级属性问题的参考。

关于富农剥削的性质,如果出租土地无疑属于封建剥削,要

---

① 见《第一、二次国内革命战争时期土地斗争史料选编》,人民出版社1981年版,第224页。

② 《中国现代史资料选编》(3),第349—350页。

③ 《毛泽东选集》第2卷,第642—643页。

讨论的只是对雇农的剥削问题。《孔本》虽然和其他很多著作一样，认为富农雇工经营的土地"是属于资本主义性质的"（第161页），但书中又说："中国的富农，不同于资本主义国家的富农或农业资本家。他不是利用土地进行资本主义商品生产，以剥削雇佣工人。中国的富农经济，只是比较富裕的而且具有一定剥削量的小农经济，它对雇农的剥削，主要是封建性和半封建性剥削"（第160页）。不管《孔本》的论点为什么前后不一致，我认为这段话是正确的，是符合中国富农的实际情况的，即：中国富农对雇农的剥削不是资本主义性质的，而是封建或半封建性质的。另外还有一条可以作为"旁证"：我们说，富农与地主的区别主要在于他经常参加劳动，也就是说，有些地主并不出租土地，和富农一样，只是剥削雇佣劳动，把他们划为地主，当然认为其对雇佣劳动的剥削是封建性的。那么，富农同样是剥削雇佣劳动，为什么就说是资本主义生产方式，是进行资本主义剥削呢？至于确有少数利用雇佣劳动进行资本主义经营的富农，不能代表一般，当另作别论。

重复一下我的结论就是：把富农划到农民阶级一边，肯定其劳动者的身份，鼓励其参加劳动、劳动致富的积极性，但要废除其出租土地和剥削雇佣劳动的封建半封建剥削部分。

四 土地改革与武装斗争及建立和巩固政权的关系问题

枪杆子里面出政权，这两者的关系是无疑问的。土地改革与这两者是什么关系呢？《张赵本》认为：革命的武装和政权，是变革土地制度的前提和保障，但在第一次国内革命战争时期虽然不具备这两个条件，如果党中央的领导正确，"就可以设法多掌握一些军队，造成若干实际控制地区，在一定的区域、一定的程度上满足农民的土地要求"（第64页）。在第二次国内革命战争时期的革命根据地内，"如果不进行土地制度的改革，红军就得不到农民的支持；而没有农民的帮助，要想粉碎敌人的'围剿'，巩固和扩大革命根据地，是根本不可能的"（第168页）。《孔本》认为："进行土地革命是需要条件的。但发动土地革命的条件和取得土地革命胜利的条件，是既有区别又有联系的。"1927年上半年有可能在两湖地区开展土地革命，"最主要的条件就是党对农民群众的发动，形成农民强烈的土地要求，并在部分地区付诸行动。有了这个条件就可以发动土地革命，可以去创造军队，去创造革命的政权，去夺取土地革命的胜利"（第30页）。

上述分析，指出了土地改革与发展武装、建立和巩固政权可以互为条件的辩证关系，有一定道理。但是，讲得更明确、更肯定一些，即使按《张赵本》和《孔本》的分析，也只能得出这样的结论：归根到底，必须有强大的革命武装和政权，才能进行彻底的土地改革并巩固其胜利；否则，即使农民分到了土地，还会被地主夺回去。《赵本》中指出，建党初期海丰农民运动的经验证明："必须把农民武装起来，通过武装斗争推翻地主政权，才能争得农民解放。""农民的土地斗争要有政权作靠山，这个理论，在我国最早是海丰农民在实践中总结出来的。""海丰农民在短短的一年多时间里已经开始提出农民武装和革命政权在农民土地斗争中的地位和作用问题。"（第67—68页）《赵本》还以反面的经验论证了这个道理。即：1928年3月，国民党反动派以强大兵力进犯并占领了海陆丰，疯狂地向广大翻身农民进行反攻倒算，杀人烧房，还乡的地主又从农民手里夺回了土地（见第133页）。《孔本》则举出了解放战争时期的教训："以大别山为例,有几十万人的地区分配了土地,国民党军结合地富势力,很快组织起反攻,集中力量首先打击这些区域,而这些区域又都是一些突出的孤岛,也便于敌人的打击,所以很快受到严重的摧残而全部塌台"(第164页)。如果在那些地区有强大的革命武装和巩固的人民政权,足以抵御敌人的进犯,保卫农民的胜利果实,是不会出现那种情况的。《张赵本》引用毛泽东的话说:"应当集中力量在那些可以巩固地占领的区域进行适当的合乎当地群众要求的土地改革工作;而在那些暂时尚难巩固地占领的区域,则不要忙于进行土地改革"①。当一个地区敌人的残余武装力量还没有消灭,"革命政权尚未巩固的时候,就仓促进行土地改革,其结果必然失败"(《张赵本》第360页)。

1948年,毛泽东为中共中央起草的土地改革工作和整党工作的指示中,规定进行土地改革的地区必须具备三个条件,第一个条件就是"当地一切敌人武装力量已经全部消灭,环境已经安定,而非动荡不定的游击区域;"②有的论著认为,不应当把解放战争时期规定的条件套到第一次国内革命战争时期去。有的认为,到了1948年,广大老解放区为新解放区提供了可靠的后方,才有可能提出新区进行土地改革必备的前提条件。其实,当有了老解放区那么强大的革命武装和巩固的人民政权作后盾的情况下,尚且规定新区土地改革的必备条件,那么,在第一、二次国内革命战争时期,在一个地区进行土地改革,不是更应当具备一定的武装和政权条件作保障吗!《董本》对1948年中共中央指示提出的三个条件,认为:"这些条件的规定是长期土地斗争经验的结晶"(第235页)。这个"长期"当然包括第一、二次

---

① 《毛泽东选集》第4卷,第1315页。

② 同上书,第1329页。

国内革命战争时期直到解放战争时期。这个论断是完全正确的。

　　以上共提出了七个问题进行讨论。这都是由于受到四本中国土地改革史专著的启发,借题发挥了一通。这些讨论,丝毫不影响我对这四本学术著作的推崇,和对四本书的作者所付出的辛勤努力的敬佩。至于我对这七个问题的看法如何,希望得到同志们的批评指教。

(1991 年 8 月)

(原载《中国社会科学》1992 年第 1 期)

南疆土地改革中的特殊问题
与党的具体政策

　　中国幅员辽阔，土地改革前的农村土地制度，以及地主阶级剥削农民的手段，各地除了基本的共同点以外，还存在很大差异。如南方和北方，内地和边疆地区，汉族地区和少数民族地区，都各有不同。研究中国的土地改革，必须注意到这些差异，研究不同地区的不同情况和各种特殊问题。党的土地改革政策，从来就是照顾到这些不同情况和特殊问题的。1947 年 10 月，中共中央《关于公布中国土地法大纲的决议》中就指出，希望各地"定出适合于当地情况的具体办法"①。1950 年 6 月制定的《中华人民共和国土地改革法》规定："本法不适用于少数民族地区"②。刘少奇就土地改革法所作的报告中指出："我们应该给予各少数民族以更多的时间去考虑和准备他们内部的改革问题，而决不可性急。"③ 后来，各少数民族地区的党委和政府，根据党中央关于土地改革的基本方针，分别制定出适合于本地情况的

---

① 《中国现代史资料选编》（5），第 219 页。

② 《中国土地改革史料选编》，第 646 页。

③ 《刘少奇选集》下卷，第 30 页。

具体政策和做法。这就是从实际出发的马克思主义的工作路线和工作方法。南疆的土地改革，在这一方面提供了很好的经验。

新疆进行土地改革前，当时的中共中央新疆分局，派出工作组到南疆农村进行调查，以作为制定土地改革具体政策的依据。新疆分局宣传部和研究室，把这些调查材料编成了一本农村调查报告集——《南疆农村社会》，于 1953 年 4 月出版。这是一本很宝贵的资料书，对于了解少数民族地区农村封建剥削制度的情况，很有帮助。现将书中有关解放前土地制度的一些资料，分作几个问题加以综合整理，同时把南疆土地改革中具体执行党的方针的情况和经验加以简要介绍，以期对研究中国土地改革史提供一点方便。从南疆的特殊情况和具体经验中，还可以看到具有普遍意义的带规律性的经验，这是更可给人以启发的。

一

天山把新疆分为南疆和北疆。从《南疆农村社会》一书中可以看到，直到解放前，在南疆农村还保存着封建社会三个历史阶段——早期、中期和后期的不同特点。表现在土地制度和剥削关系上，则存在着不同于内地农村的一些特殊情况和特殊问题。其主要者有：

（一）残余农奴制度下的残酷剥削

南疆的极少数农村，解放时还完整地存在着农奴制度，即仍处于封建社会的早期阶段。那里的地主阶级就是农奴主阶级，剥削形式主要是劳役地租，即剥削农民（实际上是农奴）的无偿劳动。在南疆的绝大部分农村，则普遍地严重存在着农奴制的残余，处于封建社会的中期阶段，地主阶级剥削农民的形式，既有无偿劳役，也有分成制的实物地租，以及半无偿劳役的雇佣劳动。在邻近城市和商品经济比较发达的少数农村，已处于封建社会的后期阶段，高额地租和雇佣劳动是地主阶级剥削农民的主要形式，但仍然存在着农奴制的残余，农民仍被迫在地主的土地上从事部分无偿劳动和半无偿劳动。

存在完整的农奴制度的农村，地主即农奴主，自称"和加"，意思就是圣人穆罕默德的后代。"和加"不仅占有这里的土地，也占有这里的劳动人民成为他们的农奴。"和加"的土地，大部分是自营的庄园，小部分作为农奴的份地。份地上的产量全归农奴。但每户农奴的份地中能耕种的往往只有一二亩，其余都是荒地。只一二亩熟地不够维持最低生活，农奴不得不去开荒。等到把荒地务肥后，"和加"即夺去，又另给农奴一块荒地去开垦。农奴为了耕种一小块份地，要为农奴主耕种全部庄园的土地，终年给农奴主做无偿劳役，完全陷于人身依附关系。农奴中的最下等为"奴仆"，没有份地，整年给"和加"干活，每天发给2—4个包谷馕（用包谷面烤制的饼），每年给几件破烂衣服。有的还有卖身契。

农奴除了给"和加"种地、开荒，还要负担"和加"的一切家庭杂役，如挑水、砍柴、做饭、铡草、喂牛、放牧、打猎、洒扫房院、纺织、缝纫、捶背、捏腿、洗澡、穿衣、铺床叠被、搔痒、梳头、修脚、装烟、跑腿等等，并要向农奴主缴各种"贡物"，如飞禽等。"和加"还有权征用和霸占农奴家中的一切财物和全家的人，并可把农奴家的儿女当陪嫁，或当礼品赠送他人。为了镇压农奴的反抗，"和加"都有自己的"法庭"、监房和各种刑具。农奴被吊打致残、致死者，时有发生。

存在上述那样完整的农奴制度的农村虽然已经很少，但农奴制的残余在南疆解放时还是普遍存在的。即使在靠近城市的，商品经济已有相当发展的农村，也不例外。比如，在各地较大的地主家中，都还占有世代相传的农奴，农奴本人及其子女都属于地主财富的一部分，他们没有人身自由，地主不需要时可以任意出卖。农奴制残余的最普遍的表现，是地主剥削农民的无偿劳役和半无偿劳役。

（二）无偿劳役和半无偿劳役

我国内地的地主，占有大量土地，全部或大部出租给农民，以地租形式进行剥削。南疆则不同，这里的地主占有土地多，使用的土地也多，只把少量的坏地、荒地或在外村不便自己经营的地出租，收取高额地租。有的地方，地主租进的土地比他们出租的还多。原因是地主自己经营土地，可以使用农民的无偿劳役和半无偿劳役来耕种，这当然比收取地租合算得多。有一个乡，22户地主，给佃户伙种的土地仅有 360 亩，而他们租进来的土地却达 660 亩。贫农想租地租不到。

地主将小部分坏地分散给一些佃户伙种，其大量土地则主要依靠剥削佃户的无偿劳役来耕种。佃户的无偿劳役，显然是从农奴份地制度沿袭而来的。有的地方的伙种地，地主出耕畜、农具、种子、肥料，收获的粮食，地主分五分之四，佃户分五分之一，副产物全归地主。有的地方的伙种地，地主出耕牛、犁和种子，产量与佃户平分，平分后，地主又从佃户分得的粮食中扣去宗教粮、田赋粮、水利费等，副产物全归地主，佃户还要代地主出公差，开垦荒地等。佃户全家除在伙种地上劳动外，其余时间，有的全部在地主土地上劳动；有的两个劳动力中有一个全年在地主土地上劳动；有的随伙种地的多少，每周到地主土地上做三五天无偿劳役；有的每年要在地主土地上做无偿劳役几个月；有的不规定时间，地主需要可随时要佃户去做无偿劳役。有的做无偿劳役要带着自己的耕畜、农具，有的还要自备口粮。农忙时，佃户必须先把地主的地种完了才能种自己的地，因此往往白天在地主土地上干活，晚上才能在自己的土地上干活。有一个贫农，自有土地5亩半，房5间，做了32年的佃户，给了地主3700秤（1秤合16老斤）的地租，还因积欠的地租越来越多，慢慢把自己的土地房屋都卖了，最后穷得连一口煮饭的锅也没有，吃高粱面糊只能在茶壶里煮。

地主剥削雇佣劳动，是又一种形式。但由于地主可以征用佃户的无偿劳役，因此雇的长工较少。有的只够农田所需劳动力的四分之一。按年计工资的长工，实际上都不能拿到全部工资，地主总要以各种借口扣下一部分或大部分，有的甚至一点工资也拿不到。有的农民因生活所迫，低价将子弟卖给地主家当长工。有的地主把穷人家的儿子收为或买为养子，长大后即长期在地主家劳动，生活上按长工对待。从这几种形式的长工中，都可以看到农奴制的影子。长工实质上是给地主做半无偿劳役。而且，地主对长工还百般虐待。有的长工尽管昼夜辛勤劳动，仍难得到一顿饱饭。长工被侮辱欺凌和私刑吊打的现象，经常发生。

地主剥削农民无偿劳役的第三种形式，是使用农奴或变相农奴。地主家中历代留下来的家奴，或从小被地主买来的农家儿女，全家人都寄居在地主家里，长年为地主劳动，一生没有工资，而且没有谋取独立生活的自由。还有的在地主家当长工十几年或几十年，没有工资或仅得到过极少的工资，全家都寄居在地主家里，为地主劳动。说是可以脱离地主自谋生活，但因无地无房，无处安身，被拴在地主家里作着实质上的农奴。

地主剥削农民无偿劳役的第四种形式，是凭借政治上和宗教上的特权，随意向农民征用无偿劳役。凭借政权征用无偿劳役，主要是以摊派苛杂、派工役、派兵役等为借口。有的恶霸地主随便找个"理由"，就强迫农民给他去当无工资的长工。有的无任何理由，直接征用无偿劳役。除劳动力外，还时常征用农民的耕畜、农具。假借宗教名义征用无偿劳役，主要是采取欺骗的方式，利用农民对宗教的信仰，达到剥削的目的。

总之，南疆的地主不是像内地的地主那样，以高额地租剥削佃户，以低工资剥削雇佣劳动，而是在租佃关系和雇佣关系中，都存在农奴制的残余，剥削农民的无偿劳役和半无偿劳役。在这里，人身依附关系、租佃关系、雇佣关系还没有清楚地分开，农奴、佃户、长工还没有清楚地分开。封建社会各个阶段地主剥削农民的所有形式都存在，地主阶级挑选对他们最有利的形式去剥削农民，而且往往是几种形式混合使用。因此，这里的农民所受的剥削，比内地农民所受的剥削更重，更残酷。

（三）地主阶级掌握水权剥削农民

南疆雨量特别稀少，只靠下雨根本不能种地，水源主要靠昆仑山区和天山山区的大气降水和冰川融雪，通过河渠进行灌溉。水和耕地一样，分别为农村各阶级所占有。占有水的多少，一般是按缴纳田赋粮的多少来决定。实际上，地主阶级占有水的比例，一般大于其占有土地的比例。而且，由于水库、水渠的坝口和各村乡的分水口都由地主阶级控制着，他们肆意霸占和盗卖的水就难以计算了。

地主阶级利用其霸占的水权，掠夺和剥削农民的手段有：农民浇地时放的水量小，而且时间短，农民应浇的水被地主抢去；地主从上游截住水流先浇自己的地，农民往往浇不上；地主用不完的水，放到戈壁滩上浪费掉，也不让农民浇地；在农民的地上开渠，破坏农民的耕地；堵塞泉眼，破坏水源；利用职权把本村的水盗卖给外村，贪污自肥；勾结官吏，伪造缴纳田赋粮的条子，就可以少出负担多浇水。

有的地区，一切苛捐杂税都是按水的占有量摊派的，地主阶级就设法使其占有水的比例小于占有土地的比例，而农民占有水的比例却大于其占有土地的比例。但实际上还是地主阶级用的水多，而把捐税负担转嫁到农民身上。水利负担，有的地区名义上是按地摊派，实际上地主阶级一向不出，而转嫁到农民身上。有的地区，水和地的占有是分离的，有的户有水无地，有的户有地无水，有的地多水少，有的水多地少，水可以单独买卖、出租和作为遗产分配继承。有些农民只有土地没有水，这更增加了地主阶级利用水权掠夺和剥削农民的条件。地主霸占了水，自己用不完的就租出或卖出。农民用粮食买来或租来自己被霸占了的水，多收的粮食又给地主交了水租。有的地主将自己的下等地或难以浇到水的地，交给农民伙种，使用农民的水量，为自己多打粮食。有的地主看到某户农民有较好的地，便拿出自己占有的水，与农民伙种，剥削农民的劳动。有的农民因得不到水，眼看着禾苗枯死。农民由于缺水而无法种地、无法生活时，地主便以廉价兼并了农民的土地。

南疆的另一种水利设施是坎儿井，通过暗渠引用地下水灌溉农田。坎儿井的占有极为集中。有的村，占总户数 1.9% 的地主阶级，占全村 98% 以上的坎儿井水。地主阶级凭借坎儿井水对农民进行残酷的剥削，并利用对坎儿井的管理权，盗卖、偷窃坎儿井水，敲诈坎儿井修理费。

可见，水，也是地主阶级用来剥削农民的重要手段之一。这又是南疆的一个特殊问题。

（四）各种瓦哈甫地

南疆各地存在着大量的各种瓦哈甫地，这也是不同于内地的一个特殊问题。

瓦哈甫，据说是信仰伊斯兰教的维吾尔族人，为了"赎罪"，捐给宗教寺院或公益事业使用的财产，包括土地、树木、房屋、店铺、水磨、牲畜等等。这些财产既经捐出之后，就分别称为瓦哈甫地、瓦哈甫房、瓦哈甫水磨等。其中以瓦哈甫地的数量最多。除清真寺瓦哈甫地、宗教学校瓦哈甫地、修路瓦哈甫地等等之外，还有少数地权属于私人的，如后代瓦哈甫地、祖先瓦哈甫地等。

各种瓦哈甫地在全部耕地中所占的比例，估计至少有 15%，有的地方达到 40% 以上。各阶级或多或少地占有或占用着瓦哈甫地，地主阶级占有和占用的数量最多，比例最大，约为 35%—40% 以上。地权属于宗教机构和公有的瓦哈甫地，有很多实际上掌握在地主阶级手里，其收入的绝大部分甚至全部都入了他们的私囊。有的地主还把这种土地的负担转嫁到农民身上。可见，地主阶级在占有大量私地的同时，又利用宗教掠夺了农民大量土地，用这些土地再去剥削农民，然后再去兼并农民更多的土地。由此看来，瓦哈甫地形式上是公有或半公半私的土地制度，实质上是披上了宗教外衣的、为地主阶级所控制的封建剥削的土地制度，它是作为整个民族都信仰伊斯兰教的维吾尔族中，地主阶级封建土地所有制的一个重要补充而存在的。同时，农民各阶层也占有瓦哈甫地，其中，中农占有和占用的较多。很多户之所以成为中农，就是因为占有或占用了较多的瓦哈甫地，否则就会成为贫农。这也是在土地改革中执行团结中农的政策必须重视的问题。另外，寺院瓦哈甫地、宗教学校瓦哈甫地等，又涉及宗教政策问题，也不能按一般的封建土地制度对待。足见问题之复杂。

（五）民族问题和宗教问题

南疆是一个多民族地区，维吾尔族占多数，并有柯尔克孜族、塔吉克族、蒙古族、回族等。维吾尔族、塔吉克族、回族多信伊斯兰教，蒙古族多信喇嘛教。解放前，南疆各少数民族的劳动人民受着双重压迫，一是以国民党反动派为代表的反动统治阶级的民族压迫，一是本民族内部的封建地主阶级的阶级压迫和残酷剥削。反动统治者的民族歧视和民族压迫政策，正如毛泽东所说："国民党反人民集团否认中国有多民族存在，而把汉族以外的各少数民族称之为'宗族'。他们对于各少数民族，完全继承清朝政府和北洋军阀政府的反动政策，压迫剥削，无所不至。"①地主阶级不但凭借其政治特权和经济地位压迫和剥削人民，而且利用宗教欺骗人民，利用宗教剥削和压迫人民。民族问题和宗教问题与土地制度联系在一起，成为这里土地改革中极其重要的特殊问题，必须十分慎重。

综上所述，可知解放前南疆的土地制度，比内地复杂得多，农民所受的压迫和剥削更加残酷，旧的生产关系对生产力发展的障碍更加严重，因而土地改革的任务也更加复杂和沉重。

二

1949 年南疆解放后，彻底摧毁了国民党反动派的黑暗统治，改造了基层政权，废除了保甲制，消除了民族压迫。1950 年春，实行了调剂土地，首先把地主控制的一些公地调剂给无地和少地的农民耕种，接着又把地主的一部分土地调剂给农民租种。这次调剂土地只是动了一些土地的使用权，没有动所有权。这是土地改革前能较快地帮助农民发展生产、初步改善生活的措施，也比较容易实行。同时，把封建的水利管理制度改变为民主的水利管理制度，农民从地主手里夺回了水利管理权。废除了无偿劳役。1950 年冬，实行了合理负担，即收入多者多负担，收入少者少

---

① 《毛泽东选集》第 2 版，第 3 卷，第 1083—1084 页。

负担，最困难者不负担。废除了国民党时期的苛捐杂税和农业税摊派制。农民负担相对减轻。1951 年冬到 1952 年春，进行了减租、反恶霸斗争。

鉴于新疆是多民族地区，有很多复杂的民族问题与宗教问题，中共中央新疆分局制定了开展减租反霸斗争的具体方针政策和斗争策略，确定：减租反霸要"稳步前进，宁缓勿乱"；"要紧紧依靠贫雇农，巩固地团结中农，联合工商业者、知识分子、宗教爱国人士及一切赞成反封建的人们，结成一条广泛的反封建的统一战线"；要耐心培养、团结与依靠本地民族干部，由他们出面主持各种会议和工作，有经验的汉族领导骨干着重掌握指导与具体帮助；"斗争的对象，主要是恶霸地主，即在农村中实际起统治作用的地主阶级当权派；其次是不法地主（即违抗减租交粮、破坏生产、转移财产的地主）"；"斗争的内容应以政治打击为主，适当地进行经济清算。不能无限制地扩大清算范围与加利清算"；具体斗争对象必须由本民族群众提出，并以本民族群众为主体，联合其他民族的群众共同进行斗争；如果土地出租者与承租者分属两个民族，"减租时，一般应采取双方协商的办法进行，不应采取斗争方式，以免引起民族间的仇视"；但对恶霸地主，则应启发两族群众的阶级觉悟，在"天下劳动人民是一家"的口号下，组织两族群众联合斗争；"对于宗教寺院出租的土地，一般均应按照减租条例依法减租，但在执行中，应视当地群众觉悟程度而定，群众要求减者减之，愿少减者则可少减，不愿减者可暂不减"[①]。党中央在有关指示中又特别强调，要吸收大量的当地民族干部参加群众运动，又必须实行党的坚强领导；在少数民族地区，凡无领导骨干掌握的群众运动，都会弄出乱

---

① 见《当代中国的新疆》，第 84 页。

子；领导骨干的主要任务就是在实际工作中培养当地民族干部，包办代替是不对的。

后来减租反霸运动的事实证明：凡是重视大胆使用与在工作中耐心培养本地民族干部的地方，工作就做得好，生了根；反之，群众发动的就不充分，组织也不巩固。事实又证明：如果没有一批坚强的汉族老干部来领导，就不能培养出大批本地民族干部。同时，由于在减租反霸中正确地执行了民族政策和宗教政策，从而改善了各民族间的关系，增强了各民族间的团结，提高了群众的阶级觉悟，扩大了反封建的统一战线。

南疆，在共产党的领导下，经过上述两年多的工作，就结束了一个中世纪的农奴制度残余严重存在的历史时代，各族人民走完了一般需要几百年甚至一两千年才能走完的路程，这实质上带有解放农奴的性质。阿克苏县一个60多岁的维吾尔族妇女，减租反霸后，在挂有毛主席像的地方一连睡了三夜，她说："有毛主席在身边，黑夜也变成了白天！"

经过减租反霸，很多农民加入了农民协会，先进青年加入了青年团。"乡村政权基本上掌握到劳动人民手中。政治上打垮了长期骑在人民头上的恶霸地主的统治，经济上削弱了封建势力，适当满足了农民的经济要求"①。

以上这些，都为下一步彻底消灭封建剥削制度打下了巩固的基础。

1952年，中共中央西北局认为在新疆农业地区实行土地改革的条件已经具备，决定要不失时机地进行土改，并着重指出："新疆情况有其特殊性，必须充分照顾这些特殊性。少数民族地区土改，首先要有一个最广泛的反封建统一战线，必须先做好争

---

① 《当代中国的新疆》，第84页。

取各民族上层，争取宗教方面的工作，一切可以争取和中立的力量都务必争取联合过来或中立起来。……硬是可以对一部分人来个'和平分田'。"① 还具体指出："寺院土地目前肯定一律不动"，因为"宗教在少数民族中影响极深，现在动寺院土地，可能得到一部分群众，却会脱离大多数群众"②。习仲勋在给毛主席的报告中，总结了已经进行土地改革的少数民族地区的经验，指出，在少数民族地区进行土地改革，"一定要先做好争取各民族上层、争取宗教方面人物的统一战线工作，然后去发动群众，不可颠倒过来。……联合封建来反对封建，可以说是那里的矛盾的特殊性。这些封建要用赞助土改或不反对土改来换取'改得和平些'以及在宗教方面、在关系他们自身某些方面我们的某些妥协。我们呢？就用'和平些'和某些必要的妥协去换取发动群众的较好条件。保存一部分封建，搞掉大部分封建。不换是什么也得不着的。"③ 对于西北局提出的新疆土地改革方针，党中央认为是正确的，并指出："在新疆实行社会改革，充分地估计到民族和宗教的特点，有意识地在民族和宗教的问题上作一些让步，以换取整个社会改革的胜利，是完全必要的。"④

1952 年 7、8 月间，在中共中央新疆分局召开的第二届代表会议上，通过了《关于在新疆农业区实行土地改革的决议》，并根据新疆的民族、宗教等特点，制定了一系列具体政策和策略。这次会议还集中讨论了关于加强外来干部与本地民族干部的团结问题，通过了《关于防止和克服大民族主义倾向的决议》。会议强调：在新疆，没有民族团结，就没有一切。而民族团结的关

① 《中国土地改革史料选编》，第816页。
② 同上。
③ 同上书，第814页。
④ 同上书，第815页。

键，又在于外来汉族干部与本地民族干部的团结。会议提出，应该首先反对大民族主义倾向。① 这个问题的解决，对于胜利完成土地改革也是十分重要的。

新疆在执行土地改革的政策中，始终强调必须从少数民族地区的情况和特点出发，坚持慎重稳进的方针，非常重视建立反封建统一战线，特别是做好民族宗教界的工作。中共各级组织和人民政府，通过召开各族各界人民代表会议，民主人士、宗教界人士座谈会，吸收民主人士、宗教界人士参加土改委员会，组织民主人士、宗教界人士、工商界人士参观土改等方式，使他们了解土改政策，参加土改宣传，增加土改动力。还具体规定，一般宗教职业者可与农民同样分得土改果实；对于在国民党统治时期参加过伊犁、塔城、阿勒泰三区革命的民主人士，解放后与人民政府合作的民主人士，各民族、各教派领袖人物，其家庭是地主成分者，以前虽有罪恶，只要愿意守法改过，也说服群众不予斗争，并在没收分配财产时予以照顾。②

接受其他地区的经验教训，南疆进行土地改革时，强调了对地主阶级采取区别对待的政策。对那些罪大恶极的和破坏土地改革的恶霸、不法地主、反革命分子，必须开展群众斗争，由人民法庭依法惩办；对一般有罪恶又有抗拒行为的地主，可经过小型的说理斗争会，使其低头认罪；对愿意服从土地改革法令，向群众低头的地主，可不斗争，而且这种情况越多越好。只要有可能少斗、少捕，以至有些地区不斗、不捕，就要力争这种可能的实现。

关于土地改革中许多特殊问题的处理，当时的中共中央新疆

---

① 参见《当代中国的新疆》，第86—87页。
② 同上书，第88页。

分局和新疆省人民政府经过调查研究，提出了具体政策，制定了《新疆省关于执行土地改革法若干问题的规定》，《新疆省关于划分农村阶级成分的补充规定》。其中主要有：应没收的地主土地，包括坎儿井、沟渠等水利设施；地主以收取租金为目的而出租给农民的耕畜，以及地主与农民合养的耕畜属于地主的部分，也应没收；纯牧区及半农半牧区均不进行土地改革，凡农业地区地主兼营畜牧业者，只没收其农业封建剥削部分，对畜牧业部分不论牧群大小一律不得没收分配；清真寺、宗教学校、喇嘛庙现有的土地，和在乡村中属于公共所有的各种瓦哈甫地及其他出租的房屋，一律保留；对地权全部属于私人占有的各种瓦哈甫地，一律确认为私地，依照处理私地的办法处理；坎儿井水的分配原则是"水随地走"，尽可能使坎儿井水与土地占有的数量相适应；农民之间的坎儿井水与土地占有数量不适应者，可在自愿互利的情况下，经过协商，采用"抽地补水，抽水补地"的办法加以调剂；地主迫使佃户代为开垦的荒地，仍归原垦荒佃户耕种，不计入应分配土地数目内；地主雇工开垦的荒地，一律没收分配；解放以后新开的坎儿井水，亦按开垦荒地的原则处理；外来的贫苦农民及地主家庭收养或雇用的丫头、仆役，本人愿意就地安家生产者，应分给与本地农民同样的一份土地和其他生产资料。①

根据党中央确定的正确方针，在中共中央西北局和新疆分局的领导下，南疆各地在土地改革中，特别注意了争取民族、宗教上层人士的同情和支持，尽量缩小打击面，在各族各界中组成了广泛的反封建统一战线。在民族杂居地区，进行了天下农民是一家的阶级教育和党的民族政策教育。各族农民联合在一起，控诉

---

① 参见《中国土地改革史料选编》，第828—832页。

了恶霸地主残酷压迫各族农民，制造民族纠纷，唆使两个民族的农民斗殴等罪恶活动。加强了各民族农民在反封建斗争中的团结。同时，还教育农民对地主阶级采取区别对待的政策：凡是愿意执行土地改革法令的地主，一般不进行斗争；对地主中与群众有联系的宗教界上层人士和民主人士，执行了没收从宽的政策。

南疆经过各项民主改革，特别是取得了土地改革的胜利，农民从黑暗统治和双重压迫下解放出来了，生活开始改善，生产积极性大大提高。《南疆农村社会》一书的《再版前言》中说："'解放'二字对新疆兄弟民族的劳动人民来说，有着更加深刻的理解和更加丰富的内容，因为，他们是在更加残酷的封建剥削和封建压迫下获得解放的，而且还是在长期的民族压迫下获得解放的。"南疆农民从自己的切身体验中知道，他们现在的地位和生活的改善，都是共产党和毛主席领导的结果，他们从内心深处拥护共产党和毛主席。很多农民高兴地流着眼泪对工作组说："共产党再不来，我们都要被国民党政府逼死了。"一个 64 岁的雇农说："我以前受尽了痛苦，连 4 亩地都没法种，我想这一生就这样过去了。共产党来了，我得到了解放，地能种了，生活也好起来了，我买了一张毛主席像，当我想起过去的痛苦时，我就望着毛主席哭，当我想到解放后的好光景时，每天总要对着毛主席笑。"1952 年 3 月，先期进行土改试办的疏附县帕哈太克里乡维吾尔族农民在庆祝土地改革胜利大会上，以长诗形式给毛泽东写了一封致敬信《献给毛主席》，倾诉过去的苦难生活，描述土改翻身的喜悦，抒发对中国共产党和毛泽东主席无比热爱的深厚感情。后来毛主席复信给帕哈太克里乡全体农民："感谢你们今年 3 月在庆祝土地改革胜利时写给我的信。你们已经从地主阶级封建土地所有制的束缚中获得解放，希望你们在爱国丰产的口号之下，更加团结，努力生产，改善自己的物质生活；并在这个基础之上，一步一步地提高自己的文化水平。"①

<h2 style="text-align:center">三</h2>

南疆的土地改革，提供了在少数民族地区，在存有很多特殊情况的地区进行土地改革的经验，这是广大汉族地区所没有的，是中国土地改革经验宝库中不可忽视的部分。同时，尽管是在很特殊的复杂情况下进行的土地改革，也给我们提供了具有普遍意义的重要经验。

第一，关于区别对待地主阶级。

在地主阶级中，要区别出恶霸地主和开明士绅，这是没有疑问的。除此之外，对于地主阶级还要不要再进行具体分析，区别对待，就成为一个问题了。实际上，任何一个阶级或阶层，除了共同的经济地位决定了他们具有共同的生产、生活方式和共同的政治思想倾向外，在其内部仍然是有很多不同情况的，地主阶级也不例外。在群众的心目中，地主阶级分子也并不是"天下乌鸦一般黑"，"谁个劣，谁个不劣，谁个最甚，谁个稍次，谁个惩办要严，谁个处罚要轻，农民都有极明白的计算"②。因此，在南疆，把地主阶级中抗拒土地改革的和愿意服从土地改革法令的加以区别。这是一条很好的经验。除此之外，还有更具体的区别，这就是习仲勋所指出的："对于地主阶级中罪行的大小、多少，历史罪与现行罪，违法者与守法者，必须加以区别对待，不

---

① 参见《当代中国的新疆》，第89—90页。
② 《毛泽东选集》第2版，第1卷，第17页。

加区别，是不对的。"① 在没收地主阶级土地，在经济上消灭地主阶级的前提下，采取区别对待的政策，会减少阻力，会更得人心，也更有利于把地主阶级分子改造为劳动者。

第二，关于"和平土改"。

对于"和平土改"，一般都是作为错误加以批评的。中共中央西北局却提出："硬是可以对一部分人来个'和平分田'。"这是很有见地的。在新疆进行土地改革以前，习仲勋就提出："凡不抗拒土地改革的地主一律放宽对待，把打击面缩小到最小限度，甚至不妨带点和平分地的味道。"② 王恩茂在谈到南疆土地改革试办的经验时也提到："如地主愿意服从土改法令交出五大财产，分给农民，就可以不必进行斗争，这样的情况越多越好。""只要有可能少斗、少捕，以至有些地区不斗、不捕，就要力争这种可能的实现。这在新疆这样一个多民族地区是完全必要的。"1953 年，中共中央在总结过去几年内在少数民族中进行工作的经验时指出："分配土地时，必须由党的领导上严格控制，采用温和的和稳妥的方法去进行"③。

然而，过去对于"和平土改"的提法一般还是回避的。一是认为，由于经过前几年减租、反霸中的斗争，才迫使一些地主愿意服从土改法令了，因此不能叫做"和平土改"；二是认为，用谈判方式没收地主土地，和用说理斗争方式一样，都不能叫做"和平"。这两条，只是在提法上回避"和平"二字。带实质性的理由有两条：一、认为只有在少数民族地区才能这样比较"和平些"；二、最重要的论点是，如果不经过激烈的斗争，首

---

① 见 1951 年 4 月 4 日西安《群众日报》。
② 《中国土地改革史料选编》，第 742 页。
③ 同上书，第 848 页。

先从政治上打倒地主，土地改革的成果是不会巩固的，分配了土地，地主还会夺回去。

其实，既然对于地主阶级可以而且应当区别对待，就可以在实行土地改革的方式上有"和平"与"不和平"的区别。反动军队只要放下了武器，就可以和平改编；地主只要交出了土地，也就可以和平对待，不会有什么危险。实行土地改革的前提条件之一，是当地已经建立了人民政权。有了政权，有了人民的武装，还怕地主夺地吗？历史上有过分配了土地又被地主夺回去的事例，那是在根据地尚未巩固，本来还不应当进行土地改革的地方就分了地主的土地，当革命力量被迫退出该地区时，土地又被地主夺回去。在这样的地区，即使是经过激烈斗争分配了土地，也不能防止地主的反攻倒算。因此，问题不在于土改的方式是和平的还是非和平的，而在于政权掌握在谁手里。掌握了政权和武装的无产阶级和人民，就不怕敌对阶级分子造反，完全有条件对他们采取和平改造的政策。在少数民族地区创造的这一条经验，可以看做是有普遍意义的，用于汉族地区同样只有好处不会有什么坏处。因此，对于"和平土改"的提法，不必回避。这个问题，笔者可能还有想得不周全的地方，只是提出讨论，希望得到大家的指教。

第三，关于从实际出发。

执行党的路线、方针、政策，必须从当地实际情况出发，创造性地执行，而不能只是简单地生搬条文。王恩茂在一次谈到南疆工作经验时指出："凡是根据新疆多民族地区不同的情况，有区别地进行工作，不照搬关内汉族地区经验的，一般的就不会犯错误，否则就要犯错误。"要做到这一点，就必须从调查研究入手，制定出既符合党的路线和根本方针，又适合本地情况的具体政策和措施。说到底，就是理论与实际相结合的原则，就是马克思主义的普遍真理与具体情况相结合的原则。这是在南疆同样得到证明的一条具有普遍意义的、至今仍必须遵循的真理。这一条，说起来尽人皆知，似乎是老生常谈，而做起来决非易事。南疆进行土地改革以前，首先下大力气做了广泛深入的调查研究，真正认识了当地的实际，才制定出一套具体政策，才能做到从实际出发。如果只是空喊从实际出发，而不首先下功夫去做调查研究，不首先认识实际，从实际出发就只能是一句空洞的口号。

第四，关于团结大多数人。

任何时候，在任何工作中，都必须注意团结大多数人，照顾全局。团结的人越多越好，打击面越小越好。为了绝大多数人的利益而暂时牺牲少数人的利益，为了全局的利益而在局部做出必要的妥协或让步，为了大局而舍弃小局，是值得的，是必要的，或者说必须如此。这是南疆土地改革取得胜利的一个重要原因，一条重要经验，也是在南疆土地改革中再次得到证明的又一条具有普遍意义的、至今仍必须遵循的真理。团结大多数，照顾全局，说起来也是尽人皆知的，而实际上却往往做不到，甚至明知故犯。因为，这需要有革命家的宽广胸怀，有高瞻远瞩的眼光，有相当的政治和思想水平。而这些，只有加强自身的修养才能达到。

附记：本文除依据《南疆农村社会》一书中的资料外，诸班师、赵增延两位同志还提供了很多资料，并得到了李坚尚同志的帮助，在此一并致谢。

（原载《当代中国史研究》1994年第2期）

要学会用马克思列宁主义去教育农民和指导农业生产

最近学习了《联共（布）党史》第九章至第十二章及列宁、斯大林论社会主义经济建设的一部分著作，学习了党和国家在过渡时期的总路线总任务及其他一些有关文件。虽然还仅仅是学习理论的开始，但在某种程度上说，思想上也算是"豁然开朗"了。对党的一些重要的方针政策，开始从根本上、从理论原则上有了一点接触。

就拿这一点点"启蒙"的收获，来检查我过去所做的报纸工作，已经觉得过去的宣传是十分不足了。现在只就通过报纸教育农民和指导农业生产这一方面的几个问题，谈谈自己学习前后的不同认识。

第一，关于为什么要发展农业生产的问题。说来，这应当不成为什么问题了。但自己过去在这一方面的认识却是很肤浅、很不全面的。过去，只知道发展农业生产是为了增加农民的收入，改善农民的生活；为了把农民利益和国家利益结合起来，就穿靴戴帽地加上"爱国"字样，跟着别人喊"爱国增产运动"；第一个五年计划开始了，就又空洞地加上一句"以支持国家有计划的经济建设"；在纠正农民盲目流入城市的现象时，也曾比较

"具体"地解释过工业离不开农业，农业也离不开工业，如果没有农民生产粮食和棉花，工业就不能发展，反过来，农民也就得不到工人供给的生产资料和生活资料。但是，究竟为什么增产就是爱国，发展农业生产与国家的计划经济建设是什么关系，工业和农业、工人和农民是什么关系，过去的理解远远不够。

我们的国家，要逐步过渡到社会主义社会。建设社会主义，首先必须有国家的社会主义工业化做基础。发展工业，必须有三个前提条件——原料、粮食和市场。除了粮食是农民生产的以外，工业原料中有很大一部分也是农民生产的；工业市场，主要在国内，在我国则主要是农民。因此，就必须发展农业生产，供给工业以原料和粮食；并提高农民的购买力，扩大工业品的销售市场。在农业的支持下，工业生产发展了，除了供给农民生活资料外，更重要的是供给农业以拖拉机等近代化的农业机器，以及化学肥料等，逐步改造农业，使其达到机械化，大大提高劳动生产率，以使农民彻底摆脱贫困状态；并给国家和城市提供更多的商品粮食和工业原料，适应工业的继续发展。工业——特别是重工业的发展，则能为改造国民经济的各个部门创造技术基础，以使国家逐步过渡到社会主义社会，使全国人民和我们的后代子孙永远过着幸福美满的生活。

如果用客观法则来解释工农业的关系，那就是国民经济按比例发展的法则，决定了工业与农业的发展必须互相适应。因为国民经济是一个复杂的有机整体，国民经济各部门的发展是密切结合和互相制约的，因此各经济部门必须平衡发展。如果国民经济中这两个主要部门——工业与农业，失掉了平衡，不能按比例发展，不能相适应，则必然会影响整个国民经济的发展，影响社会的向前进展。因此，在我国第一个五年计划的基本任务中提出，要集中主要力量发展重工业，并须"相应地"发展农业等等。

过去，却没有这样比较全面的认识，没有把农业生产与工业、与整个国民经济、与社会的发展及全体人民的长远利益紧密结合起来，没有站在工人阶级的立场、用全面的观点、按照社会主义的远景去宣传农业生产，而是自觉或不自觉地站在农民的立场，片面地、孤立地宣传农业生产。有些农民轻视农业生产，有些干部轻视农村工作，与我们这样片面的宣传不是没有关系的。

第二，关于为什么开展互助合作运动，为什么对小农经济必须进行社会主义改造的问题。过去，只知道组织起来是农民"由穷变富的必由之路"，或者说组织起来是"农村经济发展的根本方向"。要具体解释，则说组织起来可以克服困难，可以提高技术，可以多打粮食，或者说"互助比单干强"，要"发挥组织起来的优越性"。要说远景，也知道将来要发展类似苏联那样的集体农庄。此外，也知道农村经济要不走社会主义的道路，就会走资本主义的道路，就会使农村阶级分化。但是，究竟为什么必须走组织起来的道路，怎样才能从互助合作逐步过渡到集体农庄，为什么农村经济有走向资本主义的可能，为什么对于小农经济必须进行社会主义改造，则不十分了解，或者说只知其然而不知其所以然。

这些问题，也必须从根本上去了解。

前边谈到，我们的国家要逐步过渡到社会主义，要实现国家社会主义工业化，就必须发展农业生产。但是，随着工业的发展和城市人口的逐渐增加，国家对于商品粮食和工业原料的需求也必然逐渐增多；而分散的、个体的小农经济，因为不能使用近代化的农业机器和化学肥料等，也就难以实现扩大再生产，甚至有时连简单再生产也不能维持，限制了生产力的进一步提高。它生产的商品粮食和工业原料就必然不能满足不断增长的工业和城市的需要。因此，就必须把分散的、个体的小农经济，逐步改造为集体的大农业经济，使工农联盟建立在新的更加稳固的经济基础上。同时，个体的小农经济，是建筑在生产资料私有制的基础上的小商品生产，从私有制这一方面来说，它与资本主义经济基本上是同类的经济，小商品生产者的自发势力，每日每时都在产生着资本主义。因此，如果不把小农经济引导到社会主义的道路，它就必然走向资本主义的道路，就会造成少数人富裕起来，发展为剥削者，而多数农民遭到破产、永远贫困下去的结果，就会破坏了工农联盟。那么，小农经济有没有可能走社会主义的道路呢？是有的。因为农民本身存在着两重性，他们是私有者，又是劳动者，私有者那一方面要向资本主义发展，而劳动者这一方面，其根本利益是与工人阶级一致的，是可能在工人阶级的领导下与工人阶级结成巩固的联盟的；特别是在逐步合作化、集体化的过程中，使农民看到并亲自体验到对他们的好处，就更有可能跟着工人阶级走向社会主义。

如果还用客观法则来解释对于小农经济的社会主义改造，那就是社会主义的基本经济法则和生产关系一定要适合生产力性质的法则，决定了必须进行这样的改造。社会主义的基本经济法则是："用在高度技术基础上使社会主义生产不断增长和不断完善的办法，来保证最大限度地满足整个社会经常增长的物质和文化的需要。"由此说明，我们发展农业生产的最终目的，是要满足人民经常增长的物质文化生活需要。要达到此目的，就必须使生产力不断提高。而提高生产力，没有高度的技术基础（在农业上则是近代化的机器等）是不可能的。要使用先进的技术装备，则必须把小农业经济变成大农业经济。这也就是说，生产资料私有制下的小农经济这样的生产关系，阻碍着生产力的进一步提高，因此就必须改变这个旧的生产关系，建立新的生产关系，逐步消灭生产资料私有制，达到农业集体化，使我们的国家建立在社会主义的大工业和社会主义大农业的巩固基础上。

过去,看得很近、很窄,只看到了眼前的问题,只看到了农民的眼前利益,没有真正看到远大的社会主义目标,没有把对于农业的改造与整个的社会发展联系起来,没有真正理解这是两种社会制度、两种发展前途的根本问题,没有充分看到问题的严重性。

第三,关于怎样发展互助合作运动,怎样逐步完成对于农业的社会主义改造问题。过去,好像也知道发展互助合作组织必须由小到大,由低级到高级;既不能放任自流,犯右倾的错误,也不能急躁冒进,犯"左"倾的错误。但是,进行什么工作不是如此呢?"左"倾冒进,则容易脱离群众;右倾,则容易落在群众运动的后面。因此必须经常开展两条战线的斗争。那么,互助合作运动究竟为什么也必须如此呢?却没有深入研究。不深刻理解,就难免发生偏差。因此,在进行互助合作运动的宣传时,既有急躁冒进的偏向,也有放任自流的偏向。急躁冒进方面主要表现在,只注意报道农业生产合作社,忽视互助组,或者说是看不起互助组,更看不到单干农民。只强调单干不如互助组,互助组不如农业生产合作社,却很少分析具体情况,指出稳步前进的发展过程。虽然没有公开宣传"单干可耻",而思想实质就是如此。与此紧相联系的又有放任自流的偏向,即只注意少数先进的地区、先进的互助合作组织,而对于互助合作运动比较落后的地区和广大单干农民很少注意引导,很少向他们指出怎样逐步地发展互助合作组织,以克服运动的不平衡状态。

要纠正放任自流的右的倾向,就必须了解对于小农经济进行社会主义改造的必要性。要纠正急躁冒进的"左"的倾向,就必须认识小农经济的特点。

农民是劳动者,是工人阶级长期的最可靠的同盟军,建设社会主义仍然要依靠巩固的工农联盟,因此对农民不能采取剥夺的办法，也不能强迫命令，而必须经过长期的实际的集体主义教育，使他们在提高觉悟的基础上自愿参加互助合作组织，以至自愿地逐步过渡到集体农庄。但又由于农民是小私有者，是使用着落后的工具，分散地单独地进行生产的，这就决定了他们具有保守性。因此，除了教育以外，还必须使他们看到或实际体验到好处时，才乐于走上互助合作的道路。然后，在互助合作组织里使农民逐渐受到实际的集体主义的教育，提高觉悟，并看到增加生产主要是依靠劳动生产率的提高，依靠近代化的技术，因此也就逐渐减弱对于土地私有制的观念，而自愿地过渡到集体所有制。目前的互助合作组织，就是适应目前农民的觉悟水平，把农民眼前的个人利益与整体的长远的利益结合起来，便于农民接受。超过农民现有的觉悟水平，则必然遭到农民的反对，结果反而破坏了互助合作运动，妨碍了工农联盟，推迟了农业集体化的实现。同时，农业全盘集体化，离开拖拉机和其他近代化的农业机器是不可能的，而且农民思想觉悟的提高也有赖于近代化的技术装备做基础，所以，在我们还没有充分的技术装备的时候，就不能幻想很快达到农业全盘集体化的目的。

那么，我们是不是等到有了足够的拖拉机的时候再着手组织农民呢？不能那样。因为农民的思想觉悟的提高，要有一个逐步发展的过程，而且人的意识的转变往往要落在客观存在的后面。如果现在不着手积极进行这一方面的工作，不开始对农民进行教育，等到有了足够的拖拉机的时候，农民仍然不能接受，仍然是组织不成集体农庄的。而且，除了思想觉悟的提高以外，集体生产的经验和管理的经验也需要逐渐获得，逐渐增长。同时，拖拉机的生产，也就是工业的发展，还需要农业生产在现有水平上逐渐提高，以适应和支持工业的逐步发展。因此，必须从现在开始（事实上早已开始）积极而稳步地发展互助合作运动，逐步实现对于农业的社会主义改造。不改造是不行的，改造得太急也是不行的，等到将来再进行改造同样是不行的。

过去，没有从根本上理解这些问题，因此在宣传上的片面性和左右摇摆的现象是必然的。这里还应补上一句的是，过去由于不深刻了解农业合作化、集体化运动的规律和必备的条件，因此也就没有重视现有的国营农场在这一运动中的示范作用和积累经验与培养干部的作用，而忽略了对于国营农场的宣传报道。

以上，是我这次学习前后对这些问题的认识的简略说明，也是我对于党在过渡时期的总路线中关于对农业进行社会主义改造的初步的粗浅的理解。

过去的宣传，为什么停留在就事论事的水平上，而不能提高到理论原则上进行分析解释，把问题讲得比较深、比较透一些呢？主要是自己没有进行认真的理论学习。不从理论上弄通，就不容易真正理解党的各种方针政策的实质，也就不能进行深刻的正确的宣传。经过这次学习，才把自己的觉悟提高了一步。我的体验是，没有认真进行理论学习的人，是不会真正理解学习理论的重要的。今后，应当加强自己和所有新闻工作者的理论学习，逐步提高理论水平，然后才能紧密结合当前工作去进行马克思列宁主义的宣传，用它去指导当前工作，去教育人民，去分析批判各种实际工作中的错误。也只有加强理论学习，才能通过报纸正确地宣传与贯彻执行党在过渡时期的总路线总任务，以完成国家的社会主义工业化和对农业、对手工业、对资本主义工商业的社会主义改造。

（原载中共中央华北局宣传部的《理论学习参考》第 7 期，
1953 年 12 月 19 日出版）

中国农村发生了根本变化

——1957 年 9 月在保加利亚国际农业新闻工作者
代表会议上的发言之一

1949 年中华人民共和国成立以后，经过 3 年，到 1952 年，完成了土地改革；又经过不满 4 年的时间，到 1956 年，基本上完成了对农业在生产资料私有制方面的社会主义改造。全国 1.2 亿农户的个体经济已经变为集体经济。这是把几千年来的生产资料私有制变为公有制的社会主义大革命。由于各种条件的成熟，由于共产党和人民政府的正确领导，由于全国人民的努力，在这样一个大革命的过程中，社会财产没有遭到损失，社会秩序没有发生混乱，社会生产没有下降。恰恰相反，我们在这个大革命取得基本胜利的第一年，就在各方面取得了巨大的成绩。

中国是怎样实现的农业合作化，以及由此引起农业生产和农民生活方面发生了什么样的变化，简要情况如下。

一　怎样实现的农业合作化

我国的农业合作化运动，是在彻底完成了土地改革的基础上进行的。我们党没有采取单纯依靠行政命令、"恩赐"农民土地的办法，去进行土地改革。在中华人民共和国成立以后，我们花了整整 3 年的时间，用彻底发动农民群众的群众路线的方法，充分地启发农民特别是贫农的阶级觉悟，经过农民自己的斗争，完成了这一任务。由于我们采取了这样的方法，广大的农民就站立起来，组织起来，紧紧地跟着共产党和人民政府走，牢固地掌握了乡村的政权和武装。因此，土地改革不但在经济上消灭了地主阶级和大大地削弱了富农，而且在政治上彻底打倒了地主阶级和孤立了富农。广大的有觉悟的农民认为，无论是地主或者富农的剥削行为都是可耻的。这就为后来的农业的社会主义改造创造了有利的条件，大大地缩短了农业合作化所需要的时间。

在旧中国的农村人口中，有 60%—70% 的贫农和雇农群众。他们是农村中的半无产阶级和无产阶级（我在后来的文章中认为这种提法不科学），很容易接受工人阶级政党的领导。他们不只是在资产阶级民主革命中有很大的积极性，在社会主义革命中也有很大的积极性。在土地改革以后，广大农民群众的经济地位是改善了，但是由于我国农村地少人多，全国农民平均每人只有 3 亩耕地（约等于 1/5 公顷），在继续个体经营的条件下，他们要想过富裕的生活是毫无把握的。这就使占农村人口大多数的贫农和不富裕的农民积极地响应我们党的号召，愿意走合作化的道路。

在土地改革以后，我们随即在农民中广泛地建立了带有社会主义萌芽的农业生产互助组织。这是农民的一种集体劳动组织。由于互助比"单干"优越，在 1952 年参加互助组织的农民已经占全国农户总数的 40%，在 1954 年又增加到近 58%。在互助组织的基础上，党中央在 1952 年开始有计划地发展半社会主义的农业生产合作社，这是以土地入股、统一经营，但仍然保持土地和主要生产资料私有的一种初级合作社。这种合作社在 1951 年底还只有 300 多个；由于它又比互助组织优越得多，到 1955 年上半年已经发展到 67 万个，参加的农户约 1700 万户。从 1955 年下半年以后，由于党中央和毛泽东同志纠正了党内抑制农民的合作化积极性的右倾保守思想，农业生产合作社开始了特别迅速的发展。随后，初级合作社又开始大批地改组成能够更加有效地组织生产的社会主义的高级合作社，在这种合作社里，土地和其他主要生产资料都由私有变成了集体所有。

事实证明，我们党采取这种逐步前进的办法是适当的。因为这使得农民在合作化运动中不断地得到好处，逐渐地习惯于集体生产的方式，可以比较自然地、比较顺利地脱离土地和其他主要生产资料的私人所有制，接受集体所有制，从而避免了或者大大减少了由于突然变化而可能引起的种种损失。

在农业合作化运动中，党的阶级政策是，树立贫农和土地改革以后由贫农上升的下中农在合作社内部的领导优势，同时巩固地联合中农。富裕的和比较富裕的中农在农村中虽然居于少数，但是他们对于下中农以至贫农仍然有重要的影响。这些富裕中农一般地是拥护共产党和人民政府的，他们中间的许多人还是在土地改革中"翻身"的，但是他们对于走合作化的道路却不可避免地要发生动摇。为了巩固同中农的联合，这里的关键是必须在合作化运动中坚持自愿和互利的政策。自愿和互利的政策是适用于一切人的，对于中农更有重要的意义。党不但禁止勉强中农加入合作社，而且规定在合作社初发展的时候，首先吸收贫农和下中农入社，一般地不吸收比较富裕的中农入社。党又规定，在中农入社以前和以后，特别是在处理入社的生产资料的时候，都不允许损害他们的利益，占他们的便宜；当然也不让中农损害贫农的利益，占贫农的便宜。国家在粮食问题上的正确政策，也对于中农发生有益的影响。从 1953 年开始，国家对于粮食和其他主要农产品实行了统购统销，并且在统购统销中规定了合理的价格，这就基本上消灭了市场上的粮食和其他主要农产品的资本主义投机活动。在 1955 年，国家又规定把购粮数量限制在一定的水平上，这就消除了农民担心政府收购过多的疑虑。由于党坚定不移地执行了联合中农的方针，由于中农看到了走资本主义道路的无望，看到了合作社生产的日益显著的优越性，广大的中农在合作化的高潮中终于停止了动摇，积极地要求入社了。

对于原来的地主分子和富农分子，党在过去几年中一贯地注意了领导农民防止和反对他们在合作化运动中的破坏活动，在合作化初期禁止他们加入合作社。只是在合作化运动取得胜利以后，党才决定分别地根据他们的具体情况，允许他们以不同的身份到合作社里进行同工同酬的劳动，以便把他们改造成为新人。

由于实行了以上的政策，我们就能在全国范围内的土地改革完成以后不到 4 年的时间内，基本上完成了农业的社会主义改造，把全国的农户组织成为 76 万个农业生产合作社。

中国的农业合作化运动，经过比较长时期的示范工作和在农民中进行了艰苦的社会主义的思想教育之后，在 1955 年的后半年，形成了全国范围内（台湾及若干少数民族地区除外）的农业合作化高潮。到 1956 年的春耕开始前为止，在为时仅半年的时间内，全国参加农业合作社的农户，已由 1955 年上半年前占农村总户数的 15%，增加到 88.9%。其中加入高级农业社的农户，占全国总户数的 54.9%；参加初级社的占 34%。经过去年的生产工作和去年秋冬两季的再发展工作，截至去年年底，全国参加到农业社的农户，已占全国总农户的 96.6%。其中参加到高级社的农户，占全国总农户的 87.7%；参加到初级社的占8.9%。至此，中国农村实现了合作化，并且是已经基本实现了高级农业合作化。延亘中国几千年历史的分散、落后的小农经济，已经基本上得到了改造；农村中的资本主义经济，以及资本主义所由产生的经济基础，已经从根本上被拔除了；农业的社会主义集体经济，已经普遍地建立起来。这个从根本上改变中国农村历史面貌的变化，是全中国人民一件巨大的历史事件。

二　农业生产大发展

在 1955 年的冬季，随着农业合作化高潮到来的同时，在中国农村中，也出现了农业生产方面的高潮。这是农村的生产关系改变和农业生产力获得解放之后的必然趋势。适应这一形势的变化，中共中央政治局及时而正确地提出了《1956 年到 1967 年全国农业发展纲要》（草案）。于是这一纲要草案就立即成为全国农民行动的纲领。一个规模宏大、群情热烈的农业生产运动，就在全国范围内迅速地开展起来。许多在个体农业时代长期所不能做到的事情，都在生产高潮中出现了。1956 年新发展的各种小型农田水利工程，其灌溉面积，全国可达 1.5 亿亩，约等于中国历史上水利灌溉面积的一半，等于解放后 6 年的两倍，超过了第一个五年计划发展灌溉面积的指标的一倍。积肥、造肥，全国平均要比往年超过一倍，有些地区超过两倍。扩大复种面积方面，全国已达到现有耕地面积的 40%。全国新垦荒地近 3 千万亩，等于完成了第一个五年计划的 80%。在进行水土保持方面，被控制了的水土流失面积达 66300 平方公里，等于解放后 6 年所完成任务的总和。在实行合理密植、推广优良品种、实行精耕细作等技术改进工作方面，也都取得了很大成绩。所有这些情况，都是中国历史上从未有过的。这一巨大变化，标志着在新的生产关系下，在农业生产方面一个飞跃的变化，它将以无限活力随着农业生产合作社工作的进一步巩固和提高，向更高的方面发展。

在实现了农业合作化的第一年，我国虽然遭受了几十年来所未有的自然灾害，但在党和政府的积极领导和支持下，全国农民发挥了农业生产合作社的优越性，在农业生产上仍然获得了巨大的成果，实现了增产的要求。1954 年，就已经是新中国成立后在农业生产方面遭受自然灾害严重的一年了，那一年全国遭受水灾的面积共达 1.5 亿亩。而 1956 年，不但遭受水灾的面积比 1954 年还大——共达 1.8 亿亩，而且有些地区还遭受了几十年来未有过的旱灾，其面积达 4 千多万亩。但结果，全国农业总产量不但比 1954 年大大增加了，而且比 1955 年全国的丰收年也有比较显著的增加。全国粮食总产量为 3650 亿斤，比 1949 年增加了 1524 亿斤，比 1954 年的灾年增加了 500 亿斤，比 1955 年的全国丰收年增加了 154 亿斤，即增产 4.4%，超过了第一个五年计划最后一年的指标；大豆 205 亿斤，比 1955 年增加 12.8%；花生 6878 万担，比 1955 年增加 17.5%；棉花 3050 万担，比 1949 年增加 2161 万担，比解放前的最高年产量增加了 1352 万担，比 1955 年略有减少，但较 1954 年增加 500 万担；其他各种农作物产量也都程度不同地有所增加。一些没有受到自然灾害或受灾很轻微的地区，增产情况就更加突出了。甘肃省增产30.05%，陕西省增产 23%。1956 年，全国已有 17 个县、市的粮食产量，在一年内就达到或超过了《全国农业发展纲要》（草案）所规定的今后 12 年内的增产指标。各地还出现了一些千斤粮、百斤棉、万斤薯的农业生产合作社和县份。水稻有的达到亩产 1800 多斤，小麦有的达到 1300 多斤，棉花有的达到 1686 斤。

1956 年全国农业生产合作社的收入与分配情况是：大约有80% 的农业社增加了生产，有 10% 左右的社保持了过去的生产水平，10% 左右的社减了产。减产的社，大部分是由于遭受了自然灾害，小部分是由于经营管理不善。在社员收入方面，全国约有 75% 以上的农户比过去增加了收入，有 15% 左右的农户保持了过去的收入水平，有 10% 左右的农户比过去减少了收入。减少收入的社员包括：过去有轻微剥削和生产经营很好的富裕农民，家庭人口较多、劳动力很少的贫农，以及过去主要从事手工业劳动或小商贩活动收入较多的人。对于减少收入的社员，各地农业社采取了各种有效措施，补足他们减收的部分，甚至使他们也能达到增加收入。

农业合作化的第一年，在多数社还缺乏经营集体生产的经验和广大地区遭受到严重的自然灾害的情况下，在全国范围内，能够做到 80% 的社增加了生产，75% 以上的农户都增加了收入，这不能不说我们在农业社工作方面已经取得了伟大的成绩。这样也就使我们绝大多数的农业社可以巩固起来，使绝大多数的农民在生活上不断地取得进一步的改善。所有这些，都昭示与鼓励着广大农民，为进一步争取他们未来的更大幸福与更好的前途而斗争。

三　农民生活逐步提高

全国解放以来，农民在党的领导下赢得了土地改革和农业合作化的胜利，这是拥有 5 亿人口的中国农民空前的胜利。土地改革的胜利，使农民从地主阶级的剥削中解放出来，从此有可能在自己的土地上为改善自己的生活而劳动；农业合作化的胜利，使农民从小农经济的束缚下解放出来，走上了共同富裕的道路。农民除了在政治上获得两次革命的胜利外，还在经济上获得了巨大的发展。

由于土地改革的胜利，3 亿无地少地的农民获得了 7 亿亩土地，免除了每年向地主缴纳地租粮 600 亿斤的负担以及各种超经济剥削。土地改革以后，党和政府在经济上大力支持农民发展生产的同时，又从各方面领导农民开展了规模巨大的增产运动，因而使农民的生活逐步提高。建国以来，我国农副业生产总值是逐步上升的。按1952年不变价格计算，1949年全国农副业生产总值为326亿元，1956年即上升到583亿元，较1949年增长了79%。1949年全国农业人口将近4.7亿，农民每人的平均产值约70元。1956年全国农业人口约5.28亿，每人平均产值约110元，较1949年增加了40元。如果以生产总值的60%作为农民的纯收入计算，那么每个农民的纯收入就由42元上升到66元，增加了24元。随着生产总值的增长，农民购买力也大大提高了。1950年全国农民购买力为81亿元，1956年即上升为191亿元，增长了136%。农民生活的改善，也反映在农村储蓄的增长方面。1952年全国农民存款只有12100万元，1956年就上升到79900万元，增加5.6倍。农民的吃粮和用粮的数量也是逐年增加的。从1949年到1956年7年中，全国粮食产量增长了70%以上。1949年全国粮食总产量（除去大豆）是2162亿斤，全国人口约53013万人，平均每人有粮食427斤；1956年全国粮食总产量（除去大豆）为3650亿斤，全国人口约62600万人，平均每人上升到583斤，增加了156斤。河北省遵化县的王国藩农业合作社，社员的纯收入每人平均已达110元。解放前，他们的每亩地仅产粮几十斤。土地改革后政府每年还要救济18万斤粮食和400件衣服。1952年秋季建社，还被人们讥笑为"穷棒子社"。但到1956年，仅5年时间，粮食每亩产量提高到了440斤，棉花每亩产量180斤，超过了入社以前富裕中农的生产水平，提前达到了全国农业发展纲要的要求。

土地改革以前，占全国农业人口60%—70%的贫雇农过着没吃没穿的生活。目前，丰衣足食的已占农业人口的20%—30%，少吃少穿（由国家救济与合作社照顾）的只占10%—

15％，而大多数农民则是过着有吃有穿的生活。

建国以来的任何一年，农业生产都是上升的，这就是全国解放、土地改革、农业合作化都是解放生产力的铁证，也是主观努力可以战胜困难、人定胜天的铁证。

当然，在我国农业发展方面，也还存在着一些困难。比如，我国人多地少，是一个基本困难。自然灾害对农业生产的影响也很大。我国国民经济落后的情况还存在，农民家底子薄，目前还不能进行大规模的扩大再生产。全国农业合作化才一年多的时间，合作社的经营管理经验还不多。这些客观和主观方面的困难，决定了我们的农业生产只能逐步地提高。但是这些困难是能够克服的。随着农业合作社的逐步巩固和健康发展，农业生产必然继续发展，农民的生活水平也必然继续提高。

随着农业合作化和生产建设的发展，农民的文化生活也大大改善了。我们国家的文化水平是落后的，文盲大约占人口的70％以上。解放以后，我们就积极地推行扫盲和普及教育。在校的小学学生已经从1949年的2400多万人增加到1956年的6300多万人。从1949年到1956年，全国扫除文盲2200多万人。1956年，农村参加业余文化学习的达7500万人以上。在广大农村，普遍建立了文化馆、文化站、农村俱乐部、图书馆、业余剧团等。1956年农村已经有文化站2558个。在改善农民的卫生保健条件和防治疾病方面，几年来也取得了很大成绩。全国各县都设立了卫生院或医院。区卫生所从1950年的759所，增加到1956年的1.3亿余所，增长近17倍。农业生产合作社约建立了1万个保健站。遍布全国农村的卫生机构已有78087所。建国以来，霍乱病在我国从未发生。天花病，绝大部分地区均未发生。对于鼠疫，也已能基本上加以控制。不少农业社为解决女社员下地生产的困难而建立了幼儿园或托儿所。

        *   *   *

    以上是我国农业合作化运动、农业生产和农民生活的简单情况。我们在这些方面虽已获得了很大的成绩，但困难与缺点也还是很多的，我们的经验还不够，今后的任务还很艰巨，需要我们继续不懈的努力。我们也相信，没有任何困难可以阻挡我们伟大的社会主义事业胜利前进。

抗日战争时期冀中的 262 种报刊

　　在烽火连天的抗日战争年代，冀中根据地出版过多少种报刊，至今没有完整的资料。现在想尽力之所能及，做一点搜集整理工作。

　　冀中平原，地处敌后。在敌后开展游击战争，比起山地要困难得多。在这样的战争环境里办报刊，就更加困难了。尽管如此，当时出版的报刊，特别是抗战前期出版的报纸还是很多的。冀中区——专区——县，三级都有报纸。除了各级党委的机关报外，还有政府、军队和抗日群众团体办的报刊。

　　从冀中区党委到各地委、县委，都很重视对报纸工作的领导，都很重视使用报纸这个武器。各级报纸在宣传动员和组织广大群众参加抗日战争，支援前线，及进行根据地建设当中，起了不可估量的作用。当时的冀中军区司令员吕正操同志曾在一篇文章中写道："冀中的报纸和刊物，有很多种"，是"在群众的掩护下"坚持出版的。办报刊的"这些文化战士，携带着简单笔墨、油印机、石印机，随着情况来转移。由于他们的刻苦积极的革命精神，每到一个地方，能够立刻开始写作印刷，源源不断地供给广大人民所渴望的精神食粮，他们的英勇精神，绝不亚于一个冲锋陷阵的战士"。

但是，当年出版的那些报刊，大都散失，现在能够找到一张、一册都是很珍贵的革命文物了。当年参加办报刊的同志们，有的在战争中已经牺牲，有的在胜利以后不幸早逝。如今健在者，都在六七十岁以上，若不很快着手从这些同志的记忆中抢救活材料，就将成为永远不可弥补的憾事。

我有幸先后参加过县委、地委、冀中区党委三级报纸和几个刊物的编辑工作。对那些报刊的感情，对那些老战友的感情，对那八年战斗生活的不能忘怀，合成了一种责任感，促使我做这件事。离休以后，一面搜索自己的记忆，一面先后访问了现住北京的一些老同志，还通过信件向在京和在外地（个别在国外）的一些老同志作了调查，也参阅了一些同志的有关文章，最后汇集成这篇东西。至此，抗日战争时期冀中出过哪些报刊，算是有了一份比较完整的资料，供大家及后人研究。不过，由于时间过去太久了，只凭大家的记忆，而缺乏当时的文字记载，因此这篇史料可能还不完全或有不尽准确处，各报刊的情况也详略不一，恳请有关同志再加补正。

在介绍各报刊的简况之前，先谈谈抗战期间冀中报刊发展变化的概况，和当时办报（办刊物也大致相同）的几个特点。

一 冀中报刊发展变化的概况

抗日战争时期，冀中只公开发行的报刊就有 200 多种。但并不是同时出版的，而是随着抗战形势的发展变化，报刊的出版也有一个发展变化的过程。抗日战争刚一爆发，冀中地区国民党的旧政权垮台了，国民党军队逃跑了，共产党领导的抗日政权还未建立。而群众迫切需要知道战争究竟进行得怎样了，前途如何。这时，有一些地下党员和进步知识分子，就自发地创办油印小报，传播抗战消息，进行抗日救国的宣传动员工作。这些可以叫做民办报纸。1937 年底、1938 年初，各县先后组织起半政权、半群众组织，又是武装组织的抗日动员会，接着又先后组织起了工、农、青、妇、文等抗日群众团体和抗日政权。当时，党的组织和党员都还没有公开，对怎样办报也还没有来得及作出统一安排，各县就开始由动员会，后来由抗日县政府或群众团体办起报来。原来那些自己克服种种困难、因陋就简办起的民办报纸，自然就被代替了。等到党的组织健全了，各县的报纸即改为县委领导，有的县则是委托文建会（文化界抗战建国联合会的简称）具体管理。同时，有些群众团体，特别是文建会、青救会（青年抗日救国会的简称），仍然继续办了一些主要是指导本部门工作、各具特点的报刊，也办了一些文艺刊物。1938 年下半年到 1940 年之间，冀中区党委和各地委先后办起报纸，很多县报仍继续出版，三级党委同时办报。这也正是冀中的"黄金时代"。1941 年底、1942 年初，为了集中力量办好冀中区党委的报纸——《冀中导报》，各地委、县委的报纸先后停刊。但时间不长，到 1942 年 5 月，由于敌人的大"扫荡"，冀中地区的环境变得极端残酷，《冀中导报》停刊，各地委和部分县委又相继办起报纸。环境好转后，县报停办了。抗日战争胜利的前夕，1945 年 6 月，又停办各地委的报纸，恢复《冀中导报》。关于军队的报纸，开始是吕正操领导的冀中人民自卫军和孟庆山领导的河北游击军办的报纸，其他地方武装也有办报的。后来成立了冀中军区和各军分区，则统一由军区和军分区办报了。抗日群众团体的报刊，多数创办于 1939 年前后，到 1942 年因环境残酷而停刊，少数仍坚持出版。

抗战初期，各报多在县城出版。有的有过去的铅印或石印设备可以利用。到了 1938 年底前后，县城都被敌人侵占了，抗日的机关、团体都搬到了农村，而且不断转移，报纸也就跟着机关、团体或部队打游击。以后又在群众的掩护下，隐蔽在地洞里办报，并都由笨重的铅印、石印改为适于战争环境的油印。直到1944年底，1945年初，环境好转了，各报又先后恢复石印。抗日战争胜利前夕才恢复铅印。

报刊的名称，也是一个很有时代意义的问题。当时由于处在战争环境，各地区之间互通声息比较困难，因此报刊的名称重复的很多。从200多种报刊的名称中，可以明显地反映出抗日战争时期所出报刊的战斗性和群众性，反映出这个时代的特点。例如：《战斗报》有4种，《救亡报》、《前锋报》各有3种，《抗敌报》、《烽火报》、《烽焰报》、《先锋报》、《火线报》、《前哨报》、《前进报》各两种，其他还有《火焰报》、《前线报》、《挺进报》、《救国报》、《号角》、《战鼓》等等，真是一片杀敌救国声。再如：《大众报》有7种，《老百姓报》有3种，《群声报》有两种，其他还有《人民报》、《群众报》、《民声报》、《庄稼报》等等，都说明这是人民群众的报纸。还有，在环境最残酷的阶段，在地洞里办报的年月，有6种报刊都名为《黎明》。这是为什么呢？七地委《黎明》报发刊词的标题表达得很明确：《天将黎明，曙光不远，咬紧牙关，渡过困难》，这就是冀中的党组织和广大干部群众的战斗决心和胜利信心。所有这些反映报刊的战斗性、群众性和表示胜利信心的报刊名称，正确地反映了当时报刊的性质、任务和内容，是名副其实的。这些报刊都无愧于它们的响亮的名字，无愧于那个不平凡的时代。

二　在残酷的战争环境里办报

冀中抗日根据地，西边是平汉路，东边是津浦路，北边是北宁路，南边则跨着石德路。我们这块根据地，就处在敌人严密控制的这四条铁路的包围之中，面积约 6 万平方公里，人口约 800 万，有近 50 个县（为了便于开展对敌斗争，行政区划曾多次变动，有的一个县分为两个县，有的两个县或三个县的各一部分村庄合并成为一个县，因此县的数目也有多次变化），8000 多个村庄。抗战初期，多数报纸是在各个县城里出版。1938 年底前后，县城先后被敌人侵占，较大集镇和交通要冲也陆续安上了敌人的据点。直到 1942 年 5 月以前，还算环境比较好的时期，全区已有敌人据点 200 多个。距离敌人据点较远的地方，也不过二三十华里。在敌人控制的各个县城和据点之间，修了公路，敌伪军不断来往。这样，冀中平原，就被敌人的这些点线分割成很多小块。区党委和各地委、县委分别在这些小块里办报，其困难可想而知。例如《冀中导报》，本来是公开发行的报纸，同广大干部群众保持着密切的联系，但它的住地一度是保密的，不管转移到哪里，对外都称"冀中宣传队"，以防敌人对报社这个要害部门进行突然袭击。当时各报的工作人员中，极少数同志有一支手枪或两颗手榴弹，绝大部分手无寸铁。因此，开始是跟着部队，"游击办报"，后来就是依靠群众，隐蔽工作，并尽量轻装，随时转移。每个人的全部家当，不过一个小小的书包或粗布包裹，肩上一背或腋下一夹就走。刻写员用的钢板，卸下木框不要，转移时只把钢板条装在书包里就轻便多了。有的油印报纸却没有油印机，或者为了轻便而不用油印机，只用一个油墨辊子和蜡纸，借用房东的大镜子或小学生的石板当调墨板，用一把量衣服的尺子卷住蜡纸的一头，即可印报。在用石印的地方，则在离大路较远的野地里挖个地窖，把石印机藏在地窖里工作。遇到敌人"扫荡"，印刷工人出来，把窖口一堵，伪装好，人就转移了。敌人走后，我们的工人立即回来，打开窖口继续印报。敌人

"扫荡"频繁,我们的反"扫荡"是家常便饭。而且,由于敌人的据点星罗棋布,我们不管转移到哪里,敌人的突然袭击都可能随时到来。遇有敌情,我们的报纸工作人员迅速将文具纸张等藏在事先早已准备好的地方,背起锄头,或牵起房东的牲口,女同志就抱起房东的孩子,混在群众里边就出村了,和敌人兜圈子。敌人一走,我们回来继续工作。记者进行军事采访,还常常和战士一起参战,既是新闻记者,又是战斗员,而且往往是先作战斗员,后作新闻记者。《冀中导报》记者肖竹,和八地委宣传部干事刘笑一,在敌人大"扫荡"时隐蔽在饶阳县南韩合村,遇到附近据点的几个日本鬼子来了,他们躲在房东屋门里边的两侧,准备采用"挑帘战术"。等到第一个鬼子刚一进门,他们开枪将其击毙,其余的敌人吓得丧魂落魄而逃。肖、刘二人扛起缴获的一支"三八大盖"就走了。

1942年,敌人对我冀中根据地进行了极端残酷的"五一大扫荡",接着就密布据点、炮楼,增修公路,挖封锁沟。据统计,敌人在冀中地区共建立了据点和碉堡1753座,修公路15166里,挖封锁沟8373里。沟路如网,碉堡如林,把冀中平原分割成2670个小块,中间的空隙平均5里左右,最大的空隙也没有超过15里的。七分区平均每两个半村有一个敌人的炮楼。在这些小块中间,还有公路穿过。敌人约有700辆汽车经常巡逻在网状公路上。原来我们活动的区域,全部被敌人控制了。我们的干部处于"迈步登公路,抬头见炮楼"的境地。冀中领导机关和主力部队转移到冀西的山区,留下的地方游击队化整为零,与地方干部都转入地下,依靠群众中的堡垒户,秘密活动。我们的一些报纸,就是在这样残酷的环境里,在地洞里坚持出版的。甚至在有敌人炮楼的村庄,也有掩护报纸工作人员的堡垒户,我们就在敌人眼皮底下办报。这些小报的作用,不可低估。在那暗无天日的年月里，干部群众看见一张小报，就像在黑夜看见一盏明灯，看见了领导，看见了希望，看见了胜利的曙光。他们把小报当宝贝，自己看了，藏起来，再传给别人，一张小报不知道要传多少人，直到"看烂"。

到了 1945 年上半年，环境好转，由各地委、县委分散办报改为由区党委集中办报，这时主要有《冀中导报》和冀中军区的《前线报》。在新的形势下，报纸又经历了新的考验。先是对日本侵略者的反攻，接着是对付国民党反动派对解放区的进犯，因而《冀中导报》又进行了几次远距离转移。当时没有汽车，人要步行，东西靠大车拉。由饶阳到献县，又经任邱到霸县，再回到任邱，然后又转移河间、肃宁、献县、武强、饶阳。在这几次长途转移当中，报纸一直坚持正常出版。这是付出了艰苦的劳动，进行了紧张而周密的组织工作的。

三　土生土长的、年轻的、精干的新闻工作队伍

当时的报纸工作人员，大多 20 岁左右。《冀中导报》的第一任总编辑朱子强只有 19 岁。上了 30 岁的人，就是老大哥、老大姐了。论文化程度，大都是中小学生。一部分原来是小学教员。上过大学的，屈指可数。学过新闻出版专业的，更是凤毛麟角了。就像当时的新战士刚刚参军就要打仗一样，这些新闻战士也是在办报当中学习办报的，开始连版面怎样编排也不懂，又无处去请教，只有自己摸索。没有经验，在当时不成为一个问题，也没有这样提问题的，因为大家都没有经验。

这些年轻的新闻战士，不怕苦，不怕难，不怕死，敢闯、敢干、敢拼。晚上行军，白天工作，又是晚上行军，白天工作，这样夜以继日地"连轴转"，没有节假日，没有星期天，但没人叫

苦。睡觉不脱衣服，有时甚至连鞋也不脱，一有动静就赶紧起来，或爬到房上去听去看，随时做好一切对付敌人的准备。群众开玩笑说我们的同志是闭着眼睛、张着耳朵睡觉的。实在太困了，行军的时候边走边睡，碰到前面停下来的同志时才醒来，走起来又接着睡，这也是逼出来的本领。当时的伙食，规定每人每天一斤到一斤半小米，五分钱的菜金。遇到灾荒，还吃不到这个标准，只能和群众一起吃糠咽菜。吃完了，有时交粮票（不同于现在的粮票），有时只是开个条子交给房东，房东就可到村公所领粮食或顶交公粮。那些可敬可亲的房东、堡垒户，虽然千方百计地想让同志们吃好一些，但当他们的缸里没有粮食时，也难为无米之炊，只能有苦同尝了。吃糠窝窝或棉籽饼，也是很香的，只是会吃得拉不出大便。但这丝毫没有影响报纸出版。工作之余，大家说说笑笑，亲密无间。抗日歌曲人人会唱，还唱冀中导报社社长范瑾作词的一支歌："平原的文化兵，勇敢年轻又强壮，拿起铁笔钢板当刀枪……"在导报社，这支歌就是由范瑾同志教唱的。每人每月 6 斤小米的零用费（有的地方略多一点），只够买毛巾、肥皂等生活必需品的。有的地方根本不发零用费，连头上籀的那块布，也是同志们从自己家里拿出来的。吸烟的同志有时没钱买大叶烟，从地里找点芝麻叶当烟吸，同样提神。报务员，不管酷暑严寒，不管蚊虫叮咬，照样聚精会神地抄收电报。刻写员，在小小的油灯下精心地吃力地刻着蜡板，有的慢慢就成为高度近视了，但从无怨言。有一位刻写员还曾风趣地说："毛主席说过，打败日本鬼子以后，给我们刻写员记一等功！"冬天没有煤火，也没有炭火，工作时只能坐在老乡家的炕上用被子盖上脚，手冻僵了就用嘴里的热气哈一哈。反"扫荡"的时候，或平时遇到敌人来了，这些文化兵手中只有一支笔，无法同敌人对抗，只有藏起来，或者跑掉，因此常常一天吃不上饭。1941年秋，敌人对冀中平原进行大"扫荡"，并有敌机轮番轰炸，冀中导报社的部分工作人员曾有两天进不了村，饿了就在地里摘几个茄子吃。在我们的同志中，有的曾被敌人抓住，又机警地设法逃脱。特别应当提到的是，有不少年轻的新闻战士牺牲在敌人的屠刀之下，有的积劳成疾以致早逝。下面介绍各报刊的情况时，将分别提到他们的名字和一些英雄事迹（一时查不到名字的，只好以后再补了）。他们是应该载入革命史册，值得我们永远纪念的。另外，个别经不起考验的民族败类也是有的。

生活在群众之中的新闻战士不仅办报，还直接做群众工作，并要参加生产劳动。除了参加党委统一部署的中心工作外，在环境条件允许时，随时都可参加当地的干部或群众会议，做宣传。冀中导报社在驻地与群众联欢时，演出话剧、歌剧，有的剧本还是报社工作人员自己写的。当时导报社规定，每星期六下午（那时都不过星期日）为帮助贫下中农劳动的时间。争秋夺麦的大忙季节，各报社的工作人员都要抽出时间帮助群众抢收抢种。当时普遍开展机关生产，报社也不例外。如八地委胜利报社的人员，在业余时间就用铁丝编笊篱。

冀中的新闻战士大都来自当地农村的群众之中，又工作和生活在群众之中，因此几乎不发生怎样接近群众、联系群众的问题。记者采访，坐在老乡的炕头上就拉起家常。编辑在房东家里吃饭的时候就可以了解很多情况。在报社驻地，经常有群众来打听抗日的消息，儿子或丈夫参了军的就问他所在部队打了胜仗没有；有的来问二五减租怎样算法；有的姑娘在婚姻问题上遇到不愉快，也来找报社出主意。报社工作人员则常借这些机会对群众进行宣传工作。总之，群众在想什么，不必专去调查也可随时知道。报纸的脉搏是和群众的脉搏一起跳动的。这样办出的报纸，自然会代表群众，反映群众的呼声和要求，又能有的放矢地对群众进行宣传教育，把话说到群众心里去。

这支新闻队伍是十分精干的。有不少的县报只有一个编辑人员，加上几个必不可少的刻写、印刷人员，三五人就组成一个报社，一个人干几个人的事。甚至，在抗战初期，有一些小报就只有一人，自编、自刻、自印，这在本文下面的具体介绍中即可看到。冀中最大的报纸，区党委机关报《冀中导报》，1940 年时设有编辑、印刷、发行三部，另加电讯人员，总共三四十人。这个报纸中途一度停刊，1945 年 6 月复刊时，编辑只有 6 人，还兼做通联、采访、机关行政和党支部的工作。

这些年轻的新闻工作者，在战斗中成长起来，在实践中成熟起来，逐渐成为新闻工作的内行、专家，后来不少人转业成为党政工作的骨干。新中国成立以后，有些新闻单位的负责人，也有些党政机关的负责人，就是当年冀中平原的青年报人。

四　全党办报，群众办报

抗日战争时期的冀中平原，既没有广播电台，县级以下也没有电话、电报。上传下达，最快的要算报纸了。世界大事，国家大事，党中央的声音，抗日战争进行的情况，广大干部群众主要是通过报纸知道的。报纸发到各级各部门，发到各村，再经过读报组、黑板报、高房广播，就到了群众当中。地方党政机关的指示、决定、工作部署等，需要传达到广大干部群众中去的，常常登在报纸上，并注明"不另行文"，这是最及时、最有效的办法。各地对敌斗争的情况和其他各项工作的经验，以及群众的情绪、意见、要求等等，通过报纸可以迅速地反映上来。如果没有报纸，上下左右难以互通声息，大家就都闭塞起来。石坚同志回忆，在他还没有参加报纸工作的时候，"每天最愉快的精神享受，莫过于看《冀中导报》了。""每天早晨两小时的学习，主要是读报。房东老大娘也旁听。""夜晚，村小学的教室里，聚集了上百人。在一盏小小油灯下，人们聚精会神地听我们读报，每念完一段，就是一阵热烈的讨论。""如果用'如饥似渴'形容读报，是一点也不夸张的。""人们进行政治学习，离不开它；了解世界大事，离不开它；指导工作，离不开它；进行生产、文化、教育等各项工作，离不开它……"当时在中共束鹿县委宣传部工作的韩涛同志回忆，在敌人"五一大扫荡"以后的残酷环境里，下雨天，他们在地里用高粱秆支起被单，搭棚遮雨，读《黎明》报。大家听了苏联红军进行斯大林格勒保卫战的胜利消息，都非常兴奋，感到我们已经胜利在望了。正是由于上述原因，党政领导机关和广大干部群众都十分重视报纸，这是全党办报、群众办报的客观基础。

时局瞬息万变，斗争形势十分复杂。如果没有党及时从政治、政策、策略等方面加强领导，报纸是办不好的。如果没有全党和广大干部群众支持以至直接参加，报纸是根本办不成的。这是报纸工作者要求实行全党办报、群众办报的主观方面的原因。

各级党委不仅重视对报纸工作的领导，而且直接参加办报。抗战初期的冀中军区司令员吕正操，后来的区党委书记林铁，都亲自动手给报刊写新闻报道，写文章。冀中行署副主任刘建章，亲自任机关通讯组组长。冀中行署水利局局长郝执斋、副局长丁适存，教育厅长丁廷馨等，经常为报纸写稿。八专署专员李悦农，安平县委书记张根生，河间县委书记崔涛，饶阳县委书记李太、县长王永来，任邱县长马化民，文安县长李特，安国县长李泽光等，都是报纸的骨干通讯员，有的还被评为模范通讯员。有一些通讯员被报纸聘为特约记者。新城县委书记朱德生，曾为十地委的《黎明报》写过题为《连续伏击斗敌顽》的通讯；该县县委宣传部长李化亭写过一篇《一个翻身求解放的女子》。各县开始设有通讯社，作为冀中通讯社的下属机构，同时受县委领导。后来各地委、县委宣传部普遍设有通讯干事，地委宣传部又设通讯科，最后改为新华支社，业务上受冀中新华分社领导。以这些专职的通讯报道机构和人员为骨干，业余的通讯组、通讯员遍布冀中，成为一个通讯网。如安平县以县委宣传部长许驰远为组长的通讯组，就叫驰远通讯组，经常以此名义向报纸供稿。七专署教育科科长王锦川，也组织了通讯组。有些村庄和学校还建立了通讯组。报纸编辑部分管通联工作的同志，一面通过报纸和通讯刊物对通讯员进行业务指导，一面通过与通讯员频繁的信件来往，相互之间就成为不见面的朋友了。有的通讯员偶尔有机会到报社去，大家一见如故，宛似知交。有的通讯员，慢慢就成为作家了，至今不忘当年曾经得到报纸编辑部的帮助。《冀中导报》的模范通讯员，现在已成为作家的李克明，前两年还写文章回忆说，在他上小学五年级的时候，语文教材，主要是从当时仅能看到的《冀中导报》上发表的文章中编选的。"每当《冀中导报》一来，老师同学们就像是苦旱中得到甘露，涌上去争先阅读。"他和他那一代同学，"就是这样从《冀中导报》上受到启蒙的革命教育，学习了文化知识，并开始接触了文学的"。后来他当了小学教员，工作之余继续写作，"编辑部的退稿信，就是我惟一的写作学习材料"。由于他常给《冀中导报》和《黎明》报投稿，编辑部对他很热情，因此他说："我和编辑同志的关系更密切了。我向他们报告自己的生活和欢乐，也向他们申述遇到的困难和苦恼。"各地委、县委的通讯干事，与通讯员的联系就更及时了。如中共博野县委宣传部，要求各机关、团体都建立通讯组，每次部署中心工作，都要同时布置通讯工作，有时还专开通讯工作会议，提出报道要求。

提到作家,有必要特别补记一笔:约在1942年初,撤销了各级文建会这个组织,从此以后直到解放战争时期,冀中没有文联、作协一类组织,专业作家大都住在冀中导报报社,或与报社保持着密切的联系。如作家杨朔、王林、孙犁、方纪、梁斌、杨沫、秦兆阳、萧殷、远千里、孔厥、袁静、柳溪、李湘洲,木刻家古元,画家李黑等,都曾住在报社(个别曾在地委报社),给了报纸很大帮助,他们的工作和作品使报纸大为增色,并经过他们团结培育了一大批爱好文艺的青年。其中,孙犁、萧殷、方纪、远千里、李湘洲等,还曾先后主编《冀中导报》的文艺副刊。

总之,办报的专业班子虽然很小,而在报纸周围却有一支浩浩荡荡的全党办报、群众办报的大军,这是一支不可估量的力量。

五 自己动手,战胜敌人封锁下的物资困难

尽管是在被敌人严密封锁和分割的游击根据地办报,电讯和印刷器材,我们还是有办法从敌占城市里运出来。不过,这毕竟是没有把握保证及时供应的。最可靠的办法还是自己动手。仅举几例:

深泽县的《小号角》报社,有一台老式的四管收音机,经常发生缺电池的困难。报社精通无线电技术的王化南,自己动手,改装成了四台单管收音机,既省电,又小巧,行军时把电子管拔下来装在衣服口袋里,把小收音机装在另一个口袋里,非常方便。别小看这小小的单管收音机,它还能收到苏联伯力、美国旧金山和国民党重庆电台的广播呢!不过,这样还是要用电池,王化南就又装了一台矿石收音机,没有电池也能在夜深人静时抄收新闻,而且仍能收到苏联伯力电台的广播。还有本县新闻,由

于只靠交通员步行传送，比国际、国内新闻还慢。为了解决这个问题，王化南把自己多年来钻研无线电技术收集的零件，从家中全部拿来，经过反复摸索试验，又装了一台超短波步话机。由于是把机件放在一个大簸箕里反复拆装试验的，大家就叫它"大簸箕广播电台"。他们委托一位无线电爱好者——当时的县政府财政科长宋庶绩，每晚定时将当天了解到的本县新闻通过"大簸箕广播电台"传给报社，第二天早晨就在报上刊登出来。王化南由于工作劳累，再加上当时生活艰苦，经常胃疼。他每天晚上抄收新闻时，总要用一根木棍顶着胃部。但他从来没说过自己有病，也没有停止过一天工作。他家住在紧靠敌占县城的一个村子，由于生活无着，他爱人带着女儿出来串村讨饭。一次，母女二人偶然走到号角报社驻地西北马村，王化南看见了，领到报社，同志们给了这母女俩几个饼子吃。而王化南却从来没说过自己家里有什么困难。从解决收音机问题，说到王化南的工作、生活和感人事迹，似乎扯得远了一些，但这是值得的。这就是那个时代的革命者的精神面貌，是时代精神的代表。除此之外，深泽县还自建了造纸厂和油墨生产组，自力更生解决了印刷报刊所需要的纸张和油墨问题。

七地委的《黎明》报创刊时，收音员李正从自己家里找来了一些无线电零件，又请军分区等单位支援了一些，他就自己拼凑了一台收报机，用来抄收延安新华社播发的电讯稿。深北县也办过《黎明》小报，是由杨浩然将一台收音机改装成了收报机。

《冀中导报》需要纸张较多，在清苑、定县等地自建了手工造纸厂，用麦秸作原料造纸。这种土纸，同样可以两面印刷。高阳县延福村小学教师孟雷，指导一些年岁较大的学生进行手工造纸试验，获得成功。在政府的支持下，他们建立了"播新造纸厂"，除了保证本县机关、学校用纸外，还大量支援了《冀中导报》的用纸。深南县也曾设土纸厂，供应六地委的《团结报》用纸。《团结报》的刻写员魏辛斋、高敬，自己动手将钢丝砸成各种形状的扁笔，用来刻写不同字体和规格的标题。该报印刷员郭建章、刘振海，用一张蜡纸可印报 1500 多份。七地委的《新民主报》，一张蜡纸能印到 3000 多份。这样，既可大大节约，又提高了效率。有时，报纸还没有印完，蜡纸就破了，博野县《烽焰报》的同志们在实践中摸索出粘补蜡纸的办法，裂开的蜡纸经过粘补还可继续印。

当时那些刻写员同志，技艺精湛，他们在蜡纸上刻出的宋体字，比铅字毫无逊色。尽管是土纸印刷，其精美几乎不亚于今天的铅印报纸。刻蜡版的铁笔有时供应不上了，就用留声机上的唱针代替，同样可以刻印出精美的报纸。

中国人的智慧和创造力是无穷的。敌人的分割封锁给我们造成的物资上的各种困难，都未能阻挡我们的报纸在战争当中坚持出版。

六　无畏的交通员与群众组成的秘密通信网

处在敌人后方的冀中抗日根据地，没有邮局，没有任何现代化交通工具，大部分地方连自行车也不能骑。那么，通讯员的稿件怎样送到报社？印出报纸怎样发行？一是靠党的武装交通队（有的报社有交通员），靠那些英勇无畏的交通员；一是靠群众中的秘密通信网。交通员，身穿便衣，手枪藏在腰里，靠两条腿走路送信、送稿、送报。什么敌人的据点、炮楼，什么公路、封锁沟，都不能阻挡他们。特别是 1942 年"五一大扫荡"以后，那些武装交通员都要在晚上秘密活动，每晚都必须走几十里路，而且不是平坦的路，是要穿据点，过公路，跳封锁沟，遇到敌人还要设法对付。群众中的秘密通信网，则是一村接一村地传递信件、稿件和报刊，有些小学生也承担这个任务。敌人用碉堡、沟路织成一个罪恶的网封锁我们，我们有一个革命的通信网进行反封锁。我们的报纸不仅可以很快送到各级干部手中和各个村庄，而且一直送到敌人的据点里。要讲冀中抗日根据地的报刊史，是不应当忘记那些无畏的交通员、英雄的人民群众和勇敢的小学生们的功绩的。

下面逐一介绍当时出版的各种报纸和刊物的简况。

甲、冀中区一级

（一）《导报》——《冀中导报》

1938 年 9 月 10 日，冀中区党委机关报《导报》，在任邱县陈王庄创刊。日报，铅印，4 开 4 版。社长彭椠，总编辑朱子强，副总编辑曹海锋（不久即逝世）。该报除了有社论、地方新闻、国际国内新闻和时事评论外，办有青年、妇女、民兵、文艺、群众来信等多种副刊。编辑部有英译编辑，发表从英文报刊翻译的文章、资料等。有重要战报、重大胜利消息，则随时印发"号外"、"捷报"。

1939 年初，由于铅印设备笨重，在敌后游击战争环境里转移一次要动员群众很多辆大车，十分不便，于是将铅印机坚壁起来，改为油印，4 开 4 版，3 日刊。春季，由于敌人频繁"扫荡"，《导报》暂时停刊。夏秋季，在敌人"扫荡"的空隙，临时出版了一段油印小报，并准备正式复刊。

1939 年冬，《导报》复刊，改称《冀中导报》，仍为油印，4 开 4 版，3 日刊。社长范瑾，副社长兼总编辑朱子强。报社跟随领导机关频繁移动，使报纸的编印和发行都遇到很多困难，于是就离开领导机关和部队，单独在群众掩护下进行工作。

1940 年夏季，由油印改为石印，4 开 4 版，3 日刊。有时是 4 开 6 版，5 日刊。改为石印后，导报社除了自己印一部分外，还把写好的几份药纸分别送到各地委报社印刷，以增加印数，并便于就地发行。油印时，报社还曾印过毛泽东的《论持久战》、《新民主主义论》等。改为石印后，又印过刘少奇的《论共产党员的修养》，张树欣同志至今还藏有一本。1941 年还印过冀中军区司令部编的《防空常识》。

1941 年开展的《冀中一日》（5 月 27 日）群众写作运动，冀中导报社和军区的前线报社都参加了征集、选编工作。

从 1942 年 5 月 1 日开始，敌人对冀中地区进行了极端残酷的大"扫荡"，后来称之为"五一大扫荡"。冀中导报社全体人员编为八九个小组分组活动。社长范瑾带领一个随军编辑小组共 6 人，跟随冀中党政军领导机关活动。他们在日夜行军转移当中，随时进行采访，办了一段随军《前线报》，油印，4 开两版。总编辑朱子强带领的一个小组，编辑、报务员、誊写员等共十几个人，在肃宁县军庄、朱庄、邵庄一带，利用敌人"扫荡"的空隙，油印出版了几期《冀中导报》（8 开两版）和《情报》（新华社电讯稿）。编辑科长黄应带领的一个小组，编辑和誊写员共 4 人，在冀中水乡文安洼边上的大柳河村，出版了 7 期油印的《冀中导报》临时刊。他们采用的新华社电讯稿，是从附近驻军的电台取得的。

经过敌人这次大"扫荡"，冀中的形势发生了很大变化，各项工作包括报纸工作只能分散隐蔽进行了。因此，区党委决定《冀中导报》第二次停刊，报社工作人员一部分转移到冀西山区，保存力量，大部分留在冀中各地区，由各地委分别办报。

"五一大扫荡"以前的《冀中导报》，我存有半张，还缺一个角。是当时的剪报资料。这半张报纸为石印，是 1941 年 3 月

30 日（星期日）出版的。第 3 版为冀中新闻版，主要是坚持春季反"扫荡"的报道，如藁无、深北、献县、晋深极等县的群众，与敌展开交通战，打击敌人修汽车路、筑炮楼等准备进行"扫荡"的活动；饶阳县几个村的游击组、安国县回民抗日先锋队，勇敢伏击敌人，获得胜利；深北县发动 500 名农民，带着 400 多头牲口，给敌占区附近村庄的群众去耕地（张树欣同志所存当时冀中导报社出版的一期《通讯与学习》，引用了这一条新闻，但不是"深北"县，而是"深南"县。张为深县人，他认为此处应为"深南"县）；晋县积极准备反"扫荡"等。此外还有一篇教育通讯，介绍饶阳县的小学教育。第 4 版是转载延安《解放日报》的文章：《论抗日根据地的各项政策》。文前加了本报编者的按语，说明所以要转载这篇文章，是因为它所论述的这些政策，对于巩固敌后抗日根据地是极为重要的。定州市档案馆藏有 1942 年 2 月 28 日出版的一张《冀中导报》，为第 401 期，石印，4 开 4 版，3 日刊，定价每期 7 分，每月 7 角。第 1 版是一篇社论《人人要参加春耕运动》及要闻，第 2 版是国际新闻，第 3 版是冀中新闻，第 4 版是几篇较长的文章。黄应同志藏有 1942 年 3 月 12 日出版的一张《冀中导报》，为第 405 期，石印，4 开 4 版。第 1 版刊有社论：《起来，紧急准备反"扫荡"!》1、2、3 版分别为国内新闻、国际新闻、冀中新闻，大部分是军事报道。第 4 版除有对敌斗争的文章和通讯外，还有《农业生产课本》。这张报纸的报头两侧（通称报眼）为冀中通讯社 3 月 11 日的改组启事，内称："冀中通讯社现在改组为新华社冀中分社"。实际上仍和冀中导报社通讯联络科是一个机构。

　　1945 年春，冀中的形势大大好转，区党委决定停办各地委报纸，恢复《冀中导报》。6 月 15 日，《冀中导报》在饶阳县长流庄再次复刊，用上毛泽东同志写的报头。这个报头，是早在

"五一大扫荡"以前，毛泽东同志应冀中区党委宣传部长周小舟同志的请求写好的，直到这次复刊才开始用上。毛泽东同志当年写了报头时，曾致周小舟同志一信，毛笔竖写："小舟兄：遵嘱写了，未知能用否。毛泽东"。就在同一张信笺上，横写了3组"冀中导报"。这次找出来，选了其中一组，由李润身（林浦）同志打上细密的方格，根据报头要求的大小，按比例缩写在石印药纸上。现在林浦同志还保存着当时的药纸底样，十年动乱中抄家曾被抄走，后来又还给他了。

冀中导报社社长由区党委书记林铁兼任，副社长王亢之（后任社长），以后又调来总编辑魏泽南。报纸为石印，4开4版，3日刊。6月15日复刊的第一期上，刊登了《冀中区党委关于冀中导报复刊的决定》和林铁在县以上党员干部会上的报告《冀中目前形势与任务》。不久，献县解放，献县张庄天主教堂的一套铅印设备转给冀中导报社使用，报纸即从同年8月13日开始改为铅印日报，4开两版。这一天的报纸上发表了延安总部给所属部队的5道命令，主要内容是：进军敌区，接受敌伪军投降；遇有拒绝缴械者，即坚决予以消灭。11月1日，改为4开4版。这次复刊以后的《冀中导报》，我原存有全份，已交河北日报社收藏。冀中导报社还曾印过毛泽东的《目前形势和我们的任务》，以及题为《建国之路》的小册子（内有延安《解放日报》社论及蒋介石的元旦广播等），林浦同志至今还藏有一本。

1947年冬，王亢之调《晋察冀日报》（在此以前，魏泽南已他调），朱子强继任冀中导报社社长，董东任副社长兼总编辑。

1948年6月，针对冀中边缘地区（主要是平津保三角地带）的特殊情况，又增出《冀中导报·边缘区版》，4开两版，3日刊。由总编辑董东兼管，并设边缘区版编辑科，科长孙涛。从1948年6月1日至10月18日，共出版了50期，由于形势的变化而停刊。

"五一大扫荡"以前的冀中区党委书记黄敬，宣传部长周小舟等，都非常重视报纸工作。朱子强说，他们曾为"冀中抗日根据地的新闻出版工作而呕心沥血"。"五一大扫荡"以后的冀中区党委书记林铁，行署主任罗玉川等，同样非常重视报纸工作，并进行具体指导。

《冀中导报》通讯联络科科长、冀中通讯社副社长、《平原文艺》主编沈蔚，在1942年敌人"五一大扫荡"中，在安国县西张庄遇敌人合围，突围时牺牲，时年25岁。副刊编辑马驰野和沈蔚同时牺牲。报务主任王文禄，在"五一大扫荡"中带领电讯队部分同志在地洞里坚持工作，被敌人发现，他们经过英勇斗争，最后把子弹打完了，全部牺牲。刻写员张宝恕，于1941年病逝。编辑郑太一，长期在残酷的战争环境中带病工作，勤恳不懈，终因劳累过度，于1947年病逝，时年40岁。

1948年冬，毛泽东同志预见到解放战争即将胜利，原来被敌人分割为几块的河北省即将恢复，因此为《冀中导报》重新题写了《河北日报》的报头，经过中共中央华北局宣传部长周扬同志转来。1949年1月1日，《冀中导报》即改为《河北日报》，仍为冀中区党委的机关报。《冀中导报》出版到1948年12月31日，是第1598期，现在发现其中有两期报纸是同一个期号，因此，《冀中导报》至少是出了1599期。1949年8月1日，河北省建立，冀中的《河北日报》与《冀南日报》、《冀东日报》合并，在保定出版中共河北省委的机关报《河北日报》。

（二）《自卫报》——《抗敌报》——《前线上》——《前线报》

1937年冬季，冀中人民自卫军在高阳县城创办《自卫报》，铅印，不定期刊。1938年初，移到安平县城内，改为油印，8开4版，不定期，负责人是武锐。同年3月，又移到安平县侯疃村，改为铅印，8 开 4 版。领导这个报纸的是自卫军政治部宣传部总编辑路一。报社具体负责人是笑彭（彭榘），当时作编辑工作的只他一个人。

1938 年 5 月，冀中人民自卫军与河北游击军合编为八路军三纵队，同时成立冀中军区。《自卫报》停刊。三纵队在安平县侯疃村创办《抗敌报》，铅印，8 开 4 版。社长笑彭。后来移到任邱县陈王庄出版。诗人远千里曾任该报记者。约 3 个月后停刊。

1938 年 9 月，冀中军区在驻地任邱县青塔镇创办报纸《前线上》。1939 年改为《前线报》，5 日刊，石印，4 开 4 版。它的编辑部即冀中军区政治部宣传部编辑科，科长魏泽南为总编辑。编辑四五人。在战争环境中，行军转移频繁，笨重的石印机要动员群众的大车拉已很困难，即由石印改为油印，每周出两期，每期两版，有时 4 版。1942 年，敌人对冀中进行"五一大扫荡"时，《前线报》暂时停刊。1944 年秋，《前线报》复刊，石印，3 日刊，4 开 4 版。社长路扬，副社长兼总编辑张烽，副总编辑平陵。全报社约 30 多人。路扬、张烽调走后，曹曲水任社长，秦兆阳任副社长。1945 年冬，由石印改为铅印。1949 年夏，全国即将解放，《前线报》完成其历史任务，即终刊。

（三）《国防报》——《火星报》

1937 年 8 月，党中央派原红军团长孟庆山到冀中，创建了河北游击军。同年 12 月，河北游击军政治部在肃宁县创办了《国防报》，铅印，8 开。编辑只一人，先是刘志，后是刘世远。3 个月后停刊。1938 年 3、4 月间，又改办《火星报》，仍为铅印，4 开 4 版，3 日刊。编辑有刘世远、李静、徐英等人，都是20 岁左右的青年。在出版报纸的同时，还翻印了几本马列主义书籍和毛主席著作，如《共产党宣言》、《论持久战》等。还有一台石印机，用来印宣传品和通知等。吕正操领导的人民自卫军和孟庆山领导的河北游击军合编为八路军三纵队后，《火星报》即停刊。

（四）《前锋》报

1939 年 1 月至 8 月，日寇对冀中地区进行第一次大"扫荡"期间，按照区党委的指示，冀中新闻出版界抽出部分人员，组成文化宣传队，分为北路、南路两队，配合政府和群众团体，进行抗日、反"扫荡"的宣传。北路宣传队由路一任队长，成员有笑彭、张青季、齐永水、杨循等十余人。他们携带油印机、收音机、纸张、油墨等，编印传单、标语、街头诗等宣传品，并出版油印小报《前锋》。小报为四开，由笑彭编辑，李省三收音，张健刻写印刷。除选登国民党中央电台、苏联伯力电台播发的新闻外，还刊登地方新闻和队员们写的文章。小报共出版了 30 期左右。南路宣传队队长为朱子强，前面提到临时出版的油印《导报》，就是他们编印的。

（五）《主力报》

1939 年青纱帐期间，冀中三纵队进行整军，整训兵团出版《主力报》，配合整军工作。当时在整军中提出了"为创造主力兵团而斗争"的口号，因此把报纸命名为《主力报》。

（六）《战斗报》

1939 年 1 月，贺龙、关向应率领 120 师一部来到冀中期间，曾出版《战斗报》。

（七）《挺进报》，是冀中北上挺进支队办的报纸，1939 年春创刊，油印。由支队政治部宣传科长郭光主编，有时就他一人自编自刻。同年 11 月停刊。

（八）《红星》杂志——《火线》杂志

1938 年初，冀中人民自卫军政治部在安平县城内筹办《红星》杂志，后移至安平县侯疃村出版，铅印，16 开本，为综合性半月刊。主编路一。创刊号于同年 3 月 20 日出版，共出了三期。该杂志曾发表冀中人民自卫军司令员吕正操和作家孙犁、王林、路一等人的文章、短篇小说和诗。创刊号上发表的孙犁的长篇论文《现实主义文学论》，介绍了马克思、恩格斯的现实主义文学理论，论述了改造世界观、深入生活同文学创作的关系等问题，第一次在冀中抗日根据地提出了"现实主义"的口号。王林的文章，是有关戏剧理论研究的。《红星》杂志第二期，发表了孙犁的另一篇论文《战斗文艺的形式论》。同年 5 月，冀中军区成立，在任邱县陈王庄出版《火线》杂志，为铅印半月刊，但因战争环境，常不能按期出版。主编先是路一，后是魏泽南。

（九）《文化时代》月刊，是冀中抗战学社出版的综合性刊物。

（十）《青年战旗》，是冀中青年抗日救国会（简称冀中青救会）办的刊物，创刊于 1939 年下半年，油印，32 开本，不定期。主编张绍锋。1942 年敌人开始进行"五一大扫荡"后，又出了两三期，1943 年停刊。

（十一）《农民报》，是冀中导报社专为农民办的通俗小报，1939 年底出版，后停刊。1948 年初，冀中导报社又出版《冀中群众报》，编辑陈述（刘咨周）、王思奇，并聘请一位老贫农来任专职顾问。同年 8 月停刊。

（十二）《冀中工人》，是 40 年代初，冀中总工会办的油印小报，有时套红。主要刊载给各级工会的指示，报道工人活动的情况及斗争经验，动员工人参战参政，维护工人利益。

（十三）《冀中农民》。1938 年，冀中农民抗日救国会（简称冀中农会）拟创办《冀中农民》月刊，由李梨编出了创刊号，因铅印问题当时没有得到解决而未能出版。约于 1941 年，《冀中农民》创刊，油印，32开本，不定期，由冀中农会宣传部负责编印，部长刘光路亲自抓，参加编印的有宣传部干事孟介夫等五六人。该刊内容，主要是反映和交流冀中各分区农运情况和经验，指导全区农运工作。发行对象，主要为分区、县级农会，由统一的抗日交通网递送。到1942年5月，因敌人大"扫荡"而停刊。

（十四）《冀中妇女》，是冀中妇女抗日救国会（简称冀中妇救会）于1941年创办，由齐岩（冀中妇救会宣传部副部长）、白力行编辑。

（十五）《冀中回民》，是冀中区回民抗战建国联合会（简称冀中回建会）办的刊物，1940年秋创刊，油印，24开本，不定期。主要是进行抗日的宣传教育，介绍回民群众抗日活动中的先进事迹，交流工作经验等。总编辑由冀中回建会宣传部长马铁轮兼任。当时冀中回建会机关经常游动，《冀中回民》编辑部则离开机关，相对稳定地住在安平、定县、深泽县一带。1942年5月，因敌人进行大"扫荡"而停刊，共出了不到10期。

（十六）《情报》2种，都是刊登延安新华社电讯稿，同时选登国民党中央社电讯稿。一为前线报社编印，1939年夏创刊，油印，16开本，隔日刊，供冀中军区领导机关和各部门参考。编辑张衡、郭凌云。一为冀中导报社编印，1940年创刊，油印，16开本，隔日刊。除供领导机关参考外，并供各县报纸选用（因当时各县报纸还不能直接抄收延安新华社播发的电讯稿）。编辑先是徐敬怡，后是孙研之。

（十七）《冀中政报》，冀中行署于1940—1942年出版，油印，16开本。主要刊登政策法令、指示、通报等。编辑王宜民。

（十八）《行署生活》，是冀中行署秘书室办的小型报纸，

1940 年春创刊，油印，8 开 1 版，不定期。主要刊登冀中行署的工作、生活情况，发到各专署和各县的县政府。编辑宋德仁，自编、自刻、自印。1942 年 5 月停刊。

（十九）《工作通讯》，是冀中军区政治部办的刊物，1939 年夏创刊，32 开本，油印。主要内容是指导部队工作。编辑陈更生、郝荫墀。肃宁县档案馆藏有该刊第 5 期和第 7 期。

（二十）《连队文艺》、《文艺学习》，都是冀中军区政治部宣传部办的刊物，1940 年春创刊，油印，32 开本，不定期。负责人先是阎素，后是陈桥。前者刊登部队文艺作品，后者摘登中外文学名著。1942 年，《文艺学习》曾摘登爱伦堡的《巴黎的陷落》，聂维洛夫的《不走正路的安德伦》，惠特曼的《大路之歌》等。

（二十一）《前线画报》，前线报社主办，1939 年夏季创刊，4 开 4 版，不定期。环境较好时即石印，环境不好时即油印。每期内容由《前线报》编委会拟定，张超绘制。1942 年敌人进行"五一大扫荡"前夕，冀中区领导指示要宣传"军民誓约"，进行民族气节教育等，张超、常征即以此为内容，绘制了画报和其他宣传品。画报于 1942 年停刊。

（二十二）《冀中报人》，是中国青年记者学会冀中分会的机关刊物，1940 年 10 月创刊，油印，32 开本，定价 1 角 5 分。编委会由朱子强、沈蔚、黄应三人组成。康迈千同志藏有《冀中报人》创刊号，封面为红、黄、黑三色套印，刻印很精致。创刊号上发表了中国青年记者学会冀中分会成立宣言、半年工作纲领，及理事会第一次会议记录，还刊有路一的文章《我们要新作家》，范瑾的文章《谈整理冀中地方报纸的发行工作》等。

（二十三）《导报月刊》，1940 年创办，油印，是冀中导报社出版的综合性刊物，主要刊登报纸上容纳不了的较长文章。石家庄地区档案馆藏有第 2 卷第 1 期，为 1940 年 8 月出版，主要内容是民主选举运动。

（二十四）《平原文艺》，是冀中导报社出版的文艺刊物，油印，32 开本，月刊。主编沈蔚。

（二十五）《战斗生活》，是冀中导报社出版的青年读物，月刊，油印。

（二十六）《通讯与学习》——《通讯往来》、《通讯通报》

1940 年 10 月，冀中通讯社（当时与冀中导报编辑部是一套机构两块牌子）创办《通讯与学习》，为指导通讯员写作的刊物，油印，32 开本，不定期。主编沈蔚。张树欣同志所藏 1941 年 10 月出版的第 7 期上，刊有《新闻鼻》、《新闻记者应有的新闻眼和新闻脑》、《游击区采访体验》、《随军采访和落后地区采访》等文章，并有作家孙犁写的《用什么话写通讯》。《通讯与学习》于 1942 年 5 月停刊。1945 年 6 月《冀中导报》复刊后，于同年 11 月 1 日创办《通讯往来》，也是指导通讯员写作的刊物，油印，32 开本，不定期。主编李麦。赵俊义同志藏有第 1—14 期。林浦同志藏有 4 本，送给李麦同志，现藏天津日报资料室。这个刊物一直出版到 1949 年《冀中导报》改为《河北日报》时才停刊。在出版《通讯往来》的同时，还办有《通讯通报》，主要是刊登报道要点和通讯工作的情况等。铅印，32 开本。

（二十七）《冀中文化》，是冀中文化界抗战建国联合会（简称冀中文建会）主办的综合性刊物，1941 年 1 月 1 日创刊，油印，16 开本，不定期。主编路一。该刊曾发表梁斌的短篇小说《三个布尔什维克的爸爸》，写一位老人的三个儿子为革命牺牲的故事。这位老人就是《红旗谱》中主要人物朱老忠的雏形。还刊有路一的短篇小说《三八大盖》、《老黄毛》等。

（二十八）《文化工作》，是冀中文建会主办的指导工作的刊物，1941 年上半年创刊，油印，32 开本，不定期。主编笑彭。我藏有《文化工作》第七期，出版于 1941 年 9 月 15 日，封面为红黑套色，刊名是红底白字的美术字，并有汉语拼音。内有一篇评论：《新形势带给我们的新任务》；三个文件：《冀中文建会当前宣传教育工作的布置》，《冀中文建会关于各级文艺工作的决定》，冀中行署教育科和冀中文建会、工会、农会、青救会、妇救会、回建会《关于 1941 年民校实施办法的决定》；两篇署名文章：《为民校工作而斗争》，《更加努力完成冀中文建会关于各级文艺工作的新决定》。当时冀中准备出版《大众文化丛书》，在这一期《文化工作》上刊有征文启事，说明这套丛书包括哲学、历史、经济、政治、社会、法律、文学、艺术、教育、美术及自然科学等方面的著作、编纂、翻译，并拟先出版抗战故事集与科学常识小册子。

（二十九）《文艺习作》，为冀中文建会主办的文艺刊物。1941 年 6 月 14 日创刊，油印，32 开本，不定期。创刊号上刊有路一的短篇小说《仇恨》等。

（三十）《冀中教师》，是冀中文建会和冀中行署教育科合办的刊物。1940 年秋创刊，石印，月刊，32 开本。主编孙志平。由士林书社印刷。早在 1935 年春，深泽县的部分地下党员和进步知识分子，集资创办士林书社，作为地下党组织的秘密联络站。"七七"事变后，将士林书社无代价地移交冀中区，成为冀中的一个印刷厂，搬到深泽县段庄，石印机安装在地下室。《冀中教师》于 1942 年 5 月停刊。

（三十一）《歌与剧》、《诗与画》、《新世纪诗刊》、《新世纪通讯》，都是冀中新世纪剧社办的刊物，负责人是远千里。远千里是 30 年代北方"左联"的成员，诗人。《歌与剧》的内容主要是适合群众演唱的剧本和歌曲。社长梁斌、戏剧队长傅铎的短剧本，沈雁的小调剧等，都很受欢迎，好多村剧团都演过。李英儒、刘光人、罗品等创作的很多歌曲，曾唱遍了冀中。《诗与画》，主要是街头诗配街头画，广大农村可放大贴在墙上。

（三十二）《冀中导报画刊》，为冀中导报社于 1941 年出版。8 开，用红色油墨印刷。由孟汝明绘画刻版。

（三十三）《北斗星》，为冀中导报社办的小型报纸，是面向伪军、伪组织人员进行宣传教育的，由我敌工部门秘密向敌人据点中散发。1942 年初创刊，8 开 4 版。主编贾克斌。后来为便于伪军携带和传阅，决定改为 32 开本。由李麦、章子冈主编。稿件准备好了，因敌人"扫荡"，未能继续出版。

（三十四）《火线报》，《抗战时代》杂志，《抗战文化》，《火花》，都是冀中出版的报刊，详情待查。

乙、专区级

（一）《洪流报》——《团结报》

1940 年春，束鹿县的《洪流报》改为冀中六地委（这个地区原属冀南，后改为冀中一地委，又改为六地委）的报纸。油印，后改为石印，4 开 4 版，日报。社长先后是边冀平、王玉章、李铨，主编李梨。1941 年底、1942 年初，根据冀中区党委的决定，停办各地委、县委的报纸，以集中力量办好《冀中导报》。《洪流报》因此停刊。1942 年秋，因《冀中导报》已停刊，各地委又先后出版报纸。六地委（后改为十一地委）创办《团结报》。社长刘咨周。当时报社全套人马只有 6 人，除了编报、印报、发报，还要挖地洞、筹粮、调干部，人人都是没黑夜没白天地干。编稿、印刷都是在地洞里，点着一盏菜油灯。《冀中导报》复刊后，《团结报》于 1945 年底停刊。

（二）《新民主报》——《黎明》报

冀中七地委（原二地委）的《新民主报》，1940 年 9 月创刊，社长王亢之，主编黄桦。报纸初办时，人员很少，王亢之除了做编辑工作外，还帮助刻蜡版。1942 年 2 月，《新民主报》停刊。1942 年 9 月，七地委又创办《黎明》报。开始是油印，8 开 4 版，有时 6 版，3 日刊。1944 年冬改为石印。1945 年初，改为隔日刊。1944 年冬，王亢之调冀中区党委宣传部工作，《黎明》报由杨光主持。1945 年 5 月停刊。我现藏《黎明》报 47 张。当时的誊写员赵汉卿同志，现仍保存着他研石印药墨用的瓷盘。

（三）《群声报》——《胜利报》

八地委（原三地委）的《群声报》，1940 年 8 月在饶阳县韩合村一带创刊，先是油印，后改石印，8 开两版，周双刊。社长肖竹。1941 年底停刊。1942 年 10 月底，八地委又创办《胜利报》。先是油印，1945 年初改为石印。先是 8 开两版，1943 年初改 8 开 4 版，周双刊，社长肖竹。除了出版报纸和办有几种刊物外，1943 年 12 月还油印出版《在延安文艺座谈会上的谈话》、《关于历史人物典故的注释》，现在肃宁县档案馆均有藏本。1945 年 5 月，《胜利报》停刊。现在武强县和肃宁县档案馆都藏有《胜利报》。

（四）《救亡报》——《新建设报》——《团结报》

1939 年底，蠡县的《救亡报》改为冀中九地委（原四地委）的报纸，油印，8 开两版，周双刊。1940 年改为《新建设报》，油印，先是 8 开 4 版，后改为 4 开 4 版，3 日刊。开始时的社长是刘金田，1940 年秋到 1941 年冬是尹哲，后来是刘锡庚。除了出版报纸外，1941 年冬印过《中国革命与中国共产党》、《中国现代革命运动史》，肃宁县档案馆藏有这两本书的油印本。还印过《解放日报论文集》等书。报社驻在清苑、蠡县、博野一带农村，由于敌人的分割封锁，报纸要发往高（阳）保（定）公路以北的高阳、任邱、安新3县是很困难的。因此，九地委就于1941年秋决定，抽派专人到高保路北去出《新建设报·北路版》，刊登国内外新闻，及高阳、任邱、安新3县的地方消息。北路版为石印，4开两版，3日刊，主编董东。印刷地址在白洋淀边上的刘庄。1941年底，《新建设报》及其北路版均停刊。1942年秋末，九地委又创办《团结报》，先是油印，8开4版。后来改为石印，4开4版，周双刊。还翻印过《敌人心中的八路军新四军与中国共产党》等小册子。社长周景陵。1942年冬，敌人侦知团结报社驻在蠡县耿庄，突然奔袭包围了这个村子，往地道内施放毒气。报社电台张启明、李长庚、郭从周、白旗等4人，在大地道里套挖的秘密地洞内，把通地道的口堵死，又用撒上尿的湿土掩住口鼻，才免于被毒气熏死。一天黄昏，周景陵和另外两个人走在街上，突然遇到一队敌人，周立即拔枪射击，毙敌一名，余敌逃窜。1943年7月，年仅27岁的周景陵牺牲，继任社长刘锡庚。1945年2月，刘锡庚他调，崔昶接任。该报交通员小齐，在一次反"扫荡"中牺牲。刻写员金恒，长期在地洞里刻印报纸，积劳成疾，因肺病逝世。刻写员高裕民，1947年到永清县参加土地改革时，遭敌包围，进入地洞顽强抵抗，最后光荣牺牲。1945年5月，《团结报》停刊。

（五）《战斗报》——《黎明报》

1939年9月，冀中十地委（原五地委）创办《战斗报》，油印，4开4版，3日刊。开始由劳成之临时负责，后由马建民任社长。1941年秋后，因敌人反复"扫荡"，地处平、津、保三角地带的十分区抗日根据地环境恶化，《战斗报》即停刊。1942年冬，地委决定报纸复刊，更名为《黎明报》，由十分区司令员刘秉彦题写了报头。11 月 8 日，第 1 期报纸在大苇塘内出版。报纸仍为油印，4 开 4 版，3 日刊。遇到敌人"扫荡"时即延期出版。社长兼总编辑黄应，编辑兼支部书记劳成之。除出版报纸外，还曾翻印《在延安文艺座谈会上的讲话》，《九一八前后的蒋介石》，党的"七大"部分文件等。黄应被敌人捕去后，由地委宣传部长蔡毅兼任报社社长，秦兆阳任副社长。1945 年初，秦兆阳他调，由王里继任副社长。1945 年 10 月，《黎明报》停刊。

（六）《祖国报》，是十地委为对伪军进行宣传教育和争取工作的报纸。1944 年初创刊，油印，8 开两版，不定期。主编劳成之。报纸出版后，即散发到敌人据点周围，或交给送粮送菜的人带到敌人据点内，秘密地在伪军中传播。约出了三五期后即停刊。

（七）《火焰报》——《火线报》

1940 年春，冀中第六军分区政治部创办了《火焰报》，油印，4 开两版，周刊。编辑工作随军进行。20 期以前的负责人是周鹏程，20 期以后是林呐。共出了近百期，至 1942 年 5 月初停刊。1943 年冬，第六军分区政治部又在深南县一带创办《火线报》，油印，4 开两版。负责人是尹肇之。从第 5 期以后，改为 8 开 4 版，社长林呐。不久又改为石印。共出百余期，至 1946 年春停刊。

（八）《情报》，是冀中第六军分区政治部宣传科于 1941 年创办的，油印，8 开两版，日报。全部是延安新华社播发的电讯稿。1942 年 4 月以前是随军编辑出版，后因敌人"扫荡"一度停刊。1942 年冬正式成立情报社，隐蔽在深南县境内，不再随军活动。初由刘汝贤负责，1943 年 1 月后由林呐任社长。到1945 年停刊。

（九）《战地》报——《新闻简报》——《战地》报

1938 年 8 月间，冀中第二军分区（后改为第七军分区）领导机关，从高阳县城移驻蠡县城内，分区政治部创办《战地》报，油印，8 开 1 版，每周出二三期。负责人是张希平。报纸内容有时事新闻，战斗新闻，英雄模范事迹，部队工作经验介绍，军事、政治、文化学习，诗歌等。小报很受读者欢迎，成为当时部队进行宣传教育工作的有力武器。县城被敌人占领后，报纸在游击战争环境中仍坚持出版。1942 年 5 月停刊。1942 年 7 月，冀中第七军分区出版《新闻简报》，油印，刊登新华社的电讯稿。编辑平陵。1943 年，《战地》报复刊，先是油印，后改石印，8 开两版，3 日刊。随军在前方编辑、誊写，用一个铁筒将蜡纸或石印药纸送到后方（安平、定县一带农村）印刷，经交通网发行。编辑先是平陵，后是张平。

（十）《前卫报》，是冀中第八军分区政治部办的报纸。油印，8 开 4 版。肃宁县档案馆藏有第 192 期，为 1943 年 8 月 18 日出版；第 193 期，为 8 月 25 日出版。看来是周刊。依此推算，如一直是按期出版的，约创刊于 1939 年底。在第 193 期第 1 版上，有"任（邱）河（间）大（城）伏击告捷"的报道，第 4 版为国际新闻。

（十一）《情报》，第八军分区政治部出版，油印，8 开 4 版。

（十二）《前哨报》，第九军分区政治部出版。1943 年底创刊，石印，4 开 4 版，不定期。社长常征。1945 年上半年停刊。

（十三）《先锋报》——《烽火报》——《北进报》

1939 年，冀中第十军分区政治部创办《先锋报》。1940 年，改出《烽火报》，油印，8 开两版，不定期。负责人先后是沙友石、李胡、路扬。1944 年 2 月，又改出《北进报》，油印，8 开两版，不定期。主编曹曲水。该报主要是传达冀中军区工作指示，宣传抗战形势与我军胜利消息，介绍英雄模范人物和加强军队建设的经验。文章短小生动，很受连队欢迎。1945 年农历正月，群众举办高跷会，把雄县牛岗村炮楼上的部分伪军（当地群众称他们为"白脖"）引了出来，我军趁机施巧计，把这个岗楼"端"了。正月 15 日出版的 1 期《北进报》上报道了这条有趣的消息，标题为《白脖大闹高跷会，八路巧端牛岗楼》。1945 年春，《北进报》停刊。

（十四）《战斗报》，是冀中第六军分区（警备旅）第二团办的报纸，1940 年 2 月创刊，油印，8 开，不定期。由团政治处宣传股长崔琳主编。该报对于鼓舞士气，活跃部队情绪，提高官兵的军事、政治、文化水平，起了很好的作用。1941 年 11 月停刊。

（十五）《洪流月刊》，六地委洪流报社于 1940 年出版，油印，32 开本，以政论为主。主编李梨。约出了两三期。

（十六）《洪流画刊》，洪流报社于 1941 年出版。丁达光编，石印，出了 3 期。

（十七）《新教师》，是冀中六专署（当时为七专署）教育科办给小学教师阅读的刊物。1941 年创刊。主要是交流教学经验，介绍教育战线上的先进人物，并刊登有关政策、法令等，颇受教师欢迎。这个刊物为油印，32 开本，不定期。负责人是专署教育科长陈挹芬。由专区短期师范编辑出版。1942 年 5 月停刊。

（十八）《时事文摘》——《黎明特辑》

七地委新民主报社，选编国际、国内政治时事文章，出版《时事文摘》，供干部学习。共出了 10 期左右。后来的黎明报社，把延安新华社发的长篇文章，编为《黎明特辑》出版，供干部学习。到 1943 年 12 月，出到第 113 期。这两种刊物都是油印，32 开本，不定期。主编都是王亢之。

（十九）《天下大事》，是黎明报社办的时事刊物，油印，64 开本，月刊。编辑郑太一。他根据每月的国际国内形势，写成系统、通俗的文章，编印成册，供读者阅读。当时的刻写员赵汉卿同志藏有该刊第 5 期，为 1944 年 2 月号，3 月 1 日出版。这一期共有 11 个小题目：一、（苏联）红军打了两个漂亮仗；二、把芬兰轰炸得不轻；三、红军节过得挺热闹；四、大规模地连续轰炸德国；五、德寇正无可挽回地走向灾难；六、割了日本一块肉；七、西南太平洋日寇也站不住脚；八、日寇把敌人打到自己家来了；九、日人解放联盟成立；十、战斗生产的敌后军民（介绍冀中地区打的几个漂亮仗，以及陕甘宁边区和敌后各地一面打仗一面开展大生产运动的情况）；十一、世界知识（看来是每期都有此专栏，这一期简要介绍了波兰和保加利亚的情况）。

（二十）《通讯写作》，是七地委《黎明》报编辑部指导通讯员写作的刊物，油印，64 开本，不定期。主编李麦。1944 年 1 月创刊，一直出到 1945 年 5 月《黎明》报停刊。赵汉卿同志所藏创刊号上，刊有洛甫（张闻天）同志在延安通讯员大会上讲话的一部分：《怎样才能写好新闻通讯》。李麦同志藏有一本，现藏天津历史博物馆。

（二十一）《战地》，是第七军分区政治部出版的文艺刊物。1942 年秋季创刊。编辑平陵。

（二十二）《胜利月刊》、《胜利旬刊》、《胜利周刊》、《胜利特辑》、《情报》，都是八地委胜利报社出版的油印报刊。《胜利月刊》为综合性刊物，1943 年 1 月创刊，由报社社长肖竹兼管。32 开本，封面套红。肃宁县档案馆所藏第 1 卷第 4 期，载有孙犁、林漫的短篇小说，田间、孙犁的诗等。《胜利月刊》还出过

《敌工专号》，载有介绍敌军生活的通讯等。《胜利周刊》，肃宁县档案馆所藏的第 31 号，为 1944 年 1 月 1 日出版，都是新华社发的长篇稿件。《胜利特辑》，肃宁县档案馆所藏第 53 号，为 1945 年 3 月 18 日出版。《情报》，刊登新华社发的电讯稿，8 开两版，周双刊。肃宁县档案馆藏有第 158 期。

（二十三）《前卫特辑》，第八军分区政治部出版。油印，32 开本。主要刊登新华社播发的文章。肃宁县档案馆藏有第 7 期，为 1942 年 12 月 15 日出版；第 12 期，为 1943 年 2 月 6 日出版。

（二十四）《生产座谈会》，是第八专署办的指导农业生产的刊物。

（二十五）《抗战生活》，是冀中十专区文建会办的综合性刊物。油印，16 开本。肃宁县档案馆藏有第 1 卷第 2、3 期合刊，为 1941 年 6 月出版，3 色套印，载有关于理论和政策学习、小学教师的修养、粉碎敌寇"强化治安"运动等方面的论文，以及短篇小说等。

（二十六）《抗战生活》，冀中九地委新建设报社办的综合性刊物。油印，16 开本。肃宁县档案馆藏有第 1 卷第 7 期，为 1942 年 2 月出版，油印，封面套色，载有时事论文，通讯，文艺习作等。

以上两种《抗战生活》，内容和形式都相似，出版时间和期号也似乎是衔接的。但分属两个专区、两个单位出版。两者的关系待考。

（二十七）《团结月刊》、《团结报特辑》、《时事选集》，均为九地委团结报社出版。《团结月刊》为综合性刊物，1944 年初创刊，主编杨循。共出了 3 期。曾刊登路一的短篇小说《四十五元、斗》。《团结报特辑》，肃宁县档案馆藏有第 3 期，为 1943 年 8 月 20 日出版，油印，32 开本。《时事选集》为 1944 年创办，油印，32 开本。

丙、县级

六专区

（一）《大众报》——《洪流》报

1938 年，束鹿县创办《大众报》。铅印，日报，4 开 4 版。社长高峰，主编李梨。1938 年底停刊。1939 年 1 月，束鹿县改出《洪流》报，油印，日报，8 开两版。社长兼主编李梨。1940 年春，《洪流》报改为地委的报纸。

（二）《救亡报》，是 1939 年 1 月，在中共束鹿县委城北工委领导下办的小报，油印。主编王锦川。同年 4 月停刊。

（三）《呼声报》，是 1939 年 6 月，由束鹿县政府城北办事处王锦川创办，孙敬之编辑。油印，32 开本。同年 10 月停刊。

（四）《深报》——《抗友周报》——《庄稼报》

1938 年秋，中共深县县委在城内创办《深报》，油印，16 开 4 版，旬刊。负责人是康光宇。同年底，县城被日寇侵占，该报即停刊。1939 年初，深县又在农村创办《抗友周报》，油印，32 开本。负责人是康光宇。同年下半年，改出《庄稼报》，油印，8 开 4 版，3 日刊。社长刘咨周。1939 年冬，深县划分为深南、深北两县。深南县继续出版《庄稼报》，油印，8 开两版，周双刊。负责人先是刘咨周，后是董万茂。

（五）《晋县导报》——《抗战日报》——《大众报》——《选举报》

1938 年春，晋县（开始属冀南一分区，后划归冀中六分区）抗日县政府创办《晋县导报》，油印，8 开 4 版，日报。编辑王西岳、彭敬之等。同年夏，改由抗战委员会主办。同年 10 月，更名为《抗战日报》，仍为油印，8 开 4 版，日报，由县委领导，县委宣传部长王锐兼社长。同年 12 月，日寇侵占晋县县城后，该报一度停刊。1939 年夏，晋县县委又在农村出版《大众报》，油印，先后由薛一五、郑绍先任社长，编辑仍为王西岳、彭敬之等。1940 年 5 月，晋县《大众报》和束鹿县的《洪流》报合并，出版六地委的《洪流》报。1940 年夏秋大选举时，晋县成立选举委员会，出版《选举报》，油印，8 开两版，不定期。王西岳编辑。约 4 个月后停刊。

（六）《大众日报》，赵县抗日救国会主办，1937 年 7 月下旬创刊，石印。主编韩川。一说只出了 4 期，一说于同年 10 月日本侵略军攻占赵县县城后停刊。

（七）《大众报》

1938 年初，赵县、宁晋、晋县及束鹿县的部分群众武装，改编为民众抗日自卫军，在束鹿县辛集出版《大众报》，石印。社长边哲超（边冀平）。

（八）《持久战报》、《抗日战报》、《喇叭报》、《激流》、《青年春》

1938 年 1 月，宁晋县政府在北圈里村出版《持久战报》，石印。到同年冬停刊。1938 年初，宁晋县第二区战委会创办《抗日战报》，油印。主编为晋荫九。1940 年，中共宁晋县委宣传部创办《喇叭报》，石印。社长先是耿华零，后是田萍。后来改为《激流》。宁晋县青救会，办过一个刊物《青年春》。

（九）《前卫》报、《血花》报、《老百姓报》

1938 年春，藁城县（南部）抗日动员会创办油印的《前卫》报，动员广大群众参加抗日斗争。主编张卓。1939 年，动员会改为战委会（实际是抗日县政府），改出《血花》报，油印，8 开，有时 1 版，有时两版，约 3、5 天出 1 期。主编仍为张卓。同年，该县抗日群众团体又出版《老百姓报》，油印，8

开，1 周左右出 1 期。主编韩峰。《血花》报的报头套红。取名
"血花"，一个意思是，当时藁城县南部的环境异常残酷，日伪
军经常进行大"扫荡"、大逮捕、大屠杀，县、区、村干部和他
们的家属大量被残杀，血洒全县；一个意思是，誓与敌人血战到
底，血债要用血偿还。报纸的内容，主要是揭露日伪军暴行，激
励干部群众的抗日积极性。1940 年下半年，藁城县南部与晋县
南部合并为晋藁县，报纸即停刊。

（十）《束鹿青年报》，束鹿县青救会于 1938 年底创办。油
印，8 开 1 版。主要是指导本县青年抗日斗争，并介绍苏联青年
生活，宣传社会主义。报社社长由县青救会秘书程光远兼任，编
辑张僧慎。1940 年春停刊。

（十一）《青年通讯》，是束鹿县青救会办的刊物。1939 年
创刊，油印。

（十二）《教师报》，束冀县（束鹿县和冀县各一部分村庄组
成束冀县）文建会于 1940 年创办，油印。负责人是县文建会主
任黄敬章。1941 年停刊。

（十三）束冀县文建会，于 1941 年下半年至 1942 年上半年
办过一个文艺刊物（刊名待查），油印，32 开本，不定期。主编
李梨。

（十四）《歌与剧》，是深束县（束鹿和深县南部村庄合并成
深束县）抗联会文建部主办的刊物。1943 年春创刊。油印，32
开本。刊载本县农村剧团、小学教师创作的短剧、歌曲等，如
《李庄剧团的故事》，《小池上学》，《胜利之前》。由高燃天、冯
振西、高振兴编辑、印刷。共出了 3 期，到 1945 年抗日战争胜
利前夕停刊。

（十五）《藁城教育》，藁城县（南部）教育科于 1944 年 5
月创办。油印，32 开本，周刊。由教育科长张惠生主编。1945

年藁城县城解放后停刊。

七专区

（一）《救国报》——《前锋》报——《小号角》报——《黎明报·晋深极版》

1937 年"七七"事变以后不久，深泽县老共产党员袁拙农等人，组织起一个抗日群众团体——各界抗敌后援会，8 月份在县城内创办《救国报》。石印，8 开 1 版，日报。编辑杨绥之、邸清哲。他们每天到马盈庭先生的中药铺去，借用其收音机抄收新闻。报纸编好以后，由文记书局出纸出工义务印刷，免费发到县城和各村。约 1 个月后，因时局变化而停刊。1938 年 3 月，该县又出版《前锋》报，油印，日报，4 开两版。主编孙志平。同年 12 月停刊。敌人侵占县城后，1939 年 4 月，深泽县又在乡村创办《小号角》报。油印，日报，4 开 4 版。前期的主编是孙志平，后期是陈树楠。1940 年 5 月，《小号角》报与安平县的《灯塔》报合并，出版《前哨》报。时间不长，两县报纸又分开。深泽县继续出版《号角》报，4 开 4 版，油印，3 日刊。主编陈树楠。1941 年底，《号角》报停刊。孙志平主编《小号角》报期间，还办了一个"书报介绍所"，实际就是他一个人兼管。他把冀中出版的新书，义务代销给深泽县的读者，当时主要是县区干部。1943 年夏，晋深极县（深泽县先与无极县的一部分村庄合并为深极县，又与晋县的一部分村庄合并为晋深极县）又创办《黎明报·晋深极版》，油印，8 开两版，两日刊。负责人是杜敬。到 1943 年冬停刊。

（二）《人民报》——《动员报》——《战斗报》

1937 年 10、11 月间，安国县创办《人民报》，铅印，4 开 1 版，日报。报社主任马建民。1938 年 2 月，改出《动员报》，铅印，4 开两版。1939 年 11 月，又改出《战斗报》，8 开两版，日报，先是油印，后改石印。社长一丁（刘克天）。

（三）《星光报》，是冀中人民自卫军第 5 团政治处办的报纸，在驻地深泽县城出版。油印，4 开两版，3 日刊。我藏有该报第 9 期，出版时间为 1938 年 3 月 18 日。依此推算，该报创刊日期当为 1938 年 2 月 22 日。这张小报的内容，有国际新闻，国内新闻，地方消息（主要是深泽新闻），还有《星光副刊》。3 月 18 日为副刊的第 5 期，是纪念 1926 年"三·一八惨案"的专号。

（四）安平动员报——抗联报——《灯塔》报——《前哨》报——《群众报》—《黎明报》

1938 年 3 月中旬，安平县抗日动员会创办小报（名称待查），油印，日报，8 开两版。由尹痴生、张君实等负责编辑。同年 5 月底停刊。安平县抗联会（各界抗日救国联合会）成立后，约在 1938 年 4、5 月间，又出版石印报纸（名称待查），8 开两版，每周 1 期。主编崔汉卿。安平县城失守后即停刊。1939 年冬，该县又在农村创办《灯塔》报，油印，8 开两版，有时 1 版，一般 3 天 1 期。负责人是乔泰民（黄桦）。开始只他一人，自编自刻自印，后来才调进刻写员等数人。1940 年 5 月，《灯塔》报与深泽县的《小号角》报合并，出版《前哨》报，七地委委托七分区文建会领导，在深泽、安平两县交界的马江、故城一带流动出版。该报为油印，4 开 4 版，3 日刊。主编李剑飞。时间不长，两县的报纸又分开。安平县于 1940 年 7 月出版《群众报》，负责人是纪念。约在 1941 年 11 月停刊。1942 年冬到 1943 年 10 月，安平县又出版《黎明报》，油印，8 开两版，不定期。负责人是杨光，由他一人编辑。

（五）抗战小报，是安平县教职员抗战建国联合会（简称教建会）办的小报（名称待查）。1938 年创刊，油印。刊登独幕剧本、抗战歌曲、快板、拉洋片等，为各村小学提供宣传、演唱材料。县教建会副主任兼高小教师乔泰民（黄桦）自编自刻，学生帮助印刷。

（六）《七七报》——《大众生活报》

藁城县（北部）于 1938 年创办《七七报》，油印，4 开两版，不定期。编辑武渺、王云山、李麦。后停刊。1939 年初，该县又在增村出版《大众生活报》，油印，4 开两版。负责人是杨明德、赵光彩，主编李麦。编辑、采访以及抄收记录新闻，均由李麦一人承担。开始由于不会使用收音机，有一次换电池接错了线，把 5 根电子管都烧掉。报社驻地与正定县交界，该报也发到正定县一些村庄。到 1940 年初，因并县，与无极县的报纸合并。

（七）《动员报》、《大众报》、《导报》，都是定县出版的报纸。

《动员报》，为定县动员委员会宣传部主办，1938 年 1 月创刊，油印，8 开两版，不定期。由鹿一夫自编、自刻、自印。定州市档案馆藏有一份，为第 18 号，5 月 7 日出版，无年份（估计是 1938 年）。

《大众报》，为定县县政府主办，1938 年初创刊，油印，8 开 4 版。社长先是李东山，后是杨汉阁，编辑范凌霄。定州市档案馆藏有第 44 号，1938 年 7 月 28 日出版。第 1、2 版是国内新闻，并有小言论《谈话》，第 3 版是本县新闻，第 4 版是《大众副刊》第 20 号。该报定价为每份 2 大枚，每月 2 角，全年 2 元。同年 10 月停刊。

《导报》，定州市档案馆藏有第 9 期，为 1939 年 12 月 4 日出版，油印，4 开 4 版。第 1 版是社论和要闻，第 2 版是"近日国际"，第 3 版是冀中新闻和定县新闻，第 4 版是副刊《战鼓》，这一期刊有戈宝权译的苏联通讯《为祖国而战———一位副政治指导员的日记》。

（八）《先锋报》

适应战争环境的需要，定县划分为定北、定南两县后，定南县于1940年春天创办《先锋报》。石印，日报，4开4版。敌人"扫荡"时就油印，或出两版。该报印刷厂设在东留宿村，隐蔽得很好，敌人几次"扫荡"都没有发现。报纸编委会主任是郑之路，副总编辑是李平、杨勇。1942年初停刊。

（九）《突击报》——《黎明报·藁正新版》——《大生产报》

1939年，新乐县出版《突击报》，油印，4开1版，3日刊，有时不定期。负责人是崔友常、李世华。一年后停刊。到1943年上半年，藁正新县（藁城、正定、新乐各一部分村庄组成藁正新县）出版《黎明报·藁正新版》，油印，3日刊，8开两版。负责人是郑太一。约办了三四个月。1944年，新乐县又出版《大生产报》，油印，8开两版，半月刊。主要是指导农业生产和互助合作运动。编辑霍笑川、唐铁田。约办了半年多。

（十）《建国报》，开始是无极县的报纸，1939年创刊，油印。1940年初，藁城县北部和无极县西部的各一部分村庄合并为藁无县，原来两县的报纸也随即合并，仍名《建国报》。社长贾克斌。该报1941年底停刊后，编辑李麦把该报发表的对敌斗争的通讯、特写、论文、资料等，汇集成册，名为《战斗的藁无》，油印出版。作家王林收藏的一本，在1959年由天津人民出版社重新出版了。1985年，无极县党史资料征集办公室第三次出版了这本书。

（十一）《锋光报》——《黎明》报——《黎明报·深北版》

1940 年初，深北县创办《锋光报》，油印，8 开两版，日报。开始时的负责人是冯再生，后由张希言任主任。1941 年初停刊。1942 年 8 月 1 日，该县又在冯家营一带出版《黎明》报，油印，8 开两版，两日刊。负责人是葛志，编辑冯再生。1943 年初夏停刊。约在同年 7 月，开始出版《黎明报·深北版》（这里是指七地委的《黎明》报），8 开两版，油印。肃宁县档案馆藏有该报的第 14 期，出版于 1943 年 8 月 9 日。这一期刊有县议会关于护秋防匪的号召信等。

（十二）《文建报》，是安平县文建会文教部办的报纸。1939 年 12 月创刊，油印，8 开两版，不定期。除转载他报的国际国内要闻外，自编本地新闻、本县文建会工作报道，以及小型文艺作品等。发到区、村文建会。负责人是杨光、邱真。出版 3、4 个月后停刊。

（十三）《青年旬刊》——《小伙子》

1938 年夏，深泽县青救会成立初期，在县城创办《青春旬刊》，油印。由县青救会主任刘铭西和邱作之、王亢之等编辑刻印。同年 8、9 月份停刊。1940 年春，深泽县（后改为深极县，又改为晋深极县）青救会在农村创办《小伙子》半月刊，油印，32 开本。后改为月刊。主编先是何人，后是张德禄。1942 年 5 月，因敌人"扫荡"而停刊。

（十四）《青抗先小报》，是深泽县（包括后来的深极县、晋深极县）青年抗日先锋队（简称青抗先）办的报纸。1940 年初创刊，油印，16 开本，不定期。主要是交流各区村青抗先进行武装斗争的经验，刊登工作指示，青抗先队员的英雄模范事迹，以及抗日诗歌、短文等。由县青抗先队长张子钦、副队长张干等负责征稿，先后任县青救会文教部长的何人、刘顿、张德禄负责编辑。1942 年 5 月停刊。

（十五）《老百姓》，是晋深极县出版的一个刊物，油印。出了3期，主编孙志平。

（十六）《战鼓》——《晋深极文化》

1940年下半年，深泽县文建会创办综合性刊物《战鼓》，油印，32开本，不定期。编辑杜敬。1941年秋，改出《晋深极文化》，油印，32开本，不定期。编辑杜敬。1942年春停刊，共出了8期。

（十七）《铁血青年》——《青年堡垒》

1940年秋后，深北县青救会出版《铁血青年》，油印，约半月出1期。1941年秋，冀中青救会提出青救会应当成为团结教育青年的战斗堡垒，《铁血青年》乃改名为《青年堡垒》。主要内容是揭露日寇罪行，指导青年进行对敌斗争，交流青年工作经验等，也刊登一些文娱演唱材料。主办人是先后任该县青救会文教部部长的陈鲁夫、王迈。开始没有专职人员，后由李振清任专职编辑，并有刻写员2人。到1942年敌人进行"五一大扫荡"以后，又出了3期。共出了30期左右。

（十八）《孩子报》，是深北县青救会儿童团办的小报，油印，8开1版，不定期。自1941年到1942年5月，约出了10期。主要内容是介绍儿童团的活动情况，表扬好人好事等。是小学的课外辅导材料，受到小学教师的好评。主办人是先后任该县儿童团长的李英林、赵敬波。

（十九）《通讯园地》，是深北县通讯社指导通讯员写作的小报，1941年初创刊，油印，8开1版，大体每月1期。负责人是张树欣，他一个人自编、自刻、自印、自发。同年夏停刊。

（二十）《新长城月刊》，是定县出版的刊物。详情待查。

（二十一）《定南文建》，是定南县文建会出版的月刊，1940年3月创刊，油印，32开本。定州市档案馆藏有第3期，为

1940 年 5 月出版。

（二十二）《青年与儿童》，是定南县青救会办的刊物，1940年夏创刊。油印，月刊。内容有政治形势，抗日模范青年事迹，敌伪罪行，以抗日为内容的短小文艺作品，并辟有儿童园地，刊登歌谣、小英雄讲故事、顺口溜等，使广大儿童易学易懂，乐于说唱。还配有插图。封面为红、兰、黑三色套印。刊物图文并茂，颇受青年儿童欢迎，争相传阅，启发了他们的爱国热情，传播了抗日道理。共出了 18 期。

（二十三）《火炬》——《安平文化》

1941 年初，安平县文建会文艺部创办文艺刊物《火炬》，油印，32 开本，月刊。主要刊登小型文艺作品，也有指导工作的文章。负责人先是杨光，后来是张玉经。当年 9、10 月份停刊。后来，安平县文建会宣传部又创办《安平文化》月刊，油印，32 开本。内容侧重工作指导，也刊登文艺作品。负责人是刘今生。

（二十四）《农民小报》，是晋深极县农会办的刊物。1940年下半年创刊，油印，不定期。主要是宣传和推动战时的农运工作。主编为县农会宣传部长何冲。

（二十五）《实践》——《教导经验介绍》

1940 年 10 月前后，晋深极县教育科创办油印刊物《实践》，32 开本。主要刊登教育方面的文章。由科长邸作之主持。约出了 3 期以后停刊。1944 年冬，晋深极县民教科又出版《教导经验介绍》，32 开本，套色油印，不定期。由副科长杜今中主持。除发本县各区、各学校外，还送冀中和七专区有关部门。1945年春停刊。

（二十六）《黎明》，是中共安国县委办的综合性刊物。油印，32 开本，不定期。由县委宣传部长曹平主持。在 1942 年敌人大"扫荡"以后的残酷环境下，这个刊物的主要任务就是鼓舞干部群众的斗志，克服悲观情绪，坚定胜利信心。它的刊名和封面上画的太阳、雄鸡，都告诉人们天将黎明，胜利在望。

（二十七）《号角》，是安国县的刊物，64 开本。主要内容是指导农村工作，对农民进行教育。

（二十八）《照妖镜》，是安国县的刊物，出了 8 期。

（二十九）《文化工作》，是安国县的刊物，出了 3 期。

（三十）《剧团工作》，是安国县的刊物，出了 4 期。

（三十一）《文艺小丛书》，是晋深极县抗联会（敌人"五一大扫荡"以后，因环境残酷，精简机构，各级工、农、青、妇等群众团体合组为各界抗日救国联合会，简称抗联会）出版的通俗文艺刊物。1943 年冬创刊。由杜敬、郝又新、徐开、王运达、李廷杉等组成的文艺小组编辑。油印，32 开本，不定期。内容主要为歌曲、小调剧、曲艺等演唱材料和街头诗等。每期有一个刊名，如《新年文艺宣传材料》、《春耕宣传材料》，统称《文艺小丛书》之几。以李廷杉画的《工农兵舞》为封面。这个刊物曾流传到安国县去，该县并有人投稿。还流传到分散活动的部队，战士们就唱起这个刊物上的歌曲。郝又新同志藏有两本《文艺小丛书》，几十年没丢掉。"文化大革命"中，他东藏西藏，惟恐被搜出抄走，最后还是不知怎样丢失了。

（三十二）《安平青年》，是安平县青救会办的刊物。油印。编辑张锡藩。约出了 5、6 期。

（三十三）《新生画刊》，是安平县办的刊物。详情待查。

八专区

（一）《民声报》——《动员报》——油印小报——《大众报》

1937 年 8 月，饶阳县抗敌后援会在城内创办《民声报》，油印，8开4版，不定期。负责人是肖竹。同年10月，因国民党军队退却的扰乱而停刊。1937年底至1938年春，该县抗日动员会又出版《动员报》，油印，8开两版，不定期。负责人是肖竹。1939年春节，日本侵略军侵占饶阳县城后，该县县政府在西张保村出版油印小报（名称待查），主要刊登从广播中抄收的抗战新闻。8开1版，不定期。为了抄收广播新闻，晚上把天线架起来，抄收完了再拆下，和收音机一起坚壁起来。不到两个月就停刊了。同年秋后，该县县委又在窝底村创办《大众报》，油印，8开两版，不定期。负责人是肖峰。1940年8月，八地委的《群声报》创刊后，《大众报》即停刊。

（二）《前进报》，是献县的报纸。1942年因敌人"扫荡"一度停刊，后又复刊，由县委组织部部长黄忠具体组织。复刊后的第1期，第1版有《滹沱河的枪声》等新闻通讯。在出报的同时，还编印过多种宣传品、传单和面向敌伪军的宣传材料。作家孙振（长篇小说《战火中的青春》的作者）的成长，与《前进报》的培养有关。1943年冬停刊。

（三）《战地青年》，是在1939—1941年，由献县青救会、文建会合办的不定期刊物。负责人是献县青救会主任张朋。

（四）《奋斗报》，是武强县的报纸。1939年上半年创刊。开始由县文建会领导，文建会主任崔义兼主编。后改由县委宣传部领导，主编张蕴玉。油印，4开4版，5日刊。

（五）《黎明报》、《前锋报》，都是河间县的报纸。详情待查。

（六）《任河小报》（这个名称不一定准确），是任河县（抗日战争时期，由任邱县东部和河间县北部地区合并成的一个县）办的报纸。1944年创刊。油印，红字报头，4开4版。开始是周刊，后改为3日刊。专职编辑、刻写员各一人。社论和其他重要文章，由县委负责人分头撰写。1946年初停刊。

（七）《文化线》报，是任河县政府教育科办的报纸。1944年冬季创刊。油印，报头套红，4开两版，不定期。由教育科长王静、督学魏亚明两个人编辑，有时还自己刻蜡版。主要内容是指导学校（包括民校）的教学工作，及教师的学习，交流经验，介绍模范事迹和有关知识等。约半年后停刊。

（八）《文化线》月刊，任河县文化线社编。1945年4月14日创刊。32开本，油印。肃宁县档案馆所藏该刊第1卷第1期，主要刊有关于小学教育和群众教育方面的文章。

（九）《呐喊》，是交河县办的刊物。约在1943年前后出版。油印，64开本。

（十）《胜利报·献交版》，是献交县（献县、交河各一部分村庄组成）办的报纸。油印，8开两版。肃宁县档案馆所藏第3期，刊有通讯《模范儿童捉汉奸》等。

（十一）《抗战到底》，是建国县（沧县、河间、献县各一部分村庄组成）办的报纸。详情待查。

（十二）《统累小报》，武强县生产委员会出版，是指导实行统一累进税的。油印，16开两版。武强县档案馆藏有1张，是1944年6月14日出版的，刊有干部、群众学习统一累进税政策和具体做法的报道。

（十三）《耕沱半月刊》、《乡风》、《文化新地》，是饶阳县文建会先后出版的刊物。详情待查。

（十四）《饶阳青年》，是饶阳县青救会办的刊物。

九专区

（一）两种《救亡报》——《抗战建国报》——《新生报》

1937年10月31日，冀中人民自卫军到达蠡县时，这里的地方党的同志已着手开展抗日活动，恢复了党的组织，成立了各界救国会，出版了《救亡报》。后该报停刊。1938 年，在蠡县城里又出版《抗战建国报》，油印，8 开 4 版。张稚枫同志至今还记得当时报纸上发表的一篇文章的标题是：《抗战必胜，建国必成》。县城失守后，该报即停刊。1939 年 8 月，蠡县又在农村创办《救亡报》，油印，8 开两版，不定期。负责人是刘金田。1939 年底，《救亡报》改为九地委的报纸。1940 年夏秋之交，蠡县又创办《新生报》，油印，8 开两版。负责人是齐之达。1941 年底停刊。

（二）《群声报》

"七七"事变后，任邱县爱国知识青年杨琪良、高万德、高金尊等，团结了一批小学教员和从平、津、保等城市回家的青年学生，组织起抗日救国会，并在任邱、雄县一带相继建立了 7、8 个分会。抗日救国会创办了油印小报《群声报》，通过各分会散发到周围各村庄，传播人们所关心的抗战新闻，激发群众的抗日热情。1937 年冬，杨琪良、高万德、高金尊等都参加了人民自卫军第 5 路。1938 年 1 月，第 5 路建立政治部，杨琪良任主任，高金尊任宣传科长。《群声报》在人民自卫军第 5 路政治部宣传科主持下继续出版。

（三）《动员两日刊》——《吼声报》

1938 年 1 月，高阳县在河西村建立该县抗日总动员委员会（简称动委会）。动委会创办报纸《动员两日刊》，由续树伟、罗蔼堂负责编辑。后停刊。到 1939 年下半年，该县又在庞家左村出版《吼声报》。油印，8 开 1 版，周双刊，有时不定期。主编王谆。1940 年上半年停刊。

（四）《每日新闻》——《大众旬刊》

1939 年初，冀中新世纪剧社到蠡县分散活动。剧社的刘光人、董国钧，在蠡县县委的支持下，编辑出版《每日新闻》。油印，16 开，日刊。每天晚上，由刘光人骑自行车走十几里路，到白楼村天主教堂，借用其收音机抄收广播新闻，回来以后他二人自编、自刻、自印。4 月份停刊。同年，蠡县文建会又创办《大众旬刊》。油印，8 开两版。主编齐永水。刊登国内外新闻、地名新闻以及诗歌、漫画等。广播新闻也是用白楼村天主教堂的收音机抄收的。

（五）新安县报（名称待查），1939 年 10 月创刊。油印，8 开两版，3 日刊。1940 年停刊。

（六）《前进报》，是清苑县的报纸。1939 年创刊。油印，8 开 1 版。

（七）博野县《烽焰报》，1940 年初创刊。油印，8 开两版，每周出 2、3 期。主编为文建会主任董东。1940 年冬停刊。

（八）清苑县《烽焰》报，是清苑县文建会办的报纸。1940 年春季创刊。油印，8 开 1 版，周刊。主编为县文建会主任黄锦。1941 年 10 月，因环境变化，改为不定期刊。共出了 80 期左右，1942 年初停刊。

（九）《实话报》——《烽火报》——《新时代报》

中共肃宁县委，于 1937 年 11 月下旬创办《实话报》，油印，不定期。社长姓郭。报纸主要内容是揭露日本侵略者侵占我国土，杀害我人民的罪行等。出版近 2 年。1939 年 10 月，改为《烽火报》，油印，用麦秸纸印刷。由县文建会主办。主要刊登抗日救国、动员青年参军等方面的新闻报道和文章。报社人员先后有许芳、张立人、赵家槐、李玉良、许斌等人。1940 年又改为《新时代报》，是县委机关报。主要内容有：国内国际形势、地方形势，党的政策，我军作战胜利消息，全县军民对敌斗争的新闻和好人好事等。报社人员有：郑智、马迅（冯苏）、孔煊、许斌、赵家槐、李玉良、齐国栋、王辉。通常一周出两期。油印，4 开两版。为办好报纸，县委曾派马迅到九地委《新建设报》学习办报经验，这对提高县报质量起了很大的作用。刻印报纸所需钢板、蜡纸、油墨，都是报社的同志们冒着生命危险到敌占城市购买来的。1942 年敌人进行"五一大扫荡"时停刊。

（十）《主力报》——《团结报》——《战斗先锋》

1939 年秋冬，任邱县文建会创办《主力报》，油印。1940年 7 月，改为中共任邱县委机关报，更名《团结报》。县文建会主任张殿辉兼社长，郝品芬任主编。编辑、刻印共 4、5 人。每周 1 期。后停刊。1942 年，任邱县又创办《战斗先锋》报，油印，8 开。原中共沧州地委副书记白沐，当年曾刻写过该报若干期。到 1945 年停刊。

（十一）《老百姓报》，是安新县的报纸。主编姓王。其他情况待查。

（十二）《大生产报》，是清苑县的报纸。1944 年创刊。油印，16 开两版，不定期。主编石联。共出了 3、4 期。

（十三）《肃宁文化》，是肃宁县文建会办的刊物。1941 年12 月 21 日创刊。油印，32 开本，不定期。马迅等编辑。河间县档案馆所藏的该刊创刊号，辟有"工作指导"、"文艺习作"等专栏。

（十四）《学习与写作》，是肃宁县文建会办的刊物。1941年 9 月创刊。油印，32 开本，不定期。肃宁县档案馆所藏该刊第 1 期，有郭沫若、孙犁等谈写作的文章，有荒煤、杨永直、黄流等的作品。1942 年 5 月停刊。

（十五）《乡村青年》，是肃宁县青救会办的报纸。1941 年出版。油印，8 开 1 版，不定期。主要内容是对全县青年进行爱国主义教育，刊登青年参加抗日活动的消息，及诗歌、快板等文艺作品。编辑为县青救会秘书贾继荣，由孔庆功刻蜡版。1942

年 5 月停刊。

（十六）《之光文化》，是之光县（注）文建会办的综合性刊物。1941 年初创刊。油印。开始几期是 8 开两版，后改为 32 开本，月刊。主编张君。除刊登宣传材料、文艺作品外，还辟有《之光大事记》专栏，报道全县的各项抗日活动。这个刊物和它的专栏，曾在冀中文建会的代表大会上受到表扬。1941 年冬，因敌人"扫荡"，环境残酷，遂停刊。

注：1941 年元旦，为适应对敌斗争的需要，清苑县以张（登）保（定）公路为界，划分为清苑（路西）、之光（路东）两县。之光县，是为纪念因劳致疾去世的冀中行署公安局第一任局长李之光而命名的。李之光是安新县人，在第二次国内革命战争时期，他经常活动在这个地区领导革命斗争。

（十七）《小天地》，是之光县文建会办的文艺刊物。1941 年 3、4 月份创刊。油印，32 开本，月刊。主编张君。刊名取自过去流传的一副对联："天地大剧场，剧场小天地。"主要刊登短小的文艺作品和演唱材料。如该县文建会主任李春溪作词、张荫堂作曲的《之光县歌》，齐抗的《护麦歌》等，都曾在干部、群众中演唱。同年底，因环境残酷而停刊。

（十八）《之光青年》，是之光县青救会办的报纸。1940 年冬创刊。油印，16 开 1 版，不定期。主编段继三。

（十九）《安新月刊》，是安新县文建会办的刊物。1941 年创刊。油印，为 32 开本。主要是指导区村文建会工作，也刊登文艺作品及时事评论等。主编杨腾。1942 年敌人大"扫荡"时停刊。

（二十）《乡村文化》，是清苑县文建会办的刊物。出了 5 期。

（二十一）《任邱文化》，是任邱县文建会办的刊物。月刊。

十专区

（一）《抗日前线》

1937 年 10 月，新城县共产党员刘佩荣、郑文明等，参加了该县地方武装四大队，以大队政训处的名义出版小报《抗日前线》。油印，日报。主要是刊登抗战新闻，很受部队欢迎。一个多月后，刘佩荣等离开该部队，小报即停刊。

（二）《新新报》，是新城县的报纸。详情待查。

（三）《百姓报》，是容城县的报纸。1941 年 1 月创刊。油印，8 开两版，不定期。主编孙亮（高镜明）。主要是报道对敌斗争，工、农、青、妇、文各群众团体的活动，减租减息等。该报的编排印刷较好，曾受到分区领导的表扬。同年 8 月，因敌人"扫荡"而停刊。

（四）《捷报》、《前哨报》，都是固安县的报纸。详情待查。

（五）《抗战报》，是霸县的油印小报。

（六）《醒狮报》，是抗战初期雄县出版的报纸。负责人是高铁英。

丁、民办报纸

抗日战争刚刚开始的时候，冀中农村曾经出过一些由知识分子自办的报纸。这类报纸有多少，难以调查统计，现在只知道 6 种。

（一）《广播新闻报》

1937 年"七七"事变以后不久，农村看不到报纸了，群众无法知道抗战的消息及其他国家大事。束鹿县范家庄李梦旭，借用地主在一个杂货铺安放的收音机，拉出一条线，把喇叭装在门口，街上每晚都坐着一片人听新闻广播。同时，李梦旭则在室内把新闻记录下来，然后由其弟李梦勋编辑、刻印成油印的《广播新闻报》。报纸为 8 开两版，第 1 版是新闻，第 2 版是副刊。副刊主要登载唤起群众抗日救国的短文及漫画等。如号召"誓死不做亡国奴"，"誓雪国耻"，"抗日救国，匹夫有责"。报纸印出后，聘请一些青年、儿童到各村出售。发行范围约在范家庄周围 40 里左右。半年以后停刊。

（二）《抗敌报》

1937 年 8 月间，宁晋县司马村曾任过村长兼小学校长的赵辉楼（后任民众抗日自卫军司令员），在本村组织抗敌后援救国会，创办《抗敌报》，油印，发到附近各村，进行抗日宣传。同年 10 月，日本侵略军进犯到了司马村，该报即停刊。

（三）《十日谈》

早在 1932 年，深泽县有一些进步青年学生，组织了一个读书会。开始是自发的群众组织，后来接受了党的影响和领导，并在读书会建立了党支部。1937 年冬季，读书会创办了油印小报《十日谈》，8 开，有时两版，有时 4 版，旬刊。主要是结合当时的形势，进行抗日的宣传动员工作。主持人是刘国华。约出了4、5 期，到 1938 年初，县抗日动员会开始筹备时即停刊。

（四）《新闻报》——《平原报》

1937 年冬，在束鹿县西刘庄创办《新闻报》。油印。负责人是刁孟九。后迁到该县旧城，改名《平原报》，仍为油印。由李梨主编。

（五）《盾报》，1938 年在束鹿县辛集出版。油印，8 开两版，不定期。

（六）《醒钟隔日报》，为深县北小营村张永逊（后来曾任深南县县长）所办，创刊于 1938 年春。油印，8 开两版，隔日刊。张自备收音机，自购纸张和油墨，借来油印机，自己抄收记录新闻，自己编辑，由别人帮助刻蜡版、印刷和发行。发行方法主要是赶各个集市，出售一部分，散发一部分。卖报的收入用来购买纸张、油墨和电池。在当时消息闭塞的农村，这个小报及时传播抗战新闻，很受群众欢迎。到了 1938 年 7 月，张永逊去抗战学院学习和工作，该报即停刊。

综上所述，在抗日战争时期，冀中根据地先后共出版公开发行的报纸 144 种（同一报纸改换名称的，如《导报》改为《冀中导报》，《前线上》改为《前线报》，仍算作一种），刊物 94 种，报刊总计 238 种（在日本投降以后出版的《天津导报》和后来出版的《冀中群众报》，以及解放战争时期出版的其他报刊，均未统计在内）。这只是现在已经了解到的，很可能还有遗漏。这个数字还不包括党内、军内报刊。

戊、党内报刊

关于党内报刊，这次没有普遍调查。仅了解到 22 种，介绍在这里，以见一斑。

（一）《工作往来》，是冀中区党委办的刊物。1940 年 7 月 1 日创刊。32 开本，油印。1942 年 5 月敌人大"扫荡"以后停刊。1946 年 9 月 10 日又复刊。廊坊市档案馆藏有合订本。

（二）《材料汇集》，是冀中区党委研究室办的不定期刊。1945 年 2 月 1 日创刊。主要是交流工作经验。第 1 期刊有安平县某村（战争期间为了保密，报刊上一般不登村名）处理土地问题的经验，安国县某村召开减租说理大会的经验。肃宁县档案馆藏有第 1 期。

（三）《平原》，是冀中六地委办的理论刊物。

（四）《工作学习》，是冀中八地委办的党内刊物。油印。1944 年 3 月 25 日创刊。肃宁县档案馆藏有创刊号和第 3 期、第 5 期。创刊号的主要内容是整风运动，刊有《以整风精神纠正主

观主义官僚主义》，《克服小资产阶级意识和自由主义倾向》等
文章。第 3 期为 1944 年 8 月 18 日出版，刊有地委宣传部长、代
理书记阎子元在县长联席会上的报告：《政权干部的阶级立场与
政民关系问题》。第 5 期为 1945 年 1 月 17 日出版，主要内容是
减租问题。

（五）《党的新光》

1937 年 10 月，深泽县老共产党员袁拙农、张平之、李清瀚
等，在县城内创办党内小报《党的新光》，油印，8 开 1 版。由
邸清哲编辑。原来，由于受到敌人的破坏，深泽县的地下党员早
在"七七"事变前就与上级党组织失掉了联系。吕正操同志率
领的冀中人民自卫军到了深泽，好像党的光辉又照射到了这里，
党员们又见到了光明，因此把小报命名为《党的新光》。小报第
1 期的内容，就是吕正操同志召集部分地方党员和部队党员开的
联席会上所讨论的问题，主要是目前形势，党的抗日救国主张，
发动群众参加抗战等。

（六）晋县《支部生活》，是晋县县委办的刊物。1940 年春
创刊。油印，不定期。彭敬之编辑。主要内容为：支部活动情
况，共产主义和党的知识教育，时事问答等。

（七）定南《支部小报》，定南县委主办。1940 年夏创刊。
油印，周刊，8 开 4 版。后来为了便于保存，改为 32 开本，易
名《支部周刊》。环境好转后，又恢复 8 开 4 版的《支部小报》。
由县委宣传部干事赵俊义（后任宣传部副部长）兼总编辑。一
直出版到 1945 年抗日战争胜利，共出了 200 多期（一说出到
1947 年冬始停刊）。

（八）《战旗》，是安国县委办的刊物。约在 1940 年至 1942
年间出版。油印，64 开本。开始为月刊，后来不定期。在县委
宣传部部长曹平的主持下，由宋介之、苏文编辑。

（九）《我党之光》，之光县委主办。1941 年 7 月 1 日创刊。县委书记曹洪涛撰写了《创刊的话》。编辑李春溪。这个支部小报为油印，8 开两版，约 1 周出 1 期。同年底，因全县被敌人蚕食，小报遂停刊。在出版支部小报的同时，他们还翻印了《论共产党员的修养》、《怎样做一个共产党员》等小册子。

（十）清苑《支部小报》，清苑县委主办。1941 年 12 月创刊。油印，有时套红。8 开 1 版，不定期。主持人张鹏。小报除根据县委的部署指导工作外，还有加强党性锻炼和对党员进行气节教育的内容。如当时年仅十八九岁的区委书记田亮，被敌人逮捕后表现很英勇，区长霍国恩壮烈牺牲，都曾在小报上予以表彰。到 1942 年 4 月，因环境残酷而停刊。最后 1 期是在顾家营村的地洞里印的，没有来得及完全发出去。

（十一）《支部教育报》，赵县县委宣传部主办。季明（张惠生）编辑。创刊于 1942 年 6 月。油印，8 开两版。除对党员和党外积极分子进行党性和党的基本知识教育的内容外，还刊登时事新闻。当时环境十分残酷，该小报是在群众的掩护下，依靠地洞坚持出版的。

（十二）《方明小报》，河间县委主办。1943 年 1、2 月间创刊。为纪念逝世的县委书记张方明，通过小报，号召全县党员学习他艰苦朴素、深入实际、密切联系群众、团结同志、克服困难的好思想好作风。小报对于教育党员在残酷环境里坚持对敌斗争，起了很大作用。主编开始是代理县委书记兼宣传部长刘笑一，后由宣传部长陈光担任。出版 10 期左右，于 1944 年春夏之间停刊。

（十三）博野《支部小报》，博野县委主办。1943 年春创刊。没有专职的办报人员，县委会就是报纸的编委会，县委书记王进学就是总编辑，县委宣传部长董东就是编辑，县区干部都是记者、通讯员。在当时的残酷环境里，为了便于携带和阅读，小报印成 64 开本。油印，不定期。小报的刻写、印刷，都在大北河村一家堡垒户里进行。1944 年夏季停刊。

（十四）《小火星》，大城县委主办。1943 年春创刊。主持人是县委宣传部长常步青。地址在离敌人三个据点都只有 3、4 里的樊良村党支部书记关树森家里。根据李玉川同志所藏报刊可以看出，《小火星》开始为 64 开本，油印。后改为 8 开两版的报纸，仍为油印。开始不定期，后改为旬刊，又改为半月刊。中间一度停刊，后来一直出到解放战争时期。肃宁县档案馆藏有一张《小火星》报，为 1945 年 2 月出版，第 1 版刊有《给全县党员的一封信》，提出要继续巩固根据地，完成减租任务；同时要开展敌占区的工作，准备反攻。《小火星》的报头是刻在石头上的，现仍在大城县收藏。

（十五）任邱《支部生活》，任邱县委主办。李荫澄主编。

（十六）任河《支部生活》，任河县委宣传部主办。1943 年夏创刊。油印。

（十七）《红光》——《党员生活》

1943 年春，晋深极县委创办支部小报《红光》。油印，64 开本，半月刊，有时不定期。由县委宣传部干事何田编辑。从 1945 年 5 月 15 日出版的第 35 期开始改名为《党员生活》，仍为油印，64 开本，封面套红。谷建塘同志藏有《红光》4 本，《党员生活》两本。

（十八）《干部生活》，是晋深极县委办的刊物。1943 年 5 月 15 日创刊。油印，64 开本。这个刊物的任务，是在当时极端残酷的战争环境里，指导干部加强修养和锻炼，经受住考验，严格要求自己，带领群众坚持对敌斗争，克服一切困难，度过黎明前的黑暗，直到胜利。谷建塘同志藏有《干部生活》创刊号。

（十九）《气节与纪律》，是晋深极县委办的刊物。1943 年下半年创刊。油印，32 开本，不定期。编辑何田。主要内容是在当时的残酷环境中，对县区干部进行气节与纪律的教育。1944 年 7 月 7 日出版的第 6 期，刊有《布尔什维克的女战士》一文，介绍县委组织部干事贺勤岩被敌人逮捕带到城内以后，在敌人严刑拷打面前英勇不屈，最后忍痛把刚生下的孩子丢下，冒着生命危险跑出城来。同时也揭露了与贺勤岩同时被捕的邸国奎（被捕前也是县委组织部干事，贺勤岩的丈夫），作了无耻叛徒的丑恶嘴脸。表彰了贺勤岩在狱中痛斥邸国奎的严正态度。

（二十）新乐《支部小报》，新乐县委主办。油印。肖冰编辑。

（二十一）《党员小学》，是肃宁县委办的党内学习刊物。1940 年创刊。油印，64 开本。主要内容是教育广大党员坚守革命气节，树立共产主义远大理想。同时，在普及党的知识方面也起了很好的作用。1942 年 5 月停刊。1943 年夏又复刊，一直办到 1945 年肃宁县城解放。

（二十二）《毛泽东小学》，武强县委主办。油印，64 开本。肃宁县档案馆藏有第 24 期，为 1945 年 3 月 5 日出版。主要内容是介绍开展地道战的经验。

己、军内报刊

关于军队出版的报刊，除前面介绍的公开发行的以外，还了解到两种军内刊物：

（一）《敌工通讯》，冀中军区政治部敌工部主办。1939 年创刊。油印。不定期。主要刊载敌工工作的动态和经验，推动对敌伪军工作的开展。1942 年敌人开始"五一大扫荡"前停刊。

（二）《敌国月刊》，冀中军区政治部敌工部主办。1939 年创刊。油印。主要刊载日本国内和日本侵略军军内反战厌战等方面的材料，供有关人员了解，并可运用这些材料编印传单，向日本侵略军作宣传。与《敌工通讯》同时停刊。

截至目前，已经了解到的抗日战争时期冀中根据地出版的报刊就是这些。公开发行的，加上部分党内、军内的，共达262种。这肯定还是个不完全的统计，有待继续补充。这篇史料，只能暂时写到这里了。

后　记

为写这篇史料，从1984年开始，一面自己回忆，一面通过各种方式拜询当年的老同志，有的往访面谈，有的打电话，在外地的包括在国外的就写信。因为自己有病，中间住了几个月医院，这项工作时断时续，前后用了一年多的时间，拜询了50多位老同志，有的书信往来多次，反复核对事实。这些同志都十分热情，认为我是在做一件很有意义的事，因此都极力支持。令人痛心的是，就在我搜集资料、开始起草此稿的时候，有三位同志不幸病逝。这就更加使我感到必须抓紧时间了。虽然医生要我彻底休息，我也不能不违背医嘱了。此外，还参考了几位同志的文章。写出草稿后，分别寄给一些同志征求意见，再次核对事实。和同志们的来往信件，共达200多件，互通电话不计其数。

1985年8月，第一稿《抗日战争时期冀中的125种报刊》，在河北《社联通讯》发表了，我又分别寄给100多位同志征求意见。同时，根据新的线索继续搜集资料，再作补充修订。这次又用了两年的时间，得到90多位同志的帮助。其中，现住天津的柳心同志，虽然身患心脏病，还带上救急药，拄着拐杖，专程到北京来拜访一些老战友，帮我搜集资料。

1987年7月，第二稿《抗日战争时期冀中的193种报刊》，在天津《新闻史料》发表后，又发现一些新的线索，再次多方进行调查询问，又得到了 10 几位同志的帮助。这期间，我曾写信给年近八旬的冀中老作家路一同志，拜询当年在他领导下办的一种报纸的情况。他十分认真，为此分别给几位同志写信，请他们帮助回忆，然后他把几位同志的回信加以综合整理，给我寄来。还有沧州日报社的李继光同志，几次从沧州到肃宁县档案馆去帮我查阅、复印报刊资料。原冀中七地委《黎明》报的赵汉卿同志，从保定给我带来他珍藏的报刊。肖特同志，为帮我搜集资料而给其他同志打电话、写信，不知道有多少次。

从 1984 年开始到现在，共用了近 10 年的时间，得到 160 多位同志十分认真、十分热情的帮助，使我非常感动，非常感谢。同时，他们也给了我很大的鼓励，说看了我的稿子"很受感动"，"实在钦佩"，"致衷心的谢忱"。这些赞扬的话，我认为首先应当是对当年在残酷的战争环境中办报刊的那些同志说的，也是对那些为我提供资料的同志们说的，我只是做了一点搜集整理的工作。令人悲痛的是，为这篇史料帮助过我的同志中，有 13 位已经作古。我在这里向他们表示最深切的悼念。如果我这项工作着手再晚一些，很多活资料就无可挽回地永远失去了。

帮助过我的同志太多了，这里恕不一一列出他们的大名，谨一并表示最深切的谢意。

（1985 年 6 月第 1 稿

1987 年 5 月第 2 稿

1993 年 7 月第 3 稿

1994 年 4 月定稿）

（原载《冀中报刊史料集》）

在敌人眼皮底下办报

　　冀中，这块敌后抗日根据地，四面被敌人控制的铁路（平汉路、津浦路、北宁路和石德路）包围着，所有县城、市镇和交通要冲都被敌人侵占。然而，相对来说，这还是环境较好的时候。

　　冀中环境最残酷的年代，是敌人从 1942 年 5 月 1 日开始对这个地区进行疯狂"扫荡"（后被称为"五一大扫荡"）以后的两年。日本鬼子和伪军，三里修一个炮楼，五里安一个据点，据点之间修上公路，经常有敌人的汽车来往巡逻。在铁路和主要公路两边，以及敌人的据点周围，还挖了封锁沟。人们把这种环境形容为"碉堡如林，沟路如网"，一点也不过分。我们的抗日工作人员完全转入地下，晚上出来活动时则"迈步登公路，抬头见炮楼"。

　　就在这样的环境里，只是冀中区党委的机关报《冀中导报》暂时停刊了，五个地委和几十个县委仍坚持办报，在敌人眼皮底下办报，在地洞里办报。不是亲身经历过的人简直难以相信。至于当时的环境究竟怎样的残酷，我们是怎样坚持办报的，说来话长。这里只说说我的一段经历。

一 五面枪声

深县、安平、深泽、束鹿一带，原是冀中的党政军民领导机关经常活动的地区。1942年5月11日，日寇华北驻屯军司令冈村宁次亲自部署指挥，在这一带搞了一个方圆几十里的大合击圈，在飞机的配合下，步兵、骑兵像拉网一样从四面往里压缩，妄图把我冀中领导机关和主力部队消灭在这里。其实，敌人并没有摸清，他要捕捉的目标已经转移到别的地方去了。被包围在合击圈里的是成千上万的老百姓和地方干部。合击圈越压缩越小，最后把人们赶到上述四县交界的野地里，四面离村都较远。敌人继续从四面打机枪，空中的飞机也往下打机枪，五面枪声不断。人们试图跑出合击圈，但哪一面也有敌人的骑兵或步兵，因此跑一段又回来了。有些抱小孩的妇女跑得太累了，只好坐在地上听天由命。

二 冒死突围

当时我刚到冀中七分区文工团工作不久。文工团的几十位同志都被包围在大合击圈里，但已经跑散了，和我在一起的只有演员张洪同志（深泽县枣营村人）。我们俩分析，敌人把这么多人包围在这里，不可能都带走，必然要从中挑选，而我们这样的年轻人肯定是被抓走的对象。因此我们两人决定，不顾敌人的机枪扫射，拼命也要往外跑，宁死不能被敌人抓住。安平、束鹿、深县我们都不熟悉，就往熟悉的深泽县境内跑。跑了一段，看到南面有敌人的骑兵跑过来了，西面有敌人的步兵从杜家庄东口出来，分为两股，一股往东南，一股往东北，成为一个钳形，以继续紧缩包围圈。敌人从飞机上打下来的机枪子弹，像雨点一样落在我们身边，把地上的土打得噗噗地冒烟。我们看准了机会，敌人的马队还没跑到我们跟前，从杜家庄出来的两股敌人的尾巴都已出了村，这正是个空当，我们冒着枪林弹雨，飞快地从一个交通沟里跑进了杜家庄，算是跳出了敌人的合击圈。事后听说，敌人从合击圈里抓走很多人。这里提到"交通沟"，需要顺便说明：冀中大平原，没有山，为了打游击，在抗日战争开始不久，就把所有的大车道都挖成一人深的道沟，道沟之间又挖出只能走人的小交通沟。这样，既可阻挡敌人的汽车和骑兵横冲直撞，又便于我们的干部、群众和游击队行动时免遭敌人的射击。

三　村村有哭声

我和张洪在杜家庄没有住脚，继续往西北方向走。每经过一个村，都会看到敌人"扫荡"过后的凄惨景象。街上冷冷清清，因为绝大部分人被敌人"拉网"拉走了，只剩下一些跑不动的老人，在街上哭哭啼啼，有的是家里人被敌人打死了，有的被敌人抓走了，有的房子被烧了，还在冒烟。

我们是黎明时分听到敌情后跑出来的，这时已到了下午，大半天还没有吃饭，肚子早饿了。到了周家庄，这里是张洪的姐姐家。家里没人，我们掀开夹道里的锅，锅里有剩饼子。正吃着，张洪的姐姐哭哭啼啼地回家来，原来是她父亲被敌人打死了。姐姐要张洪和他一起料理后事，张洪有些犹豫。因为我们估计，敌人从滹沱河往南拉了一次网，把绝大部分人拉走了，回来时还会由南往北再拉一次（后来的事实证明我们的分析是对的），所以我们今天必须到滹沱河北去，才能躲过敌人。开始，张洪要跟我一起走。出村不远，毕竟出于父子之情，张洪又回去了。

四 闯过封锁线

傍晚，我走到马铺村西，想从这里过河。河水很浅，绾一绾裤腿就可过去。但敌人已经把河封锁了，在河北岸，每隔一段就点起一堆火，作为警戒线，并有骑兵来回巡逻。我蹲在河南岸一棵树的背后，观察了一会儿，摸清了敌人骑兵来回巡逻一趟所需要的时间，看准一个空子，就很快蹚河过去了。一到北岸，遇到一个穿破衣服的老头，一看就是个老贫农。他看出我是个革命工作人员，立即十分关切地对我说："哎呀！同志啊！你这会儿过河多危险呀！敌人的马队刚过去！"我说："我看见了，正是趁这个空子过来的。"那位老贫农急忙把我领进一条小交通沟，让我在五千村边上往北走。越过了敌人的封锁线，天也黑了，这一天才算比较安全了。

五 来了"串门"人

敌人的"五一大扫荡"，把我们的文工团冲散了。七地委决定，由于环境变了，文工团不能再恢复，所有人员分散隐蔽，有家的暂时回家，没家的投亲靠友。根据组织的安排，我回到自己村里隐蔽。后来协助区村干部把本村的工、农、青、妇等群众团体恢复起来，组织群众秘密进行抗日活动。

我们村的杨保祥同志，论乡亲辈，我叫他保祥叔。他是县委秘密交通队的交通员，晚上带着手枪去送信，白天下地干活，村里的人们根本不知道他是交通员。

一天晚上，保祥叔到我家来"串门"，和家里人闲谈了一会儿就走了。出于"礼貌"，我把他送出了大门。其实，我知道他是来找我的，只是不能当着别人的面说明。我家的人，都蒙在鼓里。一出门，我们拐进一个小胡同里，保祥叔没说一句话，只把一封信递给了我。我在月光下把信拆开来看，随手把撕下的纸头扔在地上。保祥叔有丰富的秘密工作经验，警惕性很高，非常细心，他一声没吭，弯下腰去把我扔的纸头拾了起来，以免留下痕迹。

信，是晋深极县委宣传部长刘铭西同志写的，他要我到县里去办报。因为在敌人的"五一大扫荡"以前我曾在县里办过刊物。

那时候调动工作，用不着说多少话，只要组织作了决定，通知一声，马上就走。

和我一起办报的还有谁，在什么地方，我都不知道，铭西同志的信上没写，保祥叔也没说，我也没问，这是保密所必须遵守的纪律。当时，什么单位住在哪个村，什么时候又转移到了什么村，只有秘密交通队的交通员知道。不仅各单位相互间的信件联系、文件来往要靠交通员，干部调动工作也只有跟着交通员走才能找到新的单位。

六　悄悄离家

我和保祥叔约好，第二天傍晚就走，并商定了在村外会合的地点。到了约定的时间，我没有告诉家里任何人，悄悄离家出了村。保祥叔远远地看见了我，就一直朝北走，我跟在他的后面，总是保持着几十米的距离。在别人看来，好像我们俩人并不是一起走路的。

当时天气很热，我光着膀子，肩上披着一件单褂，手攥着袖筒，袖筒里装着一个旧账簿。账簿封皮上写着"西路走账"，里面写账只用了几页纸，其余大部是空白，就作了我的笔记本，而"西路走账"又是很好的伪装。此外，口袋里还装着一个小铅笔头。这就是我的"文房四宝"和全部家当。走了不远，碰见我家的一个人正在地里摘豆角，问我到哪里去。我指着前边，含糊其辞地说："到那边看看。"

七　四人小报社

很快天就黑了，又有青纱帐，这时走路是比较安全的。在村里的人们大部分吃过晚饭的时候，保祥叔把我带到段庄一户房子很破旧的人家。当时正有月亮，院里似乎没人。走近一看，在南房根下的月亮阴影里站着三个人，他们低声地但是很热情地向我打招呼。这时我才知道，原来和我一起办报的是徐开、赵振国、李廷杉三位同志，都是老熟人（老熟人的"老"字和我们的年龄不大相称，最大的老徐30来岁，我们三人都是20来岁）。老徐原名徐国兴，抗战初期我们曾在一起工作。他的经历比较复杂，但毫无隐瞒，也不回避，常说："我参加过国民党，奉过天主教，还当过中央军。"抗战开始就参加革命了。而且，在环境最残酷的时候，有一些人投敌了、变节了，或动摇了，他却始终坚定不移。振国是我中学的同学，那时瘦弱得很，绰号"猴哥"。廷杉也曾和我一起工作过。

四个人的小小报社从此算是正式成立了。我们的任务是，翻印七地委的《黎明》报（油印的《黎明》报印数很少，要由各县翻印），另外自己编两个版，作为《黎明》报的《晋深极版》，刊登本县新闻。徐、赵、李三位同志都是刻蜡版的能手，他们刻的宋体字比铅字毫无逊色；而且油印技术很高，印出来的报纸清晰漂亮。徐、李还都会画画。我除了作编辑和通联工作外，要帮作校对和油印助手，还兼交通员，晚上背起报纸送到秘密交通站，在那里取回交通员从别的地方背来的白报纸和各地写给我们的稿件。房东做饭时，我们有空还要帮着烧火。

在那个环境里，为了便于随时转移，冀中所有的报纸都是油印。但带着油印机打游击仍嫌笨重，钻洞也不方便，就只用一个油墨辊子，借小学生的石板调油墨，把刻好的蜡纸的一头卷在房东量衣服的尺子上，就可印了。钢板的木框也不要，只用钢板条。这样，只有一个油墨辊子、一块钢板条和铁笔，往书包里一装，说走就走，说钻洞就钻洞。纸张平时都坚壁起来，用时才往外拿。

八　报小作用大

在那样残酷的环境里，我们不可能出去采访。只给县、区各单位发了一个通知，说明县里要出报了，请大家踊跃投稿。广大干部怀着取得每一个对敌斗争胜利后的兴奋心情，怀着对敌人暴行的无比仇恨，源源不断地给我们写稿来。投稿，以及各单位之间的信件联系，当然不是通过邮局（那时没有邮局），而是通过秘密交通站。这样还怕万一遗失或遇到意外而泄密，信封上都不写单位和负责人的真名，而是使用事前统一编好的代号。记得县政府和县长的代号是赵老刚，县抗联会及其主任的代号是李老赴，我们的代号是吴老统。环境好转以后，有的同志开玩笑还叫我吴老统呢！在那个年代，给党员开关系介绍信也不写党员，而是写："某某是我表弟，请你招待。"

由于环境残酷，各级干部都是在高度分散和十分秘密的情况下进行工作，很少碰面，也难以互通声息。广大群众也看不到县区干部。靠一张小小的报纸，使大家可以听到党的声音，知道国家大事，开阔眼界。本地区和本县的新闻报道，主要是揭露敌人灭绝人性的暴行，传播广大干部、军民对敌斗争的胜利消息和英雄事迹。通过这张小报，激励着、鼓舞着干部、群众的斗志，坚定着大家冲破黎明前的黑暗、夺取最后胜利的信心。

九 堡垒户

前边提到帮助房东做饭，其实那时并不是普通的"房东"，而是"堡垒户"。所有县区干部，每个人都在不同的村庄有几个"堡垒户"，不断流动着居住。所谓"堡垒户"，就是在非常可靠的群众或干部家里，挖一个秘密地洞，遇到敌人来了，就钻进洞里隐蔽起来。开始时的地洞比较简单，容易被敌人发现。随着敌人的破坏和我们反破坏的反复斗争，地洞不断改进。比如，挖在什么地方，洞内怎样构造，怎样防备敌人往洞内放水、放毒，洞口怎样伪装，怎样留通气孔。如洞口被敌人发现，怎样在洞内同敌人斗争，以及怎样和地道结合，等等。后来，挖地洞就成为一门学问了。现在如果写一本书，画上插图，讲一讲地洞发展史和依靠地洞进行对敌斗争史，是很有意思的。守着这样的地洞工作，必要时到洞内去工作，比较踏实。我们住的段庄，村边就有敌人的炮楼。我们在屋里的炕上工作，一抬头就可以从窗户里看到敌人的炮楼，而敌人却难以发现我们，更难以抓到我们，因为我们有地洞可以隐蔽，特别是有群众冒着生命危险掩护我们。依靠地洞，归根到底还是依靠群众。

尽管如此，毕竟是环境太残酷，所有干部都不能在一个地方住很长的时间，必须不断转移，以防被敌人发觉。我们在段庄住了几天，一天晚上，交通员就带着我们秘密转移到我家所在的村子——小直要村。徐开、赵振国两位同志住在杨金堂（我叫他金堂叔）家，李廷杉同志和我住在同一条街的萧文科（我叫他文科叔）家。白天各自在屋里工作，连院子里都不去，以防被串门的人看见。我们之间的联系，只能在夜深人静的时候。因此，虽然我是本村人，但除了这两个堡垒户之外，谁都不知道我们住在这村，包括我家的人也不例外。

虽然环境非常残酷，我们在工作之余还有很有趣的文化活动。老徐的胡琴拉得不错，但不敢拉得很响，只能用一根筷子作琴码，拉出的声音像蚊子叫，我就跟着用很低的声音唱，外面根本听不见。我们找来了一本《京剧大全》，在这段时间里还学会了几段京戏。有时我还跟着老徐和廷杉学画画。

十　一次遇险

在我们村周围相邻的各村，都是敌人的据点或炮楼，最远的三里，最近的不到一里，实际上就在我们村边。敌人随时都可能来到。有一天，敌人突然来了，住在杨金堂家的徐、赵两位同志没有来得及钻洞就被敌人发现，问他们是干什么的，他们说是到姑姑家来走亲的，并出示了事前伪造好的"良民证"。两个伪军要把他们带走，到门口遇见杨金堂的母亲从外边回来了，又问徐、赵二人是干什么的，杨老太太也说是来走亲的（在每一个堡垒户都必须商量好是什么关系，以备应付敌人）。两个伪军把他们带到大街上交给一个伪军头目。伪军头目看了看他们的"良民证"，对那两个伪军说："多一事不如少一事，有良民证，让他俩赶快走吧！"其实，当时的革命工作人员由于整天价不见太阳，脸色苍白，一看就知道不是普通老百姓。而那个伪军头目却把他们放走了。徐、赵二人一出村就钻进青纱帐。事后我们分析，那个伪军头目可能是我们的内线关系，或者是一个没有丧失民族良心的中国人。不然，绝不会把两个革命工作人员放走。

回过头来再说廷杉和我。敌人一进村，我们就知道了，很快钻进地洞。敌人把徐、赵二人抓走后，萧奶奶（萧文科的伯母）立即通知了我们。按当时不成文的安全保密规矩，如果几个人合用一个地洞，只要其中的一个人被捕，别人就不能再用这个地洞，以防意外。我们得知徐、赵被捕的消息，立即从地洞里出来，在萧奶奶的带领下，穿过户与户之间的"穿通洞"（在所有两户相邻的墙上都挖了洞，平时掩盖起来，遇到敌情，就可一户串一户地跑掉），到了村边，萧奶奶看了看村外没有敌人，打了个手势，我们三步并两步地跑进了青纱帐。

十一　贫农贺老仰

徐、赵二人被捕，以及我和廷杉跑出村去的消息，在村里秘密传开了："敢情杜敬就住在咱们村里！"我家里的人也知道了。既然已经暴露，必须连夜转移。我们当着街上一些人的面出了村，佯装走了，实际又秘密回到了这个村的另一条街上，住在贺锡兴（我叫他锡兴叔）家和贺老仰（我叫他老仰爷）家。两家是邻居，有"穿通洞"相连。老仰爷家住在村边，门朝野地，一出门就是青纱帐，地势很好，只是没有地洞。于是我们除了工作以外，在老仰爷和锡兴叔的帮助下，连夜挖洞。

老仰爷是个老贫农，四五十岁时才结婚，但生下一个儿子以后妻子就去世了。儿子叫东海，这时才六七岁。白天，老仰爷给地主富农去打短工，把家门倒锁起来，我们在里边工作。东海背着一个小筐在村边拾柴火，同时也是给我们放哨，遇有敌情，他就用早已定好的暗号通知我们赶快钻洞。晚上，我们工作不忙的时候，和老仰爷父子一起坐在炕上，围着一个小小的豆油灯，一边用手脱玉米粒，一边说说东道道西，就像一家人一样。他家生活比较困难，我们就帮他出主意，怎样慢慢富裕起来。我们从村里领回的粮食，和他家的糠糠菜菜掺和起来一起吃。

老仰爷家和我家住在一条街上，只隔着两户，而我家的人根本不知道我就住在这里。为了保密，我一直枕着砖头睡觉，也没有回家取个枕头来。依靠群众，依靠堡垒户，胜过自己的生身父母啊！

"文化大革命"当中，怀疑我是叛徒，曾经派人到我的家乡去调查。老仰爷听说以后很生气，他出面作证说："日本人在这里的时候，他住在我家里，是我把他藏起来的，怎么能是叛徒啊！"

十二　秘密交通站

我们村有一个秘密交通站，在萧成福家的南屋里（这在当时是绝对秘密的，村里人谁都不知道，现在可以公开了）。一到晚上，用被子把窗户堵严，门上挂着棉门帘，以免从外面看到屋里的亮光。待各路交通员陆续到来之后，在炕洞里点上个小豆油灯，大家都蹲在炕洞口的地上，围着小灯交换信件。谁也用不着说一句话，神不知鬼不觉地就完成了任务，很快各自散去。

一天晚上，我到秘密交通站送报取稿，去的早了一些，窗户虽已堵严，小灯还没点上，屋里黑洞洞的，伸手不见五指，也没有一点声音。这是交通员们都还没有来，我就蹲在一个墙角里等着。过了一会儿，突然从另一个墙角里发出很低的声音："怎么他们还不来呀？"这是多么熟悉的安平县口音啊！一听就知道是原来七分区文工团的团长杨光同志。在敌人的"五一大扫荡"中我们被冲散以后，失掉了联系，没想到在这里偶然相遇了。一问才知道他是从安平县调到晋深极县来工作，正跟着交通员一站一站地被转送，去找县委。刚低声交谈了几句，想说说各自当时是怎样从大合击圈里脱险的，各路交通员陆续来到了，开始紧张地交换信件。

十三　在王俊杰家

在那个年代的堡垒户当中，住的次数较多的是周家庄王俊杰家。每次夜深人静时转移到他家，用事先定好的暗号敲敲墙，门就开了。俊杰和他的姐姐、妹妹、弟弟都叫我敬哥，我管俊杰的母亲叫姑姑。这又是我的一个温暖的"家"。姑姑像母亲一样照顾我。全家人非常细心地掩护我。有一次，白天我去厕所，正在这时来了一个串门的老太太，和俊杰家的人在院里说话，而且说起来没完。俊杰的姑姑知道我在厕所里不能出来，就很热情地请那位老太太到她屋里去坐。老太太很客气，执意不肯进屋，俊杰的姑姑就更加热情地把她硬拉到屋里，我才从厕所里出来了。

那时才十几岁的王俊杰，现在年近古稀，已从国家机关一个部门负责人的岗位上离休了。他的几个兄弟姐妹，分散在山南海北的不同工作岗位上。他们称得上是一个革命家庭。

上述这一段经历，因为是在极端残酷的战争环境里的事情，虽然已经过去 50 多年了，至今记忆犹新。

（原载《冀中报刊史料集》）

河北省的通讯工作

　　河北省的通讯工作，经过十余年来的发展，已经织成一面密密的大网，遍布全省各地。有 16000 余名通讯员，通过各种各样纵横交错的线与河北日报联系着。全省各地较大的事情，及一般工作情况与问题，大部分能及时反映到报社。如用稿件数量来说明，据今年一二三月份统计，除各级通讯组织经过初审认为不能上报，因而留下的以外，交到报社的每月平均 3640 件。据唐山专区两个半月的统计，平均每月通讯员共写稿 1371 件，经各县通讯干事初步选择后，每月平均交到地委通讯科者只 570 件；地委通讯科再选一次，交到报社者平均每月 273 件。如按这样计算，报社收到的稿件只占通讯员写稿总数的 1/5；全省通讯员则每月平均共约写稿 18200 件。报纸采用稿件，只占报社收到稿件的 15%—20%。此外，各级各部门（主要是党委和政府）的工作报告、总结等，有很多能经常寄给报社一份。还有些人不断给报社写信反映工作情况。河北日报的问事处，每月收到 1800 多封信，副刊每月直接收到来稿 200 余件，均没有计算在以上稿件数目内。

　　通讯网的组织情况是这样的：

河北日报编辑部（实行编采通合一以前）有通联科（12人），各地（市）委宣传部有通讯科（每个地市委3人，共42人），各县（镇）委宣传部有通讯干事1人（共142人）。以上196人是专业通讯工作者。兼职者有：省府各厅、局及各专署均有报道秘书，有的工厂设有通讯干事，唐山专区的专区级各部门均有党报干事。各县（镇）都有中心通讯组，由县级各部门负责干部及县委通讯干事组成，在本县（镇）通讯工作中起核心推动作用，一般的是由县委书记亲自领导。中心通讯组的工作搞得比较好的约有1/3。各地通讯员一般的都组成了通讯组，县以上是以部门为单位组成，区以下就是以区、村、工厂、学校为单位组成。

我们把通讯员分成了三种：长期积极写稿，而且所写稿件质量较高者，报社即聘为特约记者或特约通讯员，全省共有270人，其中有地委委员、县委委员。能够经常写稿者，地委通讯科或县委通讯干事即确定为骨干通讯员。有时写稿，也许很长时间不写者，为普通通讯员，全省共16000余人。普通通讯员中，有1/3以上是不大起作用或挂名的通讯员。

这些通讯员，绝大部分不是报社直接发展的，而是多年以来在"全党办报"的口号下，各级党委都把领导通讯工作当成了日常工作之一，经常进行布置、动员、检查、总结。如今年一月份，河北日报发起写稿运动时，报社的布置还没有发下，先由广播电台广播了，饶阳县委从收音机里听到以后，就立即作了研究，并在县区扩大干部会上作了布置。各级党委经常号召大家都要动手为党报写稿，要普遍建立通讯小组，协助通讯工作干部经常召开通讯员座谈会。要把写稿作为每个人必须做的工作。做完一项工作后，如不报道，就不算完成任务。要首长负责，亲自动手。各级党委还经常检查干部对写稿的认识，批评轻视写稿的思想。对重视通讯工作和写稿积极的人，在报纸上、会议上或通报表扬。对轻视通讯工作和长期不写稿的负责干部，则提出批评，甚至通报批评。政府各部门及各人民团体，也经常通过自己的组织系统布置通讯工作，把通讯工作作为下级对上级报告和总结工作的内容之一。如河北省水利局，局长亲自动手领导通讯工作，并亲自动手写稿，还给别人改稿。在水利工作系统中，有很健全的通讯组织，省水利局通讯组经常提出关于水利工作的报道要点，一面给报社作参考，一面作为该系统中各级写通讯报道的依据。定县专区供销社和税务局，对其下级组织中的通讯员都有经常指导。

各级建立了通讯小组以后，报给报社，报社即进行联络指导。通讯员一开始给报纸写稿，报社即抓住不放，初期是每稿必复每信必复。如所写稿件不能发表，就很耐心地提出具体意见，告诉他以后怎样写，或者这一篇怎样写就能发表。对发表了稿件的通讯员，则再予鼓励，让他继续多写。

1947年进行土地改革时，各地工作组里也有通讯组长或专门负责通讯报道工作的人，报社即与这些人取得直接联系，各地土改情况与问题很快就能反映到报社。

此外，报社出版的通讯刊物，发给所有的通讯员每人一份，除了通过这个刊物进行指导以外，也有些鼓励作用。有些人拿到刊物后，觉得再不写稿就对不起报社了。有的通讯员如隔了相当时间没有写稿，报社即写信联系，甚至连写几封信，这样他就又写起稿来。通讯员接到报社的信，觉得特别亲切，受到很大的鼓舞。很多人就这样和报社成了很好的朋友，有的人调动工作时还通知报社，甚至有的因病请假时也通知报社，说明他多少日子不能写稿。

报社及有的专区、县，曾不断评奖模范通讯员、通讯组，也有一定的鼓舞作用。

这样，大家就认为写稿是每个人的责任，不写稿或轻视通讯工作是不对的。但也有些通讯员始终是挂名的，认为不做工作不行，不写稿不要紧，写稿是额外负担。

河北省的通讯工作，就是这样发展和巩固起来的。经验证明，报纸编辑部应把做好通讯工作作为有决定意义的一环。

去年8月建省以后，冀南、冀中、冀东三个地区（还有北岳、太行各一部）合并，每个地区都有很多通讯员，合在一起就更多了，河北日报就接受了这一批宝贵的财产。但是，再像以前那样每稿必复、每信必复是做不到了，因此就改变了通讯联络的工作方法，并逐步建立骨干通讯员，聘请特约记者及特约通讯员，逐步精干通讯组织。在河北省来说，这是通讯组织由广泛发展到巩固到精干的一个发展过程。

后来，报社通讯科，主要是在业务上领导各地（市）委通讯科及特约记者、特约通讯员，与县（镇）委通讯干事及县（镇）中心通讯组也有一定的联系。地委通讯科主要是在业务上领导各县（镇）通讯干事，并与各县（镇）中心通讯组联系。骨干通讯员，一部分是地（市）委通讯科直接掌握的，一部分是县（镇）委通讯干事掌握的。地（市）委通讯科的人员及县（镇）委通讯干事，又是报社驻当地的记者，除做通联工作外，还进行重点采访。特约记者及特约通讯员的稿件，经县（镇）委审查后，即直寄报社通讯科。一般稿件，经县（镇）委审查后，由通讯干事寄地委通讯科。有的县（镇）委通讯干事，将稿件进行初选，认为质量太低的即直接退回，不再寄地委通讯科。地委通讯科将来稿分为三类，较好的寄给报社，认为不能单独发表的就综合改写后再寄报社，不能用的就退回或作为材料积累起来。

报社通联科与各地的联络方法，除信件外，经常电话联系（刚建省时，各地市委通讯科设有电台发稿，经常有电报联系）。特别是紧急任务到来时，如雨后抢耕抢种，通联科即昼夜用电话指挥各地组织报道，各地用电话向报社发稿。平时，也不断有的县从百里以外送一件他们认为较好而且时间性较强的稿件来。此外，为一个突击任务，如战时报道一个战役，去冬今春报道宁（河）宝（坻）蓟（县）玉（田）重灾区的生产救灾，报社均派记者组带着电台去进行报道。电台除发记者稿件外，也发通讯员较好的稿件。

河北省的通讯工作，已具相当规模，通讯员数目及来稿数目是相当大的。目前主要问题是通讯报道上的盲目性，无计划性，呈现某种程度的自流状态。解决这个问题的过程，就是提高稿件质量的过程。这必须经过长期努力才能获得逐步改进。在这一方面，我们曾采用了以下几个办法：

一、对通讯组织的全面指导与重点联系相结合，抓住通讯工作中最主要的一环——主动组织稿件，出题目做文章。

通讯组织发展到目前的状况，不可能再对每一个通讯员都抓得很紧，不可能再采取每稿必复每信必复的方法，但也不能把现有组织完全放弃。除了全面的一般指导外，必须抓住重点。报社要抓住地（市）委通讯科、县（镇）委通讯干事、县（镇）委中心通讯组、特约记者及特约通讯员（其中很多是各级主要领导干部），加强对他们的联络指导。根据各地汇报材料、从稿件上看到的问题及各地特点，主动给他们出题目做文章，指定专人写，或经过他们去组织。例如，报社经常写信或打电话请清苑县委书记马化民同志（特约记者）组织专题报道，他都是很快就能写来。马化民同志领导的那个中心通讯组也很起作用。他和县长及宣传部部长分工领导各部门的通讯工作，经常督促检查，具体帮助，培养通讯员。马化民同志发现哪个部门的工作有改进或有问题时，就给该部门的通讯员出个题目，并告诉他怎样写。写好以后，马化民同志亲自修改。干部下乡时，他们也亲自布置怎样注意组织报道。

各地（市）委通讯科，也经常采用出题目做文章的办法。如保定地委通讯科用出题目的办法，使该专区（共辖17个县）有12位县委书记、13位县委宣传部部长、8位县长都动手写起稿来。稿件质量也提高了。该专区为强调提高稿件质量，还曾规定各县每月只许交稿20件到35件。定县地委通讯科出题目组织的稿件，能被报纸采用60%—70%。但在初期，地委通讯科出题目时，因对各县情况了解不够，出的题目也是千篇一律，甚至把题目油印出来发到各县。有的题目未抓住各个地区的不同特点，不适于当地情况。如通县专区有的县，认为地委通讯科出的题目不适当，自己另外出了一个题目。

遇紧急任务时，也曾不断采用出题目限时间写来的办法。

对通讯组织的领导，也应抓住重点，抓住骨干。如今年一二月份开展写稿运动的初期，定县专区多数县份都是大平面的领导，因而稿件质量很低；博野县一个月写稿146件，报纸只采用了3件。后来地委通讯科提出通讯组织上的"精兵简政"，按全省宣传会议上提出的要求，每县保持5—10个骨干通讯员，20个普通通讯员，一两个特约通讯员或特约记者。各县即依此进行了整顿，稿件质量逐渐提高。唐山专区卢龙、乐亭、遵化等县，始终重视培养骨干，因此通讯工作能坚持经常，稿件质量也较好。

二、通讯工作与各级领导相结合，与各级机关的研究部门相结合，并强调负责干部动手写稿。

中共河北省委真正把报纸当成了领导工作的重要工具，对报纸工作抓得很紧，多方面给予具体指示，给予方便。经常指示报社在一定时期应当抓住哪几个主要问题进行报道。报社也经常根据省委意图提出报道要点，或先提出具体意见请示省委。地县委通讯工作干部，也经常采用这样的方法。如天津地委通讯科，准备出较成熟的意见后，去请示地委。通讯科获得一堆材料时，就找地委请示原则，根据地委提出的原则，结合通讯科掌握的具体材料、典型事例，即写成综合报道。有时通讯科写成一篇稿件后，交地委或专员去审查，负责同志即提高到原则上去认识这个材料，让通讯科重新整理。通讯科从各地来稿中发现重要问题时，因比研究室的情况还来得快，就马上汇报地委，作为领导工作的参考。地委真正感受到了通讯报道对工作的好处，就更加重视起来，每逢工作进行到一个段落时，地委就提出问题，或列出提纲，交通讯科去搜集具体材料，写成报道。天津专署专员曾说，发动主要干部写稿，可以克服很多官僚主义，因为不调查就写不出报道；有的材料本来看着可以，但一写成稿就觉得空洞了，必须再去调查。他还曾利用坐火车的空隙时间写稿。

再如文安县委，把每个时期的中心工作与通讯工作看成是一件事情，通过报道使工作得到很大帮助。如通讯干事发现该县三区忽视轻灾区的生产领导，县委书记即带领通讯干事去进行检查。将此材料写成报道，报上发表以后，县委对此问题的认识就更加明确而肯定了，于是又发动各部门干部到各区进行普遍检查。县委感受到通讯报道的重要，就更加强了对这项工作的日常指导。县委书记经常帮助通讯干事研究题目，指定专人写稿。他还曾在干部会议上提出，能写出好的报道的部门，工作就一定深入。县委还通过报道检查工作，让县区干部每稿写两份，一交报社，一交县委。这样，干部也就很自然地把写稿看成自己的责任。

各地（市）委的会议，一般的都让通讯科长参加，以便使其了解领导意图及全面工作情况。

地委、县委及其他负责干部亲自动手写稿的很多。如天津地委7个委员都动手，蓟县县委7个委员也都动手。香河县委书记张子明，两个半月亲自写稿21篇。但也有些负责干部还不重视通讯工作，既不领导，也不亲自动手。

通讯工作与研究部门结合，可从研究部门获得新闻材料或线索，研究部门也可从稿件中获得材料。

三、报纸编辑部，根据编辑计划，应有报道计划发下，以使广大的通讯员能摸准编辑部的意图。但这一点我们还做得很差，因此编辑工作上表现被动。

地（市）委通讯科也多有一定时期的报道计划，一面发到各县，一面交到报社，报社如有意见即及时提出。有的县（镇）通讯干事也有报道计划，但多数是没有计划的。

除了通讯工作系统的计划外，其他部门也有的按自己的系统布置通讯工作，这样会更切合实际，便于提高稿件质量。如省府所属各部门，都按月定出报道计划，统一交省府新闻发布科检查执行，月底进行总结。但总结制度还不健全。省水利局把报道计划发到下边水利部门的通讯小组，做得较好。保定市的各通讯小组，都有定期的报道计划交到市委通讯科。

四、在报道方法上，曾反复提出要使一定时期较全面系统的综合报道，一定问题的典型报道、连续报道，与一般报道相结合。综合报道多一些，典型的连续报道则较少，还是一般报道多，因而显得千篇一律。

此外，很多地方采用集体写稿的方法，一方面是领导干部与一般干部的结合，一方面是工农干部与知识分子的结合，收效很好。

　　最后，河北省的通讯工作还存在着两个主要问题：

　　第一，有某些形式主义的倾向。全省有大规模的通讯组织和通讯员网，是很宝贵的。缺点是没有完全建立在干部和工农群众中积极分子的基础之上（当然有相当部分还是依靠了积极分子的）。通讯组织大部浮在上层，没深入到广大群众中去。对培养工农通讯员没有引起重视。过去有些农村通讯组，而且有的成绩很好，建省以后放弃了。入城以后，也没有积极建立工人通讯组。在过去的通讯工作中，多是着重追求通讯员数量和稿件数量，甚至挑战竞赛，规定每人每月必须写几篇稿（现在有些地区仍有此偏向），对提高质量强调不足，因此造成通讯稿件的零碎、片断、空泛，并存在着某种程度的盲目性和自流状态。

　　提高通讯员水平和稿件质量，是个重要的任务，必须逐步加以解决。

　　第二，过去河北日报是编、采、通分立的，通讯工作与编辑工作有脱节现象。自今年5月份才改为编、采、通合一的形式，在这一方面还毫无经验。

　　（1950年稿。原载北京出版的一个新闻刊物，刊物名称已不记得。）

报纸的性质、任务和几个基本原则

一 新闻工作是一门学问

新闻工作是一门专门的学问，又不只是专门的学问。党校新闻班首先用了较长的时间学习马克思主义的基本理论，特别是学习了辩证唯物主义，然后才学习新闻业务，这正是反映了新闻工作的特点。

我们首先学习马克思主义的基本理论，正是说明了新闻工作不只是新闻业务的问题，而且首先不是业务问题。因为，新闻工作是有明确的党性、阶级性的，它是在一定的立场、观点、方法的指导下进行工作的。离开了立场、观点、方法，就没有了新闻工作。我们的报纸，就是以工人阶级的立场，以马克思主义辩证唯物主义的观点、方法为指导的，辩证唯物主义就是我们报纸的基本观点和方法。所以，我们研究新闻学，不应当首先去研究怎样写新闻、通讯、特写、社论，怎样才能做到通俗、短小、生动，怎样采访，怎样做编辑工作等等。因为这些都不是单纯的业务、技术问题，不是单纯的文字问题。如果把这些看成是单纯的业务问题，那就永远不会搞好，永远不会写出好的新闻、特写等等。

　　但是，新闻工作又是一门专门的学问。正如世界上的各种事物都是矛盾一样，新闻工作也是一种矛盾。这个矛盾也有其普遍性和特殊性。说它不是专门学问，是指的这个矛盾的普遍性。但如果只看到矛盾的普遍性，就仍然不能认识事物，还必须看到矛盾的特殊性。从新闻工作这个矛盾的特殊性方面来看，它又是一门专门的学问。因为，新闻工作固然离不开一定的立场、观点、方法，但是辩证唯物主义并不就等于新闻学，不能用辩证唯物主义完全代替新闻学，列宁全集或哲学杂志是代替不了报纸的。新闻工作是有它的特点、有它的特殊规律的。新华社一位同志写的一篇文章中说："新闻本身具有严格的事实的、生活的逻辑，新闻是最新的事实的文字反映，我们既不能仅凭主观的见解、意图和理性的东西去构成新闻，又不是纯客观地消极地去反映生活，我们记者的任务是要及时地、客观地、真实地去反映生活和真实面貌。这里，记者同理论家或作家不同的一点就在于他是用当前生活的实例去指引人民走向共产主义，他的表现方法不是理论的说教，不是人物的塑造，而是通过感性的现象的东西（也就是具体的事实）去揭露事物的本质，通过生活的实例去指引前进的方向，用感性的东西去给人们以理性的概念。正由于这样，就要求我们必须具有一个共产主义者的战斗的姿态，运用马克思列宁主义的立场、观点和方法去认识现实，去具体地挑选事实，鉴别事实，以便能够准确而深刻地揭示客观生活的真实。"这一段话，描述了新闻工作的特点，最后又归结到立场、观点、方法问题上去。

　　所以，我们学习了辩证唯物主义，就解决了新闻工作中最根本的问题。如当前报纸的首要任务就是宣传怎样正确处理人民内部矛盾，报道和推动整风运动，如果不懂马克思主义的辩证唯物主义，没有马克思主义的立场、观点和方法，这个任务是不能很好完成的。现在有些同志就还不知道什么是矛盾，什么是人民内部的矛盾，不理解社会主义社会为什么还有矛盾，不知道什么是对抗性矛盾与非对抗性矛盾，更不知道两者为什么会互相转化，在什么情况下会互相转化。我们的思想方法还有很多是形而上学的，片面性很多，辩证法很少。当然，我们这次学习了辩证唯物主义，还只是开始解决这个问题。而且，能不能真正解决，不在于是否懂得了一些定义、结论，主要在于今后工作中的实际运用，看看是否把辩证唯物主义变成了我们认识和处理一切事物的观点和方法（应当怀疑我们学了马克思主义，是否也学了教条主义；学了辩证法，是否也学了形而上学）。同时，只学了辩证唯物主义也还不够，还需要在这个观点、方法的指导下去研究新闻业务。

二　报纸的性质

如果就社会的经济基础与上层建筑的关系来说，报纸是上层建筑。它是反映经济基础，又反过来为经济基础服务的。在阶级社会里，上层建筑是有阶级性的，是反映阶级倾向的。报纸是上层建筑，因此它也有明确的阶级性，是代表一定阶级的利益的，而不可能是超阶级、超政治的。在资本主义国家，有资产阶级领导的报纸，是为资产阶级服务的，是为巩固剥削制度、维护剥削阶级的利益服务的，是为帝国主义的侵略政策服务的。在社会主义国家，有工人阶级领导的、共产党领导的报纸，是为完成社会主义革命、进行社会主义建设服务的，是为了巩固无产阶级专政、维护工人阶级及广大人民的利益服务的。所以说，在阶级社会里，报纸是阶级斗争的工具，是一种锐利的武器。有人认为报纸、通讯社、新闻没有阶级性，而是一种商品。因为新闻是传播事实的，而事实本身没有阶级性，所以新闻、报纸也没有阶级性，它和语言一样，对各个不同的阶级都是一样的服务。也有的认为报纸有两重性，主要是商品，在商品的前提下才发挥阶级斗争的工具的作用。这些说法都是不对的。乔木同志说：报纸虽然有相当程度的商品性质，但不能说它就是商品。报纸要计算成本、价格，但这与新闻是否商品应看成是两回事。就如电影要卖票，但不能因此就说电影艺术是商品。新闻是依靠传播事实来进行教育的一种方法，事实本身没有阶级性，但变成新闻就不同了。因为任何报纸都不可能把全世界上发生的所有的事实都传播出去，而必须加以选择。选择就是有阶级性的了，由于立场、观点的不同，选择的方法和选择的结果也就不同。如英国的女王与丈夫的纠纷，资产阶级的报纸连篇累牍地登载，我们就不需要。有的时候，同样的事实，无产阶级的记者与资产阶级的记者可能都选上，但他们对同一事实的观察和表达的方法仍然不同。如北京解放时，解放军入城，群众热烈欢迎，我们的记者作了如实的描写，而美国记者则加以歪曲，说日本军队进北京城时群众也曾这样的欢迎。我们宣传要解放我国的领土台湾，资产阶级的报纸就说我们是侵略台湾，侵略西藏。另外，有的时候，虽然记者的立场不同，但写出的东西也可能有相同的或近似的，因为有些事实同阶级利害关系不那样直接、那样重要。如哪一天日食或月食，不同记者的看法可以一样，因为类似这些事实，牵涉不到阶级利益、阶级斗争。除了记者的选择和表达方法有所不同外，不同立场、观点的编辑处理稿件的方法也不一样，他们对稿件还要选择，而且要考虑放在报纸的什么位置，用多么大的篇幅，用多么大的标题。所以，一般地说新闻是有阶级性的。但也不要把新闻的阶级性夸大到不合事实的地步。

在国内的阶级斗争基本结束以后，是否仍说报纸是阶级斗争的工具呢？还是应当这样说的。因为从世界上来说，还是进行着阶级斗争，而且国内也不是完全没有阶级斗争了，在人民内部的矛盾中也有阶级斗争的成分，只不过是当做人民内部问题处理罢了。当然，目前主要是处理人民内部矛盾问题，为了更准确一些，也可以强调报纸是思想工作的工具。

报纸既然有阶级性，就必须掌握在一定的阶级手里。我们的国家是无产阶级专政的社会主义国家，我们的报纸就必须掌握在工人阶级的政党——共产党的手里，在共产党的领导下，在马克思主义思想的指导下进行自己的工作。关于党对报纸的领导，有些人持有不同的看法。有的说如果思想上有一个"领导"，报纸就办不好了；有的说报纸应当向党委要求"半独立性"。有些人虽然口头上也同意党委对报纸的领导，但在思想上则未必都是那样自觉、明确、坚定。根据上述关于报纸的性质的理解，那么党委对于报纸的领导就是无可怀疑、不能动摇的了。我们的国家，是以共产党为领导的，这是宪法所明文规定了的。作为阶级斗争的工具的报纸，就更需要有党的领导。作为思想工作的工具，要有马克思主义的指导，也是党的领导。当然，党委是在思想上、政治上、原则上、政策上对报纸实行领导，而不是干涉编辑部日常的具体业务。我们应当在党委的领导下，高度发挥自己的积极性、创造性和独立负责的精神，提倡独立思考，而不要事事依赖党委，自己不开动脑筋。

提到报纸的阶级性和党委对于报纸的领导，有人就提出：报纸是不是只要党性不要人民性呢？党性和人民性是不是有矛盾呢？我们说，党性和人民性是一致的。因为党就是代表最大多数人民的最大利益的，除了人民的利益以外，党再没有什么别的特殊利益了。根据中央的指示，各级地方党报，是地方党委的机关报又是人民的报纸。我们党的各种报纸，都是人民群众的报纸，它们应该发表党的指示，同时尽量反映人民群众的意见；如果片面强调它们是党的机关报，反而容易在宣传上处于被动地位。过去有一种论调说："党报的一字一句都是代表党委的，都应看做是党委的指示，必须执行"；"报上发表的言论、文章、新闻通讯等等都必须完全正确，都是结论性的意见，连读者来信也必须完全正确"。这些论调显然是不实际的，因为这不仅在事实上办不到，而且对于我们党的政治影响也不好。今后党的报纸上发表的文章，除了少数的党委负责同志的文章和少数的社论以外，一般地可以不代表党委的意见，而且可以允许一些作者在党的报纸上发表同我们共产党人的见解相反的文章。这样做，就会使思想界更加活跃，使马克思主义的真理愈辩愈明。在当前新形势下尤应如此。人民日报在 1956 年 7 月 1 日《致读者》的社论中写道："报纸是社会的言论机关。在任何一个社会里，社会的成员不可能对于任何一个具体问题都抱有同一种见解。党的和人民的报纸有责任把社会的见解引向正确的道路，但是为了达到这个目的，不应该采取简单的、勉强的方法。首先，报纸的编辑部无论凭着什么名义，总不能设想自己是全知全能的，或者故意摆出这样一副神气，活像对于任何问题可以随时作出绝对正确的结论。不是的，事实绝不是如此。有许多问题需要在群众性的讨论中逐渐得到答案。有一部分问题甚至在一个时期的讨论以后暂时也还不能得到确定的答案。有许多问题，虽然已经有了正确的答案，应该在群众中加以广泛的宣传，但是这种宣传也并不排斥适当的有益的讨论。相反，这种讨论可以更好地帮助人们认识答案的正确性。而且就是正确的答案，也经常需要在群众的实践中加以补充和修正。我们虽然不提倡无休止的讨论，报纸的篇幅也不允许对于任何问题都去讨论，但是无论如何，害怕讨论的人总是可笑的人。"

过去，由于我们片面强调是党委的机关报，曾经产生了两方面的不良影响：一方面是助长了我们宣传上的主观主义、命令主义，自以为报上发表的都是定论，别人不应当怀疑，只能坚决照办。常常像官僚主义的上级对待下级的态度一样，以指示命令的口气发表意见。听到不同的意见也往往不虚心考虑。这样就阻碍了我们自己的提高，使我们的脑子闭塞、硬化起来，不能经常保持清醒。另一方面，也助长了很多干部、群众的盲目性，不再去认真负责地独立思考，认为只要党报上说了就不会错。有时本来在干部、群众中争论得很热烈的问题，报上一发表意见，大家就认为是作了结论，鸦雀无声了。这样，不仅会阻碍社会思想的进步，也往往给工作造成损失。

当然，正如人民日报社论指出的，我们不提倡无休止的讨论，也不能对于任何问题都去讨论。这就是说，对于讨论的问题要有选择，而且要适可而止。我们不应无目的、无领导、放任自流、漫无边际地去讨论，把报纸变成各种意见的大杂烩，没有方向，在读者中制造混乱。这样就失去了党对报纸的领导，就不能完成报纸的任务。

三　报纸的任务

报纸的性质，决定了报纸的任务。对于报纸的任务，也应当从根本上去理解。如前所述，报纸作为上层建筑，是要为它的基础服务的。就是要帮助自己的基础形成和巩固起来，帮助自己的基础去消灭旧的基础和旧的上层建筑。我们的报纸既然是党和人民的报纸，就应当在党的领导下，在群众的支持下，动员起全体人民的一切积极因素，克服消极因素，为实现党提出的总路线和各项方针政策而斗争，为了维护和增进广大人民的利益而斗争。在整个过渡时期，就是要为实现过渡时期的总路线而斗争。这就是报纸的"集体的宣传者和集体的组织者"的作用。在社会主义改造完成以前，我们报纸的根本任务就是要为改变农业、手工业和私营工商业方面的旧的生产关系，消灭剥削制度，建立社会主义的新的生产关系而斗争，就是要为肃清资本主义的剥削思想和一切旧的观念而斗争。为了达到这个目的，就需要宣传马克思主义的理论，宣传党的政策，指导工作，教育群众，反映群众的意见。当我们考虑这些具体任务以及每个时期更具体的任务时，不要忘记报纸的根本任务，不要忘记办报的根本目的。根据这样的要求，我们就可以检查一下过去的工作做得怎样了。我们说，基本上还是做得不坏的，是有成绩的，在完成社会主义改造当中，在进行阶级斗争当中，我们的报纸是尽了力量的，而且是不可缺少的力量。但是，我们也曾经发生过重要的缺点甚至错误。除了一些枝节问题、技术性的问题以外，有些问题是应当从执行党的路线、方针和我们报纸的根本任务上去检查的。比如，我们的报纸曾经有过"言不及义"的现象。党领导人民正在进行社会主义革命，我们却不宣传社会主义。其原因，并不是我们不愿宣传，而是由于我们的马克思主义的水平低，只知道做什么工作就宣传什么工作，就事论事，却不去很好地研究党的路线、方针和报纸的根本任务。我们往往多是考虑一些工作的方式方法和其他技术性的问题，以及报纸的业务问题等等（虽然这些也是应当考虑的），而忽略了更根本性的问题。对于各项工作的宣传指导，也往往不能与马克思主义的理论和党的方针政策联系起来，以给群众指出更远大的方向、前途，更加提高群众的自觉性。当然也不应脱离实际，空洞地宣传理论和政策。我们的报纸宣传当中，曾经有过右倾保守和急躁冒进的偏向，这都是不利于对农业、手工业和资本主义工商业的社会主义改造的，是不利于生产建设的。我们曾经对于各种资本主义的思想和行为缺乏及时有力的批判，这当然也是不利于社会主义思想阵地和经济阵地的扩大和巩固的。

作为上层建筑的报纸，其作用（积极的或消极的）可见是如何重要。它如果发挥了积极作用，就可帮助社会主义的新的生产关系的形成和巩固；它如果发挥了消极作用，就会妨碍社会主义的生产关系的形成和巩固，甚至起了资本主义的上层建筑的作用。

我们报纸当前的任务是什么呢？在社会主义革命已经基本上取得胜利的今天，党的第八次全国代表大会的决议指出："我们国内的主要矛盾，已经是人民对于建立先进的工业国的要求同落后的农业国的现实之间的矛盾，已经是人民对于经济文化迅速发展的需要同当前经济文化不能满足人民的需要的状况之间的矛盾。"决议并指出："党和全国人民的当前的主要任务，就是要集中力量来解决这个矛盾，把我国尽快地从落后的农业国变为先进的工业国。"这就是我们报纸当前的主要任务。为了实现社会主义工业化，"八大"规定了十项经济政策。对于发展文化教育卫生事业，继续加强我国的人民民主专政，外交政策和加强党的领导等，"八大"也给了我们明确的指示。我们的报纸，应当认真贯彻执行"八大"的决议，发挥报纸的集体的宣传者和集体的组织者的作用，动员全体人民，团结一切可能团结的力量，为实现"八大"提出的任务和彻底完成过渡时期的总任务而奋斗。

继"八大"之后，毛主席在今年二月份召开的最高国务会议上和今年三月份召开的全国宣传工作会议上作了两次报告，提出国内的阶级斗争已经基本结束，人民内部的矛盾更加突出了，并提出了正确处理人民内部矛盾的方针（百花齐放，百家争鸣，

长期共存，互相监督，团结——批评——团结)，全党重新进行
一次反官僚主义、反宗派主义、反主观主义的整风运动的问题。
我们的报纸当前应当集中地深入地宣传贯彻中央提出的这个方针
和整风运动。这一宣传，应当与每一个时期当地的具体工作结合
起来，在各种工作中具体贯彻执行中央提出的方针。其中特别应
当着重解决领导思想、领导作风及广大干部的思想认识和工作作
风问题，这是根本问题，也是作为思想武器的报纸所应当着重抓
的问题。

谈到抓思想问题，还应当做一点说明。我们的报纸往往单纯
强调指导工作，而且指导工作的方法也是和行政领导机关的方法
一样，多是用行政命令的口气，告诉各级干部应当怎样，必须怎
样，又不允许怎样等等，而不是着重解决思想问题，提高广大干
部的思想认识水平（好的行政领导机关也不应这样，这是一种
官僚主义的领导方法）。这样做，一来不能提高广大干部群众的
自觉性，而只能使他们服从上级的指示；二来报纸是思想武器，
用行政的办法来作思想工作也是不好的。因此，我们应当转变只
用简单的行政办法去指导工作的作法。要用思想工作的方法，通
过报纸上各种形式各种内容的东西，去教育读者，影响读者，引
导和启发读者，提高读者的认识水平，开阔读者的眼界和思想领
域，增加读者的知识，丰富读者的生活（在阶级斗争基本结束
以后的和平建设时期，干部群众都要求丰富知识和生活内容）。
如果这个要求正确的话，那么现在我们的报纸的内容所涉及的范
围就太窄了，知识就太贫乏了，进行宣传的方法就太简单了，文
章的品种也就太少了。如果上述要求正确的话，是否可把报纸的
具体任务归纳为三句话，即：提高思想，推动工作，丰富知
识。

报纸的任务，说来是很复杂而艰巨的，这里只能就比较带根

本性的任务概括地提一提，具体任务也只能概括地提一提。下面还会联系提到报纸的任务，当然也不可能谈得很具体。具体任务是谈不清楚的。而且形势天天在发展，天天给报纸提出新的任务。马克思主义也在不停地发展，也经常给报纸提出新的任务。这就需要我们天天去考虑新形势、新问题、新任务，要经常往前看，思想要活跃，感觉要敏锐，防止思想僵化，一僵化就会落后（目前，我们就天天感到跟不上）。

　　正由于报纸担负着如此重要的任务，因此我们的党和革命领袖历来就很重视报纸这个武器。先从我们中国共产党来说，在各个历史时期，我们党中央都曾对报纸工作作出决议、指示，并利用报纸指导革命斗争。毛主席及中央其他负责同志，经常为报纸写社论写文章。最近主席的多次谈话当中，每次都提到报纸工作。中央通过人民日报两次发表"论无产阶级专政的历史经验"，在全世界引起了巨大的影响。少奇同志说："我们党要经过千万条线索和群众联系起来（列宁语），而其中最重要的办法，就是报纸、新华社。你们的工作，你们的事业，它是千万条线索中最重要的一条，它每天和群众见面，每天把党的政策告诉给群众。……千种桥，千种线，最重要的一个就是报纸。人民代表会开几天会就过去了，你们的报纸是天天出版。报纸是联系群众的最重要的办法，你们就是作这个工作的。"少奇同志又说："报纸要能够密切地联系群众，那是很好的；但是，如果要给群众以错误的东西，散布坏影响，散布错误的思想、错误的理论、错误的政策，把群众中的消极因素、落后因素、破坏因素鼓励起来，撑他们的腰，就犯大的错误。因此，报纸工作做不好，就是最厉害的脱离群众，就发生很危险的情况。有一个时期，曾经发生过这种危险，宣传贫雇农路线，宣传反对干部路线，那时，恐怕没有新华社更好些。"因此，我们应当十分认真严肃地进行我们的工作，并努力提高我们的理论思想水平，以完成每个时期报纸所担负的艰巨的任务。在国际共产主义运动中及各国兄弟党，同样十分重视报纸这个武器。共产国际纲领的第一条就讲党报。联共党史上也特别提到党报的重要性。俄国成立社会民主工党时，列宁提出先不要建党，要先办报，把方针、路线、原则、思想搞清了之后再建党（这当然不能理解为报纸比党还重要）。1920 年列宁在莫斯科党代表会登记表中的职业栏内，填的是"新闻工作者"。第二年在莫斯科苏维埃代表会中填表时也是这样填的。恩格斯在 1890 年回想起他在著名的《新莱茵报》工作时说：我一生中曾幸福地参加报纸工作。在报纸中能非常具体地看到每一句话所发生的力量，它的文章像手榴弹一样打击着敌人，像炮弹一样粉碎敌人。斯大林说："报纸是一种最有力的武器，在它的帮助下，党每日每时地、用自己的、党所需要的语言，来同工人阶级讲话。在党与阶级之间扩展精神联系的别的工具，别的类似的灵活机关，天地之间还没有。"莫洛托夫说："……我曾经是真理报最初六个月的秘书，……但是这最初的几个月，或许永远是我在党内工作中最好的时刻之一。当时人们和事件川流一样地流到我那编辑部秘书房间里来，……"赫鲁晓夫也曾说：我们没有再比报刊（也应包括广播）更有力更有效的武器了。报刊是我们党的射程最远的思想武器，我们如能很好地安排报上的文章，就可以射中目的，尽管这个目的是在几千公里以外。谁若不重视报纸，谁就会削弱了我们的力量。

我们的报纸，在各个革命时期及社会主义建设当中，都曾起过巨大的作用。但也正如少奇同志指出的，同样由于报纸这个武器有着这样大的力量，也曾起过坏的作用。如不适当地反对合作化运动中的盲目冒进，宣传退社自由，宣传发展富农，不适当地解释物资供应紧张的情况，对某些干部的不适当的批评等。外国有一些报纸的宣传也曾引起混乱。因此，我们应当十分认真严肃地进行我们的工作，并努力提高我们的理论思想水平，以完成每个时期报纸所担负的艰巨的任务。

四　几个基本原则

在新闻报道中究竟应当遵守哪几条基本原则，还可以研究。这里提出四个原则，未必完全适当。这几个原则，也是由报纸的性质所决定的，而且这些原则是要在执行报纸的任务时所应当贯彻的，所以在谈这几个原则时仍然离不开报纸的性质和任务。同时，这几个原则也是互相联系的，不能截然分开。

（一）党性

党性是阶级性的最高表现，因此也可以叫做阶级性。党性是立场、观点问题，并不只是对党服从、按党的指示办事就叫做党性强。如果是盲目服从，机械执行党的指示，同样是党性不纯的表现。正确执行党的指示，主要应当依靠自己有正确的立场、观点，自觉地执行。党的政策的贯彻实现，必须建立在广大干部群众提高自觉性的基础上。提高自觉性，就需要有坚定的阶级立场和对于事物的客观规律的正确认识。所以说，学习辩证唯物主义的目的，就是为了提高认识，增强党性。要增强报纸的党性，当然需要首先增强新闻工作人员的党性。

在谈报纸的性质时提到，报纸本身是有党性、阶级性的。我们的报纸是共产党领导的报纸，是人民的报纸，因此，我们的新闻报道和报纸上发表的文章，就必须具有明确的党的立场，工人阶级的立场，人民的立场（党的立场和人民的立场是一致的），就必须具有明确的马克思主义的观点。我们的报道要客观、真实、公正、全面，但又必须有立场，而不能是超阶级的、超政治的，不能是客观主义的，有闻必录的。

要有党性，要有立场，就是要分清敌我界限、阶级界限、唯物主义与唯心主义的界限、是非界限、利害的界限。是与非，利与害，是决定于不同的立场与观点的。敌人、敌对的阶级、用唯心主义观点看问题的人认为是正确的、有利的东西，我们，站在党的、工人阶级的、人民的立场上用唯物主义的观点去看就会是错误的、有害的，反过来说也是一样。而敌我，唯物主义与唯心主义，基本上又都是阶级问题，因此，归根结底还是阶级立场、阶级观点问题。那么，我们进行采访报道，在报纸上发表文章，就必须善于运用阶级分析的观点、阶级分析的方法。

比如，1955年春季，我们很多人都说农业合作社发展的太快了，冒进了，应当收缩，应当下马，应当允许农民有退社的自由。持有这种观点的人，也不是凭空这样说的，也有很多事实作根据，也说是反映了"群众"的意见。我们的报纸，也曾经在一定程度上反映了这种情绪。但对于这些"群众"，对于这些意见，却没有进行阶级分析。毛主席进行了阶级分析，指出这是反映了富农和富裕中农的意见，并指出安平县南王庄三户贫农坚持办社是全国五亿农民的方向。这样才把问题澄清了，农业合作化运动得到了迅速发展。从很快完成了对农业的社会主义改造的结果看，证明毛主席的阶级分析的方法和由此得出的结论是正确的。

去年我省及全国很多地方实现了农业的高级合作化。由于办高级社的第一年，干部和群众都缺乏经验，又遇空前的大水灾，因此有些社减产了，有些农民减少了收入。在这种情况下，又出现了高级社不如初级社的论调，有些人怀疑甚至否定高级社的优越性，说高级社糟得很，农村的消极因素抬头。这种情绪，在群众中、干部中甚至某些领导干部中都有反映，有议论。我们的报纸，开始没有抓住这个问题，对高级社的优越性缺乏理直气壮的宣传，反而过多地批评合作社和基层干部的缺点。后来中央又以阶级分析的观点指出富裕中农是农村中动摇的阶层，这种论调主要是富裕中农的反映，他们反映了右的倾向，他们的消极因素又在抬头。有些干部出身于地主、富农或富裕中农家庭，就很容易听到这种消极的东西。无数事实证明，这种分析是完全正确的，高级合作社的优越性是肯定无疑的。此外还应当看到，我们搞社会主义，有些人是不会满意的。我们搞成了社会主义，是我们的根本胜利，是最大的好事情，而对于敌人和敌对阶级来说，当然就是不好的事情，他们除了公开破坏以外，必然会从各方面散布不利于社会主义的东西。不这样分析，就会是非莫辨。当然，也不能把所有说高级社不好的人都看做是敌人。现在在农村中，有些人又对凡说合作社不好的，就认为是富裕中农，而不去正视工作中的缺点，这也是不对的，应当防止。

1953 年开始实行粮食统购统销时，也有些人怀疑甚至反对，这也是富农和富裕中农的反映。这种情绪也反映到党内，因为党内有些出身于剥削阶级的同志，思想、立场还没有真正彻底得到改造，一遇到问题就还会动摇。

现在，对于工人和农民的生活问题，也有议论，也有叫嚷。有些人说工农生活水平太悬殊，说党对于农民的政策太"左"了。这种议论，显然是与事实不符的，是有些人盲目地为农民叫苦。工农生活水平是应当有一个合理的差别，超过一定的比例当然不好，但如没有超过也盲目叫嚷，就应当加以分析了。当然，说要有差别，不是说现在没问题，所有关于差别的意见都是不对的。如有些临时工人的工资过高，确实值得研究。

总之，我们的报纸是有明确的党性、阶级性的，我们是在一定的立场、观点、方法的指导下进行工作、选择新闻和处理新闻的。报纸上的新闻和各种文章，都必须有明确的敌我界限、阶级界限、唯物主义与唯心主义的界限、是非界限、利害界限。同时，又不要把敌我界限和是非界限两者混淆，也就是要分清哪是敌我矛盾，哪是人民内部矛盾。不能因为讲究人民内部的矛盾而扔掉立场，也要注意不要因为讲究立场而把人民内部的是非问题看成敌我之间的问题。当前尤应注意分清这个界限，并学会正确处理人民内部矛盾。如果不解决立场、观点、方法问题，即使你进行调查研究，也是无济于事的。因为，对于实事求是、从实际出发、调查研究等等，谁都赞成，但往往对同一件事情进行调查研究的结果，却得出不同的甚至完全相反的结论，这就是立场、观点、方法问题。过去主要是阶级观点问题，现在主要是辩证法与形而上学问题。

报纸要有一定的立场，与开展自由讨论是否有矛盾呢？是没有矛盾的。报纸上也是要贯彻百花齐放、百家争鸣的方针的，这是处理人民内部矛盾的方针；是要经过批评、讨论，促进文学艺术和科学的发展；是首先承认矛盾的存在，并在矛盾的斗争中求得发展。报纸上对于文艺与科学方面的问题，要按这个方针去处理；对于其他方面的问题，如思想问题、实际工作问题等，也应按这个方针的精神去处理，因为这是整个思想工作的方针，要经过不同意见的讨论，达到认识上的一致。经过讨论、争鸣，就是为了发展正确的东西，发展真理，发展马克思主义，克服一切错误的东西。不经过斗争，马克思主义就不能发展，正确的东西就不会出现。4 月 10 日人民日报社论《继续放手，贯彻"百花齐放、百家争鸣"的方针》一文中指出："一切真理从来是在同错误的东西作斗争的过程中发展起来的，马克思主义也从来是在同反马克思主义的思想作斗争的过程中发展起来的。没有这种斗争，也就不能有真理的发展，不能有马克思主义的发展。因此，

'百花齐放、百家争鸣'的方针，只能帮助而不会妨碍马克思主义的发展。""思想斗争是马克思主义发展的动力。不进行斗争，马克思主义就会停滞不前，就会转化为它的反面——教条主义。"我们主张放、鸣，主张讨论，正是我们的党性，正是马克思主义的观点，而不是反马克思主义的教条主义。当然，报纸上的讨论要有一定的目的，要看效果，因此也要注意讨论的时机和方法。但目前主要是"放"、"鸣"不够，放不开。报纸上不是讨论的问题太多了，而是太少了。

另外，也不要说报纸上的每一条新闻、甚至一字一句都是有阶级性的，因为这也是不合事实的。这一点前边已经谈过。

（二）真实性

真实性，不只是有没有那样一回事的问题，而是要正确反映客观事物的真实面貌，正确反映事物的客观规律。

我们是辩证唯物主义者。根据辩证唯物主义的理论，我们认为事实是第一性的，新闻是第二性的，新闻是客观事物的反映。这是我们辩证唯物主义者对于新闻学的基本观点。尽管我们对于辩证唯物主义还学习得很少，我们的新闻工作者当中有些人的辩证唯物主义的世界观还不很明确、坚定，或者也可能有少数人对于辩证唯物主义还有怀疑，但是，作为党的、人民的新闻工作者，就要求必须按照辩证唯物主义的立场、观点、方法去写新闻，去办报。因为，既然我们承认事实是第一性的，新闻是第二性的，而一切的客观事物都是按照辩证唯物主义的规律存在、发展、运动、变化的，所以，只承认事实的第一性、新闻的第二性还远远不够，而必须以辩证唯物主义的观点、方法去观察，才能够看出客观事物的真实的面貌，这样写出的新闻才能够正确地反映现实，才能够反映出某一事物的客观规律。这样也才能防止和克服报道中的主观主义。

要保证新闻真实，首先应注意现象与本质的问题。只看到现象，看不到本质，就会写出不真实的报道。当然也不能不看现象，因为本质都表现为现象。要透过现象抓住本质，就是不容易的了。前边说过的一些缺点错误，很多是由于只看到了现象，没看到本质，因而得出错误的结论。另外还有一种假象，如积肥当中的形式主义，假报告，假积极，干部或群众不向我们讲真话等等，更应注意。要区别假象和真象。但假象也是一种现象，也可以叫真象，因为它也说明一个问题，我们应研究产生假象的原因，同样可以抓取本质的问题。怎样透过现象看到本质呢？试举一例。比如，一个农业生产合作社，从去年受灾以后，在5个月中死了30头牲口，这样一件事情，经过我们的调查了解，可以证明确实是5个月中死了30头牲口。我们做到这一点是不困难的（虽然就是起码的这一点也有做不到的）。但如果只是这样报道出去，就是没有观点的报道，是客观主义的报道，只说明了一个现象，不能说明问题的本质，不能达到我们报道的目的。因此我们还必须去寻找这件事情的前因后果，观察来龙去脉，才能看到实质，看出规律。牲口死亡的原因是什么呢？除了被水淹死、倒房砸死的以外，首先看到的或者合作社首先反映的可能是缺乏草料。当然，没有最低数量的草料，牲口是会瘦弱死亡的。如果确实存在这个问题，是应当提出的。但往往有这样的情况，同样的草料条件，这一个合作社的牲口发生了瘦弱死亡的现象，另一个合作社的牲口却喂养得很好（所以我们应当善于作比较）。如果不看到这一点，只谈草料问题，就可能陷于机械唯物主义的观点。因为辩证唯物主义是承认而且很重视人的主观能动性的，所以在新闻报道中必须注意到这一点（如制定工农业的生产计划也是如此）。牲口喂养得不好的原因又是什么，还很复杂，如饲养员和使役员的思想觉悟问题，饲养员的报酬问题，饲养管理

（如夥喂还是私喂等）和使用的方法与制度问题等等。把这些有关的问题及其相互关系都研究清楚了，才能看出问题的实质，才能找出真正的最主要的原因，才不是所谓现象罗列。新闻报道这样地提出问题，自然就会告诉读者应当怎样解决问题。至于是否还要提出解决的办法，那就不是绝对的了。如果问题没有搞清楚，即使在新闻报道中提出了解决的办法（如多供应草料），似乎做到了所谓"提出问题，解决问题"，实际上还是不能解决问题，甚至会妨碍问题的解决。报道死亡牲口这样一个看来似乎很简单的问题，认真研究起来是很复杂的，报道其他事情当然也是如此，甚至更复杂。

所以，要保证新闻报道的真实性，也就是说不要只报道现象，要报道客观事物的本质，就必须首先树立辩证唯物主义的世界观，必须逐渐熟悉和掌握这种观点、方法。同时，还必须具有深入群众、精细地进行调查研究的工作作风，必须具有对客观事物、对人民、对读者严肃负责的态度。只凭道听途说，捕风捉影，就写新闻报道，或者只按空气办事，要什么有什么，一阵风，当然是不行的。

以上是关于新闻的真实性的第一个问题，即现象与本质的问题。

关于新闻的真实性的第二个问题，是片面性的问题。在我们的新闻报道当中，片面性的缺点是比较普遍的，虽然程度不同。毛主席说：片面性有两种，一是教条主义，一是机会主义（修正主义）。教条主义是肯定一切，机会主义是否定一切。这两种都是用形而上学的方法对待客观事物，都是违反辩证法的，因而他们对于事物的看法都是与事实不相符合的。前边讲报纸的党性时谈到的一些在报纸宣传中的缺点错误（如对于农业合作化运动等），都是属于片面性的，是对于某一个时期某一项工作的估计上的片面性。在日常的报道中，片面性也很多。比如报道某一地区、某一工作或某一个人的成绩时，往往说成十全十美；在一些批评报道中，又往往说得一团漆黑，无一是处。在表扬和批评当中，属于分寸、程度不适当的就更多了。在新闻报道中，当然不需要每一篇都是既说优点又说缺点，而是应当正确估计优点或缺点在整个事物（一个地区、一件工作或一个人）中所占的位置、比重，说得恰如其分。这仍然需要我们很好地学习和掌握辩证法，善于全面地观察事物。当然，在目前的情况和条件下，要求所有的新闻报道都是那样全面，一点片面性也没有，也是很困难的。在百家争鸣当中，也应注意不要因为反对片面性而使人们不敢写文章、发表意见。但是我们应当朝着这个方向努力，使我们自己的辩证法越来越多，片面性越来越少。为了避免片面性，在工作方法上也应多加注意，比如要多方面进行调查研究，走群众路线，不要先有个框子，不要先入为主，不要只是背着题目下厂下乡，要虚心听取反面意见，要与批评对象商量，把稿子拿给他看，等等。如果是由于自己思想意识上的缺点，为了达到个人的什么目的，比如为了显示自己，或者是为了打击某一个人，而写出了片面性的报道，或者主观臆测、歪曲、夸大，甚至捏造，那当然就是更不应该的了。所以，新闻工作者除了思想方法问题以外，在思想意识、思想品质方面的修养也是十分重要的。

关于新闻的真实性的第三个问题是时间、地点和条件的问题。根据辩证唯物主义的观点，所谓真实（即客观存在）是离不开"时间"和"空间"的。在这一个时间、这一个地点，发生了这样一件事情，如果时间和地点改变了，就不再是这样一件事情了。从时间性来说，因为事物总是在不停地发展变化着，过去一定的时间，事情就发生了变化，因此新闻就非常强调时间性。强调时间性，不仅是为了"新"，而且是为了真实。在事情没有发生以前，在计划没有实现、没有成为事实以前，就当做事实去报道（这样的报道是有的），当然是不真实的；在事情过去相当时间甚至很久以后才去报道，也会影响新闻的真实性。在目前条件下，虽然一般的新闻还很难以分、秒计算时间，也应当以时、日计算时间。有时为了赶出版时间，有的新闻迟几分钟也会耽误一天。把时间的段落拉长一点说，在一定的时期，应当搞什么样的新闻报道，也是应当考虑的一个重要问题，这就是所谓新闻报道的"时机"问题。比如当前工作中的主要问题是右倾思想，我们却搞了很多反对"左"倾思想的报道，或者虽然搞得不多，却把这一类的报道放在很显著的地位（版面的安排不只是技术问题），单就这些报道本身来看虽然也是事实，但从总的方面来看，仍然是没有真实地反映了客观现实。这样进行报道的效果就会不好。关于贯彻放、鸣的方针，当前主要是放鸣的不够，存有教条主义，如果我们着重批判放鸣中的问题，也是不利的。所以，新闻工作者的眼界应当很宽，不应只看到你所采访的那一点，应当经常了解全面情况，掌握整个形势发展的趋势。关于"空间"的问题，有些新闻报道当中也是不重视的。有的把地点搞错了，这当然不对，但这个问题容易解决。主要的问题是有些新闻报道不注意交代某一问题（好的或坏的）存在于多么大的范围内，这就会使读者把本来是局部的问题看成是普遍存在的。有的是作了交代，但不确切，如把少数的说成一般的。这些都会形成不真实的报道，或者在读者当中造成错觉，客观上产生了不真实的效果。关于"条件"的问题，主要是应当交代清楚某一件事情发生在什么情况、什么条件下，把背景交代清楚，这样才能给读者以真实的感觉，并加强新闻报道的效果。比如报道一个合作社的平均亩产量达到了500斤，就应当说清楚这个社的土质、水利、耕作技术、经营管理等等情况，才能使人相信，并从中取得经验。

关于新闻的真实性问题，可能还有其他问题应当讲，这里就只讲这几点。

（三）战斗性

报纸是阶级斗争的武器，是教育人民的工具。我们办报的目的，就是为了推动社会的前进，推动事物的发展，促进问题的解决。发展、前进，是矛盾运动的结果，是新旧事物进行斗争的结果。因此，我们的报纸就必须经常揭露各种事物的矛盾，并促进矛盾的解决。也就是要经常提出问题，并促进问题的解决。尤其应当经常注意分析哪是当前的主要矛盾，紧紧抓住，集中地、突出地、连续地、深入透彻地加以解决。要经常发现新的事物，新的思想，新的工作方法，加以宣传、表彰、支持，帮助新的东西去克服旧的、落后的、过时的、没落的、腐朽的东西。所谓对新鲜事物的锐敏感觉是布尔什维克的高贵品质，意义也就在这里。我们在这样的指导思想下去工作，去办报，才能办成一个具有明确的、坚强的战斗性的报纸。

报纸上要经常揭露矛盾，解决矛盾，就必须首先分清矛盾的性质。《再论无产阶级专政的历史经验》一文中指出：在我们面前有两种性质不同的矛盾，第一种是敌我之间的矛盾，第二种是人民内部的矛盾。并指出："一个人只要站在人民的立场上，就决不应该把人民内部的矛盾同敌我之间的矛盾等量齐观，或者互相混淆，更不应该把人民内部的矛盾放在敌我矛盾之上。否认阶级斗争、不分敌我的人，决不是共产主义者，决不是马克思列宁主义者。"这虽然是就国际间的问题说的，但这些原则也完全适用于处理国内问题，我们的报纸上也必须按照这些原则去处理问题。

处理敌我之间的矛盾，对敌人进行斗争，我们是比较有经验的。处理人民内部的矛盾，我们则还很缺乏经验。而且目前由于社会主义改造已经基本完成，国内的阶级斗争已基本结束，人民内部的矛盾是更加突出了，因此我们应当着重研究如何处理人民内部矛盾的问题。

关于处理人民内部矛盾的原则，《再论无产阶级专政的历史经验》一文中指出："人民内部的矛盾可以而且应该从团结的愿望出发，经过批评或者斗争获得解决，从而在新的条件下得到新的团结。"这是从我们党几十年来所积累的经验中得出的一条正确方针。凡是这样执行了的时候，就有利于党和人民的团结，有利于党和人民的事业；反之，就得到相反的结果。过去，我们对这一条方针缺乏正确的体会，因而在对待内部的缺点错误方面往往分不清界限，用对待敌人的态度、方法去对待。比如报纸上的批评，往往是简单化，缺乏说服力，习惯于用行政命令的态度去解决问题，不能耐心地讲清道理，进行说服。对于有缺点错误的人，往往采取粗暴的态度，用一棍子打死的办法，打得抬不起头来，丧失前进的信心，或者对于批评产生反感。这是我们在长期阶级斗争当中养成的一种习惯，应当努力克服。对于批评，我们在口头上虽然也懂得要从团结出发，要与人为善，治病救人，但批评起来就往往忘记了这些原则。对于有缺点错误的人，缺乏热情的态度，不能和他们站在一起，互相合作，共同商量，而是站在完全对立的立场上。为了达到发表批评稿件的目的，甚至越发现被批评者的问题严重就越高兴，只愿听缺点错误，不愿听优点成绩，不愿听所以产生缺点错误的客观原因，只怕减轻了被批评者的责任。不愿听来自其他方面的不同意见，写了稿件也不愿给被批评者看。这样，实际上就形成了为批评而批评。用这样的态度去写批评稿件，当然就难免产生片面性，不实事求是的缺点。这样的批评，效果当然就不会好，不能达到积极的目的，不能达到在新的条件下的新的团结，反而使被批评者同写批评稿件的记者、同报纸编辑部甚至同党在感情上产生隔阂。在党的会议上批评或处分一个党员，一定要其本人到场；在报纸上公布一个人的缺点错误，其影响要大得多，当然更应该听取本人的意见。

目前报纸上的批评与自我批评开展得还是不很好的。这一方面是由于我们自己工作上的缺点而引起了一些障碍，另一方面，客观上也确实存有不大欢迎批评的现象。我们不应当害怕困难而不去开展批评。一方面要努力克服批评报道中的缺点，一方面要依靠党的领导，并经过我们的工作去逐渐克服客观上的困难。经过这次全党的整风，主观上和客观上的问题都将逐步得到解决。但是我们不要等待，要努力改善在报纸上开展批评的状况，以加强报纸的战斗性。

加强报纸的战斗性，不只是要加强批评报道，而且更应当加强对于先进人物、先进思想、先进事物、先进经验的报道，结合具体工作加强对于马克思列宁主义的宣传，使群众经常有明确的前进方向和学习的目标。宣传先进，才更有助于克服落后；宣传马克思列宁主义，才能更有力地克服一切非马克思列宁主义的思想观点。只批评坏的，不宣传好的，就会使人丧失信心，就会妨碍前进，而且这也是不符合实际情况的，也是片面性。批评缺点错误，也应当加以分析选择，看哪些是可以上报的，哪些是不宜于上报的。另外，报纸上有一些东西既不是表扬什么，也不是批评什么，而是提出问题，研究问题，解决问题的，这同样是很重要的东西，是有助于事物的发展的。因为有一些问题的出现和存在，是客观规律所决定的，并不是由于谁的工作没有做好，因此就不应当进行批评，而是要提出它，研究它，解决它。如果认为报纸上应当除了表扬就是批评，所谓只"抓两头"，而忽略了前述这一部分问题的研究解决，那是不对的。要"抓两头"，要大表扬、大批评，经常明确地提出提倡什么、反对什么，同时又不断地提出新的问题加以研究解决，这就是报纸所应当有的主要内容。既不先进又不落后的中间状态的东西，以及没有提出问题也不能说明什么问题的一般动态之类的东西，使人看了既不能引起兴奋，受到鼓舞，又不能引起痛恨或警惕，也得不到什么知识的东西，是不应当上报的。报纸上应当经常是先进与落后的斗争，经常充满了问题，充满了矛盾，这才是一个有战斗性的报纸。

要加强报纸的战斗性，贯彻执行"百花齐放、百家争鸣"的方针，以通过报纸正确处理人民内部的矛盾，必须首先克服我们报纸宣传上的教条主义倾向。教条主义束缚着我们的思想不能解放。由于我们的教条主义的宣传，也束缚了广大干部群众的思想，妨碍大家去进行独立思考，去勇敢地提出不同的意见，去创造性地进行工作。比如，我们的宣传报道多是从既定的政策原则出发（这一方面也是对的），多是拿政策原则的框子去找适合这个框子的材料，找例证，所谓要什么有什么（这一点当然也不能完全否定），按空气办事，一阵风，而很少从复杂、生动、新鲜活泼的现实情况出发，提出工作当中、执行政策当中新的问题，揭露工作中、现实生活中和思想上的矛盾；多是到群众中去的东西，很少真正从群众中来的东西；只能说党委或上级党报说过的话，不敢说自己的话，也不敢让群众说自己的话。这样就是只有一面，没有两面，就没有矛盾，就不会推动工作前进，推动政策原则的发展，推动干部群众思想的提高。我们的工作中所以存有严重的教条主义，一方面是由于我们还不熟悉马克思主义的辩证法，思想上存有片面性；另一方面是由于我们不相信群众，过低地估计了群众的鉴别能力，只怕散布不良影响，只怕引起混乱。这种教条主义思想，是与战斗的马克思主义正相反对的东西，是反马克思主义的。有教条主义，就会停滞不前。因此，必须清除教条主义，才能使报纸上充满矛盾，充满斗争，才能增强报纸的战斗性。

此外，为了加强报纸的战斗性，时间性仍然是一个很重要的问题。新闻报道及报纸上的一切文章，都贵在及时。应当在保证真实、成熟和能够产生好的效果的前提下，尽量求快。拖拖拉拉，就会减低报纸的战斗性。

（四）群众性

不管从党的报纸或人民的报纸来说，都应当加强群众性。这样才能使报纸真正成为党和政府同人民群众联系的桥梁、纽带。报纸的群众性，可以包括以下几个方面：

第一，要关心群众的利益，关心群众的物质文化生活，充分反映群众的要求、呼声、批评、建议。要使群众感到报纸是代表他们的利益的，是群众说话的地方。要使群众通过报纸参加国家建设，参与国家大事的管理，监督党和政府及其工作人员的工作。要通过报纸使群众自己教育自己。这样才能通过报纸来组织和调动群众当中的一切积极因素，充分发挥群众参加生产劳动和社会主义建设的积极性、创造性。这样的报纸才能起到集体的宣传者和集体的组织者的作用。

第二，我们的报纸都是地方报纸，就应当强调地方化。要反映地方的特点，具有强烈的地方色彩。比如，产粮区和产棉区的报纸应当有所不同，山区和低洼易涝地区的报纸应当有所不同，重工业城市和轻工业城市的报纸也应有所不同。这样才能反映本地区最大多数人民的最大利益，反映最大多数人民的要求，也才能加强同最大多数人民群众的联系，使他们对报纸感到亲切。同时，也就能够引导群众去注意和努力完成本地区的主要任务。当然，抓住本地区的特点，也不应忽视照顾一般，主要内容不应成为惟一内容。同时，强调报纸的地方化，不能超出党中央与上级党委的统一领导，不能与国家对于社会主义建设的统一计划和安排相抵触。

第三，要把报纸办得使群众愿意看，有兴趣。否则，尽管报纸上的内容很重要，而读者不愿意看，就不能取得应有的效果。这就产生了报纸的指导性和趣味性的问题，这也是一个有争论的问题。有人说，报纸应当首先强调趣味性，否则读者就不愿看了；有人说，新闻不应当要求有指导性，否则就会搞成教条主义、公式主义的东西，而应当按照读者的兴趣去写新闻；有人说，报纸应当强调指导性，不应当照顾趣味性，否则就会影响对于中心工作的指导。这些说法都是有片面性的。报纸既要有指导性，又要有趣味性。不注意指导性，就不能达到办报的目的；不注意趣味性，不能吸引住读者，指导性也就不容易发挥，就会降低宣传效果。因此，应当努力把指导工作、教育群众的东西写得有趣味，并注意刊登能引起读者的共同兴趣的东西。指导性和趣味性，是有其一致性的，不是完全对立的，但也有矛盾。不承认这个矛盾，就容易抓住一方面，忽视另一方面。怎样处理这个矛盾呢？我认为，报纸的主要任务是对干部群众进行思想教育，通过教育和影响，推动工作前进，对这个主要任务是不容怀疑和动摇的，不能为照顾读者的兴趣而影响了对这个主要任务的完成。但是，对于读者的兴趣也是应当而且必须照顾到的。如果每一天的报纸有很大一部分读者感到没有自己喜欢看的东西，这是不合理的，也是很大的浪费；同时，也就等于我们放弃了对这一部分人的教育和影响。久而久之，就会有一部分人不再订阅我们的报纸，这当然就会更加缩小了报纸的宣传效果。如果不考虑读者需要什么，喜欢什么，办不办在我，看不看在你，是缺乏群众观点的表现，我们的工作也就没有意义了。毛主席在全国宣传工作会议期间接见新闻工作者时曾说：报纸搞得很枯燥，有兴趣的人就少了。板起面孔来办报是不好的。应当写得通俗，看起来亲切、轻松、活泼，引人入胜。并说，报纸办的使人爱看，就是好的。文章写得好坏，应当从效果上去看，效果好就是文章好。乔木同志在全国新闻工作者代表会议上的报告中也指出："不注意读者的兴趣，不管他懂不懂，喜欢不喜欢，这是一种不负责任的态度。报纸的花色品种不多，是目前报纸的一个缺点，如何使它多起来，希望认真地研究一下，使问题得到彻底的解决。"因此，我们应当充分重视广大读者的需要和共同兴趣，使读者真正觉得需要和喜欢我们的报纸才订阅它。在这一方面，我们应当更注意吸取非党同志办报的经验和资产阶级报纸的经验。资产阶级报纸的党性、目的性也是很强的，但它能吸引着读者去接受它的影响，我们却不能更好地吸引读者接受我们的影响。是不是资产阶级有他们的兴趣，无产阶级就没有自己的兴趣，不需要和不喜欢兴趣，只喜欢干巴巴的东西呢？不是的。主要是我们没有去注意读者的兴趣，只想板着面孔教训人，人家又不爱听。在这一点上我们是落后的，本领是不够的。

同时还应当看到，报纸的指导性和趣味性，虽然有矛盾，又应当是一致的，而且也是能够一致的。比如，指导性越强的东西，就越容易引起读者的兴趣，它本身就有趣味性；趣味性强的东西，就能吸引更多的读者去看，而且感染力也强，给人的印象深刻，因此宣效果也就好。反过来说也是一样。我们要照顾读者的兴趣，也是为了对读者进行思想、工作、生活方面的指导，而不是单纯为了迎合某些人的趣味和好奇心，甚至迎合某些人的低级趣味。我们要照顾读者的兴趣，同时还有责任培养读者的正当兴趣，把读者的兴趣引导到有益的方面来。

怎样既能加强报纸的指导性，又能照顾广大读者的共同兴趣呢？首先应克服宣传中的教条主义，贯彻执行百花齐放、百家争鸣的方针，使报纸上经常有矛盾，有斗争，有讨论，有批评，经常提出工作上、思想认识上的新问题（前边已经谈了很多）。其次，要扩大报道范围（不要影响主要问题的集中突出），要反对党八股，把文章写得生动活泼，增多文章的品种，创造宣传报道的新形式，增强报纸的知识性和艺术性，增强生活气息。可否提出这样的要求：使每一个读者在每一天的报纸上都能找到他愿意看的东西（不一定是他那一个行业的事情。一张报纸上同时报道各行各业是不可能的，也是不必要的），要使每一天的报纸上都有一些能够引起读者的共同兴趣的东西。前边提到报纸既要有指导性，又要有趣味性，并谈到两者的关系。在当前的具体情况下（报纸枯燥无味，读者不喜欢看），适当强调一下趣味性也或者是必要的（当然也应防止另外一种偏向）。要达到上述要求，都需要提高我们自己的理论思想水平和写作能力。

第四，要依靠群众办报，加强报纸的群众工作。这是办报的路线问题。这一方面发生偏差，也应当说是路线的错误。我们办报的路线、方法，和党的其他工作一样，也应当是群众路线的方法。离开广大群众的支持和实际参加，只依靠编辑部这一小部分人办报，报纸是办不好的，甚至是办不成的。因此，我们不应当关起门来，只依靠编辑部的工作人员，只依靠记者办报，办成记者报。但是，很多报纸编辑部却是不重视群众工作的，把群众工作摆在次要地位，只着眼于每天版面上的东西，这是一种没有远见的工作方法。编辑部的工作人员，很多不愿意被分配作群众工作，很多编辑记者也不愿作群众工作，只愿自己采访编写，不愿联系群众，不愿帮助通讯员写作。如果报纸上多是编辑记者写的东西，就会办成脱离实际、脱离群众、缺乏丰富的实际生活内容的报纸，就会办成官僚主义的报纸，群众就不会喜欢它。

要加强报纸的群众性，除了加强我们的群众观点和对于群众路线的理解以外，还应当解决一个具体的业务思想问题，那就是认为通讯员写的东西总不如自己写的东西质量高。其实，编辑部的工作人员总不如各个战线上的广大干部、群众经验丰富，也不如他们对于自己的工作、生产和生活那样熟悉，那样内行，因此，从新闻报道的内容方面说，我们是不应当只相信自己而不相信群众的。从写作方法方面来说，如果只以编辑记者的框子为标准，就很难改变新闻八股，很难打破老一套，出现形式新颖、独具风格的东西。因此，从改变文风，改进报道方法方面来说，同样必须依靠群众，发动群众。这样说来，是不是我们各方面都不如通讯员呢？当然也不是。专业新闻工作者的经验和长处是不能否认的，如果否认了这一点，就是否认了新闻这一门专门业务，专门学问。问题在于，专业的新闻工作者离不开业余作者和广大通讯员的支持和帮助，应当学习他们的长处，尊重他们的文章和新闻报道的风格；同时，专业的新闻工作者又应当积极热情地帮助业余作者和通讯员。总之，办报必须依靠群众，走群众路线。报纸编辑部及每一个新闻工作人员，都应当联系、团结一定数量的通讯员，和他们交朋友。列宁说："只有在每有五个领导的和经常写作的作家，就同时有五百个和五千个非作家的工作人员的时候，机关报才会是活泼而生命的。"

五 学习问题

最后，简单谈谈新闻工作者的学习问题作为结束语。因为新闻工作者是教育人的人，所以特别需要学习。

目前我们绝大多数新闻工作者的水平——理论、业务水平，与我们的任务比较起来都是很不相称的，特别是由于形势的变化，不断出现新问题，更加逼迫着我们必须加紧学习。而目前多数新闻工作者的学习情况却是不好的，整天价忙忙碌碌，有时间就学习一点，没时间也就毫不惋惜地过去了。即使学习，也是抓到什么看什么，或只从兴趣出发，没有计划，没有系统，有的或者也没有什么明确的目的。这种情况，第一说明我们还不真正了解学习的重要，缺乏学习的自觉性；第二说明我们在学习方面缺乏克服困难的精神。

用什么方法学习呢？进学校、进训练班固然很好，但只是少数人才有这样的机会，而且时间也是短暂的。最可靠、最现实、最有效的办法还是在职自修。真正的学问，主要是从自修中得来。别人讲的，不一定能成为自己的东西。不经过自己的独立思考，不经过自己创造性的思想劳动，是不容易学到东西的，更不用说研究出什么成果。

自学当中的困难，往往首先提到时间的问题。其实，时间还是有的。编辑有时间，记者也有时间，主要是看自己怎样安排，怎样抓取，是不是抓取。这当然还需要首先了解学习的重要（但不好好学习的人，是不会真正理解学习的重要的），提高学习的自觉性，有明确的学习目的。同时，要逐渐培养自己的学习习惯、兴趣，并要有坚强的毅力，想尽一切办法克服困难。

学习什么呢？

第一，要学习马克思主义，树立起辩证唯物主义的世界观。要学习以马克思主义的立场、观点、方法去进行工作。不仅要从书本上学习，还要从实际当中学习，向工农群众学习，才能把从书本上学习的东西巩固下来，真正成为自己的东西，能够掌握和运用。能否联系群众，了解群众，与工农兵打成一片，是熟悉不熟悉马克思主义的标志。因此，还必须树立艰苦深入、密切联系群众的作风。

　　第二，要学习各方面的知识，要有广泛的兴趣，这也是对于新闻工作者的特殊要求。否则，工作就会遇到困难，就不能很好地完成自己的任务。

　　第三，要学习新闻学这一门专业知识，逐渐成为专家。要系统地学习研究，学习这一方面的理论，学习别人的经验，也不断总结自己的经验。要精通这一门学问，还首先需要树立对这一工作爱好的心理，有终身从事这一事业的坚强的事业心（3月31日《新闻与出版》上的《新闻工作者的修养》那篇文章，应很好学习）。不论上述哪一种学习，又首先要有虚心的态度。因为"虚心使人进步，骄傲使人落后，我们应当永远记住这个真理"。

　　　　　　　　　（1957 年 4 月在中共河北省委党校新闻班的讲话）

增强报纸的党性、思想性、群众性，使报纸成为社会主义革命中更有力的武器

近来连续学习了毛主席《关于农业合作化问题》的指示和党的七届六中全会决议，听了关于七届六中全会精神的传达，这次会议上又听了张承先同志的报告，这些，在河北日报编辑部引起了震动，使我们的思想前进了一大步，进一步明确了什么是社会主义革命，以及在社会主义革命阶段，作为河北省委机关报的河北日报，怎样才能成为在党的手中掌握着的更加锐利的战斗武器。因此，我们对毛主席的指示和党的七届六中全会的决议表示热烈的拥护，并要按照承先同志的报告所指示的，坚决贯彻执行。

几年来，河北日报在省委的领导下，在全省各级党组织和广大党员、干部、群众的积极支持下，工作是有成绩的。河北日报曾经比较及时地宣传了党在过渡时期的总路线和党在各种工作中的方针政策，曾经比较及时地将省委在每个时期的领导意图传达到广大群众中去，在一定程度上反映了我省在社会主义建设和社会主义改造中的各方面的成就，鼓舞了群众参加社会主义革命的热情，并且通过报纸向反革命分子和反对社会主义的资产阶级思想进行了斗争。现在河北日报发行到了 16.7 万多份，已成为推

动工作和教育群众不可缺少的工具。这些成绩，是来自党的正确领导和群众的支持，不能因为编辑部的工作人员思想上和工作上的缺点错误，而否定报纸的成绩；同样，也不能由于报纸工作有一定的成绩，而看不到我们思想上和工作上的缺点错误。

我们党领导的中国革命，早在 1949 年就已进入了社会主义革命的阶段。但直到 1953 年党公布过渡时期的总路线以前，我们对于革命阶段的认识还是很模糊的。因此，对于某些问题就不能明辨是非，而是人云亦云，呈现一种不自觉的状态，甚至犯有路线性的、纲领性的错误。比如，我们曾经宣传过"要发家，种棉花"；宣传过"四大自由"；宣传过"确保农民的土地私有制"；甚至在报纸上宣扬共产党员、劳动模范买地雇工，发家致富，以此作为典范，号召农民学习；我们还宣传过"为建设新民主主义社会而奋斗"，"为巩固新民主主义的社会秩序而奋斗"，认为如果只宣传"为建设社会主义社会而奋斗"还距离现实太远。当时虽然在省委的领导和指示下也宣传了不少的社会主义思想，但对我们来说，在某些问题上并不是很自觉的。那时我们宣传社会主义纲领的积极性、自觉性，还是很不足的。从 1952 年冬到 1953 年春，我省的农业生产合作社开始大量发展的时候，我们曾经有一段没有采取积极支持的态度，而是错误地反对"盲目冒进"，在报纸上连续发表了三篇社论，一论、再论、三论反对农业合作化运动中的"盲目冒进"。甚至指出：有的地区"发展农业生产合作社的数目虽然少，其中也会有盲目冒进的偏向"，"如果不经批准再任意盲目发展，应当受到处分"。当时我们对于广大农民的社会主义积极性不仅不是热情支持，也不只是以冷淡的态度消极对待，而是在一定程度上起了泼冷水的作用；对于党的"积极领导，稳步前进"的农业合作化的方针，缺乏全面的理解，忽略了"前进"，产生了片面性的毛病。相反地，对于稳定农民个体经济的私有制的生活（虽然实际上是不能稳定的），却表现了那样高的热情，在报纸上大声疾呼。这就是一种违反社会主义纲领的思想。1954年秋冬，我们对于宣传我省农业合作化运动的第一个高潮，是比较积极的；今春整顿巩固农业生产合作社当中，报纸也是起了一定作用的。但是，仍然是由于我们的思想、立场上的毛病，因而不能始终坚定、始终明确地按照党的社会主义纲领进行宣传。今春整顿巩固农业生产合作社当中，我们在右倾思想的支配下，曾经孤立地强调"巩固"，连"巩固"是为了给"发展"作准备的意思也不敢提，将所有稿件中的"发展"字样都删去了。对于很多农民特别是贫农积极办社的热情，我们没有积极地支持。比如有些合作社的中农退社以后，剩下几户贫农还是要坚决办下去，对于这样高度的社会主义积极性，我们也采取了不应有的淡漠态度，没有予以鼓励宣扬。当时强调巩固农业生产合作社虽然是对的，但由于我们对于巩固与发展的辩证关系不了解，由于我们缺乏对于社会主义革命的本质的更深刻的认识，因而对于当时巩固农业生产合作社的积极意义没有进行充分的宣传，而是以消极、退缩的态度去谈巩固。对于整社当中如何贯彻执行自愿互利政策，也缺乏全面的正确的理解，在消极、右倾的思想情绪支配下，片面强调"退社自由"，只是怕有些农民想退社而不敢退社。在报纸的文章中，曾经错误地宣传"来者欢迎，去者欢送"。总之，在今春的报纸宣传中，对于农业合作化运动的本质、主流一方面是肯定和宣传得不够的，在一定程度上夸大了运动中的某些缺点。对于农业社会主义改造，对于农村中的社会主义革命，我们缺乏应有的热情和积极性。这是与党的社会主义纲领的要求有距离的，甚至有些地方是相违背的。

　　我们对于党的社会主义纲领宣传得不全不透，还表现在对于工业化思想的宣传和对于手工业、资本主义工商业进行社会主义改造的宣传方面。所谓"一化三改"，我们主要是宣传了对农业这"一改"（这一方面也没有宣传好）。虽然根据省委的领导重点，报纸的宣传重点应当是对农业的社会主义改造，但我们对工业、手工业和资本主义工商业方面的宣传是过分忽视了。过渡时期总路线的中心是实现社会主义工业化，过渡时期必须保证国民经济中的社会主义成分不断增长。但是，我们对于社会主义的工业生产和基本建设中不断获得的新成就，宣传得很不够。对于完全社会主义性质的国营农场和拖拉机站，也宣传得很不够。对于手工业和资本主义工商业的社会主义改造，更很少宣传。今年上半年，报纸上只发表了5条关于改造私营工商业的消息，平均一个月还发不了一条。对于小商小贩的改造，今年1—9月份的9个月中，只有两天共发了5条消息。一个省的报纸，应当比较全面地反映本省的面貌和各方面的发展变化，我们是没有完成这个任务的。从河北日报上看，似乎我们省不是正在积极地对资本主义工商业进行社会主义改造，也似乎资产阶级对于社会主义改造没有什么反抗。过渡时期尖锐复杂的阶级斗争，在我们的报纸上没有得到充分的反映，报纸对于阶级斗争的指导也是无力的。

党的报纸，是党在思想战线上最有力的武器。河北日报却还没有更好地担当起这一光荣任务。对于马克思列宁主义，我们至今还没有比较有系统地进行过宣传。中央发出了关于宣传唯物主义思想批判资产阶级唯心主义思想的指示以后，我们才开始零星片断地试作宣传。但是，由于我们对于马克思列宁主义宣传中的根本原则——理论联系实际，还缺乏进一步的理解，也由于我们的理论水平很低，因此，在报纸的宣传中，理论和实际还是"两张皮"。一方面，在对于各种实际工作的宣传报道中，多不能用党的理论原则去进行分析批判；报纸对于党的各种方针政策的宣传，还不能从根本理论原则上去加以阐明，以提高广大干部群众的思想水平，增强执行政策的自觉性。另一方面，在试图进行理论宣传的文章中，又不能与现实的斗争生活紧密地联系起来，生硬地搬书本，形成教条主义的宣传。对于阶级斗争在思想战线上的反映——资产阶级思想对我党的侵袭，我们的警惕、揭露与斗争也是不够的。报纸上虽曾选择过一些资产阶级思想的典型进行批判，但作得很不经常，也不够深刻有力。有些材料选择的还不够适当，还不是最应当批判的重要的倾向。比如，对于追求资产阶级生活方式，父母虐待子女等等现象，曾经进行了一些批判，但更重要的是应当去批判和反对资产阶级所散布的唯心主义思想，应当去批判和反对由于受了资产阶级思想的影响而不问政治、脱离党的领导的倾向，我们在这一方面却用的力量不够。我们曾经把批判资产阶级思想作为报纸在一定时期的任务，而没有充分估计到这一斗争的长期性、复杂性和尖锐性，应当经常地不懈地进行斗争。在批判资产阶级思想中，也还缺乏更明确的阶级分析、阶级斗争的观点。在农村中，当前主要是社会之义思想同资本主义思想亦即富农思想的斗争。但我们的斗争锋芒没有经常明确地对准这一主要目标。比如最近《河北建设》上刊登的文安县口上村地主富农分子拉拢腐蚀支部书记，合谋破坏农业生产合作社，迫害贫农的事件，早在去年冬天文安县委就把这篇稿件寄给河北日报编辑部了，我们一位编辑同志却认为"不够典型"，退回去了。相反地，报纸在批判农民的个人主义思想方面，倒用了较大的篇幅和力量。这也是我们的阶级观点不够明确的表现。

当前城乡社会主义群众运动的高潮都已到来，这正是英雄辈出的时代，各个战线上的社会主义的新型人物、积极分子、先进范例不断出现。但是，河北日报却没有充分反映出这种新的气象。我们对于先进人物、先进思想宣传不够，对于群众中的新生力量支持不够，对于人民群众在社会主义革命中的伟大作用重视不够。在党的七届四中全会以前，报纸在宣传先进人物当中曾有夸大个人作用的偏向。批判了这一偏向后，又走到了另一极端，对先进人物很少宣传了。这两种偏向的根源是一个，都是忽视人民群众的作用的表现，这是违背历史唯物主义的根本原则的。我们忽视了在各种群众运动中都必须表扬先进以带动落后，必须在群众中选择先进分子作为活的榜样，给群众指出具体的前进方向。因此，长时期以来，没有经常地、有计划地去发现各个战线上的先进人物，给以必要的鼓励和表扬，以带动广大群众前进。比如，今年1—4月份，我们曾连续报道了我省各地评选工业劳动模范的工作，发表了社论，公布了劳动模范和模范单位名单，但却没有从中选择比较突出的模范人物或模范单位加以介绍，宣扬他们的先进思想和行动，推广他们的经验。在宣传先进人物的时候，也往往有"求全"的思想，定的标准太高，要求十全十美；如果是工业方面的先进人物，则要求创造的价值大才行。而忽视了任何先进人物都是逐渐成长起来的，如果在开始成长的时候不加以支持与鼓励，不加以爱护和培植，将不会自发地成长起来。也正由于对群众在革命运动中的作用认识不足，所以在报纸上就长期忽视对群众活动的宣传报道。长期下去，报纸就会有脱离群众的危险。

河北日报在其他方面的缺点错误还很多，以上只是就几个主要方面所进行的初步检查。所以产生这些缺点和错误，主要是由于我们的编委会对于党的理论和各种政策还缺乏刻苦的学习钻研，对于社会主义建设和社会主义改造的各个战线上的实际情况缺乏调查研究，因此，我们的思想还远远落后于群众运动。这次学习六中全会决议当中，在这一方面受到了深刻的教育。

今后，我们要根据党的七届六中全会决议的精神，进一步加强报纸的党性、思想性、战斗性、群众性，使报纸成为社会主义革命中的更有力的武器。具体的改进办法，准备发动编辑部的全体同志进行讨论，现在只针对上述存在的问题提出几点简单的意见。

第一，要全面地深入地宣传党的社会主义纲领，防止顾此失彼，克服宣传当中不全不透的现象。根据我省的特点，仍应以农业合作化运动为报纸的宣传重点，但在农业合作化的宣传中，也要渗透国家建设是以工业化为中心的思想。在工业化及农业与手工业合作化的宣传中，都要采取积极的社会主义革命的态度，热情地坚定不移地宣传社会主义经济制度的优越性，宣传社会主义经济成分在各个方面的不断增长，宣传社会主义建设与社会主义改造事业在各个战线上的不断胜利。同时，要加强对于资本主义工商业的社会主义改造方面的宣传，揭露不法资本家抗拒改造的行为，并向这种行为展开斗争。为了全面地宣传党的社会主义革命纲领，全面地反映社会主义建设与社会主义改造事业的各个方面，要修订并坚决执行各种宣传在报纸上所占的比例。同时要照顾到我省各种不同的地区和各个市、县，注意宣传报道上的平衡。

第二，通过报纸，进一步深入开展思想斗争。这就必须首先加强辩证唯物主义和历史唯物主义的通俗宣传，批判资产阶级的唯心主义思想。同时，要密切联系实际，反对各种实际工作中的主观主义、官僚主义。要经常地向表现在其他方面的各种资产阶级思想进行斗争。在开展思想斗争中，要注意选择典型，集中地连续地展开群众性的批判；同时要从正面宣传什么是正确的思想作风，并加强关于共产主义道德品质的教育，表扬这一方面的典范。

第三，加强对于先进人物、先进思想、先进经验的宣传。比较突出的先进人物或先进经验的报道，要求每周至少一篇。对于可以作为全省旗帜的先进人物（如王新年等）和有普遍意义的、有重要价值的、经过鉴定确属成功的先进经验，要在报纸上大力进行推广。为了加强报纸的群众性，我们准备改进编辑部全体人员都作群众工作的办法。

为了改进报纸，就必须加强编辑部人员首先是负责干部对于马克思列宁主义和党的政策的学习。同时，为了进一步密切联系实际，要订出负责干部轮流下厂下乡的制度，加强深入的调查研究工作。对于广大干部和人民群众通过来稿来信及其他各种形式反映到报纸编辑部的问题，要以热情的态度充分予以重视，加强研究，作为报纸进行宣传的重要根据，也作为报纸联系群众的重要方法之一。同时，为了使报纸更能接近群众，要积极改进报纸的文风，清算党八股。

最后，随着城市社会主义建设的高潮和农村合作化运动的新高潮的到来，必须加强报纸的发行工作，特别是应当把报纸送到车间和农业生产合作社中去，在群众中开展读报活动。这是一项重要的政治任务，我们要与邮电部门一齐努力，把它做好。同时，各地的许多事实证明，哪里的党委和党委宣传部重视这一工作，哪里做得就好。因此，我们希望得到大家的帮助。

改进报纸工作，不能离开党的领导，也不能离开全党和广大群众的支持，我们愿和大家共同努力。

以上意见不妥之处，请批评指正。

（在河北省地市委宣传部长会议上的发言 1955 年 11 月 12 日）

充分发挥报纸的鼓舞与批判作用

今春，我们听到了毛泽东同志的指示："一张省报，对于全省工作，全体人民，有极大的组织、鼓舞、激励、批判、推动的作用。"[1] 现在只就鼓舞与批判这两个方面来检查一下，近一年来，河北日报编辑部是怎样体会和执行毛泽东同志的指示，使报纸发挥鼓舞与批判作用的。

*　　　　　　*　　　　　　*

既要鼓舞，又要批判，这是报纸工作中的辩证法，是客观辩证法在报纸上的反映。在客观事物中，在每一个战线上，经常存在着先进与落后的矛盾。我们的事业的发展，就是一个不断地揭露矛盾、解决矛盾的过程。报纸要推动国家建设事业的发展，就需要不断地在报纸上树立对立面，对先进的、正确的东西加以鼓舞，对落后的、错误的东西予以批判。因此说，在报纸上进行鼓舞与批判，这是客观规律，也是报纸的根本任务所决定的，而不

---

[1] 《给刘建勋、韦国清的信》，《毛泽东新闻工作文选》，新华出版社 1983 年第 1 版，第 202 页。

是一个一般的、技术性的、单纯业务性的、可以采用也可以不采用的宣传报道方法问题。至于怎样去进行鼓舞和批判，当然还需要有编辑部的正确的立场、观点和方法，而不是客观主义地去反映，把一切事情都搬到报纸上来。

*   *   *

鼓舞，说来是比较容易的。在编辑记者当中，过去就曾有"表扬容易批评难"的说法。但是，如果在过去还可以说表扬、鼓舞比较容易（事实上要做好也并不容易），在今天这个一日千里的时代就不容易了。报纸要发挥鼓舞作用，当然就要宣传各种工作中最先进的、尖端的东西。这样，报纸才能站在斗争的最前线，站在最上游，做促进派，发挥鼓舞和推动作用。如果报纸上不是宣传的最先进的东西，就落在了群众中的先进分子、先进事物的后面，就会成为"中游"报纸，"保守"报纸，不能起促进、鼓舞的作用，甚至落在下游，起促退作用。报纸要充分发挥鼓舞作用，这不只是作个计划或说几句话所能决定的，而是要求编辑部的人员具有较高的思想水平，并且必须随着社会主义建设的步伐不断提高。编辑部的人员有了先进的思想，才能敏锐地发现先进事物，才敢于肯定和敢于宣传先进事物，否则，想鼓舞也鼓舞不上去。

在《河北日报》上，宣传了一些具有先进思想、先进风格的人物和典型事例，对群众的教育和鼓舞作用很大。但是，由于我们对于一些问题还缺乏研究，讲起道理来往往讲不清楚，或者讲不上去。后来，随着编辑部人员的思想水平的提高，对一些问题的解释才又进了一步。这使我们深深地体会到"教育人的人必须首先受教育"的重要意义。

宣传各种先进事物都是如此。有时，对于一些先进事物不能及时发现，或者发现了却没有引起足够的重视。即使进行宣传报道，也缺乏高度的热情。这都是缺乏先进思想的缘故，因而也就不能更充分地发挥报纸的鼓舞作用。比如，沧县专区今春即开始掀起大搞地方工业的群众运动，省委认为他们做得好，方向对头，而我们的记者却曾表示怀疑。这就说明，编辑部的人员必须首先解放思想，才会相信群众解放思想之后所创造的奇迹。因此，加强编辑部的思想政治工作，使大家不断提高认识，是发挥报纸的鼓舞作用，办好报纸的最重要的一环。我们这样做了之后，大家的思想得到了不断的提高，报纸的鼓舞作用也就随着不断地提高了。

除了宣传伟大成就之外，着重宣传一些带方向性的东西，鼓舞群众朝着这个方向前进，这是更加重要的。比如，沧县专区早在五六月间就开始推行托儿互助化，米面加工和缝纫集体化、机械化，在发表这条新闻时，报纸上以《解放妇女劳动力的革命创举》为题发表了社论，给了它很高的评价，肯定了这个方向。在省委和各级党委的领导推动下，全省很快就在这个基础上发展为"四化""两院"。成安县的"丰产方"，安国县麦田的高标准园田化，等等，都是带方向性的先进经验。这些报道使我们体会到，宣传各方面的伟大成就，惊人的数字，旷古未闻的奇迹，固然会产生极大的鼓舞作用；而另外有些先进的东西，当时看来未必多么突出，甚至只是刚刚萌芽，但它却代表一种发展趋势，提出了一个重要的方向，一旦推广开来，为群众所普遍掌握，形成群众运动，就会产生无穷的力量，产生难以估量的价值。这种东西是更有鼓舞和推动作用的。

要勇于鼓舞，同时又必须实事求是，反对虚夸。要热情，又要冷静。做到以高度的热情勇于鼓舞是不容易的，能够冷静地实事求是地进行鼓舞也是不容易的。脑子热起来，很容易单纯追求惊人的成绩、数字，不再冷静地进行分析，追求生动性而忽视了准确性，甚至发展到虚夸。今春报道各地制订跃进计划时，报纸上发表了一个县过高的计划指标，而且缺乏有力的措施作保证，中央负责同志看了，曾批评我们报道的准确性不够。在报道除四害时，报纸上连续发表了几个地区"实现四无"的消息，其实当时只能说"基本"实现了四无，因此省委也曾批评我们没有很好注意准确性。在报道工农业生产大跃进的成绩当中，在报纸的一些言论当中，也存有某些虚夸现象，我们正在继续检查。固然"气可鼓，不可泄"，但不该鼓的决不能空鼓、虚鼓。鼓舞也是应当有个限度的，如在生产战线上只一味地鼓舞群众拼命鏖战，就会产生不良后果。怎样才能做到实事求是地进行鼓舞，不只是类似要不要核对事实那样的技术性的问题，而是个政治问题，是编辑部人员的思想作风问题。

与实事求是相联系的，是在进行鼓舞当中应当贯彻不断革命的精神，注意社会主义与共产主义的联系与区别，注意先进与落后的辩证关系，防止绝对化、片面性，不要把话说死说绝。比如，当广大干部和群众根据总路线的要求正在鼓足干劲、力争上游的时候，报纸上曾经连续报道了这一方面的许多生动事实，鼓舞大家继续前进，同时还发表了一篇题为《你的干劲鼓足了吗?》的社论，说明只是鼓了干劲但还没有鼓足的应当鼓足，已经鼓足的还应当继续鼓，已经争到上游的还应当继续努力，否则，先进还会变成落后，上游还会变成中游甚至下游。这样来启发和鼓舞干部群众继续前进。另一方面，有时为了鼓舞群众，曾经过分夸大社会主义建设的成就和社会主义制度的优越性，产生绝对化的毛病，而忽视了事物是逐步逐渐发展的。这些，都是缺乏历史观点的。

不论宣传社会主义建设的成就也好，宣传各种先进事物也好，要真正有力量，引导人们朝着正确的方向勇猛前进，都必须强调宣传上的政治挂帅，强调文章或报道的政治思想内容，强调见人、见物、见思想，反对单纯技术观点，单纯业务观点，反对言不及义，见物不见人。这样，从政治思想上给人以力量，宣传了一分就不只是一分的力量，而会产生十分、百分的力量。没有政治思想内容的鼓舞，是软弱无力的，是不能给人以明确的方向的。有一段时间，我们对这一问题重视不够，省委负责同志曾经批评我们：你们宣传的东西都不错，都是贯彻执行总路线的结果，但没有更明确地提到总路线的高度去认识、去宣传，总路线的红旗在报纸上举得不高，旗帜不鲜明。在编辑部，曾几次讨论如何在报纸上插红旗的问题。讨论当中，有些同志的认识总是停留在宣传一般的先进典型的水平上，而不能提高到通过先进的典型去插总路线的红旗，插共产主义、马克思主义的红旗的水平上去认识。对于报道当中谈业务多、谈政治少的情况，省委负责同志曾经指出：只看一天的报纸，只看十天的报纸，好像没有什么问题或者问题不大，如果时间长了，就应当考虑报纸究竟是引导人们走向哪里。这是很中肯也是很深刻的批评。因此，省委指示我们，应当是政治家办报，不能是秀才办报。我们讨论了省委的指示，认为提高报纸的政治性、思想性，首先是编委会的领导必须政治挂帅，编辑部的人员必须人人思想上政治挂帅。此后，我们开始注意这个问题了，强调编辑部要"人人政治挂帅，篇篇稿件插红旗"。同时也注意了宣传先进人物的先进思想。报纸上发表了具有共产主义思想的党员王申的典型报道后，很多地区展开了普遍的学习。但有些方面仍然做得不够。比如对于通过一些政治性的问题去进行宣传、鼓舞，还应当进一步引起注意。宣传群众中的先进人物、先进思想，还做得很少。

*　　　　　　　　　*　　　　　　　　　*

在我们的国家，先进的、正确的东西是主流，报纸必须以高度的热情，以主要的篇幅，去大加歌颂，以鼓舞群众继续前进。但是，如果根本看不到这些事情的对立面，根本不去反映对立面，报纸上没有矛盾，没有批判，也是不合乎实际情况的，而且也不利于事业的发展。因为，所有这些先进的、正确的东西，都是同落后的、错误的东西作斗争的结果。没有落后也就没有先进，没有错误也就没有正确，没有缺点也就没有优点。没有这些对立事物的斗争，也就不会前进。报纸上如果不反映这个斗争，不反映这个斗争的过程，不反映事物发展前进的过程，而只反映先进的结果，就会使所反映的先进的东西缺乏根据，缺乏更充分的说服力，也就缺乏更有力的指导和推动的作用。因此，落后的、错误的东西，虽然不是主流，也必须及时指出，并用先进的、正确的东西去予以批判，以利于先进的、正确的东西的成长壮大，以利于事业的迅速前进。

在整风运动之前，有一种说法，认为只有在报纸上开展批评才能增强报纸的战斗性。这种认识是片面的。事实证明，对于先进事物的及时表扬、鼓舞，是会有力地增强报纸的战斗性的。经过整风和反右派斗争以后，有些同志似乎又产生了另外一种错觉，认为在整风之前，报纸上的批评太多了，现在应当少批评。因此，需要进行批评的也不去批评。这种认识也是不全面的。不是"气可鼓，不可泄"吗？是的。但是，正气可鼓不可泄，邪气还是非泄不可。批评在任何时候都是需要的，而且是不可缺少的，问题就在于我们批评的对象是什么，站在什么立场，用什么态度去进行批评。对于敌人，必须进行坚决的斗争。对于人民内部的问题，则应当用热情帮助的态度去进行批判。这种批判不是泼冷水，不是泄气，更不是一棍子打死，而是为了鼓舞。同时，在进行这种批判时，与鼓舞先进一样，应当强调先进与落后的辩证关系。今年二月间，《河北日报》连续发表了两篇社论：《正确对待先进和落后》，《帮助落后赶上先进》，都强调指出落后是可以变为先进的，这就在批判落后的同时，给落后者指出了前途、希望，也就给了它力量。对于由落后变为先进的，又特别进行表扬鼓励。因此说，这样的批判是热情的、积极的。曾有一段，我们由于对这个问题缺乏明确的认识，因而把一些应当批判的问题也放过去了。

　　密切结合当前斗争，抓住一些带倾向性的主要问题进行批判，并且贯彻不断革命的精神，解决了一个矛盾又立即提出新的矛盾，才能充分发挥报纸的批判、推动作用。既不能零打碎敲，舍本求末，也不应在一定时期看来是没有矛盾的，没有明确的批判对象。今年报纸上在连续突出地报道丰收喜讯的同时，也报道了武邑、景县等地小麦减产的消息，省委书记并亲自给这条新闻作了这样的标题："人家都增产了，你们为什么减产？你们找到了什么原因，得出了什么教训？下一步怎么办？"同时发表社论，说明客观条件对生产当然有一定的影响，但很多有利条件是人可以创造的，很多不利条件也是可以改变的。其他地区改造了不好的自然条件，创造了水利、肥料等有利条件，你们那里并没有什么特殊的不可克服的困难，为什么不能这样呢？这就把他们可能提出的减产"理由"也批判了，起了提高干部思想、推动工作前进的作用。这篇报道和评论发表以后，震动很大，读者普遍认为很有力量。有一个县的负责同志来信说："报上批评我县，是鞭策，是督促。我们水利工作没跟上，应接受教训，迎头赶上。"可见，鼓舞和批判都起了积极的推动作用。

　　总之，报纸经常发现先进，给以鼓舞，发现落后进行批判，把客观存在的、实际上不会停止的对立面的斗争,有选择地经常反映到报纸上来,这是在办报当中对于辩证法的运用,这是不断革命的精神在报纸上的具体体现。只有批判没有鼓舞当然不对,只有鼓舞没有批判也是不对的。而且,对待人民内部的问题,鼓舞和批判,在很多时候往往也不能截然分开,鼓舞当中有批判,批判当中也有鼓舞。

        *   *   *

进行鼓舞与批判,和整个报纸工作一样,必须依靠党委,依靠群众,走群众路线,而不能只是报纸编辑部在那里鼓舞与批判。依靠省委领导的问题,前年已经谈到一些。请各级党委和各个战线上的积极分子(我们是把这两部分人作为通讯工作的基本队伍的)写文章,写报道,甚至把报纸的一个版面交给他们去组织编写,这对于其本人和那个地区是很大的鼓舞。用这样的东西去鼓舞别人,也是很有力量的。从群众当中发现典型,在报纸上大插红旗,以及组织干部群众在报纸上开展思想讨论,也是依靠群众进行鼓舞与批判的重要方法。今年秋季,报纸上同时发表省委关于积肥运动的指示和正定县积肥已经取得很大成绩的消息,把指示放在了上边,消息放在了下边,省委认为版面安排不当,应当把正定县的消息放在上边,因为那是已经成为事实的东西,鼓舞和推动作用更大。从群众运动当中发现生动有力的口号,在报纸上响亮地提出,使之成为全省人民的行动口号,也会产生很大的鼓舞作用。省委指示我们,好口号,好标题,必须从群众当中去发现,编辑部闭门造车是制造不出来的。今年抗旱当中,石家庄地区提出"春不下雨保播种,年不下雨保丰收"的口号,报纸用来作为标题,很快就在全省流传开来,影响很大。临漳县青春社提出了"学河南,赶河南"的英雄口号,后来发

展成为全省性的群众运动。这里应当特别提到的是，在全省开展
"学河南，赶河南"的运动中，省委指示报纸要及时而突出地介
绍河南省的先进经验，以便于大家学习和开展竞赛；同时也要介
绍其他兄弟省市的先进经验；要把介绍外地经验作为报纸的重要
任务之一，责成专人负责。我们这样作的结果，的确对全省工作
和全省人民起了很大的鼓舞、激励和推动作用。

群众路线问题，涉及的方面还很多，这里不再详谈。

关于报纸的鼓舞与批判的作用，我们理解得还很肤浅，有些
观点也可能是不正确的，提出来就教于新闻界的同志们。

（原载河北日报社业务刊物《新闻战士》1958 年第 7 期）

党报工作者要做冷静的促进派

　　党的新闻工作者，应当加强修养，努力提高自己，并抛弃任何个人得失，做一个冷静的促进派。历史经验证明，这不是很容易做到，但又必须努力做到的。

　　第一，先说说我对促进派的理解。新闻工作者跟着潮流走，摇旗呐喊，一般地反映现实，包括宣传大家公认的先进典型，批评大家公认的后进典型，是比较容易的。然而，作为党的新闻战士，这是不够的。在党报上，当然要反映各条战线上的前进步伐，反映建设成就，同时批评各种错误倾向和一些歪风邪气。但是，如果仅限于此，我们的报纸还只能算是处在一般的水平，不能对现实生活起到更有力的促进作用。从一张省报来说，就只能算是省委的一般助手，还不是省委的参谋。我们还有一个很重要的任务，就是要能锐敏地发现一般人还没有发现的问题，还处于萌芽状态的问题，包括先进的和落后的，正确的和错误的。其中包括省委还没有发现的问题。这并不是说新闻工作者的水平比省委还高，而是由于我们通过各种渠道和方式，能够把触角伸到各个角落，包括很偏僻的角落，最快地发现新问题，发现某种好的或坏的苗头，并最迅速地反映出来。这样才能成为省委的得力助手和参谋。省委了解情况，发现问题，都是通过各种渠道得来的。而党报这个渠道，由于它所处的地位不同，现实生活中的利害关系不同，是其他渠道所不能代替的。如果我们了解的省委都了解，这个助手和参谋就是不得力的，甚至可以说是不合格的。如果我们报纸上的新闻报道和文章，都是大家已经知道的情况和道理，就谈不到对现实的促进作用了。

第二，要做有力的促进派，必须具有较高的理论、政策水平，思想、认识水平，才能发现现实生活中那些萌芽性的东西，那些虽然还没有引人注意，但可能成为一种倾向的东西，其中包括正确的和错误的。要具备这样的眼光和水平，必须能在十分繁忙、紧张的工作当中，抓紧一切空隙，排除干扰，静下心来，认真读书，读马列的书，读毛泽东的书，读邓小平的书。新闻工作是一种很艰苦的职业，苦就苦在不仅工作紧张，不能按部就班地迈着方步走路，而且还必须挤时间学习，还要比别人学习得好。不仅要读理论书，还必须熟悉党的各种方针政策，还要读其他各种书，要具备多方面的知识，成为杂家。否则，你怎么能够发现在各行各业中别人没有发现或不能发现的问题呢？那么，我们的水平应当提到多高呢？1948 年，刘少奇、彭真等中央领导同志接见华北记者团时提出，区党委的报纸，应当有相当区党委书记水平的记者。从现在说，省委的机关报，就应当有相当省委书记水平的记者了。这里说的记者，可以理解为包括编辑。这就是我们努力的目标。

第三，必须加强党性修养，加强思想意识的修养。去掉任何私心杂念，不计较任何个人的利害得失，一心为党，一心为公。为了党的事业，为了绝大多数群众的利益，敢于仗义执言，勇于坚持真理。即使个人暂时被误解，甚至受到什么挫折或不公正的待遇，也在所不惜，义无反顾。要做到陈云同志说的那样，"不唯书，不唯上，要唯实"。只有这样，才能发现和敢于提出别人还没有发现或不敢提出的问题。如果把个人的名利地位等等放在首位，前怕狼后怕虎，惟恐得罪了什么人，惟恐搞坏了什么关系，看准了的问题也不敢提出，提出了也不敢坚持，看风使舵，唯唯诺诺，那就是庸俗的个人主义，是低级趣味，是党性不纯的表现。这样的新闻工作者，是起不到党的耳目喉舌的作用的。当然，如果自己把问题看错了，经别人指出，自己也认识到确实看错了，那就愉快地放弃自己的意见，不能怕丢面子。

第四，要做实际生活的热情参与者，又要做头脑清醒的冷静旁观者。战争年代的新闻记者，必须上前线，同战士一起摸爬滚打，一起冲锋，先做战士，后做记者，才能真正认识战争，真正了解战士，从而写出生动深刻的战斗报道。否则，即使你有生花之笔，也只能隔靴搔痒，写不到战士的灵魂深处，甚至让战士看了认为你的文章是不真实的。同样的道理，在当前的社会主义建设时期，新闻工作者也必须亲身参加到各行各业的实际生活当中去，去体验生活，感受生活，你写出的东西才能有真情实感，内行人才不会说你是外行。过去曾有一种做法，编辑部抽人下去实际担任县委副书记，工厂的副厂长一类的职务，定期轮换。下去一段再上来，处理稿件、写文章就和只懂新闻业务不同了。在新闻单位内部，也是同样的道理。编辑一定要有作记者的亲身经验，记者一定要会作编辑。总编辑也不能只会写社论，还要亲自下去采访，亲自处理稿件。另一方面，新闻工作者又必须是实际生活的旁观者。当别人都很"热"的时候，你要冷一冷。要能深入到实际生活中去，又能从实际生活中跳出来，冷眼旁观。旁观者清。站得高看得远。再加各项工作同自己没有什么直接的利害关系，可以更客观、更冷静地观察现实生活，分辨是非。

第五，还有一个很现实的新问题。现在的社会情况，不像战

争年代和建国初期那样单纯了。现在是多种经济成分并存，决定
了人和人的关系要比过去复杂得多了。党的新闻工作者处在这样
的社会环境中，除了保持过去密切联系群众、联系实际的优良传
统以外，我认为，还有另一方面，就是必须立场坚定，洁身自
好，处人处事都要坚持原则，有明确的是非界限，不能和任何歪
风邪气同流合污，不能不管什么采访对象一律情同兄弟，亲如一
家，不分彼此。必须在密切联系群众的同时，又要同某些人保持
一定的距离。一起吃吃喝喝，请客送礼，甚至搞其他歪门邪道，
那就不仅难以保持清醒的头脑，甚至难保自身的清白了。那就丧
失了党的新闻工作者的起码条件，一切都无从谈起了。目前，在
某些环节上，是否有丢掉党报的优良传统的危险，值得深思，值
得警惕。去年，《保定日报》创刊五十周年的时候，报社来人找
我谈谈当年创刊时的情况，并要我写一幅字。我写了"发扬党
报优良传统"八个字，又惟恐不合时宜，就问他们"现在还讲
这些吗？"他们说："老讲还不行哪！"这只有六个字的回答，既
从正面也从反面说明了问题。对上述这个问题，我只是听到一些
传言，一些有根有据的传言，但没有亲身感受，不一定能说到点
子上。只是提出问题，希望能引起重视，引起警惕。

（1999 年 2 月 20 日）

（原载河北日报社业务刊物《通讯员》1999 年第 7 期）

报纸的指导性和趣味性问题

毛主席在最高国务会议上和在全国宣传工作会议上的讲话，对新闻工作者的谈话，以及中央其他负责同志的讲话，都给报纸指出了明确的方向，同时也给报纸提出了光荣而艰巨的任务。我们一定要认真学习中央这些指示，根据中央的指示把报纸办好。

报纸工作中的问题很多，现在只谈一个。

目前河北日报有这样一种情况：一方面，各级党委和管理中心工作（主要指农业和工业生产）的同志们，对报纸还不够满意，认为报纸在指导中心工作方面还不够有力；另一方面，不直接参加中心工作的各个方面的广大读者，又觉得报纸上只是谈中心工作，别的东西太少，因而对报纸不感兴趣。就是做中心工作的同志们，也觉得报纸枯燥。去年9月，河北日报进行了一次改革，报道面扩大了，有关群众生活的东西多些了，文章比较短小活泼了，很多读者表示满意；但省委和有些地、县委的同志们提出了意见，认为报纸对中心工作的报道削弱了。10月底，我们检查了前一段的工作，重新提出要加强中心工作的报道。但是，很多读者又提出意见，说报纸又恢复了9月以前的面貌。

《河北日报》就是处在这样的矛盾状态之中。这个矛盾，是报纸的指导性和趣味性（即指导中心工作与照顾读者的共同兴趣）的矛盾，是报纸给各级领导同志看和给一般读者看的矛盾。

解决报纸工作中的这一个矛盾，主要是依靠报纸编辑部的努力，但是离开各方面的支持也是不行的。因此愿把上述认识以及我们准备怎样做，向大家谈谈，以便得到大家的帮助和监督。

解决这个矛盾的方法，我们认为应当是在加强报纸的指导性的前提下，注意报纸的趣味性。加强趣味性，也是为了加强指导性。加强指导性是目的，加强趣味性是方法。在这样理解两者之关系的原则下，要同时兼顾指导性和趣味性，不能只抓一面而忽视另一面，又不能把两者平列起来。

一、指导中心工作和对干部群众进行思想教育，这是报纸的首要任务，应当继续加强，并努力改进报道方法。这一方面的报道要提高质量，也不能减少多大的数量。报纸上的大部分内容，还应当是这方面的东西。否认一定数量的作用是不对的。没有一定的数量，也就难以达到一定的质量，也会减弱指导力量。当然也不能只搞中心工作的报道，天天清一色，没有其他的东西。同时应当肯定，关于中心工作的报道，也是能够引起读者的共同兴趣的。如果说广大干部和群众不关心国家的经济建设，不关心工农业生产，这一方面的报道不会引起读者的共同兴趣，那是不可理解的，也是不符合事实的。问题不在于这样的报道内容不能吸引读者，而是选择的材料不新鲜不突出，报道方法不好，写得枯燥无味。改进报道方法，准备从以下几方面着手：

第一，要经常提出新的重要问题。对于工作当中的问题，不应当只从政策原则的条文出发，拿着政策原则的框子去找适合这个框子的材料，去找例证，所谓要什么有什么（这一点当然也不能完全否定），按空气办事，一阵风。这是主观主义的报道方法。这样就不会发现工作当中的矛盾，就不能更有力地推动工作前进。而且只是从既定的政策原则出发，就必然会和党委与政府的指示差不多，大家已经知道，就不愿再看。我们应当从实际情况出发，经过深入的调查研究，去发现执行政策中的新问题。报纸上解决这些问题时，应当直接面对广大干部、群众，解决他们的思想认识、工作作风、劳动态度等问题，而不应只是面对各级领导，要他们去怎样宣传。并应多发表干部、群众自己提出的迫切需要解决的问题和批评建议等。这样才对各级领导机关更有帮助，对广大干部也有好处，宣传的针对性才会加强，也能够引起读者的兴趣。

第二，报纸上选择材料，一定要抓两头，选择好的和坏的典型，进行表扬、批评。好的典型要能使读者兴奋鼓舞，或者受到感染、教育，或者学到有益的经验；坏的典型要能使读者愤怒、痛恨，或者取得教训，引起警惕。这样的东西才更有指导意义，也才能够引起读者的兴趣。坚决不让中间状态的东西上报。

第三，在报纸上，应当经常有不同意见的讨论。过去我们习惯于只发表正面意见，不敢发表相反的意见，惟恐引起混乱。结果，一方面是使我们自己的头脑闭塞起来，僵化起来；另一方面也助长了干部、群众的盲目性，认为只要党报上说了就不会错，不再去认真进行独立思考。今后应当经常开展形式不同的、规模大小不同的、时间长短不同的讨论，使报纸上经常有矛盾，有斗争，促使大家去进行独立思考，使思想界更加活跃，使真理愈辩愈明。这样也就更能引起读者对于报纸的兴趣。关于工作问题、思想问题的讨论，虽然不能叫做什么"百家争鸣"，但这是符合"百花齐放、百家争鸣"的方针的。在报纸上不敢发表不同的意见，这和在文艺工作中、科学工作中不敢执行"百花齐放、百家争鸣"的方针是同样错误的。当然开展讨论要考虑效果，对问题要有选择，要考虑讨论的时机和方法。

第四，改进报道方法，特别是需要改进经济报道。增加经济报道的花色品种，增加经济报道中的人的活动和生活气息，加强经济报道的艺术性，克服党八股、一般化、公式化、概念化的现象，尽量写得生动活泼，引人入胜。要把国家建设中的重大问题写得使一般读者都能看懂，而且有兴趣。要逐渐做到使读者看了标题就想看内容，看了导语就想看全文。改进报道方法，就需要采取一些有效的措施加强编辑部的业务学习，提高大家的业务水平。

二、在不影响关于中心工作的报道的原则下，适当扩大报道范围，增强生活气息，照顾读者的共同兴趣。《河北日报》在去年9月的改进当中，比较强调了扩大报道范围，照顾读者的兴趣，削弱了中心工作的报道；11月以后，重新提出加强中心工作的报道，但对于前一段改进的成绩却保持和发扬不够。我们认为，这两次改进都是有一定成绩的，把这两次提出的措施适当结合起来是必要的。在扩大报道范围、照顾读者兴趣这一方面，应当接受去年9月份那一次的经验。那一次曾经提出："尽量使各方面的读者都能在一张报纸上看到他愿看的东西"，后来检查时说这个要求太高。现在我们认为还是应当提出这个要求的。一张报纸要"满足"各方面读者的要求是不可能的，但使每一个读者在一天的报纸上都能找到他愿看的东西（不一定是他那个行业的事情。一张报纸上同时报道各行各业是不可能的，也是不必要的。）还是应当的，也是不难做到的。因此，除了努力使中心工作的报道能够引起读者的兴趣外，还应当要求有其他方面的能引起读者的共同兴趣的东西。副刊上发表的一些东西读者是比较多的，应当继续改进，提高质量。其他版上，每天也应当有一些具有共同兴趣的东西，如介绍各种知识（丰富广大干部、群众的知识，也应当作为报纸的任务之一），介绍新人新事，新的道德风尚，群众生活问题等等。

　　关于报纸的指导性和趣味性的问题，我的认识和意见就是这样。对的地方，希望得到大家的支持，我们要在省委的领导和大家的帮助下努力实现；不对的地方，请省委和大家批评。

　　　　　　　　　　　　　（1957 年在全省宣传工作会议上的发言）

在报纸上开展批评与自我批评及
新闻必须完全真实

一 关于在报纸上开展批评与自我批评问题

（一）必须坚决开展

1. 要以总路线、社会主义革命的观点去认识报纸上的批评与自我批评。各个战线上的斗争都是很激烈的，思想战线上更激烈，而且它要打冲锋，首先取得胜利，又要作后卫。直到建成社会主义以后，还会有正确与错误、进步与落后的斗争。我们一定要胜利，必须不断地同旧的、落后的、错误的东西作斗争。

因此，报纸上的批评必须开展，经常地开展，充分有力地开展，不能忽冷忽热，不能软弱无力。

要选择典型，抓住主要倾向，斗争到底。

2. 除了一般地讲批评与自我批评是进步的动力以外，在报纸上开展又有其特殊重要性。它可以教育更多的人，警惕更多的人，动员群众力量同缺点和错误作斗争。吸引群众参加建设，进行监督，提高主人翁的责任感。报纸是最有力的武器，是没有什么别的东西可以代替的。"有了批评与自我批评，报纸才有声音。"报纸是武器，不是麻醉剂，不是安眠药，要有充分的革命性、战斗性，不能风平浪静，天下太平。

（二）必须实事求是

目的已如前述，为了社会主义的胜利，为了维护党和人民的利益，为了提高工作，为了消灭落后、反动、错误、缺点，而不是为了其他目的，不是为了个人的什么目的。

这个目的就决定了我们批评的内容，是违背了总路线、违背了社会主义、违背了人民利益的东西。要紧紧结合当前工作、当前的主要斗争任务，如农业合作化、整社、三定、春耕生产，团的组织建设、思想建设，对青年的共产主义道德品质教育，青年的文化生活等。但也不能只管中心工作，单打一，其他不管。

要分清的界限是：

1. 原则问题与非原则问题，政治与生活（不要使大家谨小慎微，手足无措），资产阶级思想的界限，个人主义的界限。

2. 正确的批评与破坏性的批评。破坏性的批评有有意与无意之分。

3. 不可避免的问题与可能避免的，不能做到的与可能做到的，是否发展过程中的必然现象，偶然的与一贯的，成绩与错误哪是主要的，不要片面、孤立地看问题。

4. 谁应负主要责任，谁应负次要责任。同样的问题，要多从领导上找原因，不要过多责备基层组织和群众。但也不要事事要领导负责，要主要负责同志检讨。

5. 被批评者已经发现的和还未发现的，人家发现的还是我们发现的。

6. 已经克服的、正在克服的与尚未克服的。

7. 欢迎批评的与拒绝批评的。

8. 典型的坏人坏事，典型的缺点错误，一般的与萌发状态的。

9. 现时问题与历史问题。

总之是要实事求是，界限分明，很有分寸，不是说得越狠越好（如"极端"、"不能容忍"……）。不是事事都可登报，要分清内部与外部。不要以为报纸不登就是不支持，就不满，灰心。有的是不宜发表，有的不发表也起了作用，如个别解决，或交领导，或写文章。要冷静，运动中不要脑子热。不要乱扣帽子，事实最有说服力。不要为揭发而揭发。对于坏人坏事，不可救药的，犯了错误不改正的，要坚决斗争。对一般的缺点错误，或萌芽状态的，或虽然严重但愿意改正的，要用同志式的态度、语调，治病救人、与人为善。反对人身攻击。

为此，就必须加强自己的学习，提高水平，并且一定要取得党团的领导。不要为这些界限所束缚，这些界限要更多地由编辑部来掌握，今天主要的问题是要勇敢地开展。一时分不清界限，只要保证真实就可以。

（三）提倡自下而上的批评与自我批评

报纸组织和吸引自下而上的批评与自我批评，尤为重要。

这样可动员群众参加国家建设，监督党、团、政府机关和工作人员，加强民主的力量，克服官僚主义、麻痹松懈。

开展自我批评，可更提高大家的自觉。而且，主动的自我批评总比受批评要好。

但恰恰是自下而上的批评与自我批评这两方面的情况更不好。

原因当然很多，如批评与自我批评还不开展，很多干部的民主作风还不强，甚至压制批评。有些地方民主空气还不浓厚，很多人的自觉性还不高。

我们新闻工作者的责任，是有计划地、主动地组织不够，帮助不够，支持不够。总之是重视不够。

今后应有计划地多作些组织工作，具体帮助，鼓励，支持，撑腰，表扬。

（四）打破一切障碍，保证批评的开展

目前开展批评的条件较前好多了。但仍有障碍。如有的党委、团委还重视不够，支持不够，领导不够，帮助不够。有的人还不喜欢批评，拒绝，对抗，限制，甚至打击报复。但这些不能作为借口，要依靠我们的工作改善这些情况。要争取领导支持、帮助、重视，要采取积极的态度，不能等待。要用成绩和效果去引起领导和大家的重视。对拒绝、抵抗、限制、打击报复者，要进行坚决的斗争。说到此，就找到了我们自己思想上的障碍，这是最主要的。

1. 怕伤和气，伤面子，影响团结。这首先是对团结的理解不正确。在马列主义、党的原则下的思想意志的统一才叫团结，这种团结才有力量。只是很和气，不吵架，见了面就笑，在原则问题上互相迁就、包庇、纵容，不叫团结，这是很有害的，会害己、害人、害党、害国，是自由主义。其次是对批评和团结的关系的认识不正确。人们的思想总不会在每一个问题上都是始终一致的，要达到一致，就需讨论、批评、斗争。讨论也是批评。没有批评、斗争，就不会有团结一致。而且也不要把批评看做人与人的个别问题。

2. 怕打击报复，怕对自己不利，给小鞋穿，怕领导对自己印象不好。这首先是向困难低头的表现，不是青年、党员、团员应有的态度。目前敢于打击报复者是个别的。只要批评得对，是不怕打击报复的。社会上有打击报复的现象，必须经过我们的斗争去消灭，它自己不会消灭的。其次是只考虑个人得失，因小失大。到头来，是敢于坚持原则、坚持斗争的是好干部，以自由主义的态度处理问题的不是好干部。同时，正确的批评，会得到党、团、报纸和群众的支持，不怕打击报复。

3. 认为直接提出即可，何必登报？当然，直接提出很好，不是事事都要登报。但需要登报的，有普遍教育意义的，不登报不能解决问题的，还是要登报。这是任何别的方式都不能代替的方式。批评稿件可经过本地区、本单位负责同志看，也可不看。

4. 批评别的部门或别的地区还可以，批评自己部门自己地区除前述两怕外，还觉得自己也不光彩，所谓家丑不可外扬。这是对批评的不正确理解，把好事看成了坏事。丑是必须扬的，自己不扬，别人要揭。早不扬，晚也要扬。轻微时不扬，严重了也要扬。

5. 认为本地没什么可批评的，或认为非开除团籍者不值得批评。一定时间以内没可上报批评者，是可能的，但总没有问题是不可能的。到处是光明的大地，也必然有黑暗的角落。只是我们是否注意，眼光、嗅觉是否灵敏。不是开除团籍者才批评，要防微杜渐。

6. 写表扬稿容易，受欢迎，写批评稿困难，容易引起麻烦。其实，写表扬稿也不容易，有时更困难，特别是找好典型。只是表扬中有些失实也没人提意见而已。即使没人提意见，我们也须严肃负责。写批评稿困难，为了大的利益，要克服，不要怕麻烦。如果错了，就更正，事前要防止。斗争就是麻烦的事情。谁受到批评的当时，也不会像受到表扬时那样的心情，但事后会感到有好处的。

7. 也有的认为，5%—10%的正确即可，因而不作认真的调查研究，潦草从事。5%—10%是指被批评者说的，批评者必须搞准确。如果错了，被批评者提出了真实情况，就应欢迎。

二 关于新闻必须完全真实

（一）根本原则，起码条件，铁的纪律。

1. 新闻必须完全真实，是人民的报纸的根本原则，是与资产阶级报纸的根本区别，也是新闻报道的起码条件。我们一切从实际出发，实事求是，靠事实教育人民，取得胜利，只有真实准确才有力量。

2. 遵守这一原则，是新闻工作者的起码条件，高贵品质，铁的纪律。这是与资产阶级新闻记者的根本区别。

如果违反了这一原则，不管事情大小，就是说谎，欺骗，会产生不良影响，或给工作造成损失。甚至会使人民群众不再相信记者，不再相信报纸。更严重的会影响到党、团、政府的威信。

（二）最常见的假报道。

凭空捏造，无中生有，完全虚假的报道是极少的，也是容易防止的。最常见的，不易防止的是：

1. 部分失实，大部或小部，主要部分或次要部分。

2. 片面、孤立地观察问题，不看全面情况，不联系起来看，夸大了某一部分（优点或缺点），不看是在什么情况下产生的。

3. 立场观点的错误，违反党的政策。把错误写成经验。

4. 分寸、程度不确切。把部分写成全体，把个别写成一般。"都"，"完全"，"有的"，"有些"，"一部"，"大部"，"部分"，"绝大部分"，要用确切。

5. 数字、人名、地名、机关名、文件名、引语、群众反映、年、月、日等。

（三）端正认识，杜绝一切借口。

1. "不可能一点不差，不可能完全消灭差错，基本正确即可。"消灭差错是完全可能和必须的，如《真理报》。但不要因噎废食，干脆不写。就像怕犯错误而不敢工作一样。不工作是最大的错误。

2. "小错无妨"。小错会引起大乱子，特别是会引起读者对报纸上的一切都怀疑。

3. "只在当地影响不好，在其他地方会有教育作用。"在一个地方、对一个人的报道也不应有虚假。

4. "生动的报道，都有些掺假、夸张"，这是新闻报道与文学作品不分。新闻不能想象、夸张，但同样可有真实的描写，浓厚的感情，如斯大林逝世后的新华社的报道。

5. "要真实，就不能突出主题了；要写一个问题，是否就不全面了？"要全面了解，写其中一点，写得恰如其分，位置适当。

6. "是否需要都亲自调查？"到现场调查，亲自采访当事人，会减少错误。但调查不只指此，要向周围的人、有关的人、群众、领导、内行人等调查。而且根本的问题是工作态度问题。

7. "真实与时间性有矛盾。"没矛盾。要在保证真实的原则下争取时间，时间服从真实，否则再快也会有害无益。为了快，要平时积累材料，掌握情况与基本资料，事先作思想准备、政策准备，事先了解情况等。

（四）找出原因，保证真实。

1. 克服个人主义、名利观点，克服残存的资产阶级新闻观点和资产阶级新闻记者的作风。如为发表，为出名，为生动，为了快，为稿费。

2. 要严肃认真，独立负责，艰苦深入地调查研究，克服马马虎虎，粗枝大叶，漫不经心，捕风捉影，道听途说的现象。要为每一个字负责，为报纸负责。一言兴邦，一言丧邦，记者有无限的权威。掌握报纸这个武器，是为了消灭敌人，不要伤害了自己。要养成严肃认真细致的习惯、作风。

3. 要有明确的立场观点，提高理论水平，熟悉党的政策，熟悉各种业务，增加各种知识，克服不熟不懂的现象。形成动机和效果统一的认识。

（1955 年 3 月 22 日在《河北青年报》
通讯工作会议上的谈话提纲）

批评报道需要改进

目前批评报道当中存在的问题是什么呢？产生问题的原因在哪里呢？应当怎样解决这些问题呢？

第一，在我们不少的批评报道当中，存在着程度不同的片面性、分寸不当、不确切的缺点。有的报道，把事情的缺点错误夸大了；有的把缺点错误孤立起来进行叙述，看不出缺点错误在整个工作、整个事物发展中所占的地位；有的是从时间上把缺点错误孤立起来了，看不出来龙去脉，看不出事情发展的过程、前途和可能产生的结果，不知道是正在由好变坏呢，还是正在由坏变好；有的只从表面现象上去叙述缺点错误，却不进一步去分析所以产生缺点错误的主观原因和客观原因，或者只谈主观原因不谈客观原因，这样就不容易看出问题的本质，甚至可能歪曲了问题的性质。现在仅就手边的材料举出几个例子。

10月9日的《河北日报》，在"纠正领导农业生产中的主观主义作风"总标题下，发表了一个农业生产合作社的生产队长的一篇文章，题目是"我几乎被开除了党籍"，是批评盲目推广白马牙玉米和盲目推行密植中的强迫命令作风的。对于今年我省有些地方在进行生产改革和改进耕作方法当中的主观主义、命令主义作风，的确应当有力地予以批评。但必须肯定：进行生产改革和改进耕作方法是好事情，应当进行，而且今年也收到了很大成绩；白马牙玉米是高产作物，是优良品种，密植是先进的耕作方法，这对增加粮食生产都是很重要的。只是在执行的时候，应当因地制宜，逐步推广，并很好地同群众商量。上述那篇文章，对于干部作风上的毛病提出了批评是完全应当的，但看完全篇之后，却好像白马牙玉米品种和密植方法都是不应当推广的。文内只有一句"白马牙玉米好是好"，也是编者后来加上去的（编者加一段按语是可以的。在文内凭空加上一句话，说是社员们说的，则不妥当）。这样的文章，显然是有片面性的，因而就容易产生不好的效果。在批评报道当中，不一定在谈缺点、错误的同时也要谈谈成绩、优点，但是，对于缺点错误的程度、分寸、性质，在整个工作、整个事物中所占的地位，在什么情况下产生的，以及是事情本身不好呢还是由于什么原因把好事办坏了呢，都必须叙述得恰如其分，否则就会产生片面性的缺点，成为不正确的批评。

10月18日《河北日报》上发表的社论："深入细致地推广先进经验"，其中谈到：我省厂矿企业中有"许多先进经验推而不广，随推随丢。如开滦煤矿一班出煤法，本来是一项很好的经验，并已在开滦煤矿作了普遍的推广。但在推广当中，有的单位没有根据具体条件运用，结果使得产量下降。对于这种情况，领导上并没有采取措施组织改善，因而这些单位就停止了推行"。最近经过调查了解，一班出煤法确是一项很好的经验，开滦煤矿有些单位也确实停止了推行。但究竟这项经验适于在什么条件下推行，开滦煤矿有些单位为什么停止了推行，这次才弄清了。原来，推行这一经验的条件要求很严格，如工作面的长短、坡度的大小，有无割煤机，顶板的好坏等等，对于能否实行这个采煤方法都有直接关系；特别是掌子面的运输能力的大小，关系更大。开滦煤矿有些单位由于条件不具备，也盲目推行这种采煤法，以致使生产受到了损失；后来从中取得了教训，才停止下来了。停止下来是一种实事求是的态度，是完全正确的，而我们的社论上却把它当做"推而不广，随推随丢"的例子进行了批评。我们只看到了一种现象——煤矿把一项先进经验停止了推行，却没有看到问题的本质。如果只看现象，不看本质；只看发生的问题，不问发生问题的原因；只作一般的观察，不管时间、地点、条件，那么，可以批评的事情就很多很多了。

从上述例子中可以看到，写批评报道的时候，不能仅仅限于调查了解要批评的事情本身，不能认为只要批评的那一点是事实，这个批评就是正确的。而应当同时注意调查了解同要批评的事情有关的一些事情。不仅要了解多方面的情况，还应当对这些复杂的情况具体进行详细研究，以弄清各种情况之间的关系，弄清要批评的事情同它周围的有关情况的关系，这样才能正确地确定问题的性质。问题弄清了，还应当进一步分析其原因。不仅要看到主观方面的原因，还应当看到客观方面的原因。有的犯了错误的人，过分强调客观原因，以求减轻自己的责任，这当然不对。但我们写批评报道时，就必须充分考虑到产生缺点错误的客观情况，这样才是实事求是的态度，也才能真正解决问题。因为任何工作、任何时候都是要按客观情况办事的，在客观情况不允许的情况下，主观上再努力也是不行的。在认真分析了主客观原因之后，也就可以看出哪些问题的发生是不可避免的，因而也就是不应当批评的；哪些问题是可以不发生而发生了，当然就可以进行批评。此外，还应当了解存有缺点错误的单位或个人，是否已经发现了自己的缺点错误，是否已经改正了或者正在设法改正，对于这些不同情况，我们准备批评时也是应当采取不同的态度的。总之，写一篇批评报道，需要广泛、深入、全面地进行调查了解，并具体地、细致地进行研究分析，这样才能批评得确切，防止片面性。

第二，在我们的批评报道中另一个值得研究的问题，是批评的态度问题。

过去，曾经感到我们的批评报道中不断出现一些用词不当的地方，话说得太生硬，太武断，盛气凌人。比如什么"十分恶劣"，"极端错误"，"不能容忍"，"必须深刻检讨，坚决立即改正"，等等。类似这样的词句，一般地使用起来，是难免不适当的，应当引起我们的注意。

现在感到，更重要的还不是用词不当的问题，根本问题是批评的态度问题，也就是我们对被批评者的态度问题。

关于开展批评的原则，我们大家都很熟悉。比如，要"划清界限"，其中包括要区别对敌人的批评和人民内部的批评，要区别对坏人坏事的批评和对有缺点错误的好人的批评。对于人民内部的批评，对有缺点错误的好人的批评，应当采取同志的态度，与人为善的态度。但是，在我们的批评报道中，却往往界限不清，缺乏同志的热情，不是与人为善的态度。有些同志在写批评报道的时候，不自觉地站在了同被批评者对立的立场。为了求得批评的突出有力，有时就忽略了实事求是。我们虽然都知道批评的目的是治病救人，改进工作，但有时却不自觉地把批评当做了目的，只要批评得突出有力就算完成了任务，达到了目的。当然，其出发点还不是希望把工作搞坏，不是希望哪一个人变坏，而是为了把批评搞得突出有力，也就是在一定程度上表现了为批评而批评。在这种情绪的支配下，头脑就容易不清醒，态度就容易不冷静，因此也就容易产生不实事求是、夸大、片面性等等缺点，文字上也就怎样"解气"怎样写。这样的批评报道，效果是不会好的。

开展批评并不是我们的目的，而只是一种方法，这一点应当在我们的思想上更自觉地树立起来，掌握住它，一刻也不要忘记。我们进行批评的正确态度，无疑地应当是与人为善的，以同志的热情对待被批评者。具体说来，就是要站在诚恳帮助被批评者的立场，同被批评者亲密合作，帮助他总结经验教训，同他一起研究改正缺点错误的方法。写出稿件以后，还应当征求被批评者的意见。这样的态度是正确的、必要的，而且，用这样的态度和方法写出的批评报道，就会更全面、更确切些，就会有助于防止产生上述各种缺点。当然，也可能有的被批评者不愿同记者合作，拒绝记者的采访和批评。在这种情况下，记者就只有依靠自己的努力，依靠群众（即使同被批评者合作，也是应当依靠群众的），从有关的各个方面去进行采访调查，力求批评的准确。因为事实是最有说服力的，只有实事求是的批评才最有力量。对于愿同记者合作的被批评者，写出稿件当然可以给他看看。对于不愿同记者合作的被批评者，写出稿件给他看看也是有好处的。另外，过去曾经规定，批评稿件不一定要给被批评者看。这个规定主要是为了防止有些人限制批评，扣压稿件，也防止有些人因为不愿或不敢给被批评者审查稿件，就不写批评报道了。对于记者来说，就可以不考虑这些，因为记者是不会因审查稿件而受到被批评者的限制的。而且，被批评者对批评稿件提出意见时，记者认为对的就采纳了，认为不对的，可连同自己的意见一起送到编辑部研究。从上述这许多方面看来，记者善于同被批评者合作，写出批评稿件送给被批评者征求意见，是只有好处没有坏处的。

最后还应当说明一下，在我们报纸上的批评报道当中固然还存有一些缺点，应当引起注意。但是，决不能因为要慎重，就又束手束脚了。因为，我们报纸上的批评还是不很经常、不很有力的，工作当中的很多比较重要的问题我们还往往不能及时地、有力地加以报道，提出批评。

（原载北京《新闻与出版》第 6 号，1956 年 12 月 30 日出版）

谈报纸与实际工作的关系

——在华北各省市报纸座谈会上的发言记录

　　报纸要反映实际，过去喊了多少年，但对它理解得肤浅，窄。过去说深入实际，深入群众，是为了了解情况。深入到点，是为了报道典型；即使了解全面情况，也是为了找到更多的线索，都是从报道出发。但是，报道又为了什么？不进一步考虑。特别是记者在下面，只顾采访，并没有认真地思考这个问题。

　　报纸同实际的联系，不只是了解情况，促进工作。事实上，是互相促进。实际工作的进步，也推动了报纸的进步。报纸工作者要首先在实际工作中受到很深的教育，没有这一点，报道是搞不好的。这还是从报纸同实际这两方面的关系来看。另外，经省委指示，我们感到报纸同实际也是一回事。报纸不能站在实际工作之外，了解实际，反映实际。报纸是实际的一部分，应该站在实际之中。报纸工作者也是实际工作的参加者，这个问题不解决，资产阶级新闻观点就打不破。这一点很重要，是根本区别于资产阶级记者的所在。

　　我们在工作中感到，对实际的了解也要广些、宽些、大些。学习党的路线、方针、政策，了解国际、国内、全省形势，研究发展趋势和规律，研究干部、群众思想情况和方针政策贯彻中的问题，这些都是认识实际、了解实际的重要方面。只了解一点是很不够的，过去有不少教训。要了解以上这些，就必须有全面观点、发展观点，不能只了解今天，不想到明天。

*　　　　　　*　　　　　　*

实际工作发展很快，新事物很多，这就提出了报纸对实际工作的指导作用如何加强，如何跟上形势，作促进派的问题。

去年有一段时间，省委批评报纸反映和指导实际工作不力，甚至脱离实际。省委书记处曾专门就报纸工作问题作了讨论，指示我们：报纸工作人员要加强对实际工作的责任感。编委会要像省委书记处那样考虑全省问题。省委考虑什么，我们也就要考虑什么。编辑部同样应该提出重要问题。青春社提出"学河南，赶河南"的口号，省委拿来推广，在全省开展这个运动。省委说，像这样重大的问题，编辑部也应该发现。分工管这个方面的总编辑，应该像分工管这个方面的省委书记或厅长一样，对全面情况、对政策很熟悉。虽然由于水平所限，不容易做到，但省委提出的这个要求是很重要的。

后来经过讨论，大家懂得了党报工作者就是党的工作人员，是实际工作的参加者。有的同志检查过去的情况说，已往我们既不是实际工作的指挥员，又不是战斗员，而是观察员，是旁观者。这样，对任何工作可以不负实际责任。好的就报道，坏的就批评，没有责任感。听党委的话，按省委的指示办事，过去问题不大，但是如果没有实际责任感，自觉性、主动性就不会那样强，就只能是省委指示一条做一条，不能真正做省委的助手、参谋和有力的工具。过去研究情况，就是找报道线索，而没有经常研究形势，和任务，方针、政策的执行情况。研究稿件就是看看哪些已经来了，给记者出报道题目。实际上，题目定得越具体，记者思想越受局限。

经过检查、讨论，初步解决了树立对实际工作的责任感问题。但是，还有许多具体问题需要解决，比如工农业同时并举问题，省委指示，报纸要多抓些工业，但是工业总举不上去。检查起来，编辑部还没有很好地树立起工农业并举的思想。我们还是对农业熟悉些，有感情。这些情况启示我们：我们要宣传什么问题，必须先在内部解决这个问题，无论贯彻哪一条方针、政策都要这样。因为，社会上有什么思想，往往也会反映到编辑部来。

我们提出报纸要"事事站在第一线，天天站在最前线"，报纸要做促进派，让看报的人天天感到自己落后，这样报纸才有促进力量。但是，报纸如何更好地认识实际，反映实际，做促进派呢？省委提出，要"一手通天，一手通地"。

"通天"，除了看文件、指示，定期汇报、请示外，还要同省委保持生动活泼的联系，平时要有闲聊天似的接触，酝酿一些问题。人民公社化运动时，形势发展得很快，省委领导同志大部分下乡，有一位副总编辑跟书记下去。留在家里的书记只有一位。这时，编辑部几乎天天都和在家的书记有接触，研究报纸的报道问题，交换认识。下乡的副总编辑也有很深的感受。从此体会到，书记下乡，最好跟去一位总编辑。后来规定记者组记者要跟地委第一书记，这有很大好处。

"通地"，是走群众路线，全党办报，深入实际。过去以为，下去就是深入，其实不然。记者天天在农村、工厂，但是还不"深入"，即人深入了，但思想没深入，没有深入到问题中去。省委的同志曾经批评我们的记者，参加会议，只听报告，不参加讨论，听不到生动活泼的东西，只好按文件编写新闻。深入下去做调查研究，也还有立场、观点、方法问题。大搞地方工业的时候，有一个地区搞得好，方向对头，省委要召开现场会议，要编辑部很快报道。结果，去采访的记者认为没什么，对那里搞的小工厂是否叫"工厂"还有怀疑。这说明，对实际情况也了解了，但是同省委的看法不一样。也有时下去了，可是看不到问题。平时讨论工作，有时也感到好像没什么问题，实际上，这种感觉本身就是最严重和危险的问题。

加强报纸的指导作用，现在存在的问题是：有时报道还跟不上，问题提得不尖锐、不突出，不能很快抓到重要问题、新问题。有些报道有浮夸，有片面性，我们曾作了检查。

＊　　　　　　　　　　＊　　　　　　　　　　＊

去年的客观形势，还向报纸提出丰富政治思想内容，提高思想性，增强报纸理论色彩的要求。

过去，不断谈思想性、政治性，但它究竟是什么，怎样进行理论宣传，还停留在概念上，解决得并不好。如果是这样，问题还是摸不着，还是不能解决。

一般地提形势要求我们提高报道的思想性，还不能解决问题，要在不同时期提出具体口号。在编辑部内部也要抓典型，讨论一番，说明这就是思想性。从一篇稿件谈起，什么是思想性的问题就好解决了，大家领会得也比较深刻。比如总路线的宣传，有一阶段省委批评我们宣传得不深刻，总路线红旗举得不高。发表的东西都是贯彻总路线的成果，但没有提到总路线上去报道，旗帜不鲜明。后来，我们展开讨论，怎样把总路线红旗举得高高的。我们感到，首先是思想问题，即没有在思想上插起红旗。于是又曾进行专题辩论。在谈到什么是红旗的问题时，有的同志不能提到总路线、社会主义思想去认识。政治挂帅问题，省委也曾有过批评。经过讨论，感到原因首先是编委会的领导政治挂帅不好，内部思想工作做得不好。过去认为编辑部政治思想工作做得还不错，抓了记者编辑的思想作风问题，较及时地给予解决了。但是，关于报纸宣传的政策、方针、方向，以及指导思想，抓得却很少，工作上还主要是搞业务。从大家来说，脑子里也没有很好地政治挂帅，问题还是在于存有资产阶级新闻观点。有一段时间，专门批判资产阶级新闻观点，记者分批参加。经过整风，记者思想有提高。有的记者说："过去对自己不认识，问题觉察不到，需要有'思想深翻'。"编辑人员中，结合具体问题进行分析，但不如记者解决得系统。

以后，我们陆续不断地抓了一些典型，研究报纸的政治思想内容。通过几篇具体稿件，深入分析讨论，一般的问题也就解决了。

理论宣传去年比过去好些，结合实际工作宣传辩证法。原因之一，是我们下决心，首先自己学哲学。除了自学以外，从1957年开始，总编辑、编委、部主任，和一部分编辑记者，先后到省委办的哲学自修班、党校去学习了几个月。学了基本理论知识，就有了一点根基。另一方面，是加强理论联系实际问题的研究和实践，去年做了一些努力。《红旗》杂志出版，对我们认识理论联系实际问题启示很大，工农学哲学对我们启示也很大。本报办的红专学校，第一、二课就是请工人、农民讲的。关于理论怎样联系实际，据一位下放干部回来谈，他曾在农村编了一本课本，交给支部书记讲，讲了收集反映再修改。我们吸取这个经验，派人到公社去当宣传员，一面宣传，一面写文章。这次试验不大成功。原因是只注意了通俗化，没有着重考虑内容。但这还是一个办法。

提高报纸政治思想性的问题很多，有些东西提不到理论高度去宣传。

*　　　　　　　*　　　　　　　*

　　去年的实际工作情况，要求报纸进一步加强群众性，反映群众运动和群众路线的工作方法，要求办报贯彻群众路线。

　　实际上，我们较多地报道了群众运动的声势、规模，宣传它的威力，进行鼓动，而深度却很不够。运动的力量是哪里来的，没有说清。在提出宣传总路线的同时，省委就提出了宣传群众路线问题，但是报纸宣传这一点很不细致。比如报道辩论，只提经过辩论，解放了思想，没有写出究竟是怎样进行辩论的，助长了简单化的工作方法。报道简单、抽象，是不符合读者要求的。报纸报道群众路线工作方法，应当像开现场会议那样生动，但是我们没有做到。群众路线和党的领导的宣传，也曾有过一些片面性。

　　全党办报，和报纸本身的群众路线，也曾作了专门讨论。过去以为只有自己的记者可靠，这个迷信打破了，有的党委的来稿比记者来稿更充实，指导性更强。通讯员的基本队伍是哪些？后来明确了，办报依靠的基本队伍，一是各级党委，一是各个方面的社会主义建设积极分子。这方面的具体工作做了一些。党委方面，依靠地、市、县、公社党委。执行一段以后，各级党委纷纷送稿来，编辑也认为有些稿件比记者写得好，写得深刻、全面。

（1958 年）

新闻工作者与实际工作的关系

——同中国人民大学新闻系来实习的 同学们谈话纪要

党的报纸和实际的关系，和作者的关系，就是和生产的关系，和政治的关系，和群众的关系。就是报纸的性质问题，也是报纸工作者的立场问题。党报的宣传任务，就是为政治服务，为生产服务。

新闻工作，不能否认有它的特性，或者说有它的特殊规律。因此需要研究新闻业务问题，就是要研究它的规律。但研究的根本目的，还是为政治服务，为生产服务。

要把报纸作为工具，作为党的若干工具中的一种，是最有力的工具之一。这个工具掌握在党的手中，指导工作，推动工作，教育干部、群众。所以要研究它，就是为了使我们更好地运用这个工具。我们研究新闻学，不能忘记这一点。

《河北日报》在这一方面，不是所有的同志都很自觉。研究怎样作标题，怎样写新闻导语，研究新闻、通讯、特写怎么写，研究报纸的版面、图片等等，往往忽略其目的，就产生了单纯新闻观点，单纯业务观点。

新闻记者要不要考虑自己写的稿子能不能在报纸上发表？要考虑。如果连这样一个起码的观念也没有，没有一点责任感，怎么能当记者？问题在于，要考虑为什么发表，发表以后会产生什么影响，产生什么效果。我们有时批评记者单纯为了发表，就是批评他没有考虑为什么发表。

报纸是实际工作的一部分，新闻工作者是实际工作中的一员，要站在实际工作之中。如果站在一边，就不会有很强的责任感。报纸和实际是这样的关系，新闻工作者也有和实际的关系问题。我们是党的、人民的新闻工作者，也就是党的工作人员，国家干部，人民的勤务员。我们首先是党的工作人员，然后才是记者。因此就要考虑我们对实际工作的责任感。我们工作的出发点，目的，是指导工作，推动工作。省委提出，报社人员应当像省委主管某一方面的书记那样，熟悉全省那个方面的情况，用那样的心情关心全省工作，去想问题。比如农业编辑、记者，遇到天旱，就渴望下雨，就会考虑各地的提水工具如何；下雨了，就会想到下了多大，能不能播种。而不只是天旱了就宣传抗旱，下雨了就宣传播种。缺乏对实际工作的很强的政治责任感，没有那么强的党性。因此，一个新闻工作者，必须加强党性锻炼，加强立场、观点方面的学习和修养。这个问题是不能勉强的，主要靠自觉性，靠自己的努力，解决得很自然，勉强是勉强不来的。

同样是一件事情，我们往往不如实际工作者理解得那样深刻，为什么，因为我们对实际工作的体会不够，对实际工作的责任感不强，没有全身心地深入到群众的思想中去，深入到实际工作中去，而是站在旁边观察，只看到一些现象，看到一些个别问题，看不到问题的实质，看不到工作中的规律，看不到内在联系。这样，我们就抓不住关键，不能切中要害。这样写出的东西，就不能打动读者的心。

解决这些问题，要靠加强学习，加强理论、方针、政策的学习，加强党性修养，深入实际，深入群众，向群众学习，向实际学习。这些，大家都懂得。问题不在于了解这些问题的重要性，而在于用什么态度去对待。口头上的了解往往是不能算数的，不能算是真正的了解。比如深入实际，也不是那么容易的。不是和干部、群众谈话了就算深入了，没那么容易。不能只从表面上、形式上去认识。我们有的记者下去了，有的长期住在农村，但仍是浮在上边。要真正深入下去，需要下些苦功夫。这里还有立场、观点、方法问题。有时，材料一样，但结论不一样，这就是立场、观点问题。因此说，人下去了，还不等于问题解决了。要解决立场、观点问题，解决思想、感情问题。

报纸，新闻工作者，和实际工作不完全是一回事。怎样理解这个关系呢？应当看到，报纸和实际工作，是互相推动、互相促进的关系。过去了解的片面，只认为报纸是教育人的，是指导工作的，但忘了另一面，忘了实际工作的发展，革命运动的发展，又推动着报纸和报纸工作者的提高。我们不提高，不进步，就会落后于实际，报纸就该停刊了。回想一下，追溯一下我们报纸工作人员提高的力量源泉，就会更自觉地去联系实际。

关于贯彻执行全党办报的方针，依靠群众办报的问题，去年我们具体提出，要依靠各级党委和社会主义建设战线上的积极分子。这不是空想出来的，是从实践经验中来的。过去从单纯的新闻观点出发，不相信群众。事实教育了我们，是谁对实际工作的情况最清楚，是谁对实际工作最有责任感，就是各级党委和干部、群众中的积极分子。新闻工作者因为是搞专业的，对实际工作的责任感就没那么强，这也是一种职业病。当然，好东西也不完全是通讯员写的，如果那样，专业新闻工作者就没有存在的必要了。但也不能否认，干部、群众中的积极分子，和各级党委的同志，有些东西比我们写得好。我们加强同社会主义建设战线上的积极分子的联系，可望出现许多没有党八股的优秀新闻。文风的问题，只靠知识分子去研究，好多问题弄不清。重视依靠群众中的积极分子写新闻报道，也有助于文风的改进。

关于依靠党委，过去的理解是很肤浅的，只是认为要听党委的话。去年有了新的体会。我们应当像省委那样，为了全省的事情而睡不着觉，要有省委那样对实际工作的责任心，想问题要能和省委想到一块去。要同省委保持生动活泼的联系，不能只是参加会议，请示报告。要跟着省委下去，实际看到一些事情的发展过程，一些问题的解决过程。不能只看结果，只听结论。跟着省委下去，就可看到有些萌芽状态的东西是怎样出现的，怎样被发现的，从中可以得到很大的启发。去年我们看到，省委发现一件事情的新做法，总是边做边补充。这就说明，提出一个问题似乎很简单，实际过程是很复杂的。只听结论，生动活泼的东西看不到，体会不深，就简单化了，写出的东西也就枯燥了。

我们写出的东西，如果内容好，又有好的形式，当然好。首先是内容问题。有些经验介绍，我们不愿看，是因为我们"不在其位，不谋其政"，不关心它。做实际工作的同志就很愿看。我们的刊物《新闻哨兵》，质量不高，但也有人愿看，因为他需要。

我们的报纸上的新闻报道、文章、评论，应当多多地创造一些新形式，要不拘一格，让读者愿看。客观实际、客观事物适合用什么形式反映就用什么形式。还要解决文风问题，克服党八股。新闻也是可以写得很生动的。国防部的文告就写得很生动。我们还需要像说话一样很朴素的文字。

深入实际，是长期的问题，要长期下功夫。下去一下子，不能解决联系实际的问题。

客观实际，是十分丰富的。而且，一切客观事物都不是孤立的，客观事物之间存在着普遍联系。因此，我们作为新闻工作者需要具有广泛的知识，要博学。

（1959 年 3 月 21 日）

报纸上要有矛盾，要有生活

（一）我们报纸的几个主要问题：

1. 没有矛盾，没有问题，没有议论。

看来什么工作也很顺利，困难也都克服了。这样就前进无路了，已到了世界的尽头。

只有光明面，没有阴暗面，好像已经到了理想的共产主义社会。事实上到了共产主义社会仍有矛盾。

一家独鸣，没有分歧，不许有异议，只能听我们的结论。

事实上，世界就是矛盾，没有矛盾就没有一切，没有矛盾就不能前进。不立异就不能求同，必须不断地立异，才能不断地求同，因此必须揭露矛盾（提出问题），百家争鸣，克服矛盾（解决问题）。

工作中，群众中，实际上存在很多问题，很多矛盾（如增产指标过高，干部开会熬眼，强迫社员投资，副业与手工业问题，落后社员训练班，参观就参观死了……），我们没有重视，没有反映。稿件上偶尔透露一点问题，就删去了，只怕暴露了黑暗，暴露了不一致的意见。报道上存在很大的片面性。不能代表群众的意见，不能作群众的喉舌，限制言论自由，强迫命令，盛气凌人。报上一说话，群众中鸦雀无声。报上的批评不敢不接受。这是我们报纸不生动、不活泼的最主要的方面。

2. 群众性太差，内容单调，没有群众的呼声、要求，没有生活。

只搞中心工作，只搞勤俭办社（且千篇一律），农村工作部长都不愿看了，因为他的生活也是多方面的，各界读者当然就更不愿看了。要有中心，又要有非中心。只有中心，就是没有中心。

8 小时以内的反映的不全面，8 小时以外的更少。这是群众性不强的一方面。不能从多方面教育、鼓舞、指引群众，不能从多方面丰富读者的知识。好像只有开会作大报告，群众都睡着了还继续报告，一天报告 24 小时。报纸上就像不给群众唱戏、演电影、说相声，不让吃饭、运动。

只有自上而下的指示、计划，干部的活动，很少自下而上的群众呼声、要求。党的生活只有地、县委书记的文章，没有支部书记的文章。不反映群众的实际活动。只重视领导机关与干部的作用，不重视群众的作用，这是带根本性的问题。这是群众性不强的另一方面。

3. 党八股，公式化，概念化。

文章如出一人之手，社论是八股文，新闻、通讯、报纸的内容形式与往年无异，标题老一套，文章的品种太少，内容枯燥无味，没有生活气息，没有人情味，不生动活泼，不具体，不形象，不能给人以真实感，因而不能感人。

（二）主要原因：

1. 群众观点不强，缺乏办报的群众路线作风，缺乏调查研究。

不关心群众生活、要求，不听取、不反映群众的意见，办报的对象不首先考虑群众及读者的广泛性。

我们的工作方法，多是自上而下，缺乏自下而上。如订计划，不是由记者先提出问题、情况、意见。不重视从读者来信、来稿中发现问题。不是先从群众中来再到群众中去。不重视群众工作。不重视依靠群众（通讯员、读者）办报，不按群众意见办报。

我们对于各项实际工作，群众的生活和呼声，政策的贯彻执行，干部、群众的思想情况，对报纸的意见等等，都缺乏调查研究，存有严重的官僚主义。

2. 缺乏独立思考的精神，没有独立见解，躺在省委与省级各领导机关的身上。

人云亦云，不用脑子，按空气办事。

不能作党委的有力助手，发现、提出党委还没有发现或还没有注意的问题。有很大盲目性，缺乏自觉性。

3. 学习不够。对党的政策的实质理解不够，因而不能发现问题。缺乏基本的理论知识，缺乏辩证的方法，思想方法上有很大的片面性，如人民日报反对保守思想与急躁情绪的社论中所说的。不重视矛盾，不了解其重要，不会发现矛盾。

广泛的学习也不够，思想、眼界不开阔，知识不丰富，兴趣不广泛。不能及时吸取各报的经验。学习苏联及人民日报方面有教条主义（群众路线是中国共产党的优良传统）。

4. 因此，存有严重的保守思想，惰性很大，思想僵化，无穷的忧虑，数不尽的清规戒律。

（三）记者工作中的问题：

记者工作与整个报纸工作一样，同样存在着上述问题。经常生活在丰富的现实生活里，却只反映了很小的一个片面，提不出问题，揭露不出矛盾，不能全面地、深入地、真实地、生动地反映现实生活。群众工作做得不好。写出的东西八股气很浓厚。

原因主要在领导上，布置任务只有自上而下，缺乏自下而上地反映情况，提出问题，提出计划。由于领导上的官僚主义，因而形成工作计划的主观主义、形式主义。

领导上思想不开阔，也使大家的思想不能解放，眼界不宽，手脚被束缚，被数不尽的清规戒律所限制。只有共性，几乎消灭了个性。只有一致性，没有不一致性，只求同不立异。但是，没有个性就无所谓共性，没有不一致性就无所谓一致性，不立异就不能求同。过去听取大家的批评、意见不够，限制了大家的积极性的发挥，限制了大家开动脑筋，独立思考。积极地引导大家，当然更不够了。增加了记者的盲目性，只信编辑部，不相信当地党委，更不相信群众，也不相信自己。

对记者的学习是忽视的。很少帮助大家提高。

（四）解放思想，放开手脚，在报纸上和记者工作中贯彻百家争鸣的方针。

（在记者组长会议上的谈话提纲
1956 年 6 月 23 日下午）

关于编写专业史和地方志的一些意见

一 关于华北交通邮政史料汇编的编写

邮电部的一些同志，在编写华北交通邮政史料汇编。孙志平同志把他们已经编出的部分草稿送给我看了看，然后邀我去同他们谈谈。下面是 1990 年 8 月 14 日上午同他们谈话的提纲。我想，编写其他方面的史料，也可能遇到这些问题，特存在这里。

（一）专业史，要放在全局之中，放在党史、革命战争史之中去编写。不能只着眼于专业史本身。要把当时的环境（军事、政治、地理环境）写清楚，才能看出当时交通邮政的极端重要性，极端艰巨性，工作人员的艰苦奋斗、不怕牺牲的精神。搞好了，会成为进行传统教育的很好的教材，不仅有历史意义，也有很强的现实意义。

（二）真实。这是最重要的问题。否则会遗害无穷。后代人认为是当事人写的，不会发现问题。现在很多人还在，比较容易调查核对。将来就没办法了，有问题也难以发现。如果几篇资料都错成一样，更不会有人怀疑。

即使现在，搞真实也十分不易。我搞冀中报刊史料遇到很多问题，经过同很多同志反复核对，有的问题最后还有不同记忆。孙志平同志在抗战初期编小报时，兼搞了一个书报介绍所（实际就他一个人），我记得很清楚，他自己反而忘记了。土地改革时，新华通讯社向全国发的一条新闻中，有一句说到"冀中饶阳县贫农杨君道同志"。其实，"杨君道"是饶阳县的一个村名，不是人名。这在当时，别的地方也不会有人怀疑。陈宝玉、梁双璧等同志，当时都亲自管过交通工作，但他们现在写的文章中，我看也有记忆上的差错。董东同志当年是冀中博野县文建会主任，他现在写的回忆文章，也把文建会的全名写错了。这些都是当事人自己写的，不会有人怀疑。可见反复核对材料的重要和不容易。

不同文章中提到同一个情况，可互相核对。即使相同，也可能不准确。要找当事人、知情人反复核对。核对必须认真，不厌其烦。

（三）要快。抢救活材料。越晚材料越少，越晚越不易搞准确。快不是草率，必须搞准确。

（四）史料汇编，编成什么样子。

1. 书名搞确切。

2. 开头可有一篇总的概述，给人以比较完整的、系统的印象。包括当时的环境及其变化，交通邮政工作的建立、发展、变化，主要特点，这一工作所处的地位，在战争中的作用，主要经验教训等等。还有"交通"这个词的含义，过去与现在也不同，有必要加以说明。过去是指通信联络，不是指汽车、火车、公路、铁路，那时是靠两条腿，环境好的时候也只有自行车。这一篇可写为概貌或概况、概述，不写成序言或前言。这样的概述，是任何单篇的史料所不能代替的。

3. 下边接什么，可以有几种办法。一种办法是接党政领导机关的指示、决定等等，首先是党中央的，然后是中央局的，边区政府的，区党委的，行署的。再接交通邮政部门的章程、条例、总结报告等。这些文件可能不全。可在前边加一段比较详细的说明，给人以比较完整的印象。因为文件可能有的地方多，有的地方少；有的方面多，有的方面少，甚至没有。

这种办法的缺点是，一开头就比较枯燥。但如把党中央的文件放在后边，似乎也不大好。

现在选的文件，有的可不编入。如 1925 年中央通告等等，属于抗日战争以前的，可在叙述中加以介绍，不单用。还有不直接涉及交通邮政工作的，但有间接关系，可从交通邮政角度作介绍。

这些文件的编排，可考虑三条：一是先上级后下级，一是考虑时间先后，一是尽量把同一类的编在一起。

4. 边区的综合情况，区党委地区的综合情况，如何编写。华北，除晋察冀、晋冀鲁豫外，和晋绥、东北还有些交叉，中间也有变化。华北，在不同时期包括哪些地区，应写明确。

边区、区党委地区，最好搞全。形式最好一致。如大事记、概况、简史、组织沿革等。时间包括抗日战争时期、解放战争时期，不应只有一个时期的，或只有敌人"五一大扫荡"以后的。统一形式以外的还可有。

5. 专区、县的史料，不必求全。重复的，如七分区的有三篇，如何处理？

6. 专题材料，如组织系统，机构，人员，党内交通，军邮，解放区与蒋管区通邮，接管中华邮政，邮资，邮票，等等。有的有文件，不完整，可系统介绍。

7. 群众性的通信联络工作，如村自卫队、妇女、小学生等都参加。交通邮政依靠群众，包括堡垒户等。

8. 烈士、英雄模范人物。必须有的是哪些，可有个计划，没有材料的很快组织。

9. 回忆录，这是很生动感人的部分。除现有的以外，还缺哪些方面的，哪些地区的，哪些重大事件的，可很快组织。

总之，要有个编辑计划，抓紧做组织工作。

10. 有些技术性的问题。如档案材料的年月日，尽可能搞清。有的回忆录没有县名。编排要讲究，规格、字号等等，可定出若干条规定。

二 关于《深泽县志》的两封信

深泽县志的修订草稿，送给我看。我发现有很多事实上的差错，给县志的责任编辑写了一封信，请他们改正。《深泽县志》正式出版以后，我发现很多差错并未改正，因此又写去一信，请他们设法弥补。抗日战争时期的深泽县委宣传部长刘铭西同志，同意我的意见，他也给现在的县委写去一信。县志出版将近两年了，没听到什么动静。为了对历史负责，把我当时写的两封信收入本书，作为对那些差错的订正，以供后人参阅。

第一封信

《深泽县志》修订稿共 4 册收到了。看来，这个工程很大，你们是付出了很长时间的艰苦劳动的。作为深泽人，看了很高兴。不过，最近由于身体不大好，只粗粗地浏览了少数章节。我想，县志将世世代代传下去，后人会作为最权威的历史文献。因此，我们有责任把它搞得完全准确。出于这种想法，我把看到的一些问题列下，供你们参考。

（一）文内多处提到，深泽县在 1935 年以前没有西医。1936 年，段慧轩从日本留学回国，在城内开办了泽民医院，这是深泽县的第一所西医院（见第 22、815、861、862、877、905 页等处。顺便说一下，文内在不少的问题上重复较多，且有前后不尽一致的地方，不一一列举）。这与实际情况不符。在泽民医院以前就有博陵医院、民生医院、济众医院，都是西医医院，泽民医院是最晚开设的。第 861 页有一句说："留日回国的青年段慧轩"，而第 1047 页说段慧轩生于 1887 年，到 1936 年应是 49岁，已经不是青年。第 862 页说，博陵医院有医务人员 10 人，泽民医院有医务人员 10 人，民生医院有八九人。这三个数字不知是根据什么写的，我认为可能有误。这三所医院我都去看过病。去博陵医院只看到了马翼如（第 862、877 页都误作马义如），去民生医院只看到了王国栋，他们都是亲自看病，没有看到过其他医务人员。去泽民医院几次，都是段慧轩亲自看病，另外看到他有一个年轻的助手姓缪（南张庄人，后来得了精神病），此外没看到过别的医务人员。我还看到过他们到乡下出诊，也是段或缪。我去这几个医院看病时，都没有其他病人在看病或等着看病，可见那时到医院看病的人极少。一般估计，一个小县城里有四所小医院，不可能每所有十来个医务人员。此外，第 877 页提到"李介厚的大众医院"，按我的记忆应是"李介侯的济众医院"。我所以能记得李介侯、马翼如这两个名字，还因为李的儿子是我在高小的同学，马的两个儿子是我在中学的同学（按：我在高小时的另一位同班同学王小申，现仍住在深泽城内。1999 年 8 月 27 日，我给他写去一信，请他帮助代查此事。9 月 11 日接到回信说，他问了四个老年人，两个人说是"济众医院"，不是"大众医院"；是"李介侯"，不是"李介厚"。另两个人说记不清了。这可证明县志上是写错了）。

（二）第 1033 页提到，"1939 年春天，王亢之创办中共深泽县委机关报《号角》报"。事实不是这样。1938 年，孙志平曾在县城办《前锋》报，后来停刊了。1939 年初，县城被日寇侵占，我们的机关团体都转移到了农村。县长谷小波找到孙志平，要他再办一张小报。孙志平和另外几个人经过筹备，即办起了《号角》报。现在孙志平住在北京，昨天我打电话给他，他又讲了上述情况是准确的。他说，王亢之没有过问过报纸的事情。因此应当说，王亢之的办报生涯是从创办七地委的《新民主报》开始的。

在抗日战争期间，深泽县前后办过几种报纸，《号角》报办的时间最长，将近 3 年，影响也最大。因此，第 854 页第 12 行提到"特别是县委主办的《黎明报·晋深极版》……"改为"特别是县委主办的《号角》报……"为好。《黎明报·晋深极版》的特点是在环境最残酷的时候，在地洞里办的。那时只能通过秘密交通站发给全县干部，群众很难看到，因此其影响不如环境较好时的《号角》报。同页第 5 行，说《晋深极版》出版于 1945 年，应为 1943 年。

同页第 2 段，提到在县城里办的报是公开发行，县城失守后办的报是秘密发行。不是这样。在农村办的报，也都是公开发行的。只有党内刊物如《红光》、《气节与纪律》等是秘密发行的。

（三）第 1049 页第 8 行提到，孙敬之"在冀中担任'抗日呼声报'主编"。应为"在束鹿县担任《呼声》杂志主编"。主管这个刊物的王锦川，现住北京，我找他核对过此事。

（四）第 831 页第 1—2 行："这些业余剧团由于时常得到冀中军区'前进剧社'、'火线'剧社的辅导"。火线剧社是冀中军区的，前进剧社是冀中第七军分区的。

（五）第 540 页第 7 行："教职员抗日救国会"，应为"教职

员抗战建国联合会"。这个组织简称教建会，到 1939 年改为
"文化界抗战建国联合会"，简称文建会。

教建会和文建会，和工会、农会、青救会、妇救会等是同样
的群众团体。因此，在第四编第三章，即"共产党领导的群众
团体"一章中，应加上这个团体（可参考《深泽县党史资料》
第八期所载段烽同志文章）。

县、区、村文建会的任务之一，是领导村救亡室（相当后
来的俱乐部加书报阅览室，各村都有）和村剧团。当时的村剧
团可能不只 18 个（见第 830 页倒数第 5 行）。在敌占县城七八里
以外，绝大部分村庄都有剧团。办得比较好，有一定演出水平
的，现在记起的有：大兴、故城、大堡、西固罗、南赵八庄、西
北留、小真、贾村等村剧团。

（六）第 877 页说，抗日战争时期有一个"抗日救国医联
会"。不记得有这个组织。我打电话问了几位老同志，他们也都
不记得有这个组织。

（七）县议会，在抗日战争期间是个重要组织，只在大事记
中（第 26 页）提了一句。可否在第四编中，与人民政协、人民
代表大会并列，专写一章。

（八）第 797 页有一条是"科研单位"，没提到过去的情况。
1937 年以前，在东关外有一个农业科研单位，俗称"苗圃"，正
式名称忘记了。可考虑加上。

（九）关于书店、照相馆、成衣鞋革业。第 824 页，提到
"1935 年，县城曾建有士林书社"。在此以前，已有文记书局、
文华书局等。第 841 页，提到"深泽县五十年代即在县城设立
照相馆"；第 302 页，提到深泽县服装鞋革业始于 1939 年。我记
得，1937 年以前，县城即有照相馆、成衣局、鞋铺。

（十）关于村名。南赵八庄、北赵八庄、东大陈家庄、西大

陈家庄、东固罗、西固罗、小杜家庄、小陈家庄、魏村、李亲顾，现在一般人多写为南赵八、北赵八、东大陈、西大陈、东古罗、西古罗、小杜庄、小陈庄、位村、李亲古。在修订稿中，有些地方是用的原来正确的村名，多数地方用的简称。作为县志，我认为还是用正名为好。另外，河疃、南疃、北疃，一般都写为河町、南町、北町。但"町"字和"疃"字并不同音，也不同义，还是应写为"疃"字。"中佐"，第100页第1行错为"中佑"。"小樵"，第23页错为"小焦"。"惠伯口"，第25页错为"惠百口"。还有，第742页第7行，"任丘"应为"任邱"；同页倒数第4行，"七极"应为"七级"。"磁河"，有多处错为"滋河"。

（十一）关于人物。人物编应为第八编，错为第七编。

第1026页提到李景森，"1937年'七七'事变后，毅然放弃学业，投身于抗日斗争洪流"。事实是，当时李景森已经做了几年小学教员，不是"放弃学业"。

第749页倒数第8行，"姜平"应为"江平"。

第1092页第13行，"刘佳贺"应为"刘嘉禾"。

第1094页末行，"无村名者"中有"范保平"。第1043页已经具体介绍了范保平。

第588页第12行的"吉右民"，应为"吉佑民"。

人物编中可否加上范文兴、邸作之、赵英。

汉奸曹豁子，不应与革命历史人物并列。

（十二）关于纪年。《凡例》中规定：从清朝末年到新中国成立前，称"民国"；新中国成立后用公元纪年。文内实际上很不统一。我认为，依多数人的习惯，从中国共产党成立起，即用公元纪年较好。如：1921年成立中国共产党，1925年深泽县开始建立党的组织，1937年"七七事变"，1942年日寇对冀中进行"五一大扫荡",1945年日本投降,这些年份大家都记得很清楚。而要问这些事情是发生在民国多少年,很多人不能立即说出,还需要算一算。而且,把这些年份说成民国多少年,感到很别扭。

(十三)几个具体问题:

1. 敌人进行"扫荡"、"清剿",我进行反"扫荡",这些词都加上引号为好。提到"五一大扫荡"时,前面都加上"敌人"二字为好。

2. 第1073页倒数第8行、第7行两处的"中国社会科学院",应为"中国科学院"。因为,中国社会科学院是1977年才成立的。在此之前,考古研究所、民族研究所都属中国科学院。同页倒数第6行"兼任中国社会科学院⋯⋯""兼"字前面加一"后"字为好。

3. 深泽县抗日县政府建立的时间,第24页第3行为1937年12月12日,第630页倒数第11行为1937年11月,第634页倒数第7行为1938年1月,三处不一致。

4. 第546页第6、7行,深泽县人民"协助八路军击毙日军1100多名,击毙伪军及特务、汉奸1200多名,俘虏日伪军1500多名",这些数字太大了,恐不准确。第734页倒数第9行,深泽人民"广泛开展游击战争,大小战斗数十次",这个数字又太小了,也恐不准确。

5. 第25页第7行,"破路、挖沟、改造平原地形,以便八路军转移、隐蔽。"在"八路军"三字之后应加上"和群众"。但这样说还不完整。比较简要的说法是"以便开展平原游击战"。

6. 第299页第9行,"西固罗村司秋全兄弟开办的瑞记针织厂",应说明是"在深泽县城"开办的,否则会理解为在西固罗村办的。

（十四）有些错字，仅举几例。

凡例第 5 行，"追根朔源"，"朔"应为"溯"。

第 547 页倒数第 5 行，"家俱"应为"家具"。

第 643 页第 2 行，河南"普"阳，不知是否"濮"阳之误。

第 741 页倒数第 2 行，第 744 页第 1 行，两处的"彪悍"应为"剽悍"，或在"票"字左边加竖心。

第 748 页第 2 行，第 754 页第 12 行，两处的"按着"应为"按照"。

第 761 页第 9 行，"您们"应为"你们"。

第 972 页第 12、13 行，"炸子"应为"砟子"。

第 975 页倒数第 10、11、12 行，"担仗"应为"担杖"。

有多处把"预备"的"预"字错为"予"字。

有几处的"布署"均应为"部署"。

还有一些明显的错字，可能是打印中的差错，不再一一列举。

以上意见未必都对。由于看的不是定稿，有些差错也许已经改正。

1996 年 7 月 17 日

第二封信

《深泽县志》出版了，这是你们十年汗水浇铸的成果，是为深泽办了一件具有历史意义的大事。它将世世代代流传下去，作为后代了解和研究深泽的权威依据。我作为深泽人，谨向你们，向所有参加这项巨大工程的同志们表示诚挚的感谢和深深的敬意。

就像你们现在不会怀疑一二百年以前清代雍正、咸丰年间的深泽县志一样，后人也不会怀疑这一部县志有什么谬误。因此，你们做的是对历史负责的十分严肃的工作，应当力求完善。我粗粗翻阅了一些章节，发现仍有事实上和文字上的明显错误和疏漏。现在弥补还来得及，再过些年就无法校正了，而且也就发现不了问题了。我看到的问题列举如下：

（一）关于医疗机构和医务人员。

1996 年我给你的信上说，泽民医院不是深泽的第一所西医医院，在它之前已经有了博陵医院、民生医院等。而县志的第21 页、476 页、501 页、509 页、523 页，仍然六次重复肯定1936 年建立的泽民医院是深泽的第一所西医医院。但是，在第501 页上，又说 30 年代初，建立了博陵医院，30 年代（没说哪一年），建立了民生医院。这不是自相矛盾吗！

第 501 页上说，博陵医院有医务人员 10 人，民生医院"设员八、九人"。我在 1996 年给你的信上提出，这些数字可能有误。你们坚持这些数字，不知有无可靠的根据。我是很怀疑的。说肯定一点，是不可能的。我想，深泽县城还健在的七八十岁的老人，可能还有人记得。

第 21 页上有，段慧轩，段庄人。这是对的。第 501 页两处和 509 页，错为段惠轩，段家庄人。

博陵医院的马翼如，在第 501 页、509 页都错为马义如了。这也是我在上次的信上指出过的。

（二）有几个重要的组织是不应当不提到的。一是县议会，一是教建会和文建会。我在上次信中提了。县志第 328 页第12 行提到教职员抗日救国会，应为教职员抗战建国联合会（简称教建会），后改为文化界抗战建国联合会（简称文建会）。在群众团体一章中，还应与工农青妇等群众团并列提到教建会和文建会。此外，与工、农、青、妇、文这些群众团体同样性质的，还有一个抗联会（各界抗日救国联合会），这是 1942 年日寇进行"五一大扫荡"以前的情况。敌人"五一大扫荡"以后，工农青妇各团体合并为抗联会，这与以前的抗联会不同。上次信上我还提到，"七七"事变以前，深泽县城东关外有一个农业科研单位，俗称"苗圃"，也应补上。

（三）关于县剧团和村剧团。

前信曾提到，1941 年成立了县文工团，后改称平原剧社。县志第 483 页只写了 1954 年组建起红虹坠子剧团。

村剧团，几处都只提到贾村、大兴。然后说"1945 年深泽解放后乡村业余剧团迅速发展。"这是不确切的。前信曾简单提到抗日战争时期村剧团的情况。

前信曾明确指出，火线剧社是冀中军区的，前进剧社是冀中第七军分区的。县志第 485 页错写为"冀中军区前进剧社和冀中第七军分区火线剧社"。

县志第 486 页提到，霸王鞭是抗日战争时期从陕北传来的。不对。早在"七七"事变以前，深泽农村就有霸王鞭，而且串村演出。

（四）另有几处事实上的差错。

第 456 页，"抗日战争爆发前成立有简易师范，（校）址在北极台。"不对。当时的简易师范是在北高小（县立高级小学校）。北极台是国民党县党部所在地。

第 480 页提到，抗日战争时期，县内有《前锋报》……及"深泽县救亡广播电台"。这样写不确切，容易引起误解。当时是号角报社的王化南同志自己组装了一台超短波步话机，请财政科长宋庶绩每天把县内新闻传到报社。因为步话机是在一个大簸箕里面反复摸索组装的，因此报社的同志们就戏称其为大簸箕广播电台。实际上并不是广播电台。

第 615 页倒数第 6 行，冀中十分区"战报社"，应为"战斗报社"。过去有的材料上也曾误为"战报社"。

（五）还有不少错字。如：第 325 页第 15、16 两行，第 346 页的表格中，三处提到"袁拙农"，错为"袁掘农"；第 602、603 页，有 7 处"编辑"，均错为"编缉"；第 615 页倒数第 8 行，"宛平县"错为"苑平县"；第 623 页第 14、16 行，两处的"井陉县"均错为"井径县"；第 640 页倒数第 14 行、第 641 页第 8 行，两处提到"王植"错为"王值"；第 320 页第 10 行，第 391 页倒数第 11 行，三个"预"字错为"予"字；第 420 页倒数第 19—18 行，"各区建立大队部，区设中队部"，显然是错了；第 569 页第 11、12 页，"担仗"我认为应作"担杖"；同页第 13 行，"棒锤"，错为"捧锤"；第 573 页第 8 行，"小闺妮儿"错为"小闺坭儿"；第 24 页，倒数第 10 行，"高粱秸"错为"高粱秸"。这只是我看了一小部分所发现的。

1996 年 7 月 17 日，我看完校样给你写信提了一些意见。县志办公室于 7 月 25 日来信说："您为志稿提出了非常中恳、确切的意见。""办公室领导当即批示：按杜老所提意见认真修改。"

现在书已出版，我上次提出的，你们认为"确切"的意见，有些地方也没修改。就我个人来说，意见被不被吸收，无所谓。对于历史来说，那就不能有丝毫疏忽和谬误。县志编纂委员会的顾问名单中有我的名字；"编修始末"中提到曾经请一些人"进行评审"，其中也有我的名字。因此，我也要对这部书负一定的责任。

我建议：

（一）再请各行各业、各个时期了解有关情况的人仔细看一遍有关部分，务求叙述准确无误。只请专家学者评审不行，因为其中有的人不了解深泽的情况，有的可能没有来得及仔细审读书稿。即如应当事先解决的书的体例、章节安排等等问题，现在看来，也不是很完善的。不过，木已成舟，不能再解决这个问题了。最重要的是准确。你们也可再仔细校对一遍，争取把所有事实与文字上的差错都改正过来。

（二）最后搞一个勘误表，把发现的差错加以订正，发给每一册书的持有者。勘误表不必急，需要多长时间就用多长时间。如果已经转入别的工作，希望你在业余时间也要完成这项重要任务。因为你是责任编辑（责任编辑是我的晚辈亲属，所以我说得直截了当）。你的工作，要接受后世多少代人的检验啊！

你们"经过十年铸造，其间的艰辛难以言述"，我却在这里横挑鼻子竖挑眼，可能会打击情绪。不过我并没有否定你们的功劳，希望你们谅解。让我们大家共同对历史负责吧！这是一项光荣的任务。

我的意见不一定都对，还是仅供参考。

（1998 年 10 月 23 日）

克服宣传工作中的片面性

学习了《联共（布）党史》，学习了党在过渡时期的总路线以及我国第一个五年建设计划的基本任务，并联想到我们国家的现实情况，深感在我们的宣传工作当中存在着各种各样的片面性。

在马克思列宁主义的理论当中，在现实生活当中，都说明各种事物之间存在着内在的联系，这种联系是不可能人为地把它们割断的。如果我们看不到各种事物之间的内在联系，或者在我们的思想上或工作上把这种联系割断，那就会到处碰壁，就会破坏现实生活中的正常秩序。在我们的宣传工作当中，存有忽视客观事物之间的联系，孤立地片面地进行某一项内容的宣传的现象，因而不能达到预期的效果，甚至会在群众中造成误导，妨碍工作的顺利进行。

这方面的问题很多，现只就工业与农业的宣传，生产与生活的宣传，经济与文化的宣传这三个方面，粗略地谈一点想法。

首先谈工业与农业的宣传。

苏联的经验告诉我们，要建成社会主义社会，必须首先实现国家的社会主义工业化。在我国正在逐步向社会主义社会过渡的今天，人们都知道"一切为了实现国家的社会主义工业化"，"一切服从工业化"。为什么要这样做呢？回答是："只有发展社会主义工业，才能去改造农业、手工业、资本主义工商业以及国民经济的各个部门。"在我们的工业宣传当中，一般也停留在这样的口号上。或者是孤立地宣传工业，或者只是在开头或结尾加上那么几句空话，而不能用生动的事实去说明社会主义工业在整个国民经济当中，在整个国家建设当中的地位和作用。这样的宣传让人看了以后，只能了解工业生产和工业基本建设现在是在怎样进行着，而不能具体了解它们同建设社会主义的关系，同对农业、手工业与资本主义工商业进行社会主义改造的关系，同提高人民物质与文化生活水平的关系。因此也就不能更有力地动员人民去参加和支持社会主义工业化的发展，不能更有力地动员起人民为了社会主义工业化而忍受暂时的困难，艰苦奋斗。孤立地、片面地宣传工业，还可能给某些人造成一种错觉，认为用那么大力量去发展工业，和自己的利益反而有些矛盾。

所以存在着这样的缺点，是由于我们做工业宣传的人，自己对于工业化的意义和作用还缺乏更深刻具体的理解。尤其是，对于农业、手工业、资本主义工商业等方面的情况，和党与政府在这些方面的方针政策，知道得比较少，因而就无法把工业宣传和这些东西联系起来。偶尔联系一点，也许联系得不那么确切。

在农业宣传方面，也存在着类似的情况。孤立地、片面地进行农业宣传，而不能把发展农业生产互助合作与工业化、与国家的社会主义建设联系起来。一方面，不能用生动的事实去说明农业对工业的支持作用；另一方面，又不能说明只有依靠社会主义工业的发展，才能逐步实现对农业的社会主义改造。不能站在工人阶级的立场，用工业化的思想，用社会主义的思想去宣传农业和教育农民，而是站在小农经济的立场上，用农民的思想观点去教育农民，只谈农民的个人利益和眼前利益，不谈国家利益和农民的长远利益，对农民只算个人利益的小账，不算社会主义的大账。这样就不能在对农业进行社会主义改造的过程中，同时也对农民的思想进行社会主义改造，逐步帮助农民树立社会主义思想，使农民看到目前利益与长远利益、个人利益与社会主义的集体利益的一致性，从而更自觉地参加和支持社会主义建设和社会主义改造事业，更自觉地服从国家计划。有人说，"存在决定意识，我们改变了农村的生产关系，农民的思想自然就会改变过来。"但是他忘记了，如果农民反对改变目前的生产关系，那就会改变不了的。因为改变小农经济的生产关系，是要依靠党领导农民自己去改变的，是要依靠提高农民的社会主义觉悟，在农民自愿的基础上去改变的，而不是在农民抱有抵触情绪的情况下，别人强硬地去给他们改变生产关系。

所以存在着这样的缺点，就是我们进行农业宣传的人，对怎样才能实现农业合作化，以及农业合作化和工业化的关系，还缺乏深刻具体的了解，对工业化的方针、政策和工业建设方面的情况知道的少，因而就难免在宣传当中就事论事，无从联系。尤其我们长期生活在农村，每天接触的是农民，有的自己就是农民出身，很少或根本没有接触过工人和工厂，除了从书本上或从其他方面间接地接受了一点工人阶级思想以外，比较自觉的或者还有很大成分是农民思想，看不到哪是农民远大的根本的利益，因而就往往自觉或不自觉地站在农民立场，用小农经济的观点去进行宣传教育工作。

其次，谈谈生产与生活的宣传。

这一方面也是存在着片面性的。如只讲苏联的或我国将来的社会主义的幸福生活，不讲当前应当如何艰苦奋斗，不讲幸福生活是怎样来的，好像再等若干年以后自然就会到了社会主义社会，自然就会有了幸福生活。宣传苏联，也是只讲苏联的今天，而不注意宣传苏联人民30多年的艰苦奋斗的历程。宣传我国的社会主义建设和社会主义改造事业，则只讲将来才有幸福，而不用生动的事实宣传现在人民的生活就正在逐步提高，现在人民的生活就是一天比一天更接近社会主义的生活了。如果使人民感到现在只有艰苦奋斗，努力生产，而没有生活的逐步提高，那就不会给人民以更现实的希望，更有力地鼓舞人民自觉地参加社会主义建设和社会主义改造事业。如果只讲社会主义的幸福生活"必然"到来，不讲"必须"艰苦奋斗，则结果就会推迟了社会主义的到来。

所以存在着这样的缺点，是我们的宣传工作者自己还不完全了解社会主义是怎样才能建成的，不了解幸福的生活是建立在生产力高度发展的基础上的，不了解社会主义是一天天地逐步建成的，人民的生活也是一天天地逐步提高的，而不是说现在不算社会主义，也没有幸福生活，到了若干年以后的某一天，忽然就到了社会主义，立即就有了幸福生活。

再次，谈谈经济与文化的宣传。

当前，把经济宣传放在首要地位是完全应当的。但在某种程度上，却有单打一地进行经济建设的宣传，而忽视文化建设的宣传的现象。在经济宣传当中，也很少联系到经济建设与文化建设的关系，很少联系到经济建设与文化建设的相互推动的关系。在文化建设的宣传当中，又很少联系到经济建设，很少联系到当前经济建设的情况、条件和对于文化的需要，很少宣传文化建设是要在经济建设逐步发展的基础上而逐步发展的，文化建设又要为经济建设服务，推动经济建设的发展。

所以存在着这样的缺点，是我们的宣传工作者，一方面，把经济建设是"首要"的，实际上理解为"惟一"的，忽视了经济建设不能孤立地进行，而需要文化建设的帮助；忽视了提高人民的文化科学技术水平，对经济建设的必要性和推动作用，提高人民的文化科学技术水平是建成社会主义的不可缺少的条件。另一方面，也忽视了文化建设必须在经济建设发展的基础上去逐步发展，文化建设的发展速度不能超过经济建设的速度；文化建设又不能脱离经济建设的需要去孤立地发展，而必须为经济建设服务。

上述三个方面——工业与农业的宣传，生产与生活的宣传，经济与文化的宣传，都程度不同地存在着片面性或孤立进行的现象。所以存在着这样的缺点，除了上述各种直接原因外，还有一个共同的原因是学习上的片面性，在学习上"各取所需"，以及只重视学习业务，而忽视学习马克思列宁主义的基本理论。有的认为自己是做农村工作或做农业宣传的，就可以不懂工业；自己是做城市厂矿工作或做工业宣传的，就可以不懂农村和农业。有的认为学习业务是当前工作所必需，不懂业务就不能工作；而学习理论则一时用不上，不懂理论也同样可以工作。在理论学习当中，又只注意学习与自己的业务直接有关的那一部分或一点点，而认为其他与自己无关，因此就不去好好学习。实际上，马克思列宁主义的基本原理，对于做任何工作的人都是必需的，是每一个革命工作人员都应当认真学习的。不管是谁，不学习马克思列宁主义的基本理论，就一定不会做好工作，就不可避免地要在工作当中犯错误。

正因为在学习上存在着这些不正确的认识，所以对于和工业与农业、生产与生活、经济与文化等方面的宣传有关的一些马克思列宁主义的基本原理就缺乏了解。比如：

对于社会主义的基本经济规律缺乏完整的理解。社会主义的基本经济规律是："用在高度技术基础上使社会主义生产不断增长和不断完善的办法，来保证最大限度地满足整个社会经常增长的物质和文化的需要。"社会主义的基本经济规律告诉我们，社会主义生产的目的是不断提高人民的物质和文化生活水平。因为生产是逐渐提高的，所以人民的物质和文化生活水平也是逐渐提高的。由于我们有些宣传工作者不完全了解这一点，所以对于生产和生活的关系就很难宣传得正确。社会主义的基本经济规律告诉我们，生产的增长必须有高度的技术基础，这就是说，必须首先有重工业特别是机械工业的发展。而重工业的发展以及农业机器的使用等，离开文化的发展也是不可能的。由于我们有些宣传工作者不完全了解这一点，所以对于工业与农业、经济与文化的关系就很难宣传得正确。

国民经济是一个复杂的有机整体，国民经济各部门的发展是密切结合和互相制约的，因此各经济部门必须平衡发展，互相适应。失掉了平衡，不能按比例发展，不能相适应，就会影响整个国民经济的发展，影响社会的向前发展。由于我们有些宣传工作者不完全了解这一点，所以对于工业和农业的相互关系，对于工业、农业和国民经济各部门的相互关系，就难以宣传得正确。

对于生产关系必须适应于生产力的发展的规律，也缺乏完整的理解。这一条客观规律告诉我们，落后的生产关系，妨碍着生产力的发展，因此，必须对于农业、手工业和资本主义工商业进行社会主义改造，才能使生产逐步提高。另一方面，生产力的发展，又能促进生产关系的改变，因此，必须积极发展社会主义的工业和农业，并在工业发展的基础上逐渐使农业实现半机械化和机械化，提高农业耕作技术，增施化学肥料，这些都是改造落后的生产关系的促进力量。由于我们有些宣传工作者不了解这一点，所以对于工业和农业的关系，对于工业化和对国民经济中各种非社会主义成分进行社会主义改造的关系，就很难宣传得正确。

对于"基础"和"上层建筑"的关系，则了解得更少。因此，就不能根据基础与上层建筑的关系去了解经济与文化的关系。斯大林说："每一个基础都有适合于它的上层建筑。……资本主义的基础有它自己的上层建筑；社会主义的基础也有它自己的上层建筑。当基础发生变化和被消灭时，那么它的上层建筑也就会随着变化，随着被消灭。当产生新的基础时，那么也就会随着产生适合于新基础的新的上层建筑。"同时他又说："上层建筑是由基础产生的，但这决不是说上层建筑只是反映基础，只是消极的，中立的，对自己基础的命运、对阶级的命运、对制度的性质漠不关心的。相反地，上层建筑一出现后，就要成为极大的积极力量，积极帮助自己基础的形成和巩固，采取一切办法帮助新制度来摧毁和消灭旧基础与旧阶级。"由此可知，在社会主义的经济制度下面，就会产生适合于这种社会经济制度的社会主义文化，而社会主义的文化，又是服务于社会主义的经济制度的，它会帮助社会主义经济的发展，会帮助社会主义制度的巩固。由于我们有些宣传工作者对这一点了解得很少，因此对于经济与文化的关系，就难以宣传得正确。

因为我们有些宣传工作者对于上述这些马克思列宁主义的基本原理不了解或不完全了解，所以对于党在过渡时期的总路线和第一个五年计划的基本任务也就缺乏完整的理解。党在过渡时期的总路线是逐步实现国家的社会主义工业化，并逐步实现对农业、手工业和资本主义工商业的社会主义改造。实现工业化和对各种非社会主义性质的经济进行社会主义改造，并不是分离的、并列的几项任务，而是围绕着工业化这一中心，互相密切联系并互相促进的。我国第一个五年计划的基本任务是："集中主要力量发展重工业，建立国家的工业化和国防现代化的基础；相应地培养建设人才，发展交通运输业、轻工业、农业和商业；有步骤地促进农业、手工业的合作化，继续进行对私营工商业的改造，正确地发挥个体农业、手工业和私营工商业的作用；保证国民经济中社会主义成分的比重稳步增长，保证在发展生产的基础上逐步提高人民物质生活和文化生活的水平。"这个五年计划的基本任务，正是过渡时期的总路线在第一个五年中的具体化，也是完全符合社会主义的基本经济规律和上述各种客观规律的。因为我们有些宣传工作者没有从这些根本方面去理解总路线和第一个五年计划的基本任务的实质及其各项内容的相互关系，所以就不能完整地去宣传总路线和第一个五年计划的基本任务，就不能有联系地去宣传工业与农业、生产与生活、经济与文化。因此，宣传工作当中的片面性的缺点，就难以避免。

克服宣传工作中的片面性，应当从加强学习入手，端正对于学习的认识和态度，在正确的学习方法的指导下认真读书，克服学习当中的片面性。在日常学习当中，要经常联系到马克思列宁主义的基本原则去理解，逐渐增加基本理论知识。宣传工作者的马克思列宁主义的理论水平不断提高，宣传工作的思想水平也就会不断提高。

（1954 年 12 月）

一致和不一致

一个大单位的领导者，或者一个小单位的领导者，在处理同他的下级和群众的关系的时候，往往有两种不同的态度。一种是，自己提出了一个意见，或者提出了一项工作计划，如果大家一致同意，自己就很高兴，觉得工作顺利；如果有人提出不同的意见，自己就觉得很别扭，对提出不同意见的人也感到总是那么不顺当。另一种态度是，自己提出了一个意见，或者提出了一项工作计划，如果没有人提出不同的意见，自己总是感到不踏实，还要想办法启发大家再三考虑，看究竟有没有不同的意见；提出的不同意见越多，经过反复讨论，把各种意见进行了细致的分析和比较，最后得到了一个一致的意见，这才越觉得这个意见、这项工作计划是正确的，自己心里就更有了底。

在领导者和被领导者之间，有上述情况。在各个战线、各项工作当中，这个人和那个人，或者这一部分人和那一部分人之间，也都有上述两种不同情况。有的人是持第一种态度的，有的人是持第二种态度的。

在谈论一个单位的情况的时候，也往往有两种不同的说法。一种是，"某某单位很团结，从来没有不一致的意见。"另一种是，"某某单位的民主空气很浓厚，遇事就开展讨论，人人都能畅所欲言。"

究竟哪一种情况、哪一种态度更好一些呢？我觉得还是第二种更好一些。

团结一致，固然很好。但是，如果只有团结，没有斗争，只有一致，没有不一致，这就不妙，甚至是危险的。为什么呢？

首先，只有团结，没有斗争，只有一致，没有不一致，一般说来这可能不是真实情况，而只是暂时的、相对的。我们知道，对立的统一，是一条普遍的规律。这就是说，任何事物的存在，都是以它的对立面作为条件的。如果没有反面，也就没有正面；没有落后，也就没有先进；没有低产，也就没有高产；没有坏事，也就没有好事；……同样，团结和斗争，一致和不一致，也都是对立的统一，没有斗争也就没有团结，没有不一致也就没有一致。所以，当我们看到一个地方的人和人之间只有团结一致的时候，必须想到并不是事实上没有斗争和不一致，而是由于这样或那样的原因，没有把矛盾暴露出来。什么原因呢？可能是领导干部缺乏民主作风，使得大家不能畅所欲言；可能是这一部分人的态度简单生硬，使得那一部分人不好发表意见；可能是大家对于实际情况缺乏深入的调查研究和认真的分析，提不出问题；可能是有些人懒于动脑子，缺乏独立思考，想不出问题；可能是有些人存有个人主义，患得患失，因而少说为佳；……这时候，领导的责任，大家的责任，就是要寻根究底，一定要找出这个原因，对症下药，使得人人畅所欲言，把矛盾明显地暴露出来。矛盾是永远存在的，时时有矛盾，事事有矛盾，旧的矛盾解决了，新的矛盾又产生。革命者的任务，说来说去，不外是不断地发现矛盾，解决矛盾。革命和建设发展的过程，就是不断地解决矛盾的过程。解决一个矛盾，就会使革命和建设前进一步。没有矛盾，就没有前进。

其次，客观上本来存在着矛盾，而且迟早要暴露。是早暴露好呢，还是晚暴露好呢？是主动地发现它、提出它好呢，还是等待它暴露好呢？还是早比迟好，主动比被动好。比如，有些人本来对某件事情存有不同的意见，因为种种原因没有提出。那么，如果是正确的意见没有提出，就会有损于工作；如果是错误的或片面的意见没有提出，就不能及时得到纠正，继续发展下去，到头来还是有损于我们的事业。我们尽早地、主动地发现矛盾，解决矛盾，往往可以收到事半功倍之效。反之，矛盾本来已经产生了，或者早已存在，我们却没有及时发现，而使其继续发展，继续加深，轻者会更增加工作中的困难，推迟工作的进度，重者则会引起恶果，造成损失。当然，发现和暴露矛盾的迟早，是有它的客观条件、客观限度的。当矛盾还不可能暴露出来，还不可能被发现的时候，主观上硬要去发现，也是无济于事的。但是，我们应当具有这样的自觉性，时时刻刻都注意去发现矛盾，解决矛盾。要把有矛盾看作是正常现象，没有矛盾反而是不正常的。我们不怕有矛盾，怕的是把矛盾隐蔽了起来，不能发现。

再次，如果满足于天天团结，事事一致，经常听不到不一致的意见，没有争论，就会使我们的思想僵化起来，停滞不前。思想的提高，就是经过先进思想和落后思想的不断斗争，先进思想不断战胜落后思想的结果；就是经过各种各样的不同思想进行比较、辩论，或者互相补充，终于得出正确结论的结果。如果你的脑子里的先进思想不与别人的落后思想交锋，你的先进思想就难以得到发展和更加完善；如果你的脑子里的落后思想不与别人的先进思想交锋，你的落后思想也就难以纠正。如果不把各种各样的不同思想都敞开，摆在一起，展开辩论，加以比较，就难以分清是非，共同提高。每一个人在观察问题的时候，往往会受到一定的局限，因此就往往只看到一个片面，而看不到全面。上级和下级，也常有这样的情况。上级看到的问题，有时下级就没有看到；下级看到的问题，有时上级却没有看到。因此，不论上下级之间，同志之间，经常地进行思想交流，把各种不同的意见都摆出来，进行讨论、争辩，互相纠正错误的、片面的认识，互相补充，互相启发，就可以对客观情况认识得更正确一些。同时，这样也可以使大家的思想经常是很活泼的，脑子里经常装着一些问题。人的脑子本来就是用以思考问题、研究问题的，问题就是矛盾，如果我们的脑子里常常没有问题，没有矛盾，甚至还满足于这种平静状态，不仅不主动地去寻找矛盾，反而尽量回避矛盾，久而久之，就会僵化。"流水不腐"嘛，如果脑子里像"一塘死水"一样，思想自然就要陈"腐"，就要落后。

为什么有些人不愿听或者不注意去听与自己不一致的意见呢？除了上述几点原因以外，有的还有另外一方面的原因。那就是，有些人如果讲起听取不同意见的重要性，还是可以讲得头头是道的；但是，当他真的听到有人不同意自己的意见时，总是觉得脸上热辣辣的，不如听到对自己的满口称赞那样舒服。有的领导干部，只愿意在下级和群众面前一呼百应，而如果听到下级或群众不同意自己的意见，则觉得有失自己的威信。这是什么缺点，一般说来，其本人也是懂得的，因而不必再讲什么道理，问题只在于应当加强这一方面的修养，有意识地去经受这种锻炼。

总之，要有真正的团结一致，必须是不断地经过批评、辩论、斗争，然后达到团结，从不一致达到一致。在团结一致当中，又出现了新的分歧，新的不一致，再经过讨论、争辩，又达到了团结一致。这样循环往复，以至无穷。这样才符合于客观事物的发展规律，也才符合于思想发展的客观规律，才能有真正的巩固的团结一致。因此，我们在日常生活当中，在任何工作当中，在每一个单位，都应当经常注意发现和听取各种不同的意见，有意识地树立对立面，把对立面摆得越鲜明越好。特别是领导者，应当善于启发大家说出心里的话，充分给予大家以畅所欲言的机会，并帮助大家培养独立思考的能力，和善于想问题的习惯。在当前的工农业生产当中，在社会主义、共产主义教育运动当中，都应当大大发扬这种勇于树立对立面，善于听取不同意见的精神，很好地运用辩论的方法。

（原载《河北日报》1959 年 3 月 11 日第 3 版）

坚持四项基本原则是实现社会主义现代化的根本保证

进行社会主义现代化建设，要不要坚持四项基本原则[①]，这应当是不成问题的。而实际上，并不是所有的人对此都有统一的认识。因此还有讨论的必要。下面是在学习中共中央《关于建国以来党的若干历史问题的决议》中，对这个问题的一点零碎的粗浅的理解，写了出来，作为引玉之砖。

一　社会主义现代化建设和资本主义现代化

一提现代化，就很容易想到经济发达的资本主义国家，以为那就是我们要搞现代化的样板，就是我们奋斗的目标，照着那个样子干就可以了。产生这种想法，有一定的原因，它也有一部分道理，但不完全正确，在主要方面不正确。

究竟什么叫现代化，在中国没有看到过，只有外国有，资本

[①]　1979 年 3 月 30 日，邓小平同志在党的理论工作务虚会上讲话指出："中央认为，我们要在中国实现四个现代化，必须在思想政治上坚持四项基本原则"，即：坚持社会主义道路，坚持无产阶级专政，坚持共产党的领导，坚持马列主义、毛泽东思想。

主义发达的国家有。因此就容易把外国的现代化作为标准。同时，在外国的现代化中，确有一些东西是可以供我们借鉴和学习的，所以说上述那种想法也有一部分道理。但是，最重要的是，必须分清两个界限。一是社会主义现代化建设与资本主义现代化的界限，一是中国式现代化与外国式现代化的界限。有人分不清这两个界限，甚至认为没有必要去分这样两个界限。当我们党中央提出要搞"中国式的现代化"时，就认为这是低标准，是土现代化，是"瓜菜代"。这种想法是不正确的。

社会主义现代化建设和资本主义现代化这个界限是绝对不能模糊的。资本主义的现代化，是少数人为了更多地剥削多数人，是垄断资产阶级利用其私人占有的生产资料，为了获得更高的超额利润，为了榨取工人阶级更多的剩余劳动，而去提高科学技术水平，发展生产的。资本主义国家工人生活虽然也有所提高，但那是垄断资产阶级为了使工人能够更乐于为他们卖命，归根到底是为了垄断资产阶级的利益，而不是出于对工人阶级的善心而给他们的恩赐。马克思曾说："由于资本积累而提高的劳动价格，实际上不过表明，雇佣工人为自己铸造的金锁链已经够长够重，容许把它略微放松一点。"[1] 恩格斯则说，资本家"宁愿稍稍增加一些工资，也不愿放过全部利润。他为了赢得火腿，可以给工人香肠"[2]。我们的社会主义现代化建设，是在消灭了剥削阶级和剥削制度，建立了生产资料公有制和按劳分配制度，实行了计划经济，建立了人民民主专政的国家政权，人民成为国家主人的条件下，为了全国人民共同提高物质和文化生活水平而进行的。社会主义现代化建设和资本主义现代化的这些根本区别，是丝毫

---

[1] 《马克思恩格斯全集》第 23 卷，第 678 页。
[2] 同上书，第 362 页。

不能混淆的。我们所要坚持的四项基本原则的第一项——坚持社会主义道路，是丝毫不能动摇的。由于看到或听到经济发达的资本主义国家的一点表面繁荣，就十分向往，那是一种眼光短浅的盲目性。如果因此而对社会主义的优越性及其胜利前途发生了动摇，那就将成为时代的可悲的落伍者。

要不要区别中国式现代化与外国式现代化呢？这要从一个根本道理说起。放之四海而皆准的马克思列宁主义的普遍原理，不管是运用到中国或其他任何国家，都必须和这个国家的具体情况相结合。不能采取教条主义的态度，生搬硬套，而不顾这个国家的具体情况。否则就必然招致失败。这个道理，现在已被世界上真正的马克思主义者所一致承认。对待马克思列宁主义的普遍真理尚且如此，对待某一个国家的，即使同样是社会主义国家的现代化经验，更加不能生搬硬套。至于对待资本主义国家现代化的经验，自不待言，而且需要同时分清上述两个界限。这里有一条更带普遍性的辩证唯物主义的道理，也是马克思主义的方法论，就是一切都必须从实际出发，必须从不同的时间、地点和条件出发。比如在中国无论办任何事情，不管采取任何国家的任何先进经验，都必须从中国的具体情况出发，考虑到中国的各种主客观条件，或者有选择地吸收，或者根据中国的具体条件加以改造，否则也必然招致失败。在我们已往的社会主义经济建设中，有一条非常深刻的教训，就是对我们的国情调查研究不够，考虑照顾不够，往往忘记了一切从实际出发、从我们的国情出发这样一条根本原则。我们吃的这个苦头够多了，受的损失够大了，在进行现代化建设中，特别是在吸收外国经验时，是万万不能忘记的。这不仅是实际工作中的一条经验教训，而且这种方法就是违背马克思列宁主义的。毛泽东同志早在40年前就说过："我们有些同志有一个毛病，就是一切以外国为中心，作留声机，机械地生吞活剥地把外国的东西搬到中国来，不研究中国的特点。不研究中国的特点，而去搬外国的东西，就不能解决中国的问题。"① 在当前的社会主义现代化建设中，仍然应当牢牢记住这个道理。在中国，只能实现中国式的现代化，而不能和其他任何国家完全是一个模式。如果认为可以不顾中国国情，甚至认为不应当搞成中国式的现代化，那就是缺乏马克思列宁主义的起码常识，而且也必然不能取得好的效果。况且，我们在进行现代化建设中吸取外国经验，主要是吸取发达的资本主义国家的经验，如果忘记了甚至认为可以不顾我们是社会主义国家这一条根本区别，那就必然搞不成社会主义的现代化。

那么，对于经济发达的资本主义国家的先进的科学技术和经济管理方法等等，我们还要不要学习呢？要学习，应当学习，必须学习。我们都熟悉列宁的一句格言："只有用人类创造的全部知识财富来丰富自己的头脑，才能成为共产主义者。"② 列宁还说："马克思主义就是共产主义从全部人类知识中产生出来的典范。"③ 不学习先进的东西，是封建的、小生产者的落后保守思想的表现，而不是共产主义者的态度。共产主义者不应拒绝任何先进的东西，而应吸收和消化一切先进的东西。我们的国家没有经过资本主义发达的阶段，由落后的半封建半殖民地的国家，经过新民主主义革命，很快就转入了社会主义，科学技术和生产水平还很低。但是，人民民主专政的社会主义制度，给科学技术的提高和生产的发展提供了无限广阔的天地。在自力更生为主的前提下，吸收外国的先进技术和管理方法，只会有利于加速我们的

---

① 转引自《教学与研究》1981 年第 4 期。
② 《列宁全集》第 4 卷，第 348 页。
③ 同上书，第 347 页。

社会主义现代化建设事业的发展。这种学习和吸收，是以我为主，为我所用，对我有利的，而不是不加选择地全部搬来。这里的原则界限，就是有利于社会主义事业，而不能丝毫改变社会主义制度和人民民主专政的性质。

有一种观点认为，既然我们社会主义国家的科学技术和生产水平现在还不如资本主义国家，那就说明社会主义制度并没有什么优越性。只从眼前生产水平的比较中就得出社会主义不如资本主义的结论，这种比较的方法是不科学的。我们的社会主义国家才有32年的历史，怎么能同已有几百年历史的资本主义国家所达到的生产水平相比呢？许多统计材料证明：第一，社会主义新中国的生产水平和生产发展速度，远远高于旧中国；第二，当资本主义国家建国30年的时候，它们的生产水平比我们现在的水平低得多，而它们达到我国现有水平所用的时间比我国长得多，现在我国的经济发展速度仍然高于发达的资本主义国家；第三，和我们的历史及其他一些情况差不多的印度，生产水平也大大低于我国。以上三种对比，才是两种社会制度何者为优何者为劣的最有力证明。

我们的国家没有经过资本主义发达的阶段，只是避免了资本主义制度给人民造成的无比深重的磨难，除此毫无损失。而且，从全世界的历史来看，截至目前，所有社会主义国家都不是在高度发达的资本主义的基础上建立起来的，而都是在经济比较落后的国家，无产阶级和广大劳动人民在共产党领导下先夺得了全国政权，建立了人民民主专政的制度，紧接着把在国民经济中占的比重虽然不大，但已达到社会化的那一部分大生产，通过没收或赎买的形式，由资产阶级的私有制改造为社会主义的全民所有制，从而为逐步改造小生产，为国民经济的迅速发展创造了许多优越条件。这些国家无产阶级取得革命胜利，正是走的《共产党宣言》所指出的道路："工人革命的第一步就是使无产阶级上升为统治阶级，争得民主。""无产阶级将利用自己的政治统治，一步一步地夺取资产阶级的全部资本，把一切生产工具集中在国家即组织成为统治阶级的无产阶级手里，并且尽可能快地增加生产力的总量。"① 这些国家的历史事实，也完全证实了列宁在帝国主义和无产阶级革命时代，分析了资本主义经济和政治发展的不平衡性，所得出的社会主义革命能够首先在资本主义链条的薄弱环节取得胜利的结论。这就是列宁所开创的十月革命的道路，以及这条道路一再被证明其正确性的有力例证。在这些历史事实面前，在马克思、恩格斯、列宁的理论早已为革命实践证明为正确的今天，如果仍有人认为我们根本不具备条件，因而不应当进行社会主义革命和社会主义建设，那么我们除了说明上述那些事实和道理以外，还可再用列宁的一句话来反问："既然建设社会主义需要有一定的文化水平……我们为什么不能首先用革命手段取得达到这个一定水平的前提，然后在工农政权和苏维埃制度的基础上追上别国的人民呢？"② 现在，我们就是在人民民主专政和社会主义制度的基础上，以踏实又尽可能快的步伐进行着"追上别国的人民"的工作。

这里还需要补充说明一点，我们的社会主义制度相对于资本主义制度所显示的优越性，是在我们的工作发生过多次失误甚至犯过严重错误的情况下取得的。党的十一届三中全会以后，由于指导思想又回到了马克思主义的轨道，我们的社会主义事业已经开始取得更好的成绩，社会主义制度的优越性已经开始更为突出地显示出来。同时，随着社会主义现代化建设的发展，社会主义

① 《马克思恩格斯选集》第 1 卷，第 272 页。
② 《列宁选集》第 4 卷，第 691 页。

制度也必将更加巩固，并且愈来愈完善。

综上所述，不仅马克思列宁主义的理论告诉我们，而且经过中外纵横比较的历史事实也告诉我们，在实现四化的过程中，必须毫不犹豫地、坚定不移地坚持社会主义道路，这是我们走向胜利的惟一的道路。

二 提高并保护最大多数人参加社会主义现代化建设的自觉性

社会主义现代化建设，是人民的事业，是全国人民的利益所在，资本主义现代化则是为了少数人的利益。这是两者的根本区别之一。社会主义现代化事业的这一根本性质，决定了它必须依靠和充分发挥全体人民的智慧和积极性。在我们的人民民主专政的国家，人民是主人，这个制度给充分发挥人民群众的积极性提供了条件和可能性。但是，在可能性与现实性之间还是有一段距离的，把可能性变为现实还需要经过艰苦的努力，还需要经过斗争。

我们的国家经历了两千多年的封建社会。封建社会的意识形态，在人们的头脑中根深蒂固。没有在封建社会生活过的比较年轻的一代，也在不知不觉之中，在潜移默化之中，接受了其前辈的封建思想意识的影响。在我们党领导人民革命的几十年中，消灭了封建剥削阶级和封建剥削制度，同时也对封建思想及其各种影响进行了有力的冲击。然而，封建思想残余的消除，比起封建阶级及其制度的被消灭，要困难千百倍。用几十年的时间去冲刷几千年所形成的思想积垢，是远远不够的。这是坚持人民民主专政制度，实现高度民主的一大障碍。例如，家长制的领导方法，官僚主义作风，强迫命令，等级观念，特权思想，特殊化，不尊重群众的意见，不关心群众生活，等等，都与封建残余思想有关，都会妨碍人民群众参加社会主义现代化建设事业的积极性的发挥。这是一方面。

另一方面，在马克思主义指导下去克服封建思想的结果，是发扬人民民主；而在没有马克思主义指导的情况下，群众自发地反对封建思想及其各种表现的结果，则会产生无组织无纪律、无政府主义和极端个人主义之类的现象，甚至用损害集体利益的行为去发泄其不满，表示其反抗。在我国，总的说来是以马克思主义为指导思想的，但是，要做到每时每刻、在每一个角落的社会生活都是受着马克思主义的指导的，在当前还只能是一种理想。特别是在"文化大革命"的十年动乱期间，在林彪、江青反革命集团的煽动、怂恿之下，群众政治生活严重地偏离了马克思主义的轨道，无政府主义、极端个人主义的现象到处泛滥。这种影响的残余，至今没有肃清，仍然是社会主义事业中的不利因素。

此外，阶级斗争仍在一定范围内继续存在，敌对分子的破坏活动和人民当中的犯罪行为，都会妨碍社会主义现代化建设事业的顺利进行。

以上这些，都要求我们一方面加强思想教育工作，一方面采取具体措施，以进一步健全和加强人民民主专政的制度。既要充分发扬民主，又要健全社会主义法制，增强干部、人民的法制观念。归根到底，是为了最大限度地发挥最大多数人民群众参加社会主义现代化建设的自觉性，并使这种自觉性得到保护，使其能够持久。

所谓发挥人民群众的自觉性，就是要使人民群众真正能以主人翁的姿态对待社会主义事业，对其成败得失具有高度的责任感。在我们的国家，人民是主人，干部是公仆，是人民的勤务员。但在实际生活当中，人民的主人翁感还是比较薄弱的。甚至在许多人的观念上，主人和公仆的地位是颠倒的：干部是主人，群众只是听干部指挥，说怎么干就怎么干，干好干坏与己无关，概由干部负责。我们说，干部要领导群众，群众要听干部的指挥，这并没有错。问题在于，究竟是干部高于群众，还是群众高于干部。从日常工作和生产中的关系这个表面现象看来，似乎是干部高于群众，实际上是一种错觉。正是从这种错觉出发，有些干部高踞于群众之上，作威作福，瞧不起群众，不关心群众。正确的关系应当是，干部是人民群众直接或间接选出的代表（不一定都是经过选举的手续），代表人民群众和人民的国家管理工作和生产，并对人民群众和人民的国家负责。因此，归根到底，人民群众是主人，干部是勤务员，群众高于干部（所谓群众，当然是指多数，而不是群众中的某一个人都代表群众）。干部和群众的关系摆不好，在干部中就会或者出现官僚主义、命令主义，或者出现尾巴主义；在群众中就会或者出现奴隶主义，或者出现无政府主义、极端个人主义。这都是不利于正确地发扬民主，健全人民民主制度的。

党的十一届三中全会以来，农村推行联产计酬责任制，城市的工商企业也在推行经济责任制，这对增强群众的主人翁感和责任感起了很好的作用，应当肯定。但是，这只是一种经济措施，它只能在目前的经济发展阶段起作用，而且它所起的也只是一种经济控制作用，或者叫物质鼓励作用。这种经济措施，并没有，也不可能从政治上提高群众的觉悟，也不可能在干部的观念上彻底改变其与群众的关系，把被颠倒了的干部和群众的关系纠正过来。从长远的观点来说，我们不仅要为共产主义准备物质条件，而且要准备精神条件，其中就包括人民群众的高度政治觉悟。目前所采取的经济措施，虽然是十分重要的，而且将长期起作用，在整个社会主义阶段都会起作用，但从为共产主义准备精神条件来说，那是远远不够的。

《关于建国以来党的若干历史问题的决议》中指出，毛泽东同志提出的"思想政治工作是经济工作和其他一切工作的生命线"，"要实行政治和经济的统一、政治和技术的统一、又红又专的方针"，是具有长远意义的重要思想。在当前加强经济工作的同时，如果不把思想政治工作放在一定的地位，也像经济工作那样采取有效的措施加强思想政治工作，就有可能使经济工作失掉"生命线"，偏离社会主义方向。例如，如果只讲经济责任制，在这种责任制中又只讲群众个人的眼前的利益，不讲集体的国家的长远的利益，那就不仅从长远意义上来说不能提高群众觉悟，而且在当前工作中也难免出现新的矛盾。因此，在经济工作中，在进行社会主义现代化建设的各条战线上，都必须防止和克服忽视甚至放弃思想政治工作的现象，纠正思想政治工作中的软弱涣散现象。群众只"向钱看"是不对的，领导如果只相信物质鼓励的作用，不相信思想政治工作的作用，那也是一种只"向钱看"的表现。

在社会主义现代化建设中，树立人民是主人的观点，充分发挥人民群众的高度自觉的积极性，这是马克思主义者坚持历史唯物主义立场的重要标志。在人民群众高度觉悟的基础上，才能有社会主义的高度民主，也才能健全社会主义法制，对敌人实行有力的专政。这是我们坚持人民民主专政所必须明确的根本观点。

三 坚持并加强党的领导,是四项基本原则的核心

四项基本原则中最核心的一条，是坚持党的领导。

尽管经过林彪、江青反革命集团的疯狂破坏，中国共产党的光辉形象，在绝大部分老干部、老工人、老贫农及老知识分子头

脑中是不会褪色的。因为，他们亲身经历的酸甜苦辣的生活史，从无到有、从小到大、从弱到强、直到战无不胜的革命队伍的发展史，征服了无数的艰难险阻而后取得胜利的革命斗争史，人民从奴隶到主人、国家从任人欺凌宰割到屹立在世界的东方这个翻天覆地的地位转化史，深深地铭刻在他们的脑海里，是永远不会磨灭的。从这样的经历中，从无数铁的事实、血的事实中，形成了一条最坚定的信念：没有共产党就没有新中国。在今天，也只有共产党才能领导中国人民实现社会主义现代化。

没有上述经历的年轻一代，通过多种形式、多种渠道的学习，同样可以树立对于共产党领导的信念。然而，也有一些人，只相信自己的直接经验，不相信间接经验。他们的直接经验就是"文化大革命"的十年动乱，把当时林彪、江青反革命集团的封建法西斯专政误认为就是共产党的领导。把这种误解加以澄清是十分必要的，也并不困难。问题在于我们党在"文化大革命"期间确实犯了错误，这尽管和林彪、江青反革命集团对党的形象的玷污破坏是根本不同的，我们党自己犯了错误也确实有损于党的形象的光辉。但是，如果只看到这一点，那还只能算是从表面上看问题，因而是一种比较肤浅的认识。我们知道，古今中外的任何人、任何政党，由于毫无例外地要受到这样那样的局限，都不可避免地会犯错误。资产阶级的政党，除了要受认识上的限制以外，还由于受到阶级利益的驱使，必然要违背人类社会发展的客观规律，逆历史的潮流而动。这种错误是无法避免、无法克服的。从长远的观点看来，是必然招致灭亡的。无产阶级政党——共产党，是代表最广大人民的利益的，是最大公无私的，没有阶级的局限性，因而不会犯资产阶级政党那样的致命错误。但是，在工作中，当客观事物的矛盾还没有充分暴露的时候，由于认识上的局限性而犯错误，仍然是不可避免的。共产党与其他政党的区别，除了可能犯的错误的性质不同之外，还在于共产党能够认识错误，敢于正视错误，勇于改正错误。"文化大革命"中及在此以前党所犯的错误，是谁纠正的？不是别人，是共产党自己。粉碎"四人帮"以后，党在领导工作中仍然犯有错误，还是共产党自己纠正的。正是由于不断地纠正错误，党才越来越坚强，党所领导的一切革命事业才能不断前进。党的伟大，它的力量所在，它的希望所在，它之所以赢得广大人民的信任，不在于它不犯错误，而在于能够认识和改正错误。在《关于建国以来党的若干历史问题的决议》中，我们党对自己所犯错误的那种坦率、诚恳、严肃的自我批评，不但没有使自己降低威信，反而受到全国人民以及世界上有识之士的赞赏。这种认真的自我批评，正是我们党有力量、有信心、有希望的表现。那种由于党曾犯过错误而产生怀疑、动摇信念的人，是可以由此受到启示的。

无产阶级政党能够进行自我批评，不是主观上凭空制定的制度，而是由于它除了最广大人民的最大利益之外不图任何私利，为了对人民负责，为了维护人民的利益，必须及时纠正自己的缺点错误。纠正了缺点错误，只是有利于人民，在当前来说就是有利于社会主义现代化建设，而毫无任何损失。因此，共产党的自我批评精神和制度，是党的性质所决定的，是有其客观必然性的，而不是可有可无的。

党的十一届三中全会以来，尤其是六中全会通过的《决议》，为全党树立了批评和自我批评的榜样。经过认真的批评和自我批评，恢复了党的马克思主义的领导，确定了并且不断发展和完善着一条马克思主义的路线和一系列适合我国国情的方针政策。党的马克思主义的路线、方针、政策，已经和正在显示出巨大的威力，推动着我们的社会主义现代化建设事业健步前进。我们的各级党组织和全体共产党员，应当以党中央为模范，在恢复党的优良传统当中，着重注意迅速恢复批评和自我批评的传统，以此作为党的生活的主要内容，以防止和及时清除任何政治灰尘对党的肌体和党员思想的污染。"文化大革命"中的严重污染，还没有完全清除。随着对外经济文化交流的广泛开展，资产阶级对我们的污染是不可避免的。这需要我们认真拿起并经常而有力地运用批评和自我批评的武器，去清除和抵制污染。这是增强党的战斗力，增强对于四化建设的领导所必不可少的。

回过头来再谈有些人只相信自己的直接经验而不相信间接经验的问题。人类的知识，都是从直接经验中来的。但是对于每一个人来说，直接经验都是有限的，而间接经验却是取之不尽的。书本知识，在写书的人来说，有的是直接经验，有的是间接经验，而对读书的人来说则都是间接经验。因此，谁若只相信自己的直接经验，不相信间接经验，他就只能是一个目光短浅、孤陋寡闻、知识贫乏的人。中国共产党的历史已长达60年，它不仅活动在九百六十万平方公里的国土上，还活动在更加广阔的国际政治舞台上。要从纵横两个方面全面地认识它，任何人只靠自己的直接经验都是做不到的，必须放开耳目，用千千万万别人的直接经验即自己的间接经验来丰富自己的头脑，才能取得正确的认识。有的年轻人，只凭"文化大革命"十年的经历，就说已经把共产党"看透"了。这是十分幼稚的说法。如果观察问题的方法对头，年轻人的认识是可能超过老年人的。但是如果只囿于自己的一知半解，只见树木不见森林，那就只能达到瞎子摸象或坐井观天的水平。要只讲直接经验，年轻人总是比不过老年人的。享寿九十高龄的宋庆龄同志，从中国共产党成立至今她都看到了，从中国国民党成立至今她都看到了，从辛亥革命至今70年间的风云变幻她都看到了。以她的丰富的政治经历，以她具有真知灼见的政治水平，经过对共产党和国民党的几十年的比较，临终之前仍以能够作一个共产党员为莫大的光荣。如果说宋庆龄同志算是把共产党"看透"了，那才是真正可信的。我们的年轻一代，是应当从宋庆龄同志那里得到很深的启示和教益的。

以上这些，都是想说明我们应当怎样认识中国共产党，为什么必须坚持党的领导。当然，还有些更根本的道理没有讲到。例如，只有掌握了辩证唯物主义和历史唯物主义的世界观和方法论的共产党，才能正确地认识和掌握运用人类社会发展的客观规律，从而领导人民从胜利走到另一个更大的胜利。再如，只有共产党才最大公无私，才能代表最广大人民的最大利用，因而也只有它才能动员和组织广大群众同心协力去为实现一个共同的目标而奋斗。这些，已为历史事实所一再证明，也必将在社会主义现代化建设中继续得到证明。因为，这些都不是由哪些人的主观愿望所决定的，而是党的性质所决定的，也是有其客观必然性的。

在社会主义现代化建设中必须坚持党的领导，并不是说我们党已经完美无缺了。进行现代化建设所需要的知识，同全世界已经达到的水平相比较，我们还是落后的，必须努力学习。知识在日新月异地发展，必须不断学习，并在学习中发展。在中国进行社会主义现代化建设，没有也不可能有现成的模式供我们仿效，而只能在借鉴他国经验的同时，主要依靠自己在实践中不断地探索，不断地总结成功的和失败的经验教训。更重要的，是要整顿党风，改善党的领导。这一条，只要下定决心去做，并不困难。例如，所有在"文化大革命"以前入党的党员，认真回忆过去党内生活的状况是什么样子，从自己做起，恢复过去的传统。然后，再根据时代发展的需要，把党内生活的水平更提高一步，并以身作则地去做。老党员做出样子，新党员就会跟上。党员做出样子，群众就会跟上。优良的党风，会带出优良的社会风气。党内具有高度民主、高度文明，就不愁建设不成一个具有高度民主、高度文明的社会主义社会。这就是坚持党的领导的意义所在。

对恢复党的优良传统缺乏信心，因而怀疑党的领导，是没有根据的。党的优良传统正在恢复。进一步恢复和发扬党的优良传统，必须依靠全党的努力，包括那些缺乏信心的同志自己的努力。不能只是用责备的眼光看着中央，认为责任只在中央。党中央从政治生活到领导作风，包括前面提到的批评和自我批评等方面，已经给全党作出了样子。现在，应当说主要是看各级党组织，特别是基层党组织和全体党员在这方面的努力如何。基层党组织和广大党员是直接同群众接触的，是党风好坏、对群众影响好坏的直接表现者，应当特别引起重视。

否定党的领导作用，企图削弱甚至摆脱党的领导，是错误的。除了前面提到的一些认识问题必须加以解决外，对于共产党员来说，党的领导还有一个组织问题。作为一个共产党员而不要党的领导，那就丧失了共产党员的起码条件。对于全国人民来说，党的领导还是我们国家的一个根本制度和法律问题。我国人民的最高权力机关——全国人民代表大会通过的《中华人民共和国宪法》规定："中国共产党是全中国人民的领导核心。工人阶级经过自己的先锋队中国共产党实现对国家的领导。"中国共产党的这个领导地位，不是什么人强加给国家和人民的，而是我国人民在长期的革命斗争中所确认和选定的。坚持党的领导，是从人民的利益出发的。企图削弱甚至摆脱党的领导，则是人民的利益所不能容许的，是社会主义现代化建设这个伟大的事业所不能容许的，也是宪法所不能容许的。

四 马克思列宁主义、毛泽东思想是理论问题，但归根到底是实践问题

坚持共产党的领导，和坚持马克思列宁主义、毛泽东思想是分不开的，因为这是我们党的指导思想和理论基础。同时，离开马克思列宁主义、毛泽东思想的指导，现代化建设就必然偏离社会主义的轨道。

回顾我们走过的路程，对于什么是马克思主义，什么不是马克思主义，什么是社会主义，什么不是社会主义，曾经有过不少的模糊认识，有过不少的教训。这方面的例子很多，是大家都熟悉的，不必一一列举。这里只就已往的教训作一点分析，以便在社会主义现代化建设中引以为戒。

马克思主义的基本原理是不能违反的，违反了就必然受到客观事物发展规律的惩罚。辩证唯物主义和历史唯物主义，作为无产阶级的世界观和方法论，在认识和处理实际问题时必须时刻遵循，否则就必然碰钉子。同时，我们又不能把马克思主义当作僵死的教条，而必须敢于和善于结合具体情况去进行创造性的运用，在运用当中不断地丰富和发展它。这就是说，坚持马克思列宁主义、毛泽东思想，要进行两条战线的斗争，既要防止和反对偏到右的方面而离开它的轨道，又要防止和反对偏到"左"的方面而离开它的轨道。

林彪、江青反革命集团，把许多符合马克思主义原理的东西当作修正主义批判，把许多符合社会主义原则的东西当作资本主义批判。在他们的操纵之下，理论思想战线出现了唯心主义猖獗、形而上学横行的混乱现象，并且因此造成实际工作和社会政治生活中的混乱现象。这在他们那些阴谋家、野心家来说并不奇

怪。问题在于，我们的许多同志，包括许多理论工作者和许多实际工作者，当时也没识破，这是值得认真总结的经验教训。这个教训说明，我们许多同志的马克思主义水平还有待提高。如果只是抽象地懂得一些马克思主义条文，甚至只会背诵一些词句，遇到实际问题时却不能分辨是非，遇到"左"右偏风也不能抵制，那就说明并没有真正掌握马克思主义的基本原理。近来，中央负责同志反复强调要准备在全党开展学习马克思主义哲学和政治经济学的运动，历史的教训说明是十分必要的。如果再不引起重视，面临社会主义现代化建设中的许多新情况新问题，还会重复过去的教训。

有一种观点认为，马克思、恩格斯的著作已经过去一百多年了，时代完全不同了，不能再照办。我们说，马克思主义经典作家在一些具体问题上作出的结论，我们从来不主张不加分析地一律照办。而马克思主义关于唯物主义的基本原理，关于辩证法的基本原理，关于历史唯物主义的基本原理，关于政治经济学的基本原理，关于科学社会主义的基本原理，经过近百年来的人类历史发展的检验，一再证明是常用常新的普遍真理。我们学习的不是马克思主义的一些个别结论，而是它观察和处理问题的立场、观点、方法。这样的学习，是不容有丝毫忽视的。

有一种观点认为，坚持马克思列宁主义、毛泽东思想，就会妨碍解放思想，就会束缚人们的思想。这是对解放思想的一种误解，也是对马克思主义的一种误解。解放思想，反对的是教条主义、本本主义、两个"凡是"的观点，是要从这些非马克思主义观点的束缚下解放出来，是提倡把马克思主义的普遍原理同当前的具体情况结合起来，用马克思主义的立场、观点、方法去研究新情况，解决新问题。而且，只有马克思主义，才给人类的思

想从一切落后的、迷信的、狭隘阶级利益的牢笼中解放出来创造
了条件，开辟了道路，准备了武器。因此，不是马克思主义会妨
碍解放思想，而是只有遵循马克思主义才能解放思想。离开这个
轨道去谈解放思想，违背马克思主义的基本原理去谈解放思想，
只能是胡思乱想，想入非非。

有一种观点认为，马克思列宁主义已经规定了社会主义的原
则和标准，应当首先按照这些原则和标准来检查我们的社会主义
是否合乎条件，然后再谈现代化建设。对这种观点我们要分作两
个问题来回答：第一，马克思列宁主义根据社会发展的客观规律
所提出的关于社会主义的基本原则，我们是应当遵循的。但是，
马克思、恩格斯毕竟没有经历社会主义的实践，他们关于社会主
义的一些具体设想，并不能作为我们现实行动的不可更改的依
据；列宁、斯大林关于社会主义的一些论述，是在苏联的具体情
况下的实践经验的总结，不能原封不动地搬到中国的具体情况
中来。第二，实践是检验真理的惟一标准，而不能反过来，用
没有经过实践检验的具体设想套在社会主义的实践中，削足适
履。

有一种观点认为，理论工作者要学习马克思列宁主义的理
论，实际工作者要学习党的政策解决实际问题。这是一种片面性
的认识。学习了马克思主义的理论，如果不能用来解释以至解决
当前社会主义现代化建设中的实际问题，就是没有学通，这种学
习是没有什么用处的。学习了党的政策如果不懂得它的理论根
据，就不可能有深刻的领会，执行起来就会缺乏高度的自觉性，
足够的坚定性，以及必要的灵活性。

有一种观点认为，毛泽东同志在他的晚年犯了严重错误，证
明毛泽东思想已经不灵了。这是不懂得什么是毛泽东思想，不懂
得毛泽东思想和毛泽东同志的错误是两回事的表现。我们说，毛

泽东思想并不是毛泽东同志一个人的思想，而是以毛泽东同志为主要代表的中国共产党人集体智慧的结晶，毛泽东同志的错误也是违背了毛泽东思想的。正如《决议》所指出的，毛泽东思想是马克思列宁主义在中国的运用和发展，是马克思列宁主义普遍真理和中国革命具体实践相结合的产物，是根据马克思列宁主义的基本原理，把中国长期革命实践中的一系列独创性经验作了理论概括，是被实践证明了的关于中国革命的正确的理论原则和经验总结。因此，否定了毛泽东思想，就等于在中国否定了马克思列宁主义，就等于否定了中国革命取得胜利的道路和经验，就等于否定了中国革命。

以上列举的五种错误观点，可以归纳为一个老问题，就是理论和实践的关系问题，也就是理论和实践相结合还是相脱离的问题。我们党成立60年来，新中国成立30多年来，我们一直在努力解决的，毛泽东同志无数次倡导并亲自作出了伟大贡献的，就是这个根本问题。但是，事实证明，至今，这个问题还不能说已经彻底解决了。

在我们党内，在中国，对于理论和实践的关系问题解决得最好的，贡献最大的，莫过于毛泽东同志。

半封建半殖民地的旧中国，是一个有四亿多人口、经济落后的大国，帝国主义、封建主义、官僚资本主义三座大山压在人民头上，革命和反革命的力量极为悬殊。在这样的情况下，如何组织和领导人民进行革命，能不能取得胜利，对一般人说来简直是难以想象的。马克思列宁主义传入中国以后，最基本的武器是有了，但是，中国革命中的许多具体的复杂的问题，在马克思列宁主义的书本上是找不到现成答案的。俄国十月社会主义革命，给人类的解放开创了一条胜利的道路，但是，把十月革命的经验原封搬来，不和中国的具体情况相结合也是不行的。正是毛泽东同志，在他的战友们的协助下，创造性地把马克思列宁主义运用到中国来，同中国的革命实践相结合，开辟了一条崭新的道路，克服了无数艰难险阻，战胜了一个又一个强大的敌人，引导中国人民取得了一个又一个伟大的胜利。在这条十分艰险曲折的道路上，还纠正了不懂得把马克思列宁主义的普遍原理和中国革命实践结合起来的种种错误，包括只信书本、不顾国情的教条主义，"左"倾冒险主义和右倾投降主义等等。因此说，中国新民主主义革命、社会主义革命和社会主义建设的胜利，都是马克思列宁主义在中国的胜利，都是马克思列宁主义的普遍原理和中国革命实践相结合的毛泽东思想的胜利，这是十分确切的。通过回顾中国革命的历程，把这个问题弄清楚了，前面提到的五种错误观点也就可以得到澄清了。

在理论与实践的关系问题上，还需要明确的是，一提马克思列宁主义，就会想到是理论问题，这固然不错，但是，这个看法并不完全。只看作理论问题，理论工作者就会忽视对于实际情况的研究，实际工作者则会忽视对于马克思列宁主义的学习。应当说，马克思列宁主义既是理论问题，又是实践问题，归根到底是实践问题。这不仅因为它来自实践，更重要的是它要用于实践。离开实践，就不会有真正的马克思列宁主义。这也正是我们在中国必须坚持毛泽东思想的道理所在。

*　　　　　　*　　　　　　*

文章已经写得很长了，目的是解释《决议》中的这样一个重要内容："我们党在新的历史时期的奋斗目标，就是要把我们的国家，逐步建设成为具有现代农业、现代工业、现代国防和现代科学技术的，具有高度民主和高度文明的社会主义强国。"

"坚持社会主义道路，坚持人民民主专政即无产阶级专政，坚持共产党的领导，坚持马克思列宁主义、毛泽东思想这四项基本原则"，"是全党团结和全国各族人民团结的共同的政治基础，也是社会主义现代化建设事业顺利进行的根本保证。一切偏离四项基本原则的言论和行动都是错误的，一切否定和破坏四项基本原则的言论和行动都是不能容许的。"这篇文章，没有全部解释《决议》中的上述内容，只是讲了坚持四项基本原则是实现社会主义现代化的根本保证，因此就以此作为标题。

（原载《论〈关于建国以来党的若干历史问题的决议〉》一书）

要成为懂得理论、懂得路线、懂得政策、懂得方法的专家

　　1953 年 11 月，在党中央召开的第三次农业互助合作会议期间，毛主席号召各级农村工作部的同志和所有参加这次会议的人，"要成为懂得理论、懂得路线、懂得政策、懂得方法的专家"。①

　　毛主席的很多指示，是针对一定的具体对象而发的。有关的同志，在有关的工作当中，当然要贯彻执行。同时，对于全党和各个战线上的所有工作人员来说，都必须理解毛主席的很多指示的普遍意义，从而自觉地在自己的工作当中贯彻执行。毛主席的上述指示，对我们革命队伍中的每一个同志都是适用的，没有任何例外。不管是做什么工作的，都必须懂得理论、路线、政策、方法，缺一不可。而且，毛主席要求我们不只是一般的懂得，是要成为"专家"啊！多长时间能够做到呢？毛主席的指示至今已有近 24 年，时间不能算短了，很值得我们进行一番检查。

---

　　①　《毛泽东选集》第 5 卷，第 123 页。

一 关于理论

过去，曾有一种错误观念，认为只有少数做理论工作的干部是应当懂得理论的，其他各行各业做实际工作的广大干部则可懂可不懂，不懂，也是心安理得的。经过毛主席的反复倡导，学习理论的空气逐渐浓厚起来。但是，用毛主席提出的大家都要成为"懂得理论"的专家这个标准来衡量，还是有一定差距的。即使对于一些专职的理论工作干部来说，也不能算是都达到了标准。因为，懂不懂理论，不能只看读了几本书，或者会不会讲理论、写文章，最重要的还是看遇到实际问题能不能用马列主义、毛泽东思想去分析、判断，能不能把这个理论作为改造思想、进行斗争的武器，用这个理论指导自己的行动。

1976年10月以前的几年当中，王、张、江、姚反党集团给我们出了很多题目，从反面测验我们是否真正掌握了马列主义、毛泽东思想。在"批林批孔"运动中，"四人帮"不厌其烦地喧嚷：贯穿周秦以来的一部中国历史的主线并不是阶级斗争，而是儒法斗争，而且直到现在的社会主义阶段仍然是儒家与法家的斗争；在几千年的封建社会阶段，推动中国历史前进的动力，不是农民革命和农民战争，而是他们所谓执行法家路线的帝王将相；不是奴隶们创造历史，而是英雄创造历史。"四人帮"在覆灭之前，加紧篡党夺权的阴谋活动的时候，他们在马克思主义的三个组成部分——哲学、政治经济学、科学社会主义方面，都给我们出了很多题目。在哲学方面，"四人帮"以反对"折中主义"为名，对任何事情都只准提一面，不准提另一面。例如：只准讲政治，不准讲经济；只能讲抓革命，不能讲促生产；只能讲红，不能讲专；只能讲阶级斗争，不能讲生产斗争和科学实验；只能讲自力更生，不能讲吸收外国的先进技术；只能讲成绩和优点，不能讲错误和缺点。他们那些大理论家认为，一点论才是"真正的马克思主义"，两点论就是"折中主义"而不是辩证法。正如毛主席所明确指出的，他们"形而上学猖獗，片面性。"在政治经济学方面，"四人帮"认为，只能讲改革生产关系，不能讲发展生产力，否则就是"唯生产力论"；执行按劳分配的政策，规定必要的奖励制度，就是实行物质刺激，就是修正主义路线；资产阶级法权不是上层建筑，而是"产生新的资产阶级分子的重要的经济基础"，限制甚至取消资产阶级法权并不需要什么物质条件。他们创造出一套似是而非的"理论"，用来吓人，以达到破坏社会主义的罪恶目的。在科学社会主义方面，"四人帮"提出，民主革命时期参加革命的干部就是"资产阶级民主派"，民主派就是走资派，走资派从中央到地方到处都有，而且绝大多数都是不肯改悔的，必须打倒的；阶级斗争产生了政党，党内又产生阶级，在共产党内就有一个资产阶级，由此推论，共产党并不是无产阶级政党，而是无产阶级和资产阶级的混合体，在这个混合体内当权的是资产阶级，即走资派，无产阶级专政的主要对象就是这个党内资产阶级，社会主义革命主要就是革这个党内资产阶级的命。"四人帮"把马克思主义关于阶级斗争和无产阶级专政的理论糟蹋得不像样子了，把毛主席关于无产阶级专政下继续革命的理论糟蹋得不像样子了，而代之以他们的一派胡言乱语。

所有这些，现在看来已经非常可笑。而在当时，"四人帮"却是摆着理论权威的架子，当作马克思主义的真理，在他们控制的报刊上连篇累牍地大肆贩卖的。谁不同意他们这一套，就戴帽子打棍子。而且，所有这些，并不只是理论之争，是在我国社会主义革命和建设当中究竟按什么理论去做的非常现实的问题，是天天碰到、处处碰到、事事碰到、人人碰到的问题。例如：究竟还要不要搞生产，还要不要钻业务，还要不要按劳分配，怎样看待我们党的大批老干部，究竟什么叫走资派，等等。当时，真正懂得马克思列宁主义、毛泽东思想的很多干部和群众，没有受"四人帮"那套假马克思主义的骗，坚决顶住了。但是，"四人帮"贩卖那一套，在某些地方所造成的思想混乱，以及由此所招致的社会主义革命和建设事业中的损失，也是不能低估的。这是一次非常实际的测验，我们已经用自己的行动给自己打了分数。

这次测验，从反面非常有力地证明，毛主席一再指示我们要"认真读书学习，弄通马克思主义"，是多么重要。毛主席不仅反复号召要建立无产阶级的理论队伍，而且提出："要建立马克思主义的辩证唯物论的干部队伍，使我们广大干部同人民能够用马克思主义的基本理论武装起来。"① 这里讲的是"广大干部同人民"，在我们的革命队伍里，人人都包括在内了。

二　关于路线

过去，曾有一种错误观念，认为路线问题是高级领导机关掌握的，同一般干部无关。七十年代，毛主席几次提出："思想上政治上的路线正确与否是决定一切的"②，要进行"思想和政治路线方面的教育"③；路线问题"只给少数人讲不行，要使广大干部群众都知道"。④ 这是值得所有干部都认真思考的。如果不从路线上分清大是大非，自己辛辛苦苦地以为是在干社会主义，

---

① 《毛泽东选集》第5卷，第199页。
② 见1971年12月1日《人民日报》。
③ 见1971年1月1日《人民日报》。
④ 同上。

结果却适得其反。这样的教训，已经很多、很深刻了。但是，问题还没有完。王、张、江、姚反党集团这一伙反面教员，又来给我们上课了。

第一，他们丧心病狂地把我们敬爱的周总理、邓小平同志和其他老一辈的无产阶级革命家，以及我们党的大批干部，统统划为党内资产阶级，污蔑为资本主义复辟势力，污蔑为修正主义者。相反，他们网罗了一伙叛徒、特务、反革命分子、阶级异己分子、新生资产阶级分子、政治投机分子、流氓、无赖等等，结成反革命黑帮，却戴上马克思主义者、革命新生力量、反潮流的英雄等等桂冠。

第二，根据毛主席的指示，周总理提出我国要在本世纪内实现四个现代化。在生产资料已经成为社会主义公有制的无产阶级专政的国家实现现代化，同资本主义国家的现代化，本质上是根本不同的。前者是发展社会主义，为巩固无产阶级专政提供物质基础；后者是发展资本主义，为垄断资产阶级创造超额利润，使无产阶级更加贫困。而"四人帮"却把这两种现代化混为一谈，瞪着眼睛胡说，要实现四个现代化，就是"为复辟资本主义制造物质基础"。他们把社会主义道路和资本主义道路，马克思主义路线和修正主义路线，完全搞颠倒了。

第三，毛主席制定的建设社会主义的总路线，是"鼓足干劲，力争上游，多快好省地建设社会主义"。根据这条总路线，各条战线的建设都应当多快好省。"四人帮"却反其道而行之，胡说什么"宁要社会主义的低速度，不要资本主义的高速度"，"宁要社会主义的晚点，不要资本主义的正点"，"宁要社会主义的草，不要资本主义的苗"，"农场要搞阶级斗争，颗粒不收也没关系"，"革命搞好了，生产下降也可以"，"工厂可以不出产品"，发展社会主义生产是"为资本主义上台做嫁衣裳"。按照

"四人帮"的反革命修正主义路线，不只是少慢差费，而是要坐吃山空了。

第四，在教育路线、文艺路线、外交路线等等其他方面，"四人帮"无一例外地都同毛主席的无产阶级革命路线"对着干"。

总之，在"四人帮"篡夺了党和国家的部分领导权的那一段时间内，搞得一片乌烟瘴气，是非颠倒，黑白混淆。什么是无产阶级，什么是资产阶级，什么是马克思主义路线，什么是修正主义路线，什么是社会主义，什么是资本主义，糊里糊涂，混乱不堪。当时，真正懂得路线是非的很多干部和群众，坚决顶住了"四人帮"反革命修正主义路线的干扰破坏，坚决地按照毛主席的无产阶级革命路线不断前进。但是，有些地方，在路线问题上确实被"四人帮"搅浑了水，社会主义事业遭到严重破坏。

"四人帮"从反面教育了我们，分清路线是非，成为"懂得路线"的"专家"，是每一个革命者的责任。毛主席的遗教，必须实现。

三 关于政策

毛主席说："政策是革命政党一切实际行动的出发点，并且表现于行动的过程和归宿。一个革命政党的任何行动都是执行政策。不是实行正确的政策，就是实行错误的政策；不是自觉地，就是盲目地实行某种政策。"① 毛主席还说："我们的政策，不光要使领导者知道，干部知道，还要使广大的群众知道。"② 我们

① 《毛泽东选集》第4卷，横排本第1181页。
② 同上书，第1213页。

党几十年革命和建设的经验证明，有了马列主义的理论，有了正确的路线，还必须在各方面都有正确的具体政策。毛主席为我们党制定的一整套政策，是各条战线不断取得胜利的保证。由于违反了党的政策，执行了错误的政策，而给工作造成损失的教训，在历史上也是很多的。

随着社会主义事业的发展，党的政策已经逐步完善。各行各业在政策方面的是非界限是很清楚的了。我们的很多干部，积累了正反两方面的丰富的经验教训，有了相当高的政策水平，已经能够熟练地掌握和执行党的政策。

但是，"四人帮"又来捣乱了。他们除了在政治上搞阴谋诡计以外，还利用窃取的权力，指手画脚，滥发命令，在经济政策、文化教育政策、干部政策、知识分子政策、民族政策、对外政策等等方面，随心所欲地另搞一套，极尽干扰破坏之能事，还美其名曰"造反精神"。例如，对于社会主义的企业，"四人帮"以批判"利润挂帅"为名，搞得有些单位完不成利润计划，甚至亏损，不能给国家的社会主义建设提供资金积累。对于农村的社队，"四人帮"胡说什么发展多种经营就是"培植产生资本主义的土壤"，指导社员开展养猪等正当的家庭副业就是给资本主义"供氧输血"。关于对外贸易，本来是正常的进口，"四人帮"却说你是"洋奴哲学"；本来是合理的出口，"四人帮"却说你是"卖国主义"。对于干部，如果你不把"四人帮"的胡说八道当作"圣旨"，他们就无中生有地给你捏造罪名，百般迫害。对于知识分子，"四人帮"除了他们自己及其同党以外，一律诬蔑为"臭老九"。等等。

当时，很多地方不听"四人帮"的胡说八道，坚持毛主席所制定的正确政策，保证了革命和建设事业的不断发展。但是，也有不少地方，由于被"四人帮"把政策搞乱了，因而给革命和建设事业造成了严重损失。这正反两方面的经验教训，是值得认真总结的。我们要在自己的岗位上，成为懂得有关政策的专家，并成为坚决捍卫党的政策、抵制各种干扰破坏的战士，才不辜负毛主席对我们的期望。

四 关于方法

有了正确的政策，还必须有正确的工作方法去贯彻执行。"不解决方法问题，任务也只是瞎说一顿。"① "没有正确的领导方式和工作方法，要迅速地开展经济战线上的运动，是不可能的。"② 方法不对，不仅不能完成任务，还会把好事办坏，造成错误和损失。毛主席一贯倡导的马克思主义的工作方法，已经成为我们党的优良传统。而王、张、江、姚"四人帮"，却把我们党的光荣传统丢光了。

毛主席说："总题目是正确地处理人民内部的矛盾和正确地处理敌我矛盾。方法是实事求是，群众路线。"③ 在"四人帮"及其一伙那里，还有什么实事求是吗？根本没有。江青梦想当女皇，就篡改历史，胡说吕后是按刘邦的既定方针办的法家。他们为了打倒党的老干部，就毫无根据地硬说这个是叛徒，那个是特务。他们甚至丧心病狂地把毛主席的指示也当作政治谣言去追查批判。这样荒唐反动的罪恶事实，不胜枚举。在"四人帮"及其一伙那里，还有什么群众路线吗？根本没有。"四人帮"把自己看作男帝女皇，把群众看作供他们驱使的奴隶。他们的话就是

---

① 《毛泽东选集》第1卷，横排本第125页。
② 同上书，第109页。
③ 《毛泽东选集》第5卷，第457页。

"金口玉言"，不允许你说半个不字，否则就用法西斯手段加以残酷镇压。

毛主席说："解决敌我之间的和人民内部的这两类不同性质的矛盾，采用专政和民主这样两种不同的方法。"①"四人帮"完全相反。他们对于人民的敌人，只要能为他们篡党夺权效忠的，一律亲如兄弟，敬若上宾，加官晋爵，奉以厚禄。而对于革命干部和革命人民，凡是知道一点他们的丑恶历史的，或者知道一点他们现在进行反革命阴谋活动的黑幕的，或者不听他们的胡说八道，不买他们的账的，一律实行法西斯专政，轻者免职，劳动改造，重者投入监狱，甚至迫害致死。

毛主席说："百花齐放、百家争鸣这个方针不但是科学和艺术发展的好方法，而且推而广之，也是我们进行一切工作的好方法。"② 在"四人帮"控制的文艺界，根本不允许百花齐放。举凡电影、戏剧，只要江青没有插过手的，不管群众给予多高的评价，一律斥为毒草，轻者打入冷宫，重者横加批判。有谁说一句他们搞的是一花独放，他们就动用手中的舆论工具，大兴问罪之师，帽子棍子铺天盖地而来。张春桥直言不讳地说："文艺界就听江青一人的。"其实，说他们是"一花独放"，是过奖了。他们炮制的什么《反击》、《盛大的节日》、《春苗》、《欢腾的小凉河》等等，并不是花，而是毒汁四溅的大毒草。在"四人帮"的控制下，科学上的百家争鸣，也是根本谈不到的。还是那个张春桥说："我们在上海是百家争鸣，一家做主，最后听江青的。""四人帮"在上海的写作班子的头头，索性把遮羞布也扔掉了："我们就是一家之言，不搞百家争鸣。"他们明目张胆地对抗毛

---

① 《毛泽东选集》第5卷，第371页。
② 同上书，第415页。

主席，已经到了发疯的地步。至于在其他一切工作中，"四人帮"同样没有一丝一毫的百花齐放、百家争鸣的方法可言，他们有的只是独裁专制。

我们现在的任务，就是彻底批判"四人帮"，肃清其流毒，恢复党的优良传统，发扬而光大之。让我们更加自觉地掌握和运用毛主席所倡导的马克思主义的工作方法，推动我们的事业不断前进。

五　关于专家

毛主席不是号召大家成为专家吗！当时，是号召有关同志"要成为农业社会主义改造的专家"。推而广之，各条战线上的同志，不仅要懂得理论、路线、政策、方法，而且应当精通本行业务，才能算是专家。

一提业务，一提专家，又犯了"四人帮"的"圣讳"。他们千方百计地阻拦大家钻研业务，想方设法地使大家只会说空话，不会办实事。谁要想为社会主义事业学点本事，就斥之为"业务挂帅"，"白专道路"。只要是"专家"，就一定是资产阶级的，就成为专政对象。如果是"权威"，那就必然是反动的，一律打倒。

"四人帮"那些胡言乱语，现在应当翻过来了。成为无产阶级专家，没有丝毫的耻辱，而是很大的光荣，这是我们的事业所不可缺少的宝贝。在社会主义的各条战线上，无产阶级的专家不是多了，而是少了。即使原来是资产阶级专家，经过思想改造，现在愿意拿出自己的本事，为社会主义服务，不是很好吗！不是应当对他们表示真诚的欢迎和尊重吗！

要问有什么经典为根据，那就听听我们的无产阶级革命导师是怎样说的吧！恩格斯说："过去的资产阶级革命向大学要求的仅仅是律师，作为培养他们的政治活动家的最好的原料；而工人阶级的解放，除此之外还需要医生、工程师、化学家、农艺师及其他专门人材，因为问题在于不仅要掌管政治机器，而且要掌管全部社会生产，而在这里需要的决不是响亮的词句，而是丰富的知识。"[①] 列宁说："没有具备各种知识、技术和经验的专家来指导，便不能过渡到社会主义"[②]。毛主席说："政治和业务是对立统一的，政治是主要的，是第一位的，一定要反对不问政治的倾向；但是，专搞政治，不懂技术，不懂业务，也不行。我们的同志，无论搞工业的，搞农业的，搞商业的，搞文教的，都要学一点技术和业务。""我们各行各业的干部都要努力精通技术和业务，使自己成为内行，又红又专。"要"造成工人阶级的有马克思主义思想的专家队伍。"[③]

要问有什么事实作根据吗？毛主席号召我们学习的白求恩，不仅具有共产主义的精神，而且"对技术精益求精"。毛主席号召我们学习的雷锋，不仅具有全心全意为人民服务的思想，而且努力掌握为人民服务的本领，干一行，爱一行，钻一行，专一行。各行各业都有很多又红又专的先进人物，都是我们学习的榜样。我们要以成为又红又专的无产阶级专家为荣，以做一个不懂业务的空头政治家为耻。

我们要实现毛主席、周总理的遗愿，在本世纪内把我国建成具有现代农业、现代工业、现代国防、现代科学技术的社会主义

---

① 《致国际社会主义者大学生代表大会》，《马克思恩格斯全集》第22卷，第487页。

② 《苏维埃政权的当前任务》，《列宁选集》第3卷，第501页。

③ 《做革命的促进派》，《毛泽东选集》第5卷，第471、472页。

强国，需要千百万懂得理论，懂得路线，懂得政策，懂得方法，又精通本行业务的专家。让我们朝着毛主席提出的这个目标奋发努力吧！

（学习《毛泽东选集》第五卷笔记之一，1977 年 7 月草稿）

从官僚地主家庭走出来的
革命战士王亢之

抗日战争时期，在敌人不断地对我冀中根据地进行疯狂"扫荡"的环境里，王亢之同志献身于党的新闻事业，经历了千难万险，矢志不移，不愧为坚强的革命战士。"文化大革命"开始时，他是中共天津市委书记处书记。在江青反革命集团的无端迫害面前，王亢之宁死不屈，以自己的生命进行抗争，凛然保持了崇高的革命气节。这样的革命战士出自工农家庭不足为奇，而王亢之却是从一个官僚地主家庭走出来的，这就更加说明了他为共产主义事业而献身的高度觉悟和坚强意志。

一 官僚地主,书香门第,革命家庭

王亢之是河北省深泽县人，我们是同乡。他家住在城内，紧靠西门，路南路北有两大片住宅。当时深泽县农村的地主，一般是种有一顷（100亩）多地，超过两顷地的很少。王家只在本县就种有24顷地，外地还有70顷，是深泽县头号大地主。在上海、天津、保定等地还有二十多家商号。因此，一提深泽王家，或一提西门底下，不用指名道姓，全县无人不知。在清代，王宅有25人是朝廷命官。民国时代，还有几个人在国民党政府里做官。因此可以说，那是一个官僚地主家庭。"七七"事变前，开始没落。在这个大家庭中，绝大部分是知识分子，是个书香门第。抗日战争一爆发，从这个家庭中走出了七十多位男女，包括王亢之和他动员出来的三个妹妹一个弟弟，都投入了民族解放战争的洪流。旧时的王宅解体。如果再聚集起来，就是一个革命家庭了。

早在抗日战争爆发以前，王亢之在北平读书的时候，就勇敢地参加了"一二·九"学生运动，并紧接着参加了党的外围组织——中华民族解放先锋队（简称"民先"）。抗日战争爆发后，他从北平回到家乡深泽县，和其他同志一起组建深泽县青年抗日救国会（简称青救会），任宣传部长。我是我们村第一任青救会主任，有一次到县里请示工作，就是王亢之同志接见的我。当时县青救会的办公地址在原女子师范的一个教室里，我坐在一条长板凳上，王亢之披着一件灰布棉大衣，站在那里和我谈话。谈了些什么，已不记得，但当时他略微往前探着的身影，和蔼、亲切的态度，至今还深深地印在我的脑子里。

二 创业精神，组织才能

王亢之一生的革命生涯，大部分时间是办报，而且一开始就做领导工作。我作为他领导下的一个新闻兵，深深感受到，在那战火纷飞的年代办报，充分显示出了他的创业精神和组织才能，这在当时的环境下是尤为可贵的。

1940年，25岁的王亢之创办了冀中二地委（后改为七地委）的《新民主报》。后来，冀中区党委决定停办各地委的报纸，以便集中力量办好《冀中导报》，王亢之即调任冀中导报社的出版部长。在环境最残酷的 1942 年，《冀中导报》停刊，王亢之又在地洞里创办了七地委的《黎明》报。在抗日战争的反攻阶段，他受冀中区党委之命，恢复了《冀中导报》。1947 年，晋察冀中央局调他去任《晋察冀日报》总编辑。北方的大城市天津刚一解放，王亢之即受命率领一批人马开进城去，仅用一天的时间就出版了《天津日报》。从在农村游击办报，到在大城市办报，这在很多方面又是创业。可以想见，在没有现成经验可循，只能摸索前进的情况下，王亢之凭着自己高度的革命热情和责任感，凭着自己的聪明才智，是怎样绞尽脑汁，和同志们一起，创办了一家又一家报纸的啊！

王亢之的创业精神和组织才能，还表现于在他的具体领导下，报纸的印刷出版条件不断改进。

环境最残酷的时候，报纸只能油印，报社还不断转移。那时转移是"家常便饭"，可不像后来的搬家。编辑人员手里只有稿件，刻印人员则只带着一块钢板条和一个油印辊子，轻便得很，说走就走。

环境稍好一点了，要改石印。那时候没有地方也没有钱去买石印机，王亢之就和大家千方百计地寻找石印机，打听哪里有石印工人，最后终于出版了石印报纸。当时毕竟还是战争环境，日本鬼子仍不断出来"扫荡"，于是就把石印机安装在地窖里。敌人来了，工人们从地窖里出来，把窖口盖好，并加以伪装，就跟着群众转移了。敌人一走，工人们回来打开窖口继续印报。1945年《冀中导报》复刊时，还是石印，但不是在报社集中印刷，而是把写好的药纸分别送到原来几个地委的石印厂去印刷，就地发行。这些，说起来简单，在当时的条件下做起来，可决非易事，都是在王亢之的具体组织和亲自参与下进行的。

1945 年 6 月，献县城解放以后，得知献县城边的张庄天主教堂有一套铅印设备，经冀中区党委同意，王亢之立即派李志去联系交涉，把那套铅印设备运来，《冀中导报》"鸟枪换炮"，改为铅印了。

日本鬼子投降了，蒋介石又接着打内战，我们还是在战争环境中办报，还曾一次一次地转移。而这时可不能说走就走了，因为不仅人多了，家当也大了，又有了笨重的铅印厂。报纸编辑部驻在饶阳县长流庄时，铅印厂安排在相距不远的献县魏楼村。对日本侵略者举行大反攻时，编辑部跟着区党委转移到霸县，铅印厂搬到任邱，两地相距约七十华里，中间隔着大清河，每天由交通员骑车从霸县往任邱送稿，第二天带报回来，同时由另一位交通员又从霸县出发往任邱送稿，住一夜再带报纸回来。内战爆发了，编辑部和印刷厂又都转移到河间县城。当这里受到蒋军的威胁时，编辑部转移到肃宁县管中铺村，印刷厂转移到肃宁县曹庄。1947年秋，报社转移到武强县东北召什村。不久，又转移到饶阳县的北官庄、北善村。在这频繁的长途转移当中，一大套铅印设备，要动员驻在村的几辆大车无偿地给拉运。报社的所有人员，包括社长王亢之，一律步行。就是在这种频繁转移的情况下，《冀中导报》仍然坚持正常出版，没有一次脱期。这就是王亢之的组织才能，他指挥着大家有条不紊地"游击办报"。这在当时感到很平常，现在想来却不能不说是奇迹。

三 屡经艰险，不屈不挠

在北平参加"一二·九"学生运动时，王亢之冒着国民党军警的高压水龙的喷射游行，身体受了伤，后来又被学校开除，反动当局还登报通缉他，都没有使他动摇退缩。

在抗日战争年代生活过的人，都是经历了严酷的生死考验的，考验的答卷各有不同。王亢之是属于坚定不移、不屈不挠的革命战士行列中的一位。仅举两例。

1942年9月，王亢之和几位同志住在深泽县北冶庄头村，筹备创刊地委的《黎明》报。一天，盘踞在深泽城内的敌人出来"扫荡"，包围了北冶庄头。王亢之因患感冒正在发烧，未能冲出敌人的包围圈，和这村的一些人一起被敌人抓住带走。王亢之是深泽城里人，如果到了城里被坏人认出，后果不堪设想。因此，他走在路上，就设法把捆着双手的绳子松开，在夜幕的掩护下，趁敌人没注意，奋不顾身地从一条道沟里跑了回来。他的脚已被敌人的刺刀刺破，这时光着双脚在地里跑，脚掌又被谷茬扎破。回来之后，带着伤病，又和同志们一起继续筹备《黎明》报的创刊。

1943年6月26日，黎明报社驻在定县西赵庄，又被敌人包围。王亢之和其他同志分别隐蔽在三个秘密地洞里。这三个地洞都各有一个小口和大地道相通。他们进入地洞的第二天，敌人挖开了大地道，发现了他们隐蔽的地洞。王亢之他们急中生智，用头顶开地洞盖，跑了出来，藏在一个小屋的麦糠堆里。当时天气很热。王亢之只穿着一条裤衩，浑身被麦芒扎得难受，仍然一动不动，终于躲过了敌人。

在那敌人据点密布，环境极端残酷的年代，王亢之率领几个人在地洞里办报，几乎天天遇到惊险，时时经受着生死考验，度过了千万重困难，才迎来了胜利。

四　杰出的指挥员，又是战斗员

在办报初期，人员很少的时候，王亢之并不只是作为领导者，指挥大家，而是和大家一起干。《新民主报》刚一创刊时，王亢之作为社长（那时的报纸是社长制，实际上是社长兼总编辑），手下只有三个兵：一个编辑（黄桦），两个刻写员兼印刷员。王亢之不仅要领导，要写社论，还自己动手约稿、编稿、排版，以至帮助刻蜡版。后来才陆续增加了几个人。

办《黎明》报，开始，除了他这位社长以外，没有别的编辑人员，只有电讯报务员李崇培（后改名展青雷）、张乡，刻写员张冠伦，交通员宋金英等几个人。就要出版了，王亢之根据地委书记张达同志的意见写了创刊的社论，题目是《天将黎明，曙光不远，咬紧牙关，度过困难》。他又自己动手和张冠伦一起刻蜡版。几个月后，才调来了力麦（后改名李麦）、郑太一两位编辑。那时报纸的社论和重要文章，还主要是王亢之自己动手写。例如，他曾针对当时残酷的斗争形势和干部群众中的不同表现，写过一篇题为《硬骨头和软骨头》的评论，进行民族气节的宣传教育。在我现存的《黎明》报上，还找到他写的一篇《驳"曲线救国"论》。

《冀中导报》刚复刊的时候，没有编辑部、编辑科一类的组织，王亢之是社长，带领六个编辑一起干。崔昶、郑太一是时事版编辑，崔昶还兼任报社秘书和党支部书记，力麦、李梨、苑子熙、杜敬四人是地方版编辑，又是记者，还兼做通联工作。我们曾经建议王亢之，是否请区党委给增加几个人。王亢之说，我们先干着，等做出一些成绩，再向区党委开口。他总是工作不讲条件，严格要求自己。

在人员逐渐增加之后，王亢之就不再那样事无巨细都亲自动手了，而是十分注意发挥大家的积极性，放手让大家在实践中增长才干。过去，报纸的社论，如果不是全部，也是绝大部分由他执笔。大约是从1946年开始，他要编辑人员起草社论，交他修改。稍有进步，他就给以表扬鼓励。他对编辑、记者的要求是很严格的，如果谁在采访或处理稿件中发生重要差错或失误，就会受到他的严肃的批评。

王亢之从具体业务中解脱出来，保持着一副清醒的头脑，抓报纸的编辑方针，指导思想。这时就不只显示出他的干才，而主要显示出他的帅才了。说到这里，可以加上一个插曲。有一种说法，说诸葛亮总是手持鹅毛扇，看上去优哉游哉，实际上是运筹帷幄，率领三军，指挥若定。王亢之在夏天总是拿着一把芭蕉扇不停地摇着，看上去很从容，实际上他总是在思考大事。每逢党中央或区党委制定出什么重要的方针政策，发出什么重要指示时，或在冀中地区的实际工作中出现什么重大的新问题时，王亢之总是能领导大家将这些内容及时反映在报纸上，使报纸起到了集体的组织者和集体的宣传者的作用。《冀中导报》联系冀中的实际，宣传贯彻党的方针政策，指导工作，教育群众，是做得比较好的。办报，正是需要这样的帅才。我猜想，党的晋察冀中央局可能正是从《冀中导报》上了解了王亢之，在1947年冬，正当轰轰烈烈的土地改革运动即将全面展开的时候，把他调去委以重任，作了《晋察冀日报》的总编辑（邓拓任社长）。

王亢之的才干，还由于他的组织观念很强，总是紧紧依靠区党委的领导。战争年代没有什么交通工具，没有电话，主要靠两条腿走路。因此，王亢之领导的报社，总是驻在紧靠冀中区党委的村子里，以便及时请示报告。当时的冀中区党委书记林铁，行署主任罗玉川，都十分重视报纸工作，王亢之总是及时地把他们对报纸工作的意见传达给大家。

五　四面八方聚人才

王亢之主持创办的几家报纸的编辑人员，是由四部分人组成的。这当中也很有学问，可以从中看出王亢之的眼界和胸怀。

在地委办报，是抽调的县报编辑人员。在区党委办报，是抽调的地委报纸的编辑人员。作为办报这样一项专门业务来说，特别是在初创时，必须有一定数量的具有一些专业经验的人员。然而，报纸是要反映实际、指导工作的，报纸编辑人员只有业务经验没有实际工作经验是不行的。因此，在《冀中导报》复刊不久，王亢之就通过区党委调来了藁城县长杨特，安新县委宣传部长姜鑫。第二年，又先后调来了十地委宣传部长蔡毅，冀中行署秘书、原肃宁县长李伯宁等。

在报社，除了原有的业务人员和新调来的实际工作干部之外，王亢之还团结和容纳了一批专业作家。在七地委办《黎明》报时，冀中的作家王林和报社的同志们一起活动。在地委的领导下，他们还共同发起了《伟大的两年间》写作运动，号召广大干部写文章，反映和记载敌人进行"五一大扫荡"后的两年当中，干部、群众可歌可泣的事迹。在办《冀中导报》时，冀中还没有作家协会、文联一类的组织，冀中的和从延安来的一批作家，都住在报社，报社成了作家之家。其中有孙犁、梁斌、方纪、王林、秦兆阳、萧殷、杨朔、孔厥、袁静、李湘洲等，还有木刻家古元、李黑。王亢之对这些作家很尊重很热情，把他们看作报社自己人，请他们写文章，帮助办报。孙犁、方纪、萧殷、李湘洲先后编过《冀中导报》的副刊。孙犁还曾在报社编过《平原杂志》。古元曾给报纸的副刊作木刻刊头。当时《冀中导报》上先后发表了这些作家的不少作品。如孙犁的《采蒲台的苇》、《新安游记》，杨朔的《耕者有其田在张申府先生家乡》、《正定之战散记》，方纪的《副排长谢永清》等，还有萧殷关于文学写作的文章。孔厥、袁静的长篇小说《血尸案》在《冀中导报》连载。他们写完《新儿女英雄传》的初稿后，每天晚上在一个大院里给报社的同志们宣读，征求意见。报社有这样一批作家参加工作，并发表作品，使报纸增色不少。同时，这些作家，主要还是从事自己的创作，并没有因为参加报纸的工作而受到影响。此外，1945 年冬，驻在任邱县城的时候，王亢之还在报社召开了一次冀中的文艺座谈会，除上述作家外，还有崔嵬、傅铎、胡苏、郭维等都参加了。

报社的成员当中，还有几位是从敌占大城市出来的。1945年冬天，柳溪从北平化装跑出城来，到了冀中导报社，作了文艺版的编辑。1946 年春天，从天津出来了老报人孙立民，他自称是"曾在敌伪报馆效力多年的人"，而王亢之还是给以信任，派他到农村去采访，并曾在大家面前表扬他深入群众的采访方法。1947 年，从天津出来的青年知识分子林青，担任校对。王亢之对这些从敌占区来的人，都像对待老朋友一样，热情接待，放手使用，使他们深受感动。

就是这样，王亢之从各方面广泛地吸收人才，团结人才，使冀中导报社成为一个人才济济、生气勃勃的大家庭。这是办好报纸的一个重要条件。

六　王亢之是大家的好朋友

在黎明报社，没有一个人称呼"王社长"或"亢之同志"，都是叫他"老亢"，并经常互相开玩笑。誊写员李进仁和老亢开玩笑简直有点过分了，老亢也不计较，总是笑容满面地同这个小李子斗嘴。在冀中导报社，只有一个十二三岁的小勤务员孟凤台称呼"王社长"，别人都是叫他老亢。老亢和大家说说笑笑，工作之外根本没有上下级之分，而他却教育凤台要懂礼貌，尊重大家。老亢每次让凤台找我们中的任何一个人到他那里去，凤台总是说："王社长请你去一下。"这个"请"字从来没有忘过，那肯定是老亢教他的。老亢称呼比他年岁大的同志，总是加上一个"老"字，如"老力麦"，"老崔"，"老郑"。对待当时还不到二十岁的肖特，则亲昵得像对小孩子，比如要让他到谁的住处去取一篇稿子，他就会笑着说："肖（儿）！你去取一篇稿子，我看你能不能取来！"真是亲如家人。

在《冀中导报》复刊的初期，人很少，王亢之很少以领导者的身份召集大家开会。有什么需要布置或讨论的事情，一般是在三种场合解决：一是大家在一个院子里蹲着吃饭的时候，一是他到我们工作的住处串门的时候，一是每天晚饭后大家一起到村外散步的时候。那时没有星期天，也没有节假日，有时晚上就一起打一会儿麻将，王亢之戏称为"拆城"。有时打着麻将也说几句工作上的事情。

报社是一个严肃的工作单位，又是一个和睦的家庭。大家工作起来兢兢业业，一丝不苟，字斟句酌；工作之余则有说有笑，心情舒畅，轻松愉快。这就是以王亢之为核心、为主导所形成的一个单位的氛围，这就是我们永远不会忘记的领导者、老朋友——老亢。

1958年，《河北日报》要随河北省委迁到天津。事前，我和几位同志一起去做准备工作。当时王亢之是天津市委文教书记。我们到了天津，住在天津日报社招待所，我给王亢之打了一个电话，说要去看他，他坚持要到我们住的地方来。到了招待所，他看到我在屋子里还穿着呢子大衣没脱，知道是火炉不旺，立即蹲下身去通炉子，加煤。谈到河北日报社到了天津驻在什么地方时，王亢之说："把天津日报的大楼给你们吧！"我当然不能同意。后来，除了商定占用天津日报社的一幢小楼外，王亢之还给《大公报》的社长常芝青（住在北京）写了一封信，派人带着信

去商量能否把他们的一所房子让给河北日报社。此事终于办成
了。

往事已经过去 40 年到 60 年了，现在闭上眼睛，王亢之的音
容笑貌仍历历如在目前，他叫"小杜"的亲切声音还留在我的
耳边。然而，我却再也看不见他了，再也听不到他的声音了。

亢之同志！我从来没有这样称呼过你，还是叫你老亢吧！老
亢啊！你走得太早了！我们想念你啊！

（1998 年 11 月）

年轻的老报人朱子强

　　在整理抗日战争时期冀中的报刊史料时，我提到当时新闻工作人员的文化程度，上过大学的屈指可数，学过新闻出版专业的更是凤毛麟角了。有一位当年的老同行问我："凤毛麟角，也得有哇！有吗？"我说："有，就是朱子强同志。"我曾听子强同志说过，"七七"事变以前，他在上海图书馆学校攻读出版专业，不仅在课堂上读书，还到印刷厂实习排字呢！这应当算是新闻出版工作的"科班"了。

　　朱子强同志，1919 年生于河北省束鹿县南棚村。抗日战争爆发后，他一投入革命队伍就办报。开始，在民众抗日自卫军的《大众报》从事编辑工作。1938 年 9 月，中共冀中区党委的机关报《导报》（后改为《冀中导报》）创刊，第一任总编辑就是朱子强同志，当时他只有 19 岁。1946 年，党组织派他秘密进入美蒋统治下的天津，创办党的地下报纸《中国新闻》。1947 年冬，他又回到《冀中导报》任社长，我们都把他看作老领导，其实才 28 岁。1949 年《河北日报》创刊，他是第一任社长，那时 30 岁。1951 年调到省委宣传部以后，仍然具体领导报纸工作。1984 年不幸病逝，享年 65 岁，还不能算老。而他办报确实资历很深了。说他是一位年轻的老报人，我看是很确切的。

我在子强同志直接领导下工作了 14 年。其中有几年，从农村到城市，是朝夕相处的。他按照一个共产党员的标准给予我们的言传身教，按照一个无产阶级新闻战士的条件对我们的严格要求，同志式的诚恳帮助，包括热情的鼓励和严肃的批评，使我受到的教益是难以用语言来描述的，很多事情至今记忆犹新。最近翻出 1948—1960 年的一些残缺不全的笔记本，其中有子强同志在大会小会上的讲话，有个别谈话和电话记录，还有他给我的短信。这就更帮助了我对子强同志的回忆。这里记下的子强同志关于办报的一些想法和具体意见，都是几十年以前谈的，现在是否还完全适用，我不知道，但有许多意见我认为至今仍会给人以重要启发。子强同志的品格、作风，则是我永远不会忘记的。

一　依靠全党全民办报

子强同志曾多次指出，报纸编辑部要成为省委的有力助手，除了有省委的领导外，还必须依靠各级党委、首先是各地市委的帮助。请省委和各级党委帮助组织报纸的内容，是办好报纸的一个很重要的条件。他说，报纸应当动员各级党委的力量，根据干部、党员和群众的思想情况，适时地组织文章和新闻报道。撰写社论，有些要和有关主管部门共同研究，才能更准确地提出问题，比较正确地解决问题。有些评论请报社外面具体参与这方面工作的人写，才能抓住要害；而编辑部的人往往触不到痛处，因为自己对某些问题感受不到切肤之痛。同时，编辑部要重视群众工作，依靠全党全民办报。

关于报纸的通讯员，子强同志有独到的见解。他说，通讯员应当是社会活动家，非常关心党和国家的各项建设事业，经常提出建议和批评。他们了解哪些事物是群众欢迎的，就在报纸上加以介绍；哪些是群众不满或反对的，就通过报纸进行批评以至斗争。通讯员就是这样的积极分子。子强同志还说，过去我们认为通讯员就是写稿的积极分子，但其中有些人只是会写，而不是政治上的积极分子。他认为，报纸编辑部应当团结很多政治上的积极分子作为通讯员，同他们保持政治上的联系，在革命和建设事业上同他们合作，而不只是向他们要稿子。当然，要稿子也首先是要抓住这些积极分子，组织他们来写。

在一次讨论报纸改进方案的时候，子强同志说，改进报纸，需要依靠群众，与群众通气，听听群众的意见。只按少数人想出来的方案去做，不一定切合实际。子强同志还指出，报纸要支持、帮助、培养青年作者，发表他们的作品。这是报纸联系群众的一个方面。

二 提高报纸水平,消灭"三类苗"

子强同志要求，必须不断提高报纸的思想、理论、知识水平。他曾提出，要抓三种文章，或者说从三个方面提高报纸水平：一是社论，二是典型经验介绍，三是理论文章。社论，一定要有分量，要提出问题，解决问题，不要以量胜质，不要只作应景文章。短论，贵在及时解决具体问题。介绍重点经验的报道，要抓新问题，新事物。直线地、流水账式地、记录式地报道积肥、防汛等等，不解决什么问题，人们都不愿看。提不出问题的报道不是好报道。子强同志特别重视在报纸上开展马克思列宁主义、毛泽东思想的宣传，提高报纸的思想理论水平，并提出要有定期的理论宣传计划。他主张，有些新闻报道，也要上升到理论，有结论。他引用斯大林的话说，我们的干部都有专行专业，但有一个共同的东西是大家必须具备的，就是马克思列宁主义的思想理论。我们要掌握这一共同性、普遍性的东西。子强同志指出，报纸编辑部、编委会要经常研究党内外思想有些什么变化，包括群众思想上出现了什么新情况，对宣传工作提出了些什么新问题，以及怎么去解决。根据这些，来提高报纸的思想水平。关于生产和经济工作的报道，也要透过这些业务抓思想、抓政治，提高报道水平。同时，要抓论述思想作风的理论文章，带方针政策方向性的文章，以及学术文章。如河北土壤问题，施肥的问题，商品生产问题，都是需要进行科学研究的。子强同志还提出，报纸主要是给干部、知识分子看的，对他们的水平不要估计过低。要满足他们的要求，报纸上就要充实知识性的东西，而且是大家感兴趣的。报纸的内容知识水平低，使读者无所得，就不能引导大家前进。此外，报纸上要经常有对同一问题的不同议论或争论。党的政策执行中的一些问题，也可讨论。要经常提出一些耐人寻味、值得深思的问题。

为了提高报纸的水平，子强同志生动地提出，编辑部要层层卡紧稿件质量关，消灭报纸上的"三类苗"，甚至可以有意地制造"稿荒"。

三　加强报纸的组织指导作用

子强同志反复强调，报纸应当成为省委手里最有力的武器之一，加强对实际工作的组织和指导作用。为此，报纸编辑部就要有全局观点，有省委那样观察和推动全省工作的观点，对全省工作有直接的责任感，而不是站在实际工作之外只管报道。在报纸上体现党委和政府对工作的指导，也不能只靠行政命令、发通报等，而要经过典型经验的介绍，经过深入细致的思想工作影响群众。这就需要正确处理"工作报"和"群众报"的矛盾。他认为，我们的报纸是党报，但又不宜于只强调是党报，只靠这个牌子。为了加强指导作用，报纸要力求站在实际工作的第一线，靠前更靠前，站在最前面，介绍先进经验，使读者每天看了报纸都感到自己落后了。他说，在先进的事物、先进的经验中，一定要有先进的人物，先进的思想，丰富生动的群众语言。要抓住这些，让群众说话，才更有说服力。子强同志主张，抓先进，也要抓后进，选择这两种典型，从不同的基础出发，加以剖析。这就需要把各条战线上的情况、底细摸清，全面掌握全省情况。抓典型，抓一些重大事件和重要问题，子强同志提出还要注意两点：一是抓住不放，连续报道，打就打响，解决问题，而不要东一枪西一枪，只打冷枪，或乱箭齐发，平均使用力量，零打碎敲；一是防止片面性，说好就一切都好，完美无缺，说坏就一无是处，否定一切。这是编辑、记者的思想方法、思想作风问题。关于典型报道，子强同志到了省委宣传部以后还经常具体提出一些线索，要编辑部派人去采访。

为了加强报纸的指导作用，在土地改革和农业合作化运动中，子强同志都重视办好报纸上的《问事处》专栏，解决干部、群众提出的政策问题。编辑部内部也设有问事处，负责解答来访者提出的问题。这在群众中影响是很大的，有的从百里以外赶到报社询问自己关心的问题。

四　旗帜鲜明地表扬和批评

报纸要旗帜鲜明。即，每个时期，提倡什么，反对什么，要很明确。这是子强同志的一贯主张。对此，他还进一步解释说，没有战线，就是没有界限，没有思想。

　　正当提倡在报纸上开展批评和自我批评的时候，子强同志提出，表扬与批评要结合，不要只是指责；在批评的同时或批评之后，要及时拿出好的样子，并注意报道被批评者的进步。这要作为编辑部的一条原则。在《冀中导报》时期，就注意了报纸上的批评要一抓到底，不只要回音，还要报道改进的实际行动。进城以后，子强同志又提出，要注意表扬有缺点的好干部，有缺点的好事情、好典型。在反对官僚主义、分散主义的时候，子强同志说，这时要更稳，要有分析，有重点，不要点名太多，要接受过去搞运动的经验，不要否定一切，要有区别，要分析得适当。他还说，要多说服，多鼓励，少批评，少指责，不要造成到处紧张。报纸上如果只揭发问题，不提怎样解决，等于只开花不结果，要多拿出建设性的意见。

　　在开展"三反"运动以后，子强同志曾经指出，报纸上对两种性质不同的问题有时界限不清，用对待敌人的态度对待人民内部的问题，这是不对的。什么是错误思想，什么是反动思想，有时界限不清，也应注意。

　　关于在报纸上开展批评，子强同志还指出，既要有原则的精神，又要用和善的同志的态度，不要吹毛求疵，冷嘲热讽。特别是指名道姓的讽刺，更应慎重，更应注意效果。他还提醒大家，各项实际工作的进行，并不像我们坐在屋子里想象的那样容易，要充分考虑到实际工作中的困难，以免批评得不是恰如其分，效果不好。对待落后者，不要压得人家不敢讲话。子强同志说，应当注意以先进带动落后，对落后者进行个别教育，提高思想，而不应用简单粗暴的态度。

　　子强同志还特别提出，对工人、农民，不要轻易扣帽子，要坚持正面教育的方针。不要以党内反对个人主义的标准去反对农民中的个人主义。有20多年党龄的党员还有个人主义，要求农民很快抛弃个人主义树立集体主义，那是主观唯心论。因此，农民的个人主义不宜反对，而应照顾他们正当的个人利益。如果有损人的行为，则应当教育。要注意这个界限。对于农民中的单干户，也不要歧视，正面的、侧面的、言外之意的歧视都不要有。

编辑部写过一篇要重视培养农业生产合作社干部的社论，文内着重批评了过去不重视培养社干部的现象。子强同志看了之后指出，由于农业社的大发展，现在培养社干部的重要性才突出地提到日程上来，这个重要性是目前情况下才出现的。过去也不是根本不注意培养社干部，只是没有现在这样更迫切。因此，不应以现在的要求否定过去，不要割断历史，不要忘记事物发展的客观规律。

关于批评必须真实，子强同志要求是很严格的。报上发表过一篇小品文，批评了一个单位的工作，被批评者认为与事实有出入，反映到省委。子强同志为此给我写了一封信，除了提出报上的批评必须实事求是外，还要我们查明情况，并在解决后向他报告。没等我把事件搞清，他又写信来催，问查清了没有。此外，子强同志也曾提出，批评稿件发表以后，如果被批评者认为批评不正确，可以反批评。还有，有错误观点或片面观点的稿件，子强同志认为也不必都退回，有的可加按语或评论予以发表。

五　坚持实事求是，新闻必须真实

子强同志非常重视，要把党的实事求是的思想作风贯彻到办报中来，坚持新闻必须完全真实的方针。早在1948年，在《冀中导报》时，子强同志就提出，报纸配合中心工作，不要急于配合，强求配合，机械配合，否则就是单纯的新闻观点，技术观点，形式主义，不是实事求是。1955年，有人反映报纸上的一

篇批评报道有夸张，与事实距离较大。子强同志听到以后，要报
社派人去调查，看写报道的人是否专去找毛病的，事实究竟怎
样。联系到读者指出的其他不完全真实的报道，子强同志认为，
由此看出新闻报道的真实性有问题，有的编辑记者还没坚持实事
求是，不是科学态度，而是赶浪头，华而不实，渲染夸张，耸人
听闻。他要编辑部抓住一两件事情，发动大家检查真实性问题，
要检查报道思想。还提出，今后在报社要逐级负责，层层把关，
不仅保证事实真实，而且文字上也要注意分寸，不要用夸张的形
容词。1956 年，开展反对主观主义、官僚主义、命令主义的斗
争时，子强同志指出，报纸上批评三个主义，要实事求是地进行
具体分析，搞清哪些是主观主义等，哪些不是。不要简单化，乱
戴帽子，一阵风。他还进一步指出，宣传工作中的简单粗暴，形
式主义，脱离实际的倾向，这本身也是主观主义、官僚主义，因
此要注意改进宣传工作作风。

　　写到这里，想起曾有一篇回忆子强同志的文章中说，1958
年，"他在担任中共河北省委宣传部长时，每看到报纸办得不尽
如人意，就常常到《河北日报》去上夜班，……第二天又到宣
传部上班"。要赞扬子强同志不知疲倦的工作精神，是完全应当
的，而这里涉及到他在 1958 年"大跃进"中的态度，却与事实
不符，甚至可以说是歪曲了他的形象。当时的《河北日报》，也
曾发表了不少放高产"卫星"的报道，对浮夸风起了一定的推
波助澜的作用。尽管如此，还是被认为跟不上形势，作为省委的
助手很不得力，因此受到批评。在那种情况下，子强同志确曾到
报社上夜班。但不是他自己要去的，是受命而去的。更重要的是
他对当时报纸的态度。按子强同志的性格和作风，他对工作中的
缺点错误是从不迁就姑息的，批评总是很尖锐甚至很严厉的。而
那次到报社上夜班，却没有批评"报纸办得不尽如人意"。相

反，他明确地指出："报纸不要抓高产典型，宁肯在这一方面作
'保守派'，一定要下这样的断然决心。要抓大多数，抓大面，
抓正常生产。"这是从我的笔记本上抄下的原话。在当时那种形
势下，在很多人的头脑高度发热，有人认为报纸还热得不够时，
子强同志能这样坚持实事求是的态度，是十分难能可贵的。

六 高度重视读者来信

早在《冀中导报》时期，子强同志就提出，一定要重视读
者来信；读者提出的正确意见，要在报上发表；重要的批评、建
议和回答读者提出的问题，要放在第一版。在子强同志的主持
下，报上增设了《读者来信》专栏和《问事处》。在土地改革当
中，报纸通过发表读者来信和回答读者提出的问题，起了很大的
指导作用。有的读者反映，报上的问事处解决问题，有时比社论
的作用还大。有的县委向地委提出，如果他们请示的问题得不到
答复，就只好去找报社的问事处了。在农业合作化运动中，子强
同志又提出，报纸要像土地改革时期那样，通过回答读者的问
题，宣传党的政策，介绍工作方法，指导办社，帮助区乡干部。
但应注意，不要把一个地方的经验一般化地普遍推广，而不看具
体条件。

他曾多次提醒我们，要重视报纸与读者的关系，要让读者在
报上讲话，搞得生动活泼。他说，在农村的时候，报纸通过与读
者联系，通过读者来信，抓住了群众，这个根基是最牢靠的，要
继续加强和巩固报纸这个根基。在反官僚主义当中，子强同志又
指出，同官僚主义作斗争的最有效的办法，是群众揭发，报纸要
重视这种形式。子强同志还曾用他那比较夸张的语言说，我们要
通过读者来信办报。足见其重视的程度。他要编辑部研究怎样充

分利用读者来信，如有些读者来信可以作为新闻发表，有些可以作为批评、建议以至评论发表。通过读者来信，给党和政府提意见，反映各方面的要求。

七　短小通俗，生动活泼

不论新闻还是评论，子强同志都主张力求精练短小。他常提出，有些问题，写社论或文章来不及，应当写些短论，及时解决问题。这样的短论，同样要放在报纸的重要位置。为了把文章写得短，子强同志说，一定要开门见山，不要党八股，不要说套话。他曾批评有的文章，写了一千字还没提出问题。

从《冀中导报》到《河北日报》，子强同志一直倡导重视通俗化的问题，并领导大家采取具体措施实现通俗化的目标。他要求，句子要短，要口语化。给一般读者看的东西，要让识字的人能看懂，不识字的人能听懂，不要学生腔、干部腔。在办《冀中导报》的同时，还办过一张《冀中群众报》，要求在这个报上发表的东西一律经过通俗改写。当时还聘请了一位不识字的老贫农到报社任专职顾问，有些稿子在发表前要先念给他听。这除了有助于报纸的内容更加适合群众的要求和口味外，还很有助于报纸文字的通俗化。办《河北日报》时，仍然把通俗化作为办报方针之一，并曾在一段时间以此作为编辑部的工作重点，提出具体要求和措施，天天检查。

子强同志主张把报纸办得生动活泼，报上的文章要谈笑风生，不要板着面孔说话。新闻报道，也要有吸引力，不要只强调事情重要，读者应当知道，而应使他们感到有兴趣，愿意知道。特别是经济工作、生产及其他工作报道，要搞得不枯燥，引人入胜。他还主张报纸上要经常有不同意见的讨论，不要只是一个腔调。《冀中导报》和《河北日报》上，都曾选择有普遍意义的典型人物、典型事件（有先进的，也有落后的），开辟专栏，发动进行讨论。这种生动活泼的宣传教育形式，在读者中产生了很大的影响。

八 深入实际，调查研究

子强同志曾经形象地提出，办报要上通天下通地。他说，通天（指党的领导机关）好办，关键是通地。这就必须经常深入实际，深入群众，进行调查研究。他还具体提出，首先是报社的负责干部要尽量多出去，要带着编辑记者往下伸。比如总编辑、副总编辑，可以经常有三个人在外（当时共有五六人）。编委、部主任，也要轮流下去，到第一线。要到先进的、经验多的地方去，也到落后的地区去。可以选择两个先进的县，两个较差的县，去作调查，分析解剖，看出从不同的基础出发，怎样才能使先进的更先进，落后的赶上先进。也可以到一个县工作一两个月再回来，第二班人接着去，这样经常轮换。报纸编辑部，要通过各种办法，经常掌握全省各方面最先进的东西。编辑部的各部，要经常掌握各条战线的实际情况，把底细摸清。否则，报纸就会落后于实际，指导就不会准确。子强同志说，总编辑和其他负责干部下乡回来以后，看稿的角度、判断好坏的标准就不同了，看问题就有根了。如果只在上边，脱离实际，就容易滋长职业病，只陷于具体业务中去。脱离实际，脱离群众，办报也就不会对实际工作有直接的责任感，不会与群众息息相通。他说，报纸上有些话不知是针对什么讲的，没有对立面，不知锋芒指向哪里，是指什么人，什么事，什么思想，原因之一就是脱离实际，没有调查研究。子强同志还指出，报纸的言论、文章和新闻报道，都是在作思想政治工作。编辑部要经常了解干部、党员、群众的思想情况，研究发生了什么变化，出现了什么新问题，给报纸提出了什么新任务。如果平时对这些调查研究不够，宣传报道就会无的放矢。

九 权力下放,培养干部

子强同志多次提出，报纸的总编辑必须解放，从具体业务中解放出来。否则，搞得很忙很累，没有时间考虑大问题，明于细而暗于大，就会越搞越糊涂。他经常说这两句话：无所舍就无所取，有所不为才能有所为。他主张，总编辑要看起来很从容，摇着羽毛扇，优哉游哉，这样才可能主动地思考问题，写文章，改文章，到外面去转，去看，参加必要的会议。各部主任也应这样。子强同志说，要解放总编辑，就必须权力下放，工作下放，提倡人人作总编辑，人人作部主任，充分发挥大家的积极性。编辑、记者要成为政治工作者，而不只是业务工作者。他还曾指出，越说编辑记者水平不高，工作不行，就越说明领导跟不上去。这句话是很值得深思的。

和解放总编辑是一样的道理，子强同志还提出，编委会要成为思想机关，防止成为事务机关。他说，编委会要讨论如何宣传马列主义、毛泽东思想，如何宣传党的路线、方针、政策，不要只是讨论具体业务。要提高编委会的质量。他还进一步指出，编委会本来是政治思想性很强的机构，但如果搞不好，也可能成为一个躯壳，不问政治。

关于编辑部的工作，子强同志曾说，编辑部在一定时间里有个工作重点是应当的，但要少搞运动，搞运动不能持久，而且会搞得不清醒。有问题要及时处理，不要靠搞运动去解决。在五十年代提出这样的问题，是很可贵的。

子强同志很重视干部的理论学习和加强党员修养。据展青雷、肖特两位同志回忆，早在 1940 年前后的战争年代，针对当时报社新党员多，党的知识较少，马列主义水平不高的情况，子强同志就给报社党员坚持讲党课。除讲党的知识外，关于马克思主义的三个组成部分也都涉及到了，对许多新党员学习马列主义起了启蒙作用。报社人员有时不住在一个村子里，子强同志晚上还要步行到别的村庄去讲党课，而且每次都是按时到达。他还常在行军途中，和同志们并肩步行，边走边谈，在聊天中作思想工作。

进城以后，他曾组织几个领导骨干一起学习《资本论》，规定自学进度，并作集体讨论。他说，学习理论不要急于求成，当作吃阿司匹林，想立竿见影。学习是艰苦的思想劳动，要坐下来，沉下心去学习，认真读书，要"攻书"。要刻苦，持久，虚心。不要急躁，取巧，找窍门。有些同志缺乏读书的习惯，特别是读理论书的习惯，要逐渐养成这种习惯。主要依靠自学。

子强同志还说，过去有人认为只有读书才算理论学习，学习党的决议叫时事政策学习，这是不对的。他说，学习党的决议也是学理论，要认真学（当时是指党的"七大"文件和七届二中全会决议）。现在不学，将来也得学，不学就要付出代价，甚至血的代价。在强调学习理论的同时，子强同志也提出，要加强对党的政策的学习和研究。

十　雷厉风行，不眠不休

子强同志是急性子，这也许和他长期办报养成的习惯有关。在农村，报社虽然居住分散，也没有现代化的交通工具，子强同志仍然要求，对那些时间性强的稿件，从通讯部门收到后经过初步处理，再到编辑部进行编辑加工，然后排字，印刷，到见报，最多不能超过三天，并规定了各个环节必须完成的时间。进城以后，子强同志又提出，办报一定要有强烈的时间观念，要有紧迫感，明天能见报的，一定不要等到后天。为了宣传党的某项方针政策，或者组织什么重要报道，时间性强的报道，他的习惯语言是，"要急如星火"，不准拖拖拉拉。

他要求大家高效率，首先自己作表率，工作起来总是像在拼命，夜以继日，不知疲倦。在他主持报纸工作期间，很多社论是自己动手写的，而且多是在晚上边写边发排，写完了，排字房也排完了，拿回小样再作修改，第二天见报。由于身体瘦弱，有时累得瘫软在椅子上，闭一会儿眼，又接着干。子强同志有一个习惯，只要办公桌上摆着还没有完成的工作，他就不愿休息。有时我们硬拉着他休息一会儿，他拗不过，就用一大张报纸把桌子上的稿件之类全部盖严，眼睛看不见了，然后才休息。他离开报社到省委宣传部工作以后，还是那种办报的作风。有时在他主持下组织几个人集体写文章或起草文件，也常常是连夜突击。天快亮了，有的同志支持不住了，他才开玩笑地说："留得青山在吧！明天接着干！"其实已经是第二天了。

十一　严谨细致，一丝不苟

雷厉风行，并不等于粗制滥造。子强同志工作中的严谨认真，可谓一丝不苟。报纸的全部稿件，只要没有特殊的情况，他都要逐篇逐字看过，认真修改。有的文章或新闻报道他看了一遍来不及改了，就把修改意见告诉别人："你再过细改一遍。"几乎每次他都忘不了说"过细"二字。每天晚上，他看完最后大样，签字付印了还要等到印出第一张报纸再看一遍，批上他对这张报纸有哪些意见，才去睡觉。他是报纸的最后把关人，又是第一个读者。特别是报上有关政治、政策方面的问题，偶尔出了纰漏，他决不放过。有一次，转载了一篇关于红军长征的文章，当时我是值班副总编辑，我认为是经主管编委发的现成文章，没有看，结果发生了有辱少数民族的错误。子强同志对此十分恼火，他首先作了自我批评，又严厉地批评了我和其他有关同志。我们以及检查组、校对科都作了检查。不仅对政治性、政策性的错误如此，稿件上一个字写错了，一个标点符号用错了，他都要郑重地指出来。有一次，夜班编辑临时补了一篇短稿，直接送给子强同志，他看到稿子上把"老两口"错写成"老俩口"，自己动手改过，又告诉了编辑以后注意。他把看稿当中发现的问题汇集起来，过一段时间就在编辑部全体人员大会上讲一次，包括怎样使用标点符号都具体讲解。他不仅要求报纸不出差错，每印一个文件，他都要叮嘱一句："要过细校对，不要有错字。"

十二　胸怀坦荡，平易近人

"文化大革命"前后十几年中，我没有看到过子强同志。七十年代末期，才有机会去看他。当时我已知道他心脏不好，但精神不减当年。谈起话来，声音还是那样洪亮，手势还是那样有力。讲到高兴的事，还是那样喜形于色，满面春风；讲到令人愤恨的事，还是那样声色俱厉，嫉恶如仇。我深深知道，在这样的音容体态后面，是他的优秀品格：胸怀坦荡，爱憎分明，对待任何是非曲直从不含含糊糊，从不吞吞吐吐。

如前所述，子强同志对大家的要求十分严格，有时甚至是很严厉的。同时，大家又感到他是平易近人的，和蔼可亲的。他不以领导者自居，常让别人主持全社大会或编辑部大会，他和大家一起坐在下面静听。据展青雷同志回忆，四十年代初，子强同志推荐一位年轻的党员担任编辑部的党支部书记。开支部大会时，他以一个普通党员的身份参加。在支部书记报告工作以后，他就风趣地说，我代表一个党员说几句。而他的发言，往往是支部工作报告中讲的不足，或不准确的地方。

在农村时，直到进城以后，工作之余，他常到同志们的宿舍里去说说笑笑，同志们也很随便地到他的办公室兼宿舍里去聊天。不管是老同志还是年轻的警卫员，他都开玩笑。相处较久的同志们，包括编辑、校对，一直叫他小朱。他还常和报社的一些同志一起清唱京戏，一起打网球，一起散步。遇到同志们有什么困难而焦急时，他总是开玩笑说："十路百路，车到山前必有路，天无绝人之路。"大家一笑，就不那么紧张了。他经常关心着大家的生活，关心当时很多未婚青年的恋爱婚姻问题。他亲自作"红娘"，并具体地出主意，指导年轻人怎样进行恋爱。从副总编辑到十几岁的小公务员，他一视同仁，对谁都是那样的热情，同谁握手都是那样的有力。他除了要尽自己的领导责任之外，同所有被领导者之间没有上下级的其他界限。大家和他可以互相交心，双方的喜怒哀乐可以互相倾吐。他严厉地批评了哪位同志，过后就像没有那件事情一样，从来不以成见对人。相处14年里，我没有发现他和哪些同志最亲近，和哪些同志较疏远；也没有发现他对谁要求最严格，对谁的缺点错误能够容忍。这就是同志们说的：子强同志为人正派。

还不能不提到，子强同志生活俭朴，从来没有听到过他有什么个人要求。从农村进入城市的前后，他一再提醒大家，进城以后一定要保持在农村时的艰苦朴素的作风。遇有个别闹级别、争待遇的同志，他就严厉批评。在保定的很长时间里，他住着两间房，里间是宿舍，外间是办公室。吃饭和大家一起进食堂。1960年正是困难时期，他下乡到宁晋县蹲点，那里生活极为艰苦，他家里的人担心他的瘦弱身体顶不住，给他捎去了一包食品。子强同志一见，大为恼火："我怎么能有两重人格呢！"立即把食品分给大家一起吃了。

这篇回忆文章快写完的时候，接到黄桦同志来信，谈他对子强同志的印象是："精明能干，政治上很锐敏，工作效率高，活跃。"韩枫同志则认为："朱子强同志是优秀的共产党员，对革命赤胆忠心，对工作认真负责，谦虚谨慎，对同志诚恳热情，作风正派，平易近人。"这篇文章的草稿曾寄给董东同志征求意见，他看了之后来信说："朱子强同志的办报思想，是经过抗日战争、解放战争到建国以后这几个阶段工作中的成功与失败，逐步形成了一个系统，不是一蹴而就的。这是从冀中到河北省诸多报人办报经验的总结，代表了多年多人的思想和实践。这是从实践中来的，从群众中来的，是从成功与失败中学习来的。"以上几段话，我想可作为本文的结束语。同时我还要说：

子强同志，是我的严师，是我敬仰的领导者，又是亲密的同志和朋友，我将永远怀念他。

（1988 年 6 月）

（原载《冀中导报史料集》）

著作等身的世纪老人杨堃

在中国社会科学院的一栋宿舍楼里，住着一位与本世纪同长的世纪老人，他就是97岁高龄的老教授、社会学家、民族学家杨堃。他辛勤笔耕70多年，著述近一千万字，可谓名副其实的著作等身。他的学识渊博，可从其担任的职务中看出：他是中国民族学学会、中国社会学学会、中国人类学学会、中国神话学学会、中国世界民族研究会、中国民间文艺家协会、中国少数民族经济研究会、中国"野人"研究会、西南民族研究会顾问，中国民俗学会副理事长。曾任燕京大学、云南大学、北京师范大学等校的教授，中国社会科学院民族研究所研究员。1987年离休后，直到1996年，已是96岁高龄时，仍任中国社会科学院研究生院教授、博士生导师，主讲马克思主义原始宗教学。

近千万字的著作，渊博的学问，是付出了多少劳动，流了多少汗水，熬过多少不眠之夜，克服了多少困难的结果啊！

一 留学法国十年寒窗

提起不怕困难的精神，应当说这与杨老的家庭出身有关。他的祖先，从山西洪洞县逃荒到河北涞水县卧牛村。过了几代，又从涞水逃荒到大名县的阎庄。杨堃的曾祖父杨好礼兄弟三人，给地主作佃农。尽管全家勤勤恳恳，节衣缩食，仍然一贫如洗。杨堃的父亲在县城里当警察，母亲在家，靠给大户人家洗衣服、做衣服，纺线织布，挣点辛苦钱过日子。这一部贫苦、勤俭的家史，在杨堃幼年的心灵中就刻上了深深的烙印，并在他几十年的生活道路上起着作用。

1919 年爆发了"五四运动"，正在大名中学读书的杨堃，与同学们一起走出了校门，到大街上参加集会，游行示威，宣传爱国，抵制日货。他们怀着满腔激愤，满腔热情，忘记了疲劳，忘记了饥饿，每天只睡四五个小时，常常记不清上一顿饭是什么时候吃的，也顾不上想下一顿饭要在哪里吃，只是忙着写传单，印传单，上街散发传单，喊着口号游行，发表演说。他们的嗓子喊哑了，眼睛熬红了，嘴唇干裂得出血了，爱国的火焰却在胸中越烧越旺。

杨老的学生时代，家庭仍然不算富裕，主要是由于自己功课好，靠免交学费和奖学金的补助读书的。

1921 年，他在保定农业专门学校留法预备班结业后，和另两位同学一起被保送去法国里昂中法大学读书。穷学生们没有足够的路费，从上海乘法国邮船，就坐四等舱。本来轮船上只有一、二、三等舱，所谓四等舱实际上是货舱，根本没有床位，他们只能在货物的空隙处席地而卧。就这样一直走了 42 天，才到了法国的马赛。在这漫长的 42 天旅途中，杨堃只下船一次参观了仰光公园。因为没钱，就再没有下过船。他利用这一段时间，争分夺秒地读书，如饥似渴地追求知识，不知疲倦地充实自己。42 天的旅途生活结束了，他带的一提箱书也读完了。

在异国他乡，杨堃一口气就是十年寒窗。他首先进修法语，取得优异成绩，掌握了学习专业的手段。在接着进行的专业学习中，经过刻苦努力，取得了里昂大学的理科硕士学位。然后才攻读自己所热衷的社会学。青年时期的杨堃，文理兼学，对他后来从事社会学、民族学的研究，颇有裨益。他的博士论文，得到了导师的赞赏。在里昂大学文学院的博士论文答辩会上，杨堃以他扎实的社会学、民族学理论功底和流畅的法语，顺利地通过了他的博士论文《中国家族中的祖先崇拜》的答辩，获得博士学位。还应提到的是，他的学习成绩越好，导师就越想让他学习更多的东西，形成一种良性循环。因此，在他的博士论文进行答辩之前，他的导师又推荐他到巴黎大学民族学院进修。这种进修，相当于今天的博士后，不过当时西方还没有博士后这种学制。与此同时，他的导师古恒教授还把他介绍到巴黎大学的汉学及社会学家葛兰言教授门下，葛兰言又把他介绍给莫斯教授。在巴黎进修这两年，为他后来从事社会学、民族学的研究和教学，打下了更为坚实的基础。

在巴黎，杨堃写出了他的第一篇社会学论文——《在法国怎样学社会学》，回国以后发表了。他在巴黎还翻译了一本法国学者著的《社会学》（中文书名为《法国现代社会学》），也在回国以后出版了。另有一位留学法国的社会学家萧子升（诗人萧三的大哥，毛泽东的同学），编著了一本《社会学书目类编》，是法国各大学攻读社会学的必读书。这本书介绍到中国，是由杨堃负责校译完成的，它在当时产生过相当的影响。总之，杨堃留学法国十年，不仅取得了优异的学习成绩，而且开始对中国的社会学研究作出了贡献。

二 反对包办婚姻，力求自主

写到这里，要插上一段杨堃反抗包办婚姻的斗争。这是一场艰苦的持久战，从家乡打到城市，从国内打到国外。

在杨堃十几岁的时候，一听说有人给他提亲，他又哭又闹，坚决反对。到他刚满十六岁时，正在大名中学读书，突然被叫回家要举行婚礼。杨堃大为恼火，提出不再上学，不再吃饭，以示反抗。他的伯父大讲一通"父母之命"、"不孝有三"之后，硬把他塞进一顶轿子，把一个叫栗梅的女子娶了来。杨堃不顾"三天回门"、要在岳丈家小住几日的习俗，新婚第二天就回学校了。后来到了保定农业专门学校的留法预备班，他给家里写信，正式提出离婚。家中置之不理，他就发愤读书，要尽快到国外去留学，趁机逃婚。到了法国，他十分注意阅读《新青年》等中文杂志，了解社会上是怎样评论中国的婚姻制度的，为反对包办婚姻作理论准备。同时，他一再给家中写信，申述离婚的理由。家中每次来信都是坚持不同意，他就在《北京晨报》、《大名周刊》、天津《益世报》刊登了《离婚声明》。斗争到此，家中口头上同意了，实际上还是不同意。无奈，杨堃最后写了一篇《离婚宣言》寄到家中，表示如果再不同意他离婚，就与家中脱离一切关系。

后来成为社会学家的杨堃，原来早在十几岁时就开始对封建的婚姻制度提出了挑战，进行了坚决的斗争。

下面接着说说杨堃的自主婚姻，这和他反对包办婚姻的思想是一致的，但两者没有直接联系，并不是先有了女朋友才反对包办婚姻的。事情的简要经过是这样：

1923 年春天的一个上午，在里昂中法大学的阅览室里，杨堃遇见了他的大名县同乡郭隆真女士。他们一见如故，谈得非常投机。这位郭隆真，是中国早期著名的革命活动家。她在天津与周恩来、张若名、刘清扬等共同创办了"觉悟社"。1920 年冬，郭隆真与周恩来、张若名等赴法勤工俭学。在与杨堃见面不久，郭隆真又把自己最要好的朋友张若名女士，介绍与杨堃认识。七年之后，张若名就成了杨堃的妻子。

张若名是河北清苑县人，在天津与邓颖超同学，也是"五四"爱国运动中的先驱分子，曾任天津"女界爱国同志会"评议部部长，天津"新学联"评议委员会委员长，是反对北洋政府在"凡尔赛和约"上签字的天津各界联合会代表。她三次作为天津进京请愿代表，向北京政府进行斗争。在与周恩来、郭隆真等一起进行革命活动的过程中，曾两次被捕，在狱中与难友一起进行绝食斗争。她是在中国宣传马克思主义的先驱之一，除了自己写文章以外，还曾与任弼时合编《马克思主义浅说》。与杨堃一样，张若名也是在反抗家庭包办婚姻的斗争中赴法勤工俭学的。

张若名举止大方，性格活泼，有强烈的求知欲，浑身充满朝气。这种气质，深深地刻在了杨堃的心目中。张若名则十分仰慕杨堃的博学、稳健、求实的秉性。两人互相爱慕，但都十分理智。杨堃开诚布公地将自己还没有结束的不美满的婚姻状况，和盘托给了张若名，把自己的《离婚宣言》拿给张若名看。同时告诉张，他在没有得到确切的离婚证明之前，是不会同别人结婚的。也许正是杨堃这种执著、认真、负责的态度，感动了张若名，越发使她看中杨堃的人格和品质，坚定了她非杨堃不嫁、要与杨堃共患难的决心。杨堃能以很好的心态，专注于学术研究，是与张若名的理解和支持分不开的。在相识相交7年之后，到了1930年5月31日，杨堃的博士论文答辩顺利通过的第二天，两人在里昂中法大学大礼堂举行了结婚典礼。同年的12月15日，张若名的博士论文答辩也通过了。至此，两人都取得了博士学位。次年一月，一对新婚夫妇、两位学业有成的博士回到了祖国。

三 勤恳治学,建树丰硕

回到北平,张若名被聘为中法大学教授。杨堃由于是保定农业专科学校保送去法国的,而这时农专已改为河北大学农学院,他即被聘为该院教授。当时的教育部规定,每一位教授必须同时担任三门课,杨堃除了担任河大农学院的《农业政治》和《农业经济》之外,还担任河大的公共必修课《三民主义》。当时杨堃认为,孙中山的三民主义就是中国的社会主义,因此,他一改其他教授的讲法,主讲《社会主义发展史》,而把三民主义教材作为参考资料,由学生自由阅读。这样一来,杨堃的《三民主义》课程,在校内引起了很大的反响,吸引了很多学生来听课。过了一个学期,河北大学停办了。杨堃又到北平,作了北平大学女子文理学院和北平中法大学孔德学院合聘的教授。每月两院的工资共320元,这在当时算是很高的了。杨堃边教书、边搞科研,生活稳定下来。

1932—1933年,杨堃曾和董洗凡、徐辅德等人创办学术刊物《鞭策周刊》,杨是主编之一。两年中,他在这个刊物上发表了14篇文章。其中,介绍和分析中国人过年习俗的文章《废历年节》,引起民俗学家娄子匡的重视,对杨的研究方法、研究的视角,以及流畅的文笔,十分赞赏。娄子匡著的《新年风俗志》一书,本来已经有了两篇序,一篇是周作人写的,一篇是顾颉刚写的,两人都是社会名流,而后来又请杨写了第三篇序,使杨深深感受到知遇的喜悦。

1934年,杨堃与凌纯声、徐益棠等共同发起成立了中国民族学会,当时曾请蔡元培作了题为《社会学与民族学》的学术报告。这个学会的机关刊物《民族学研究集刊》上,先后发表了杨堃的 3 篇学术论文。这个时期，杨堃在学术研究中取得了很显著的成果。除了在教学中介绍法国学派的理论和方法外，他系统地研究了法国学者葛兰言和莫斯的学术观点和方法，发表了一系列文章。同时，他创造性地运用西方学派的理论和方法，研究中国的民族宗教、婚姻家庭、地方习俗，以及中国民族的来源、民族文化的特点、各民族之间的文化交流等，提出了有独创性的见解，为创建中国的马克思主义民族学及其发展，立下了汗马功劳。

1938 年，燕京大学社会学系主任吴文藻要到昆明的云南大学工作，他乃邀请杨堃接任他原在燕大社会学系的课程。在这个期间，杨堃还写了一部专著《法国莫斯教授社会学学说》和一些文章，继续在社会学研究中作出了贡献。

1948 年，杨堃、张若名一家离开北平，到了昆明，杨就任云南大学社会学系教授兼系主任，张若名任中文系教授。到1950 年，云南解放了，杨堃精神振奋，虽然身体病弱，却更加积极工作，带病上课。暑假期间，还和一位助教带着学生去做田野调查。在接下去的几年内，是杨教授心情最愉快、工作最起劲的时候。他在讲课的同时，带着助手和学生到少数民族地区作过多次民族调查，并写出了调查报告。他作学问十分重视实地调查，他的学问来自调查研究。他的学生们的毕业论文也都是实地调查的结果。由此也培养出了不少的少数民族学生，有的后来也成为专家了。我国现在研究社会学、民族学的知名学者、博士、教授当中，有不少是杨老的学生。他桃李满天下，不愧为学界泰斗。不幸的是，五十年代，杨教授遭遇到最大的痛苦，他的爱妻张若名，由于受到极不公正的待遇，过早辞世了。

说话就到了六十年代，已经年过花甲的杨堃，仍然到四川、云南等地进行民族调查。65 岁时，还曾骑着马翻山越岭。在他去的有些地方，山坡陡峭，经常有人或牛从山上滚下来，摔到河里。杨堃毅然冒着生命危险去作调查。出发之前，他甚至写下了遗嘱，作好了把生命献给科学事业的准备。

十年浩劫当中，杨老无例外地受到百般迫害。但是，他信仰马克思主义，拥护共产党，没有动摇；他要争取作一个共产党员，没有丧失信心。他的学术研究在那个混乱年代也没有停止。他在80年代出版的5部著作，都是在"文化大革命"中进行准备的。1984年，84岁高龄的杨堃同志，终于实现了他大半生的追求，几十年的夙愿，光荣地加入了中国共产党。1996年7月1日，建党75周年纪念日，96岁的杨堃同志在中国社会科学院民族研究所被评为优秀共产党员。

关于杨老的身体状况和日常生活，也是值得一谈的。他虽然历尽坎坷，备尝艰辛，现已年近期颐，仍然称得上是一位健康的老人。说起过去的事情，包括人名、地名、年月以至日期，还记得清清楚楚，而且讲得有条有理，声音洪亮。有时还能写点东西。他说听力比较差了，其实，不必特意用高声说话，他都能听清。出于关心国家大事，他借助于放大镜，坚持天天读报。杨老说，今年有三件大事：香港回归，党的十五大召开，江泽民主席访美。接着就兴奋地讲了这三件大事的重要意义和他的看法、感想。他自幼家境贫寒，至今生活仍很俭朴。他的起居很有规律，按时作息，每天两次到大街上散步，从不间断。过去是一个人出去，后因摔过一次，现在是由他的儿子——建筑工程师杨在道陪着他散步。有人问杨老的长寿秘诀，他就说了这些。

（1997年11月初）

（原载《炎黄世界》1998年第2期）

共产党员应该是人民群众的
忠实代表

群众的好的领导者，应该是群众的真正的代表。真正代表群众的利益和意志，才能取得群众的信任和拥护，才能正确地领导群众前进。

我们党从它成立的那一天起，就是忠实地代表人民群众的利益和意志，全心全意为人民群众服务的。毛泽东同志说："共产党人的一切言论行动，必须以合乎最广大人民群众的最大利益，为最广大人民群众所拥护为最高标准。"① 刘少奇同志说："人民的利益，即是党的利益。除了人民的利益之外，党再无自己的特殊利益。"② 几十年来，我们党一直是这样做的。在同国内外敌人进行尖锐复杂的斗争的时候，在生产建设当中，在任何情况下，处理任何问题，规定每一项政策，我们党都是以维护和增进人民群众的利益作为根本原则的，因而取得了人民群众的无限信任和热诚拥护，在人民群众中享有极高的威信。广大人民群众，

---

① 《论联合政府》，《毛泽东选集》第 3 卷，人民出版社 1991 年 6 月第 2 版，第 1096 页。

② 《论党》，《刘少奇选集》上卷，人民出版社 1981 年 12 月第 1 版，第 350 页。

根据几十年来的亲身体验，深信我们党是他们最好的代表，自愿地把自己的事业委托给党，把一切希望寄托于党。我们党所以能够成为人民群众爱护的领导者，就是因为它是人民群众的真正代表，是人民群众自己选定的代表。

我们每一个共产党员，应该十分珍视人民群众对党的信任和委托，十分珍视党在人民群众中的极高的威信。在我们的一切言论、行动中，应该具有对党负责、对人民群众负责的高度自觉性和责任感，严肃认真，兢兢业业，一时一刻也不忘记自己是受了党的委托、受了人民群众的委托做工作的，如果有丝毫的懈怠疏忽，就可能使党和人民群众的利益受到损害。毛泽东同志说："我们的责任，是向人民负责。每句话，每个行动，每项政策，都要适合人民的利益，如果有了错误，定要改正，这就叫向人民负责。"他又说："人民要解放，就把权力委托给能够代表他们的、能够忠实为他们办事的人，这就是我们共产党人。我们当了人民的代表，必须代表得好。"① 这就是党和人民群众对我们每一个共产党员提出的要求。我们应该牢牢记住毛泽东同志的教导，经常用这个标准来检查自己，勉励自己，努力做一个人民群众的好代表。

党中央和毛泽东同志提出的社会主义建设总路线和各项具体政策以及国家的统一计划，集中体现了全国人民群众的要求和意志，集中体现了最广大人民群众的最大利益。因此，认真执行党的总路线和各项统一政策，认真执行国家的统一计划，并且及时地、正确地反映执行政策、计划中的情况和问题，反映人民群众的意见和呼声，这是对党负责、对人民群众负责的最基本的要

---

① 《抗日战争胜利后的时局和我们的方针》。《毛泽东选集》第 4 卷，人民出版社 1991 年 6 月第 2 版，第 1128 页。

求。在这一方面做得好，才能成为群众的好代表。

党的利益和人民群众的利益是一致的，党的政策和国家计划就是代表群众利益的，因此，党员对党负责和对群众负责也是一致的。刘少奇同志说："凡对人民有利的事业，即是对党有利的事业，每个党员都必须尽力去做。凡对人民不利的事业，即是对党不利的事业，每个党员都必须反对，必须避免。"他又说："每个党员对人民负责，即是对党负责，对人民不负责，即是对党不负责。"①党中央的统一的政策，国家的统一的计划，在不同的地区、不同的单位、不同的情况下具体地贯彻执行，变为群众的自觉行动，当然不是一件轻而易举的事情。一项工作开始的时候，可能有这样的情况，群众由于对党的有关政策还没有很好的理解，因而还没有行动的决心。如果我们不进行艰苦的工作，去提高群众的觉悟，就由此得出结论说，对党负责和对群众负责是很难统一的，这当然是不正确的。人民群众需要忠实的代表，也需要很好的领导。我们每一个共产党员，要忠实地代表群众，同时也要很好地领导和教育群众，进行艰苦的说服工作，逐步提高群众的觉悟。这样，群众就会认识什么是他们的最大、最根本的利益，就会懂得应该怎样正确地对待国家利益和集体利益，就会接受党的政策而自觉自愿地行动起来。在革命时期是如此，在建设时期也是如此。

在执行党的政策和国家计划的时候，所以要对群众进行耐心的说服教育工作，这是因为，我们不仅要注意群众的需要，还要注意群众的自愿。如果没有群众的自愿，任何事情都不会成功，成功了也不会巩固，这归根到底还是对党没有负责，也就是对群

---

① 《论党》，《刘少奇选集》上卷，人民出版社1981年12月第1版，第349、350页。

众没有负责。毛泽东同志说："这里是两条原则：一条是群众的实际上的需要，而不是我们脑子里头幻想出来的需要；一条是群众的自愿，由群众自己下决心，而不是由我们代替群众下决心。"① 他又说："有许多时候，群众在客观上虽然有了某种改革的需要，但在他们的主观上还没有这种觉悟，群众还没有决心，还不愿实行改革，我们就要耐心地等待；直到经过我们的工作，群众的多数有了觉悟，有了决心，自愿实行改革，才去实行这种改革，否则就会脱离群众。"② 毛泽东同志在这里强调指出，必须"群众的多数"有了觉悟，有了自愿，才能去实行改革。在实行某项改革的初期，先进分子往往只占少数，中间和落后状态的群众则占多数。我们不能把少数先进分子的觉悟水平看作就是广大群众的觉悟水平，不能把少数人有了自愿看作就是多数人有了自愿，否则就会脱离多数，脱离群众。毛泽东同志说："共产党员决不可脱离群众的多数，置多数人的情况于不顾，而率领少数先进队伍单独冒进；必须注意组织先进分子和广大群众之间的密切联系。这就是照顾多数的观点。"他说：一个好的共产党员，必须善于照顾多数。③ 执行党的政策和国家计划之所以需要进行艰苦、耐心的工作，就在于必须把工作做到多数人的身上去，做到中间和落后状态的群众身上去，而且要做透、做好。这当然是不容易的，但是，只有这样做，才称得上是一个好的共产党员。

在不同地区、不同单位、不同情况下执行党的政策和国家计划，还需要采取不同的具体措施，使党的政策和国家计划同当地

---

① 《文化工作中的统一战线》。《毛泽东选集》第 3 卷，第 1013 页。

② 同上书，第 1012 页。

③ 《中国共产党在民族战争中的地位》。《毛泽东选集》第 2 卷，第 525—526 页。

的具体情况相结合，为当地群众所接受。这是要做许多复杂、细致的工作的。如果采取一般化、简单化的方法去做工作，就可能产生两种情况：一种是，不同当地情况相结合，机械地执行政策和计划，对群众实行强迫命令，结果，本来是符合群众利益的事情，却得到了相反的结果；另一种是，工作没有做到，就认为党的政策和国家计划不符合当地情况，因而不认真执行或者随便修改，另搞一套违背党的政策和国家计划的东西，自认为是代表了群众的利益，实际上是违背了群众的利益。这两种做法的结果是一样的，都是没有真正代表群众。因此，有了党的政策和国家计划，我们在执行中并不是就没有多少事情可做了。例如，在领导农业生产当中，必须认真执行党的政策和国家计划，才能使生产得到发展，使国家和农民的收入得到增加。而对于农业生产中的耕作制度和技术措施等等，则必须根据当地的具体情况，尊重当地群众的经验，做到因时因地制宜，否则仍然达不到发展生产、增加收入的目的。再如，在农村人民公社的分配当中，必须认真执行党的按劳分配政策。而在广大社员当中，有着家庭人口多和人口少的不同，劳动力多和劳动力少的不同，有劳动力和没有劳动力的不同，以及劳动力的强弱不同和技术的高低不同等等复杂的情况。必须经过细致的调查研究，甚至一户一户地、一个人一个人地进行具体分析，才能从安排农活、支配劳动力、规定评工记分办法等等方面制定出一套完整的具体措施，做到在执行按劳分配的政策当中，周密地照顾到不同社员的利益，使大家都能增加收入，调动起广大社员的生产积极性。

在执行党的政策和国家计划当中，注意随时听取群众的意见，发现新的情况和新的问题，及时地、确切地向上级反映，使党的政策和国家计划更加完善，更加符合广大人民群众的要求，这是每一个共产党员的义务和责任。如果我们缺乏这种自觉性和责任感，就会不利于党同人民群众的联系，不利于党的领导。毛泽东同志说："中央领导之所以正确，主要是由于综合了各地供给的材料、报告和正确的意见。如果各地不来材料，不提意见，中央就很难正确地发号施令。"① 足见党员的责任的重大。如果不去注意听取群众的意见，不去了解工作中的情况和问题，或者虽然听到了、看到了却置若罔闻，不及时反映，或者因为计较个人的得失而不愿反映或不如实地反映，这些都是对党没有负起责任，也是对群众没有负起责任。

听取群众的意见，必须听到群众心里的话，懂得群众的心，才能真正了解群众，也才能真正代表群众。因此，我们不能把道听途说的东西，当作群众的意见，不能把走马观花看到的一些现象，当作事物的本质，而应该深入群众之中，进行切切实实的调查。

到了群众当中，能不能真正听到群众心里的话，还取决于干部同群众的关系如何，取决于干部把自己摆在群众中的什么地位，而不是任何一个人临时到群众中去简单地问上几句话就能够听到的。群众心里的话，只会向知心人讲，向自己人讲，向和他们站在一起、真正代表他们的利益的人讲。我们必须以一个普通劳动者的姿态出现，平等地站在群众之中，对群众采取谦虚恭敬的态度，热诚地关心群众的生活，这样才能取得群众的信任。群众亲切地感到干部是他们自己人，是知心朋友，才会讲真心话。如果以"钦差大臣"的架子去访问群众，群众就会敬而远之。如果只是听到群众把干部的意见复述了一遍，就认为是听了群众的意见，那只是无济于事的走过场而已。如果听到不合自己口味的话就不高兴，不耐心地听下去，甚至斥责群众，结果就会什么

---

① 《党委会的工作方法》。《毛泽东选集》第4卷，第1441—1442页。

话也听不到。在群众中摆官架子，以领导者自居，自认为比群众高一等，那不是群众的代表和人民勤务员的老实态度，而是剥削阶级对待人民群众的态度，是一种低级趣味，必然受到群众的鄙视，使自己脱离群众。

干部同群众的关系如何，这是能不能成为群众的真正代表的重要问题。毛泽东同志说：仅仅在嘴上大讲信仰马克思主义，这是不算数的，"是一个假马克思主义者还是一个真马克思主义者，只要看他和广大的工农群众的关系如何，就完全清楚了。只有这一个辨别的标准，没有第二个标准。"① 我们要做一个真马克思主义者，要成为群众的真正代表，就必须正确处理自己同群众的关系。

群众的话，有正确的，也有不正确的。判断其正确与否，不应该简单地以我们自己的意见为标准，匆匆忙忙地做结论，而应该领导群众进行充分的讨论，由他们自己得出结论。我们应该坚定地相信群众中的多数，相信他们经过教育启发以后，经过认真的讨论以后，是能够分辨是非的，是能够得出正确的结论的。对群众进行教育，也应该首先听取群众中的各种不同的意见，然后采取耐心说服的方法，民主地、平等地同群众进行讨论的方法去教育群众。有各种不同的意见，经过反复讨论，才能真正提高群众觉悟，纠正错误认识。先有不一致，再达到一致，才是真正的一致，这种一致才更加巩固。能够耐心地听取群众中的各种意见，特别是听和自己的认识不同的意见，是每一个干部所应该具有的民主作风。听了群众中的正确意见，对自己有帮助；听了不正确或不完全正确的意见，对自己也有帮助。从对于正确和错误的分析比较中，会更加丰富和提高自己的认识。

① 《青年运动的方向》。《毛泽东选集》第2卷，第567页。

听群众的话，要了解群众的要求和意见，还要总结群众的实践经验，虚心地向群众学习。我们的事业每前进一步，都必须依靠群众创造经验。领导的经验，要依靠不断总结群众的实践经验才能逐步丰富。党的民主革命的总路线和土地改革政策，就是经过了二十几年的实践，才逐步完备起来的。革命是如此，建设也是如此。社会主义建设当中的许多政策、措施，同样需要在实践中不断地加以补充、修正。我们首先树立了这样的观点，才会重视群众的实践经验。切不可被自己脑子里已经形成的定型了的观念所束缚，根本不去怀疑，不愿打破那些不符合实际情况的观念。切不可认为自己的想法是不可改变的，是不能再发展的。列宁在谈到怎样建设社会主义的时候曾经指出："在这个伟大的事业中，我们从来不能要求，而且无论哪个谈到未来社会远景的有卓见的社会主义者也从来不曾想到，说我们能够根据某种预定的指示一下子就制定出新社会的组织形式。""我们所知道的一切，……就是：社会的改造在历史上必然要经过一条伟大的路程，生产资料私有制已被历史判处死刑，……可是，改造的形式和具体改造的发展速度，我们都不知道。只有集体的经验，只有千百万人的经验，才能在这方面给我们以决定性的指示。"① 我们领导群众进行社会主义建设，必须像过去领导群众进行革命斗争那样，随时总结群众的经验，取得人民群众的"决定性的指示"。领导群众，要首先接受群众的指示，首先向群众学习，这是不容易的。必须自觉地承认群众的集体智慧、集体经验比干部的智慧和经验丰富得多，并且能够放下架子，甘当群众的小学生，才能做到这一点。自认为自己比群众聪明的人，不会有真正

---

① 《在国民经济委员会第一次代表大会上的演说》。《列宁全集》第27卷，人民出版社1958年10月第1版，第384页。

的聪明。这样的人去领导群众，是不会有什么真本领的，是不能切切实实地解决什么问题的。

认真执行党的政策和国家计划，又能虚心地向群众学习，我们就会做出许多符合群众利益的事情。过去我们许多同志这样做了，不愧为群众的代表。但是不能由此得出结论说，过去有许多事情做对了，今后就一定不会做错，过去代表了群众的利益，今后也一定能够事事代表群众的利益，因而就骄傲自满起来，认为可以随心所欲了。过去的事情做对了，应该想一想为什么做对了；基本上做对了，应该想一想还有什么不足之处。一个问题解决了，应该想一想还有什么问题没有发现，没有解决。情况变化了，新的问题出现了，新的任务到来了，就应该从头学起，从头做起，重新研究情况，寻找解决新问题、完成新任务的方法。已有的经验是极宝贵的。但是，任何宝贵的经验，都不会给我们提供出一劳永逸的办法，使我们不再费脑子、不再下苦功夫就能够把事情做好。对群众严肃负责，必须永远保持谦虚谨慎、兢兢业业的态度。

我们的广大党员，都有代表群众的利益和意志的愿望，都想为群众办成好事。过去，我们这些同志已经为群众办成了很多好事，代表了群众的利益和意志，实现了这个良好的愿望。但是，我们所以能够真正代表群众，能够为群众办成好事，并不是只由于有一个良好的愿望，而是付出了许多艰苦努力的结果。有的时候，有些同志由于受到认识水平的限制，或者由于思想方法、工作方法不对头，或者由于工作没有做到，因而没有真正了解群众的要求，没有真正搞清做什么和怎样做才符合群众的利益，结果，就可能做出自以为是符合群众利益的，实际上却是违背群众利益的事情。好人好心，也可能办出损害群众利益的事情，事与愿违。毛泽东同志说："我们是辩证唯物主义的动机和效果的统一论者。为大众的动机和被大众欢迎的效果，是分不开的，必须使二者统一起来。""社会实践及其效果是检验主观愿望或动机的标准。"① 我们不能以为只要有一颗好心，有好的动机，就一定能够为群众办成好事，不能以为自己想的就一定是代表群众的利益和意志的，而必须根据工作的效果去检验是否真正符合群众的利益和意志。共产党员，群众的代表和领导者，这些称号是光荣的。但是，这些称号并不能自然地给我们带来什么本领，使我们不费力气地就可以想出为群众造福的妙计。恰恰相反，这些光荣的称号，给我们提出了很高的、很严格的要求。要使我们的每一个想法、每一个行动都无愧于自己的光荣称号，都符合于群众的利益，就必须付出极为艰苦的努力。

作为群众的代表和领导者，责任是十分重大的。群众的幸福生活，固然要由群众自己动手去创造，但是，领导者的工作做得好一些或者差一些，对于群众的生产和生活也有重大的影响。一个地区、一个单位的领导者出一个主意，就直接关系到广大群众的切身利益。在一个公社，就关系到成千上万人；在一个县，就关系到几十万人。主意出对了，事情做好了，成千上万人或几十万人受益；主意出错了，事情没做好，成千上万人或几十万人的利益就可能受到或多或少的损失。关系如此重大，领导者的责任如此重大，就必须时时刻刻把群众的利益放在自己的心里，为了群众利益而不辞任何劳碌，不避任何艰辛，而决不能随随便便，想做什么就做什么，想怎样做就怎样做。作为群众的代表，对多少万人负责，必须具有高度的责任感，采取十分严肃负责的态度，兢兢业业，甚至废寝忘食，而决不能马马虎虎，掉以轻心。

在我们的工作当中，个别的缺点或错误是难以完全避免的。

---

① 《在延安文艺座谈会上的讲话》。《毛泽东选集》第3卷，第868页。

敢于正视和修正自己的缺点或错误，能够自觉地向群众进行自我批评，是共产党员的一个显著标志，是无产阶级革命家应有的风格和勇气，是对人民群众认真负责的表现。只有如此，才能取得群众的信任，才称得起是群众的真正代表。我们应该时时刻刻关心的，是千百万群众得到了利益没有，而不是自己得到了什么没有。我们应该时时刻刻担心的，是群众的利益受到了损失没有，而不是自己损失了什么没有。人民群众的利益，是我们一切言论和行动的出发点。个人的利害得失，不仅不应该计较，而且应该忘掉。所谓全心全意为群众服务，所谓忘我的精神，就表现在这里。不能忘我，就不能对群众全心全意，就不能真正代表群众。共产党员和群众有所不同，比群众觉悟更高，也是表现在能够为了群众的利益而不计较个人的一切，甚至忘掉个人的一切。如果为了个人的得失而不顾群众的利益，知道错了也不改正，或者发现了上级的缺点错误也不反映，甚至假借为群众谋利益的名义去图谋私利和个人荣誉，那就丧失了群众代表的起码条件。

我们党是人民群众最好的代表。一切为了党的利益，就是为了人民群众的利益。每一个共产党员都应该是人民群众的忠实代表，我们要使自己的一切言论、行动，都无愧于共产党员的光荣称号，我们代表人民群众一定要代表得好。

（原载《红旗》1962 年第 6 期）

作者主要著述目录

《杜敬文稿》，华文出版社1999年1月出版。

《杜敬文稿续集》，华文出版社2000年4月出版。

《冀中导报史料集》，与他人合编，河北人民出版社1999年9月出版。

《冀中报刊史料集》，河北教育出版社1995年12月出版。

《冀中的地洞和堡垒户》，中国社会科学出版社1997年3月出版。

《生活散歌》，2002年3月出版。

《中国民主革命中的农民问题》，1961年为日本一个刊物撰写。

《要学会用马克思列宁主义教育农民和指导农业生产》，1953年在中共中央华北局《理论学习参考》第7期发表。

《党的土地改革政策的后退与前进》，在《红旗》1961年第20期发表。

《土地改革中没收和分配土地问题》，在《中国社会科学》1982年第1期发表。

《关于"五四指示"和〈中国土地法大纲〉的几个问题》，在1985年《天津社会科学》第3期发表。

《土地改革中的阶级路线》，在《历史研究》1987年第2期发表。

《南疆土地改革中的特殊问题与党的具体政策》，在《当代中国史研究》1994 年第 2 期发表。

《抗日战争时期冀中的 262 种报刊，收入《冀中报刊史料集》。

《报纸的性质、任务和几个基本原则》，1957 年的一篇讲话稿。

《在敌人眼皮底下办小报》，收入《冀中报刊史料集》。

《增强报纸的党性、思想性、战斗性、群众性，使报纸成为社会主义革命中更有力的武器》，1955 年 11 月的一篇发言稿。

《关于编写专业史和地方志的一些意见》，在山西《史志研究》2002 年第 4 期摘要发表。

《年轻的老报人朱子强》，收入《冀中导报史料集》。

《著作等身的世纪老人杨堃》，在《炎黄世界》1998 年第 2 期发表。

作者年表

　　1921 年　12 月 30 日，生于河北省深泽县。

　　1937 年　在保定读中学时，"七七"事变爆发，学校关闭。

　　1938 年　在家乡组织青年抗日救国会，被选为主任。后调任本县一区、二区文化界抗战建国联合会（简称文建会）宣传部长。

　　1939 年　调任深泽县（后改为晋深极县）文建会文艺部长，兼编《战鼓》杂志，后又兼任县文工团团长。

　　1943 年　隐蔽在地洞里编县报。县报停刊后，调任县各界抗战联合会（简称抗联会）宣传部长。

　　1944 年　调任冀中七地委《黎明》报编辑。

　　1945 年　6 月，调任《冀中导报》编辑，后任编辑科副科长。

　　1948 年冬，任《新保定日报》总编辑。

　　1949 年初　《新保定日报》停刊，调任《冀中导报》编辑部主任。

　　1949 年　8 月，河北省建立，任《河北日报》编辑部副主任。后任中共河北省委宣传部副部长兼《河北日报》总编辑。

　　1958 年夏，调任河北省委理论研究室副主任兼《东风》杂志副总编辑。

　　1961 年　5 月，调任《红旗》杂志编委，后兼副秘书长。

　　1966 年 6 月至 1976 年夏　先在机关后在五七干校劳动。

　　1978—1979 年　任中国社会科

学院行政管理局局长。

1980 **年初**　任《中国社会科学》杂志第一副总编辑。

1981 **年**春，任中国社会科学出版社社长、党组书记，兼《中国社会科学》杂志社党组书记。

1984 **年**　6 月，离休。